어울림의 교육철학

심승환

교육과학사

머리말

우리는 지금 위기의 시대에 살고 있다. 세상의 변화 양상이 속도와 질과 양의 모든 방면에서, 지금까지와는 비교할 수 없을 만큼 큰데, 그 변화에 대한 대처는 적절히 이루어지지 못하고 있다. 이상기후, 자원고갈, 자연 및 생태계 파괴, 환경오염, 자연재해, 펜데믹, 인구 급감, 전쟁과 테러, 정치적 이념 집단 간의 극단적 대립, 해킹, 보이스피싱, 딥페이크 등 신종 범죄 등은 오늘날 급격한 변화와 관련되어 우리가 겪는 위기의 징후들이다. 이것들은 파급력과 심각성의 측면에서 잘못하면 인류를 공멸로 이끌 수도 있다. 그런데, 이 위기의 징후들은 어쩔 수 없는 문제인 것 같지만, 자세히 들여다보면 대부분 인간이 만든 것들이다. 인간이 만든 것이라면, 그 해결의 실마리도 인간이 지니고 있을 것이다.

교육은 인간을 지적, 인격적 측면에서 바람직한 방향으로 성장시키는 가르침과 배움의 상호적 행위이다. 앞서 본 위기의 징후들의 뿌리에 문제가 되는 인간의 의식, 그로 인한 개인적 · 집단적 행위의 방식이 존재한다면, 인간의 의식과 행동을 바람직한 방향으로 이끄는 교육은 그 해결에 있어 가장 근본이 된다. 또한, 교육을 통해 인간의 의식과 문화를 올바로 이끌려 한다면, 기존에 문제가 되었던 원인이 무엇이며 그것을 어떻게 변화시켜야 하는지를 정확하고 심도 있게 파악하는 것이 필요하다. 문제의 원인은 다양하겠지만, 가장 근본적이고 심각한 것은 '공생'을 추구하면서 배려 · 협력하는 마음이 부족하고, 어떤 수단이든지 자기 혹은 자기 집단의 이기적 욕망과 이익을 쟁취하고자 하는 마음과 행동방식이 지배한다는 것이다.

오늘날 이러한 사회의 문화적 행동 양식이 교육 내부에도 깊게 자리하고 있다. 교육이 더불어 사는 가치 있는 삶의 태도를 키우는 데 초점을 두기보다는, 성적, 입시, 취업을 위해 최적화된 경쟁력을 키우는 데 총력을 기울이며 학생들은 살벌한 경쟁의식을 은연중 강화해간다. 초등학교를 지나 중등학교로 들어가면 본격적으로 학생들은 저 학생을 제쳐야 내가 산다는 의식이 내면화되어 있다. 존중과 사랑 속에 함께 배우는 기쁨을 누리기보다는 하루하루 전쟁터 같은 교실에서 버텨내며 이기기 위해 더 예리하고 강력한 무기를 만들어내는 것이다. 이 속에서 학교폭력, 집단따돌림, 아동학대, 교권침해, 수업·등교 거부, 중도탈락, 마약, 도박, 범죄 등 사회적 일탈 행위, 우울증, 정신병, 자살 등의 심각한 문제들이 나온다. 교육의 3주체인 학생도 선생님도 학부모도 즐겁지 않고 힘들며 괴롭다.

이러한 사회와 교육의 심각한 문제 사태 속에서 필자는 이 책에서 '어울림'을 이 위기를 헤쳐 나갈 근원적 개념으로 제시하고자 한다. 나와 너, 학생과 교사, 자녀와 부모, 인간과 자연, 인간과 사물, 보수와 진보가 어울려야 한다. 서로의 소리를 깊이 경청하고 그 울림에 반응하여 조화롭게 자기 소리를 내며 어우러져야 한다. 그러기 위해 우리는 서로의 아픔과 바람을 깊이 이해하며, 함께 어려움을 이겨내며 아름다운 삶을 이루어낼 수 있는 길을 찾고 협력하는 지혜와 인격을 가르치고 배워야 한다. 이것이 어울림의 교육철학이다.

이 책은 이러한 취지로 총 8장의 내용으로 구성되어 있다. 제1

장은 '교육과 교육철학'으로 교육이 추구하는 목적과 의미를 철학적·역사적 관점에서 다양하고 심도 있게 고찰한다. 제2장은 '위기의 시대, 어울림의 교육철학'으로 오늘날 위기 상황의 문제를 비판적으로 살펴보고 로자(Rosa)와 프롬(Fromm)의 이론에 근거하여 어울림의 교육철학의 방향을 제시한다. 제3장은 '도덕적 자아정체성의 함양'으로 테일러(Taylor)의 현대 사회의 병리 현상에 대한 비판적 지적 및 '의미의 지평' 개념에 근거하여 공동체의 도덕적 가치 및 서사적 인식에 따른 자아정체성의 함양 방향에 대하여 고찰한다. 제4장은 '유기체적 교육의 방향'으로 화이트헤드(Whitehead)의 과정철학 또는 유기체철학 이론에 근거하여, 무기력한 지식을 극복하는 생동력 있는 배움, 연합하고 협력하며 창조해나가는 '합생'의 지혜를 키우는 배움을 탐색한다.

제5장은 '생태적 지속가능성의 교육철학'으로 '지속가능성'의 개념을 '생태적'이란 용어와 함께 연결하여 교육철학적으로 고찰하며, 오늘날 다양한 생태적·환경적 위기 상황 속에서 지속가능한 미래를 이끌 수 있는 구체적인 교육의 방향을 제시한다. 제6장은 호네트(Honneth)의 인정 이론에 근거하여, 오늘날 사회적으로 만연한 다양한 형태의 무시와 소외를 극복하고 건강한 자존감에 기초한 연대의식을 키울 수 있는 인성교육의 방향을 탐색한다. 제7장은 '한국 민주시민교육의 방향'으로 오늘날 보수와 진보, 개인주의와 집단주의의 첨예한 갈등과 대립을 극복하고, 자율성과 공공성이 조화되는 민주시민의식을 키워나갈 교육 방향을 고찰한다. 마지막으로 제8장은 '삶과 죽음, 존재와 관계의 실존적 자각'으로,

키에르케고어(Kierkegaard)와 하이데거(Heidegger)의 실존철학의 죽음관에 근거하여, 삶과 죽음, 존재와 관계의 어울림의 관점에서 자기에게, 그리고 자기와 연결된 주변인과 세상을 향해 더욱 진실한 삶을 살아나갈 의지를 키우는 실존적 교육 방향을 탐색한다.

이 책이 출간될 수 있도록 은혜로 인도하신 하나님께 감사드린다. 그리고 지금껏 '나'를 키워주시고 돌봐주시고 가르쳐주시며 도와주신 부모님과 가족, 은사님들과 선후배님들, 친구들, 가깝고 먼 많은 지인, 책과 다양한 매체, 살아갈 수 있게 하는 자연과 사물들… 이 모두에게 깊이 감사드린다. 이 책은 이러한 어울림을 통해 탄생한 것이다. 내 생각은 나 혼자의 생각이 아니다. 특히, 깊은 학문적 지식과 통찰력을 키워주셨던 강선보 교수님과 로머(Roemer) 교수님, 연구년 때 로자(Rosa)의 이론을 함께 연구할 수 있도록 이끌어 주신 토레스(Torres) 교수님께 감사드린다. 교육현장에서 여러 가지 중요한 생각들을 떠올리며 정리할 수 있도록 해주고 가르치는 즐거움과 보람을 느끼게 해준 내 사랑하는 모든 제자에게도 고마움을 전한다. 끝으로, 이 책이 실질적으로 출간될 수 있도록 배려해주고 노고를 아끼지 않고 도와주신 출판사 임직원 여러분께도 감사의 말씀을 드린다. 독자들께서 즐겁게 읽고 조언도 해주시기를 기대한다.

2025년 봄 수리산 자락에서

심승환

차례

일러두기

"독자들의 가독성을 위해 본문 내용과 직접 관련되며 비교적 짧은 주석은 각주로, 본문 내용과 연결되지만 비교적 긴 논의 내용은 미주로 처리하였다."

I 교육과 교육철학

1. 교육이란 무엇인가

오늘날 다양한 문제와 위기 상황에 직면한 교육이 어떠한 방향으로 나아가야 하는지를 알기 위해서는 먼저 교육의 의미 및 학문적 이해가 필요하다고 본다. 모든 교육에 대한 논의는 '교육이란 무엇인가'라는 문제에 대한 명확한 이해를 토대로 출발한다. 교육의 의미를 이해하기 위해서는 우리가 어떤 대상을 사실적으로 파악할 때 쓰는 여섯 가지 질문에 의한 '육하원칙'이 도움이 된다.

첫째, 교육을 '왜' 하는가의 질문은 교육의 목적 및 방향과 관련된다. 이 질문에 대해서 우리는 넓게 보자면, 개인적 성장과 자아실현, 사회생활의 준비 및 사회적 번영, 혹은 보다 직접적으로 진학과 취업의 준비라고 답변할 수 있을 것이다. 둘째, '무엇'을 교육하는가의 질문은 교육의 내용 및 영역과 관련된다. 이에 대해서는 우선 언어, 수학, 과학, 사회와 같은 교과를 떠올리게 되며, 보다 근본적으로는 지식, 인성, 신체적 능력을, 실용적으로는 직업기술 능력을 생각할 수 있다. 특히, 오늘날에는 디지털 시대 혹은 4차 산업혁명시대의 변화에 필요한 비판적・창의적 사고력, 디지털 관련 기술 및 문해력, 커뮤니케이션 및 협업 능력, 응용능력 및 문제해결능력 등이 주요 교육내용으로 대두된다. 또한, 전 지구적 위기 시대에 직면하여 인간과 인간, 인간과 자연과 사물이 지속적으로 건강하게 공생할 수 있는 생태주의적 태도와 능력을 함양하는 것도 매우 중요하다. 또한, 고도 지식정보화 사회에서 틀에 박힌 지식이 아닌, 지속적으로 갱신되며 융복합되는 지식에 대한 학습 필요성이 증진되고 있다.

셋째, '누가' 교육하는가의 문제는 교육이 가르침과 배움의 상호작용이라고 본다면, 가르치는 자와 배우는 자를 뜻하는데, 전통적으로는 교사가 가르치고 학생은 배우는, 이분법적 또는 일방적 방식이었다면, 현재는 교사와 학생이 평등하게 소통하며 쌍방적으로 배우거나 학생 상호 간에 배우는 혁신적인 교육방식을 시도하는 곳이 점차 많아지고 있다. 또한, 가정과 사회에서도 학부모나 다양한 분야의 전문가가 학교의 교사 이상으로 다양한 지식, 기술, 태도를 가르치기도 하며, AI도 점차 하나의 중요한 교육주체로서 부각되고 있다. 넷째, '어떻게' 교육하는가의 질문은 교육의 방법과 관련되는데, 전통적이며 여전히 가장 보편적으로 사용되는 방법은 강의식 교육이나, 근래에는 교과나 학생 집단의 특성에 따라 프로젝트식 교육, 팀기반학습, 문제기반학습, 토론 또는 토의식 학습, 실험 및 실습 중심 학습 등을 폭넓게 활용하고 있다.

다섯째, '언제' 교육하는가의 문제는 교육의 시기와 관련되는데, 전통적으로는 '학령기(學齡期)'라 하여 주로 아동기를 생각하였으나, 현재는 특히 평생직장의 개념이 사라지고 수명이 연장됨에 따라 성인이나 노인도 지속적인 능력 개발의 요구로 인해 성인교육 및 평생학습의 개념이 일반화되었다. 또한, 웰빙의 차원에서 건강과 취미, 안전, 투자 등에 관한 학습 욕구가 증진되고 정규 학교뿐만 아니라 다양한 통로의 학습이 가능함에 따라 교육은 남녀노소 모든 이에게 확장되고 있다. 여섯째, '어디서' 교육하는가의 문제는, 교육의 장소와 관련되는데 이것도 전통적으로는 학교였으나, 오늘날에는 가정, 직장뿐만 아니라 다양한 사회단체와 지역단체, 대중매체와 온라인·SNS 매체 등 어느 곳에서나 유·무형적 공간에서 폭넓게 활용되면서, 교육공간이 정태적 공간에서 동태적 공간으로, 단일한 장소에서 복합적 네트워크로 변화되고 있다.

이러한 육하원칙에 따른 교육의 의미를 살펴본 결과, 우리는 그것이 시대의 변화와 요구를 반영함을 알 수 있고, 여섯 가지 사항이 서로 긴밀하게 영향을 주며 연결되어 있으며, 특히 교육을 '왜' 하는가의 교육목적의 관점이 나머지 사항의 특징과 방향을 유도한다는 것을 확인할 수 있다.

'교육'을 무형식적인 방식을 포함한 폭넓은 인간 행위로 본다면, 오래전 선사시대부터 인류의 역사와 함께하였다고 볼 수 있는데, 이러한 관점에서 '교육'의 의미의 뿌리를 찾아보려면 먼저 어원을 통해 살펴보는 것이 필요하다.

첫째, 영어 'education'의 라틴어 어원은 'educare'로 이는 '밖으로'를 뜻하는 'e'와 '끄집어내다'를 뜻하는 'ducare'를 합성한 단어이다. 즉, 이 말은 '누군가에게서 무엇인가를 끄집어내다.'라는 의미를 담고 있다. 무엇을 끄집어내는가? 이는 학습자에게 무엇인가를 집어넣고 만들어가는 밖으로부터의 교육관과 대조되는 의미에서, 학습자의 인간성과 잠재력을 자라나게 하고 발현시킨다는 안으로부터의 교육관을 함유한다.

둘째, 한자 '敎育(교육)'은 가르칠 '敎'와 기를 '育'으로 구성되는데, 먼저 '敎'는 본받을 '爻(효)'와 아이 '子(자)'와 칠 '攵(복)'이 합쳐진 것이다. 예전에는 '子'가 자녀(아이)뿐만 아니라 제자로도 쓰였다. 그렇다면 이 뜻은 '자녀나 제자가 부모나 스승으로부터 무엇인가를 본받는다.'는 의미와 '부모나 스승은 '회초리(초달)'로 상징되는 훈육을 통해 올바른 방향을 알려준다.'는 의미를 담고 있다. 예전의 서당에서 초달을 할 때는 반드시 제자에게 무엇을 잘못했는지를 스스로 이야기하며 납득한 후 행하였다. 그런데 이 한자어 의미는 조금 다르게도 해석할 수 있다. '敎(교)'의 왼쪽 윗부분 '爻(효)'는 '본받다'는 뜻 외에, 본래 '사귀다', '어울리다'는 뜻으로 쓰였고 서로 다른 성질의 사물이 교차하는 모습을 본 따 만든 글자이다. 즉, 이는 인간과 인간, 인간과 자연, 인간과 사물 등 다양한 관계와 어울림을 통한 본받음을 의미한다. 오른쪽 윗부분의 '攵(복)'의 의미 부분은 원래 '손'을 뜻하는 '우(又)'로, 손으로 무엇인가를 잡아 쥐는 모양을 본뜬 것이다.

이렇게 볼 때, '敎'의 본래 의미는 '다양한 관계와 어울림을 통해 어린이나 제자가 무엇인가를 잡아 쥐는 것(파악, 체득)'이라 할 수 있다. 물론, '攵(복)'을 '회초리로 때리다'라는 뜻으로 자구적으로 볼 수도 있겠으나 이때도 단순히 물리적으로 해석하기보다는 말로 훈육하거나 격려, 위로, 충고 등의 다양한 깨우침 또는 자기 스스로의 견책과 반성을 포함하는 의미로 넓게 해석하는 것이 좋다.

다음으로, 기를 '育(육)'은 아이 '子'가 거꾸로 있는 모양 밑에 고기 '육(肉)'이 있는 모양인데, 여기서 '肉'은 어머니의 자궁을 상징한다. 즉, '育'은 어머니의 자궁 안에 있는 아기의 모양에서 나온 것으로, 이는 한 몸으로 연결된 엄마와 아이, 엄마의 아이를 향한 희생적인 돌봄과 사랑의 의미가 함유되어 있다. 이는 '출산'을 상징하기도 하는데, 뱃속의 아이가 세상에 나오려면 힘든 산고의 과정과 기쁜 탄생의 순간을 거치는 것처럼, 교육은 참아내는 인고의 과정이 필요하며, 그 후 이전에 없었던 새로운 것을 얻는 기쁨이 있다. 우리가 '어머니 자궁 안에 있는 아이와 출산'의 의미로서 교육을 생각할 때, 교육이 단순히 지식과 기술을 전달하는 것이 아니라, 가르치는 자와 배우는 자가 한 몸과 같이 연결되어 있고, 희생적인 돌봄과 사랑의 정신이 필요한 숭고한 행위임을 상기해야 할 것이다. 또한, '뱃속에 거꾸로 있었던 아이가 출산 후 똑바로 된다.'는 의미는 교육을 통해 올바로 자라나도록 보살피고 이끌어 준다는 것으로 해석해 볼 수 있다.

셋째, '교육'의 의미와 유사한 순우리말은 '가르치다'로 이는 '갈다'와 '치다'가 합성된 말이다. '갈다'는 '땅을 갈다'라는 용례와 같이, 황무지와 같은 땅을 갈아 곡식을 키울 경작지로 만든다는 의미가 담겨 있다. 즉, 사람이 본격적으로 배우고 성장할 준비가 되도록 마음을 조성하고 기초지식을 쌓는다는 뜻으로 해석할 수 있다. '갈다'는 또한 칼을 '갈다'와 같이 무디어진 것을 예리하게 다듬어 잘 쓸 수 있게 만든다는 의미도 담겨 있다. 즉, 가르침을 통해 무딘 마음과 몸을 잘 다듬고 연마하여 잘 배우고 익혀 유용하게 쓸 수 있도록 조성해준다는 의미로 해석할 수 있다.

다음으로 '치다'는 '새끼를 치다'의 용례와 같이, 출산 또는 생산의 의미가 담겨 있다. 새끼는 어미를 닮듯이, 배우는 자는 가르치는 자의 생각, 지식, 인격, 태도, 행동 등을 닮고 본받는다. 가르침의 행위는 가르치는 자의 모범과 배우는 자의 본받음의 의미가 기본적으로 함유되어 있음을 알 수 있다. 이는 사회적으로 보면, 교육이 세대를 거치며 해당 사회의 문화적 유산을 지속적으로 대물림하는 연속적 계승과정임을 내포한다는 의미로 볼 수 있다. 또한, '새끼를 치다'는 의미의 가르침은 이전에 없었던 것의 탄생 또는 생산을 뜻하는데, 이는 다양한 지식과 능력, 인품과 태도, 기술과 행동방식 등이 새롭게 생성된다는 것으로 해석할 수 있다. 따라서 이러한 의미에서, 참다운 가르침 또는 교육은 '생명력'과 '창조력'을 지닌다. 이는 곧 교육이 살아있는 생명체와 같이 또 다른 생명체를 낳고 기를 수 있는 확산력을 지니며, 이전에 없었던 새로운 것을 생성해낼 수 있는 창조력을 가지고 있음을 의미한다.

또 한편으로, '치다'는 '양을 치다'와 같은 용례에서 보듯이, 동물을 돌보고 사육한다는 뜻도 담겨 있다. 양을 치려면 양이 필요로 하는 음식을 줘야 하고 위험한 포식자 등으로부터 보호해주어야 한다. 특히, 양들은 눈이 나빠 맨 앞의 양이 앞서가는 대로 따라가며 심지어는 절벽으로 가면 다 같이 좇아가 떨어진다고 한다. 이에 양치기는 손에 지팡이를 들고 양들을 치며 올바른 길로 이끈다. 이처럼, 가르침은 배우는 자의 필요를 잘 파악하여 잘 성장할 수 있도록 적절한 교육 소재와 환경을 제공해주어야 하며, 위험하거나 잘못된 길로 가지 않도록 잘 인도해주어야 한다.

마지막으로, 교육과 연관된 의미로 독일에서는 오래전부터 'bildung'이란 용어를 사용하였는데, 이는 기본적으로, 건축물을 세

우듯이 '한 인간을 세운다'는 뜻이 담겨 있다. 건축물을 세울 때 가장 중요한 것은 기반과 균형이다. 한 인간을 세울 때도, 먼저 깊고 넓은 인격의 근본 바탕을 조성해주며, 지적, 신체적, 도덕적, 영적으로 균형 잡힌 온전한 인간(전인: 全人)으로 성장하도록 이끌어 주는 것이 가장 중요하다. 또 한편으로, 건축물마다 특성과 용도가 있듯이, 모든 사람은 각자의 독특한 개성과 재능과 비전을 지니고 있다. 이러한 의미의 교육은 각자의 특성을 최대한 살려 나름의 '고유한 자아실현'을 이룰 수 있도록 이끌어 주어야 할 것이다.

교육이란 무엇이며 어떠한 방향을 지향해야 하는지에 대해서 오래전부터 다양한 학자들이 다양한 관점에서 자신의 주장을 제시하였다.

플라톤(Plato, Ferrari ed., 2000)은 〈국가론〉의 '동굴의 비유'에서 교육받지 못한 상태를 온몸이 결박되어 동굴 벽면에 비친 조형물의 그림자를 진짜라고 믿는 죄수들의 모습으로 설명하였다. 이것은 곧 외부에서 감각을 통해 들어오는 정보를 진리로 믿는 상태를 뜻한다. 플라톤은 이러한 상태에서 벗어나 점차 조형물을 보고(주관적 견해의 단계), 물에 비친 사물을 보며(객관적 이해의 단계), 직접 실물을 보고(변증법적 추론의 단계), 마침내 모든 사물의 근원인 태양을 보는 것(근본원인에 대한 직관적 이해)으로 진행되는 자각과 인식의 상승을 참다운 교육의 과정으로 보았다. 그는 교육이란 '시력을 넣어 주는 것이 아니라 이미 볼 수 있는 능력을 통해 시선을 방향 전환하도록 해주는 것'이라 보았다. 즉, 플라톤의 관점에서 교육은 변화무쌍한 감각 경험에 의존하지 않고 객관적인 지성에 의해 보편적이고 영원한 진리(이데아)를 인식하도록 하는 것이다.

영국의 교육철학자 피터스(R. S. Peters, 1966)는 교육이란 개념을 정의하려면 규범적 준거, 인지적 준거, 과정적 준거의 세 가지 기준이 필요하다고 주장하였다. 규범적 준거란 교육은 소매치기 같은 행위와는 달리, 인간 사회의 바람직한 가치를 지향해야 한다는 것이다. 인지적 준거란 교육은 그 행위를 통해 모종의 새로운 지식과 이해 혹은 폭넓은 안목을 얻을 수 있어야 한다는 것이다. 과정적 준거란 교육은 조건화와 달리 학습자의 자발적인 의식에 의하여야 하며 그 과정이나 방법이 학습자의 인권을 침해하지 않고 정당해야 한다는 것이다. 결론적으로, 피터스의 관점에서 참다운 의미의 교육은 위의 세 가지 기준을 모두 충족하여야 한다.

프랑스의 교육사회학자 뒤르껭(Durkheim, 1956)은 교육을 사회와의 관계 속에서 접근하면서, 교육이란 '사회화'의 과정으로서 어린 세대가 각 사회의 가치와 규범들을 배워 해당 사회의 성숙한 사회구성원으로 적응하게 하는 사회적 행위라고 보았다. 그는 사회화를 위해서는 전체로서의 사회가 요구하는 가치와 능력을 키워주는 보편적 사회화와 장차 속하게 될 특수한 직업영역에서 요구하는 지식과 기술을 익히는 특수 사회화가 필요한데, 특히 갈수록 전문화·다양화되는 현대 사회에서 사회의 동질성을 유지하기 위해서 전자가 더욱 중요하다고 지적하였다.

정범모(1997)는 교육이란 '인간 행동의 계획적 변화'라는 개념으로 조작적으로 정의하고자 시도하였다. 여기서 중요한 점은,

교육이 '먹고 싶어서 많이 먹었더니 살이 쪘다'는 것과 같이 무계획적이고 무의도적인 행위와는 구별되며, 시작점과 종착점에 있어 모종의 변화 결과를 지향한다는 것이다. 즉, 교육은 어떤 의도적인 성취목표를 지니며 체계적이고 단계적인 변화의 계획과 과정을 통해 그것을 달성하는 행위라는 것이다.

김정환·강선보(2011)는 교육이란 체제의 보수적 계승, 인격의 조화적 도야, 정신문화의 계승, 사회혁신기반 조성의 목적으로 가정, 학교, 사회의 세 마당에서 이루어지는 다양한 형식적, 비형식적 인간 행위를 종합적으로 의미한다고 보았다. 이 관점은 교육이 개인의 성숙과 사회의 번영을 위한 다양한 목적과 다양한 방식의 상호작용을 조화롭고 포괄적으로 추구하는 활동임을 보여준다.

이 외에도 인류의 역사 속에서 다양한 사상가가 교육을 사회의 지도자적 인격의 수양, 비판적 사고의 함양, 종교적 회심과 영적인 구원, 경험의 재구성을 통한 성장, 실존적인 만남과 각성 등으로 다양한 차원에서 접근하고 설명하였다. 각각의 관점은 교육의 목적과 내용과 방법이 어떠해야 하는지에 관한 규범적인 측면과 사회적, 문화적인 영향력 속에서 벌어지는 인간 활동의 사실적 측면을 담고 있다. 이렇게 교육이란 마치 큰 산을 볼 때와 같이 일면이나 일부분만 봐서는 전체의 폭넓은 모습을 볼 수 없듯이, 다양한 관점에서 다양한 측면을 조화롭게 종합하여 보아야 이해할 수 있는 복합적인 인간의 행위이다.

한편, 교육은 인간이 주체인 동시에 대상이므로 인간과의 관계를 통해 그 개념을 좀 더 깊이 살펴볼 수 있다. 교육을 왜 하는가의 문제에 대해 교육이 인간만의 독특한 현상이라고 볼 때 인간이란 무엇인가라는 질문과 연결된다. 독일의 철학자 임마누엘 칸트(Kant, 1803; 2001)는 '인간은 교육을 필요로 하는 유일한 존재' 이며 '인간은 오직 교육에 의해서 인간이 된다.'고 보았다. 칸트는 인간에게 교육이 왜 필요한가의 문제에 대해 인간의 성장 단계에 따라 양육과 훈육과 가르침의 차원에서 접근하였다. 먼저 유아기에는 다른 동물과 달리 길고 세심한 보살핌의 과정이 필요하며, 아동기에는 동물적인 방종을 규제하고 인간 사회의 규범과 도덕적 태도를 익히게 하도록 훈육이 필요하며, 청소년기 이후에는 문명사회의 계몽된 시민으로서 살아가기 위한 지식과 사고력의 가르침을 받아야 한다. 칸트의 관점에서, 문명사회를 영위하는 인간은 다른 동물에게는 필요하지 않은 도덕적 가치나 논리적 사고의 습득이 필요하며, 이러한 부분이 바로 교육의 핵심이라고 본 것이다. 그리고 바로 교육은 욕구대로 움직이는 생물학적인 존재를 교육을 통해 올바른 도덕적 기준을 알고 합리적으로 사고하는 참다운 인간으로서의 인격적 존재로 변화시킨다는 것이다.

교육이 참다운 인간성을 실현하기 위한 행위라면 인간의 참다운 본성은 무엇인가라는 문제를 생각해 볼 필요가 있다. 성경에는 '인간은 하나님의 형상에 따라 창조되었다(창세기 1:20)'라고 기록되어 있다. 하나님의 형상은 '전지전능함, 지고의 선'을 상징한다면 그것에 따라 창조된 인간도 본래는 그러한 지혜와 선을 가진 존재로 볼 수 있다. 프랑스의 철학자 루소(Rousseau, 1762)는 '조물주의 손에서 나올 때는 모든 것이 선하였으나, 인간의 손에서 타락한다.'라고 하며, 인간의 본성이 타락한 문명사회의 나쁜 영향을 받기 전에는 선함을 주장하였다. 한편, 맹자(孟子: 公孫丑 上)는 사람의 마음에는 본디 네 가지 선한 싹이 있으니, 그것은 측은히 여기는 마음(惻隱之心), 악을 부끄러워하는 마음(羞惡之心), 겸손히 배려하며 양보하는 마음(辭讓之心), 옳고 그름을 분별하는 마음(是非之心)이니 이 네 가지 마음의 싹은 장차 인(仁), 의(義), 예(禮), 지(智)의 네 가지 덕(德)을 이루는 근본이 된다고 하였다. 맹자는 고자와의 논변을 통해 '우물에 빠진 어린 아이'의 비유를 들며 남녀노소 누구나 이런 아이를 보면 친분이나 조건적 이해와 무관하게 안타까운 마음이 들 것이니, 이것이 바로 사람의 마음의 본성이 선함을 보여준다고 주장하였다. 그리고 그는 배움의 길이 바로 이 선한 마음을 찾고 키워주는 것이라고 보았다(孟子: 告子 上). 이와 같이, 인간이 타고난 마음 또는 본성이 선하다면 혹은 선한 싹이 있다면, 교육은 그러한 선하고 지혜로운 본성을 스스로 찾거나 그러한 싹이 온전히 성장할 수 있도록 가르치고 도와주는 행위일 것이다.

한편, 교육은 그 자체로 기쁨과 행복이 되는 내재적 가치를 지닌 활동이다. 아리스토텔레스(Aristotle, trans. by Ross, 1980)는 모든 인간 행위는 상위의 목적을 지향하나 행복은 그 자체로 목적이 되는 궁극적 목적의 행위라고 보았다. 그런데 그는 행복은 탁월함에 따라 사는 것이며 탁월함은 가르침과 습관의 형성(교육)으로 사려 깊은 욕구가 형성될 때 실현된다고 보았다. 또한, 인간은 신의 행위를 닮은 성찰(contemplation)을 할 때 가장 숭고하며 즐거운 만족을 경험한다고 하였다. 즉, 탁월함을 우리 안에 형성해가며 성찰을 하는 것이 지적, 인격적 성숙을 추구하는 교육의 행위와 상통한다고 보면 교육은 그 자체로 행복하며 가치 있는 인간 행위라고 볼 수 있다. 또한, 공자는 "배우고 수시로 그것을 익히면 즐겁지 아니한가"(論語: 學而)라고 하여 배우고 익히는 것이 즐거움의 행위라고 보았다. 여기서 '익히다'는 뜻의 '습(習)'은 위쪽에 깃 우(羽)와 아래쪽의 흰 백(白)이 합쳐져 '새가 보이지 않을 정도로 자주(빨리 반복해) 날갯짓을 한다.'는 상형 문자에서 온 글자이다. 우리가 어떤 행위를 자주 한다는 것은 그만큼 '좋아하고 필요하며 편안하고 익숙하다'는 것인데, 인간에게 배움은 공기를 마시고 밥을 먹듯이 당연히 필요한 동시에 편안하고 익숙하며 즐거운 행위인 것이다. 인간이 세상과 계속 관계를 맺으며 지적, 인격적으로 성장하며 살아있는 존재가 되기 위해 배움은 자연스럽고 필연적이며 즐거운 행위인 것이다.

공자는 스스로 배우고 가르치는 일은 아무리 하여도 싫증나지 않는 것이라 하였고, 실제로 3일 동안 먹는 것도 잊은 채 음악 공부에 심취했던 적도 있었다. 공자는 또한 "아는 것은 좋아하는 것만 못하고 좋아하는 것은 즐기는 것만 못하다."(論語: 雍也)라고 하였는데, 이는 배움의 단계를 뜻하는 것으로 힘들지만 의지와 노력을 통한 배움은 점차 배움에 대한 자발적 흥미와 탐구로 상승하고, 더 나아가서는 무의식적으로 즐기며 배우는 단계까지 이를 수 있는데 공자는 바로 이러한 모습을 배움의 최고 단계로 본 것이다.

동양 고전에서 '교육(敎育)' 용례 중 오래된 것은, 『孟子』의 盡心章(진심장) 上에서 '군자삼락(君子三樂)'과 관련하여 나오는데, 여기서 맹자는 "군자의 세 가지 즐거움이 있으니, 천하의 왕 노릇

하는 것은 여기에 속하지 않는다. 부모가 함께 살아계시고 형제가 아무 탈이 없는 것이 첫째 즐거움이요, 위로는 하늘에 부끄럽지 않고 아래로는 땅에 부끄럽지 않은 것이 둘째 즐거움이요, 천하의 영재를 얻어 교육하는 것이 셋째 즐거움이다."라고 하였다.[1)]

이 구절을 교육철학적으로 해석해 본다면, 첫째, 이 세 가지 즐거움에 관한 구절은 연결된 의미로서 유학이 추구하는 인간상으로서 볼 수 있다. 즉, 유학이 궁극적으로 추구하는 인간상은, 높은 지위에서 권력을 가지고 사람들을 통솔하는 것이 아니라, 참된 자각과 선(善)의 실천을 통한 참 기쁨을 누리는 것이다. 즉, 군자가 추구하는 참 기쁨은, 먼저 '부모 형제'로 상징되는 자기 존재의 근거, 곧 정체성을 깨닫고 그 뿌리, 자기와 친밀한 데서부터 선을 이루고, 다음에 '하늘과 사람에게 떳떳함'으로 상징되는 것, 즉 자신의 소명에 대한 자각과 반성, 이를 통한 지속적 수양과 성실한 삶을 살며, 마지막으로 자신이 자각하고 수양한 지혜와 인격을 통해 타인을 가르치며 선한 영향력을 미치는 것이다.

이는 공자가 제자들에게 강조한 '수기안인(修己安人: 자신을 수양하여 타인을 평안히 이끌어줌)'이나 『大學』의 삼강령(三綱領)인 '명명덕(明明德: 스스로 밝은 덕을 밝혀 앎), 친민(親民: 백성들을 밝은 덕으로 이끎), 지어지선(止於至善: 지극한 선을 이루어 머묾)'의 의미와 상응한다. 즉, 『孟子』에서 보듯, '교육'의 의미에는, 어떤 개인적 성공이나 수단적 동기보다는, 이상적 인간상의 자발적 동기 차원에서 자신을 수양하여 타인을 선한 길로 이

1) "君子有三樂, 而王天下不與存焉. 父母俱存, 兄弟無故, 一樂也. 仰不愧於天, 俯不怍於人, 二樂也. 得天下英才而教育之, 三樂也."

끌어 주는 뜻이 담겨 있다.

마지막으로, 우리가 교육에 관해 생각해보아야 할 점은, 교육은 가르침과 배움의 상호작용으로 그 자체로 '관계'의 의미를 내포한다는 것이다. 불교 경전인 『벽암록(碧巖錄)』에 보면, '줄탁동시(啐啄同時)'라는 말이 나오는데, 이는 달걀 안에서 병아리가 소리 내며 껍질을 미는 행위인 '줄'과, 밖에서 어미 닭이 껍질을 쪼아 병아리가 나오도록 돕는 행위인 '탁'이 동시에 이루어지는 것을 뜻한다. 교육은 '줄탁동시'와 같이 배우는 자가 자신의 의지와 노력을 통해 새로운 지식과 인격을 갖추어 나가는 행위인 동시에, 가르치는 자가 그 배움의 과정에서 어려운 점을 보며 도와주고 성취할 수 있도록 이끌어 주는 상호작용이라고 할 수 있다. 교육은 이처럼 가르치는 자나 배우는 자가 일방적으로 할 수 있는 일이 아니라, 반드시 양자의 협력과 교류의 상호작용이 필요하며, 이 관계와 상호작용이 생명체의 탄생과 같은 새로운 지식과 인격 형성의 기반임을 우리는 기억해야 할 것이다.

『예기(禮記)』의 「학기편(學記編)」에 보면, "배워보아야 자신의 부족함을 알게 되고, 가르쳐 본 다음에야 그 어려움을 알게 된다. 배움이 부족함을 알게 되면 스스로를 돌아볼 수 있게 되고 어려움을 알고 나서야 스스로 힘쓰게 된다. 그러므로 가르침과 배움은 서로 성장한다."라고 기록되어 있다. 우리가 무엇인가를 열심히 배우려고 하다 보면, 자신의 부족함을 깨닫고 더욱 노력하며 가르침을 받고자 하는 열의를 높이게 된다. 이러한 배우는 자의 열의는 가르치는 자의 열의를 자극하고 더 높은 교육적 성취를 유도한다. 한편, 가르치는 자가 열심히 가르치려 하다 보면 또한,

자신의 부족함을 깨닫고 지식의 부분에서나 교육자로서의 인격의 부분에서나 보완할 점을 찾아 더 심화하여 배우며 성장하게 된다.

이러한 가르침과 배움의 관계는 전통적으로 가르치는 자가 전수하면 배우는 자가 잘 듣고 익히는 일방적인 관계였다. 그러나 프레이리(Freire, 2000)는 본래적 의미의 교육은 교사와 학생이 서로 가르치고 배우는 것으로, 교사가 학생이 되기도 하며, 학생이 교사가 되기도 한다고 주장하였다. 그는 잘못된 교육을 '은행 예금식 교육'으로 비판하며, 이것은 마치 돈을 은행 계좌에 넣듯, 교사가 일방적으로 설교하면 학생은 그것을 아무 생각 없이 받아 적고 머릿속에 집어넣는 방식으로 인간의 주체적 의식을 소멸시켜 비인간화시킨다고 보았다. 그는 이것을 극복하려면 '문제제기식 교육'을 도입해, 교사와 학생이 어떤 문제들을 놓고 평등한 위치에서 함께 탐구하고 논의하는 방식을 제시하였다. 이러한 공동 탐구로서의 교육에서는, 교사와 학생의 고정된 역할이 있는 것이 아니라 서로 가르치기도 하고 배우기도 하면서 온전히 평등한 상호작용이 가능하다.

물론, 지식과 경험의 측면에서 교사가 좀 더 성숙한 위치이지만 일방적으로 전달하는 방식이 아닌, 학습자의 필요, 성장, 관심과 관련된 적절한 문제와 질문을 제기하면서 학습자에게 스스로 적극적으로 참여하며 자기 생각을 표현하며 교사 및 다른 학습자들과 함께 탐구하며 논의하도록 한다면, 이러한 교육은 단지 해당 교육내용에 대한 지식의 습득뿐만 아니라 장차 사회생활에서 핵심적으로 필요한 사회적 상호작용과 협력의 태도를 익히게 하는 중요한 기반이 될 것이다. 아울러 교사도 이러한 상호작용과 공동탐구의 교육을 통해 기존의 자신의 지식과 생각을 혁신하고 진보시킬 수 있을 것이다.

2. 교육철학이란 무엇인가

교육철학이란 학문 영역은 어떻게 나타나서 성장하게 되었으며 그 주요한 연구 대상과 접근 방법은 무엇인가?

교육철학은 기본적으로 교육에 관한 학문으로 교육학의 세부 영역이며, 철학적 접근 방식을 취한다고 할 수 있다. 그런데 칸트(Kant, trans. by Hartman, 1988: 447)에 의하면, 철학은 인간이 무엇을 알 수 있는지(형이상학), 무엇을 하여야 하는지(도덕), 무엇을 희망할 수 있는지(종교), 인간이란 무엇인지(인간학)에 대한 질문을 다루며, 앞의 세 질문은 모두 마지막 질문과 관련되므로 "모든 철학은 인간에 대한 학문"이라고 본다. 교육학 역시 인간의 특징, 삶과 성장을 탐구하는 영역이라고 본다면, 교육학과 철학의 핵심적이며 공통적인 연구 대상은 '인간'이라 볼 수 있다. 철학은 주로 인간과 인간을 둘러싼 세계(환경)의 의미와 관계(존재론)을 다루며, 인간에게 무엇이 진(眞, truth)이고, 선(善, good)이며, 미(美, beauty)이며 이를 어떻게 실현하는가(가치론)를 탐구하며, 이러한 것의 이유와 원인은 무엇이며 이를 어떻게 알 수 있는지(인식론)를 고찰한다. 이렇게 볼 때, 철학의 주요 관심사는 인간의 존재와 의미, 그 가치의 실현이며 이는 또한, 인간을 탐구하는 교육학의 가장 근본적인 문제로, 교육에 관한 철학적 접근을 취하는 교육철학은 교육학에서 가장 근본적인 영역이다.

(1) 교육철학의 역사적 근원

교육철학의 성립과 발전도 역사적으로 인간의 지성과 학문의 발전 속에서 이루어졌다. 허스트(Hirst)는 "교육철학은 철학만큼이나 오래된 것"으로 "지식의 본질, 좋은 삶, 정의로운 사회에 대한 탐구는 모두 명시적으로나 잠재적으로 배움에 관한 문제"를 수반한다고 지직한다. 이러한 담구는 사람들이 갖추어야 할 "가치와 지향해야 할 실제의 문제"를 수반한다고 보았다(Blake et. al., 2003: XV). 교육철학의 근본 질문은 '인간의 정체성과 목적' 그리고 그 '실현 과정(방법)'이라 볼 수 있는데, 이러한 문제는 인류의 오래된 근본적 고민이었다. 이러한 교육에 관한 근본적 고민에 대하여 가장 체계적인 설명과 제자양성으로 후대에 영향을 주었던 사상가는 공자(孔子)와 플라톤(Plato)이라고 할 수 있다(심승환, 2013a).

공자(孔子)는 사람의 근본 도리와 삶과 정치에서의 구현 방향을 치열하게 고민하였다. 그는 바람직한 인간(君子)은 먼저 자신을 수양하여 이를 바탕으로 타인(나아가 백성)을 평안하게 해주는 것이라고 생각하였다.[2] 그는 인간의 도리로서 '仁'을 제시하면서, 사람을 사랑하며(愛人), 온 마음을 기울여 행하며(忠), 타인을 공감하여 배려하는 '서(恕)'의 행위를 통해 실현하라고 하였다.

2) 『論語』「憲問」45: 子路問君子, 子曰, 修己而敬, 曰, 如斯而已乎, 曰, 修己而安人, 曰, 如斯而已乎, 曰, 修己而安百姓, 修己而安百姓, 堯舜其猶病諸.

공자에게, 자기 충실 및 자기완성은 타인 배려 및 타인완성과 불가분 연결되어 있다. 그는 "어진 사람은 자신이 서고자 하면 남도 세워 주고 자신이 달성하고자 하면 남도 달성하도록 도와준다."고 하였다.[3] 공자가 인간성의 근본 방향으로 본 '仁'을 실현하기 위해서는, 겸손하고 지극한 마음으로 묵묵히 익히며 지속하여 즐겨 배우며 또 그 배운 것을 근면하게 가르치는 것에 힘써야 한다.[4] 공자는 배움과 관련하여서는 특히, "배우기만 하고 생각하지 않으면 어둡고, 생각만 하며 배우지 않으면 위태롭다."고 하여 배움과 사고의 병진을 강조하였다.[5] 배움은 외부로부터의 충전, 사고는 내부의 해석 및 체화과정이라 볼 수 있는데, 배움만 있으면 주체적인 해석과 체화가 되지 않아 어둡다는 것이고, 생각만 하게 되면 다른 지식과 관점을 수용하지 못해 독선의 위험에 빠질 수 있음을 경고한 것이다. 공자는 "옛 것을 익혀 새 것을 알며, 그것을 통해 스승으로서 가르침에 임해야 함"을 주장하였다.[6] 이는 과거의 지혜와 새로운 깨달음은 긴밀히 연결되어 있고 이것이 교육자의 자질이자 가르침의 근간임을 의미한다.

그는 이 외에도 교육과 관련하여, 선한 행실의 실천을 통한 배움, 스승의 가르침에 대한 제자의 적극적 반응, 제자의 특성에 맞는 교육방법 등을 강조하였다. 이를 통해 본다면, 공자는 참다운 지적 깨달음이나 인격적 성숙은 '관계 맺음'을 통해 이루어질 수 있다고 보았다. 그 관계 맺음은 과거의 지혜와 현재 문제해결의

3) 『論語』「雍也」28: 夫仁者, 己欲立而立人, 己欲達而達人.
4) 『論語』「述而」2: 子曰, 默而識之, 學而不厭, 誨人不倦, 何有於我哉.
5) 『論語』「爲政」15: 子曰, 學而不思則罔, 思而不學則殆
6) 『論語』「爲政」11: 子曰 溫故而知新, 可以爲師矣.

연결, 자신의 성숙 및 완성(배움)과 타인의 성숙 및 완성(가르침)의 연결, 지식과 인격의 연결, 배움과 사고 및 실천과의 연결, 서로 다른 관점과 개성의 상호이해와 교섭, 가르침과 배움의 적극적 상호작용이라 할 수 있다. 동양에서 공자의 영향을 받은 유학은 이후 인간의 심성과 수양의 방법에 대해 깊이 있고 다양한 관점으로 성찰과 논의가 발전하게 되었고, 이는 인간성과 그 실현과정에 관한 탐구로서의 넓은 의미의 교육철학의 뿌리라고 볼 수 있다.

한편, 서양에서는 일찍이 고대 그리스의 플라톤이 인간성의 본질 및 바람직한 인간 사회의 실현에 대하여 체계적으로 자신의 사상을 제시하였다. 플라톤의 주저인 〈국가〉나 〈법률〉 그리고 그 외의 주요 대화록들에는 '참다운 인간'과 '정의로운 사회'의 이상과 그 실현 방향에 대해 논의하며, 이를 '교육'의 문제와 연결하여 다루고 있다. 플라톤은 이성과 기개(의지)와 욕구의 세 부분이 합쳐진 존재로 인간을 본다. 욕구와 기개는 인간의 생존에 각기 필요하나, 변화하는(불안정한) 속성을 가지기에 도가 지나치면 언제나 인간에게 해악을 미칠 위험을 안고 있기에, 불변하며 자체로 조화롭고 안정적인 이성의 통솔을 받아야 한다고 보았다(*Republic*, 588). 플라톤은 이성의 힘이 인간 영혼 안에 내재 되어 있으며, 이것이 충분히 성숙하며 발현되어서 욕구와 기개를 조화롭게 통솔하도록 이끌어야 한다고 보았다. 그런데 이성의 온전한 성숙과 발현을 위해선 감각 경험 및 주관의 한계를 극복하고 객관적, 논리적 사고를 통한 근본 원인 및 영원한 진리를 탐구하도록 이끌어야 하는데 이를 '동굴의 비유(Allegory of the Cave)'

를 통해 설명한다(*Republic*, 514a~516b).

플라톤은 이러한 개인적 완성을 위해서는, 개인의 조화 및 완성에 상응하여, 국가에서 생산자, 수호자, 통치자 계층이 어릴 때부터 성향에 따라 단계적으로 선발되고 교육되어, 각각 절제, 용기, 이성의 덕을 갖추고, 각각의 역할을 조화롭게 수행하며 최상위인 통치자의 합리적 통솔을 받아야 한다고 보았다. 여기서 철인통치자(philosopher- king)는 참다운 지혜를 성찰하는 철학자이자 동굴 안의 백성을 올바른 길로 인도하는 교육자이다.

플라톤의 교육에 관한 관점은 이후 서양에서 '이성 중심의 합리적 전통'을 주류로 자리 잡도록 하였으며, 아리스토텔레스를 거쳐 '자유교양교육(liberal arts education)'과 국가의 '공교육' 체제의 기초를 제시하였고, 참다운 지식에 이르는 방법, 개인과 국가의 정의(이상) 실현의 연결, 교육적 단계와 선발 과정에 관한 생각은 교육철학의 학문적 근간을 구축하는 데 중요한 역할을 하였다고 본다(심승환, 2013a). 또한, 욕구, 의지, 이성의 세 가지 속성으로 인간성을 보며, 그것의 이상적 실현을 위한 절제, 용기, 지혜의 미덕을 제시하면서, 인간성의 삼자가 어떻게 조화롭게 실현될지 성찰한 부분은 비록 이성 중심으로 편중된 한계는 있으나, 이후, 지, 정, 의의 삼원론적 인간관 및 지, 덕, 체의 삼육론 및 전인교육의 사상을 발전시키는 데 영향을 주었다고 본다.

무엇보다도 플라톤의 대화편에 등장하는 '소크라테스의 대화법' 자체가, 기존에 자신의 앎을 지속하여 질문하게 하며, 근거와 원인을 깊이 탐구하며, 대립하는 관점 속에서 합당한 생각을 찾고 발전시키는 변증법적 사유의 방법을 통해 '인간의 지적 탐구와 성숙의 방향'을 제시하였다는 점에서 교육철학의 중요한 근간이 되었다고 볼 수 있다.

(2) 교육철학의 역사적 발전

인간 교육에 관한 철학적 성찰이 공자와 플라톤에 의해 뿌리가 형성되었다고 한다면, 교육철학이 실제적으로 태동하기 시작한 시점은 넓게 보아 근세 계몽의 시기와 맥을 같이 하며 특히, 인간과 사회, 교육에 대해 심도 있는 논의를 제시한 루소(J. J. Rousseau: 1712~1778), 코메니우스(J. A. Comenius: 1592~1670), 칸트(I. Kant: 1724~1804)에 의해 본격적으로 이루어졌다고 본다. 루소, 코메니우스, 칸트는 저술과 강연 활동을 통하여 교육의 목적을 그 구체적인 내용 및 방법과 유기적으로 연결 지어 논의하기 시작하면서, 교육철학의 학문적 대상과 방법의 윤곽을 제시하였다고 본다(심승환, 2013a).

루소(1762)는 인간의 선천적인 선한 본성인 '자연성'과 문명의 타락으로 인한 '인위성'을 대비시키며, 인간과 인간 사회가 나아가야 할 길은 기본적으로 '자기애(amour de soi)'를 바탕으로 한 자연성을 회복하고 조장하여야 함을 주장하였다. 인간이 극복해야 할 문명인의 모습은 늘 외부의 영향과 시선에 의해 움직이는 타율적인 성향을 보인다. 이와 반대로, 인간이 지향해야 할 자연인의 모습은 자신의 필요와 의지로 자신을 위해 사는 자율적인 모습을 나타낸다. 문명인은 타인의 이목과 비교의식, 경쟁심 속에서 소유욕, 명예욕, 지배욕이 생기며 심리적으로 불안정하며 이는 도덕적 타락, 불평등, 빈부갈등, 압제와 착취, 인간 소외의 문제를 발생시킨다. 이를 극복하기 위해서는, 순수한 자기애를 튼튼한 기초로 하여, 자기를 순수히 사랑하며 위하는 마음으로 타인을 공감・배려하며, 나아가 사회를 향한 '일반의지(Volonté Générale)'와 합일시키는 자세로 성숙하도록 해야 한다. 이러한 자세를 성숙시키는 교육은 교육자의 개입과 지시가 최소화되고(소극교육: negative education), 학습자의 고유한 발달단계에 따라 서두르지 않고 스스로 관찰하고 체험하며 느끼고 생각하는 철저히 학습자 주도적, 자율적 교육이다.

루소가 본 인간과 사회의 이상은 그가 제시한 교육의 방향과 맞물려 있다. 인간은 자기 본연의 자연적 감정과 의지로 움직이는 존재로서, 그 자연성을 살리려면 인간의 교육도 자신의 자연적 관심과 동기, 자발적 활동과 사유를 통해 이루어져야지, 타인의 지시로, 경쟁에서 이기기 위해 행한다면, 자연성과 자율성은 파괴된다. 루소는 자연성을 키우기 위해, 문명의 부정적 영향과 인위성이 없는 '자연' 속에서 자기의 감각과 감수성을 활용하는 교육을 주장하였고(자연의 교육), 여기에 공작, 실험 등 사물을 통한 교육(사물의 교육), 그리고 학생의 발달에 맞춰 이 두 교육을 가능하도록 소재를 제공해 주며 도와주는 '인간의 교육'을 제안하였다. 이러한 루소의 생각은 교육이 외부로부터의 조성이 아닌, 내부로부터의 자율적 성장과 성숙이 되어야 함을 인식하게 하였고, 플라톤 이래 이성 중심의 인간관 및 교육관에 대하여 인간의 감각과 감수성을 중시하는 교육철학의 방향을 제시하였다고 본다. 루소의 교육관은 이후 개혁교육학, 진보주의 교육운동, 자유학교 및 대안학교 운동, 아동중심 교육, 체험교육 및 노작교육 등에 큰 영향을 주었다.

근세에 인간성과 교육의 방향에 대하여 획기적이고 종합적인 사상을 펼쳤던 또 하나의 인물은 코메니우스였다. 그는 기독교적 인간관에 기초하여 하나님이 창조한 모든 만물이 유기적으로 연결되어 존재하므로(통전성), 그것을 전체적으로 이해하는 범지학(汎知學, Pansophia)이 필요하며, 그러한 보편적인 지혜에 이르는 교육을 '범교육(汎教育, Pampaedia)'이라 하여 '모든 사람이, 모든 내용을, 철저하게' 배워야 함을 주장하였다(Comenius, 2005). 그는 〈세계도회〉, 〈대교수학〉, 〈언어의 열린 문〉, 〈범교육학〉 등 교육에 관한 방대한 저작을 통해 실물교육, 언어교육, 아동교육, 평생교육, 종교교육, 사회교육 등 교육과 관련된 다양하고 중요한 주제들의 이론과 실제를 종합적으로 고찰하였다(심승환, 2013a).

코메니우스가 교육철학의 성립에 중요한 역할을 하였음은 다음의 몇 가지 이유를 통해 알 수 있다. 첫째, 그는 오늘날 전인교육론(知情意 또는 智德體의 조화)의 근간이 될 수 있는 인간의 세 가지 품성의 조화로운 교육을 체계적으로 제시하였다. 그는 모든 사람은 태어날 때부터 하나님이 심겨 놓은 "지식, 덕성, 신앙의 씨앗"을 가지고 있으며(Comenius, 2007: 49-51), 하나님의 창조 목적을 구현하기 위해 "인간 본성의 완성"을 향해 나아가야 한다고 주장하였다(Comenius, 2005: 23-25). 코메니우스는 모든 인간은 "지각할 수 있는 감관(Sinne), 지각의 과정을 관찰하는 이성(Verstand), 증거를 수용하는 믿음(Glauben)"을 지녔기에, 안전한 교육을 통해 완전한 인간이 될 수 있다고 보았다(Comenius, 2005: 30-37).

둘째, 코메니우스는 '모든 사람에게, 모든 내용을, 철저하게' 가르치라는 범교육론을 통하여 보편교육과 평등교육 나아가 다문화교육의 관점에 중대한 근거를 제공하였다. 범교육론은 남성과 여성, 부자와 빈자, 내국인과 외국인, 일반인과 장애인 등 모든 사람에게, 모든 내용을, 완전하게 교육하자는 이론으로, 성별, 계층, 국적, 신체적·문화적 차이에 따른 차별 없이 균등한 교육 기회를 보장해야 한다는 것과(교육기회의 평등), 누구나 다양한 교육 내용을 차별 없이 접할 수 있도록 하는 것(교육내용의 평등), 모든 학습자가 완전 학습에 이르도록 이끌어주는 것(교육결과의 평등)을 내포하고 있다.

셋째, 코메니우스는 성장 단계에 맞는 체계적인 교육 과정을 제시하여 이후 공교육의 발전에서 각급 학교의 단계를 체계화하는 계기가 되었다. 코메니우스 이전이나 당시에는 교육에서 학습자의 성장 단계를 고려한 체계적인 교육방법을 제시한 학자는 거의 없었다. 그는 〈대교수학〉에서 어머니 무릎학교, 모국어학교, 라틴어학교, 대학으로 학교 교육 단계를 구분하였고, 이를 더 세분화하여 〈범교육학〉에서는 전 생애의 주기에 따라 태아기 학교, 유아기 학교, 아동기 학교, 청소년기 학교, 청년기 학교, 장년기 학교, 노년기 학교, 사망기 학교의 8단계 학교교육과정을 체계적으로 제시하였다(Comenius, 2005).

넷째, 코메니우스는 자연의 원리에 기초하여 학습자의 발달과 성장을 가장 효과적으로 이끌 수 있는 구체적 교육의 원리와 방법을 제시하였다. 그는 학습자의 발달과 관련하여 '가능성', '적기성', '연속성', '방향성', '목적성', '개별성'의 원리를 제시하였고, 교수・학습과 관련하여 인지적 측면에서 감각적 지각의 원리, 견고한 기초의 원리, 점진적 단계의 원리, 결합과 병행의 원리 등을, 정서적 측면에서 자발적 노력, 삶에서의 유용, 정서적 유대의 원리 등을, 행동적 측면에서 도덕적 모범, 연습과 반복, 절제된 훈육의 원리를 제시하였다(Comenius, 2007).

코메니우스는 이렇게 교육목적, 교육내용, 교육방법, 교육과정(단계)에 대한 체계적인 이론을 제시하여 교육철학이 이론과 실제의 유기적 관련 속에 성립될 수 있는 기반을 마련하였다.

근대 계몽기 철학사상에서 매우 중요한 영향력을 미쳤던 칸트는 교육학의 역사에서도 매우 중요한 인물이다. 그는 쾨니히스베르크 대학에서 1776년부터 교육학 강의를 하였고, 그의 강연록을 모아서 〈칸트의 교육학강의〉(*Immanuel Kant Über Pädagogik*)라는 책이 발간되었다. 대학에서 강좌가 개설되고, 해당 주제로 책이 출간되었다는 것은, 그 분야가 학문적으로 발전하고 대중화되는 데 중요한 의미를 지닌다고 볼 수 있다. 칸트(1963: 252)는 철학은 인간에 관한 학문이며, "인간의 완전함은 교육을 통하여 가능하다."고 주장하였다.

교육의 중요한 내용적 요소는 '지식'인데, 칸트는 인간이 어떻게 지식을 얻는가의 문제에 대하여 치밀하고 심도 있게 고찰하였다. 일단 그는 지식에 이르는 태도와 관련하여, 계몽주의 관점에서, 기존의 전통과 가치를 그대로 수용하지 않고, 각자의 이성을 토대로 주체적이고 합리적인 비판을 통해 검토하여야 함을 주장하였다. 칸트에 의하면, 인간은 지리, 역사, 과학 같은 영역에서는 경험적 접근을, 논리적 추론으로 정당화되는 영역에서는 분석적 접근을, 과학의 전제나 도덕적 원칙 같은, 경험 이전의 종합적인 판단 영역에서는 선험적 종합의 접근을 통해 지식에 이른다고 보았다. 칸트(Kant, 1995)에게 중요한 점은, 이 세 영역이 각각 한계를 지니며 인간 지식 자체가 영혼, 우주, 신과 같은 형이상학적인 것에 한계를 지닌다는 점이다. 따라서, 인간은 세 경로를 종합적으로 활용하여 지식에 접근하여야 하며, 한계점에 대하여도 분명히 인식하여야 한다.

그는 또한, “직관 없는 사고는 공허하고 개념 없는 직관은 맹목적이다.”라고 주장하며 감각 경험을 통한 직관과 오성을 통한 사고과정의 협력 및 상호작용을 강조하였다(Kant, 1995: 96-97). 그의 관점에서 인간의 이성적 판단은, 다양한 관점과 내용을 제공하는 감성을 통한 경험적 판단과, 시·공간적 제약을 넘어 보편적 원리를 사유하는 오성을 통한 합리적 혹은 분석적 판단을 종합하여 이루어져야 하며, 궁극적으로 각각의 개념 및 부분적 경험을 넘어 포괄적이며 종합적인 판단인 선험적 종합 판단을 지향해야 한다(Kant, 1995).

참다운 인간성의 실현을 위해선 도덕적 실천이 중요한데, 칸트는 욕망과 이익에 의한 조건적 실천행위인 가언 명법을 비판하며, 인간은 자신의 행위가 그 자체로서 마땅히 행해야 하는 보편타당한 의무가 되는 정언 명법에 의해 행하여야 한다고 보았다. 그는 내면의 보편타당한 이성의 힘이 물리적 환경, 이익, 중독이나 이기적 욕망과 같은 조건과 구속을 벗어나 자율적으로 올바른 도덕적 판단과 실천을 이끌어 참다운 자유를 누리게 한다고 하였다. 또한, 그는 인간을 유용성과 수단적 가치로 판단하지 말고,

그 자체로 목적적이고 존엄한 존재로 대우하여야 함을 강조하였다(Sahakian, 1974).

칸트는 이러한 도덕성을 기르기 위해서는 아동기 때의 훈육과 그 이후의 합리적 사고능력의 교육이 필요하다고 보았다. 인간은 선천적으로 자기 마음대로 행동하는 방종의 성향이 강한데, 도덕적 이성을 키우려면 어릴 때 이성의 명령을 복종하는 습관을 기르며 방종을 규율하는 훈육이 필요하며, 이를 바탕으로 커가면서 자율적 합리성을 통해 스스로 참된 이유에 근거하여 인식하고 판단하도록 교육하여야 한다. 칸트는 합리적 사고능력을 기우기 위해 소크라테스가 행하였던 것처럼, 질문과 응답을 통해 학습자가 스스로 자신의 내면으로부터 타당한 근거를 생각해보도록 유도하며, 배우는 내용을 실천을 통해 확인해보도록 제안하였다. 참다운 인간의 완전성에 이르는 것은, 양육과 훈육과 문화화(또는 지식교육)의 단계적 교육을 통해 이루어지며, 이를 통해 우리는 인류의 행복한 미래를 기대할 수 있다(Kant, 2001).

이와 같이, 칸트는 이성과 도덕성을 중심으로 지식의 습득 및 도덕적 실천과 관련하여 인간성과 교육의 방향을 심도 있게 논의하여, 교육철학의 학문 영역의 성립을 위한 중요한 이론적 기초를 제공하였다고 평가할 수 있다.

한편, 근세기에 교육철학뿐만 아니라 더 넓게 교육학을 학문적으로 기초한 학자는 헤르바르트(Johann Friedrich Herbart: 1776~1841)이다. 그는 철학(윤리학)에서 교육의 목적을, 심리학에서 교육의 방법을 고찰하여 체계화하였고, 교수단계로서 명료－연합－질서－방법의 과정을 제시하였다. 그는 교육의 근본적 목적은 학습자의 의지와 사고의 능력 함양을 통한 도덕성의 형성이며 이를 위해 특히 다면적 흥미의 계발이 이루어져야 한다고 주장하였다. 그리고 이러한 교육목적을 구체적으로 실현하기 위해서는 전심과 숙고를 통해 다음의 네 가지 교수단계를 거쳐야 한다고 제시하였다. 첫째, 명료는 학습 대상에 대해 전심을 기울여 그 특징적 요소를 분명하게 파악하는 것이며, 둘째, 연합은 새로운 학습 개념과 기존의 학습 개념을 연결하도록 하는 것이며, 셋째, 질서는 개념 간의 관계를 체계적으로 구조화하여 인식하도록 하는 것이고, 넷째, 방법은 체계화된 지식을 실제에 적용하여 활용하며 연습하도록 하는 것을 의미한다(Herbart, 1806; 2006).

(3) 교육철학의 학문적 성립

19세기에 들어 미국 교육은 경험주의적 전통과 합리주의적 전통의 영향을 동시에 받았는데, 특히 합리주의적 전통의 사변철학적 관점에 의거하여 로젠크란츠(J. Rosenkranz)는 1848년에 『교육학의 체계』(*Die Pädagogikals System*)라는 연구를 발표하였고, 1886년에 해리스는 이를 『교육철학』(*The Philosophy of Education*)이란 제목의 영문본으로 출간하였다. 이 책은 이후 40년 가까이 미국 대학의 교재로 사용되었는데, '교육철학'이란 명칭의 교재와 수업의 등장은 '교육철학'이란 학문이 이제 "현실적으로 성립되었음을 보여주는 것"이다. 그런데 이 책은 다양한 학문을 사변적으로 교육에 적용하였고, 아직은 "교육철학의 독립적 영역의 내용을 구성하지는 못하였다"(Chambliss, 2009: 244; 심승환, 2013b: 47).

교육철학이 명시적으로 하나의 학문으로 성립되도록 결정적인 공헌을 한 학자는 듀이(John Dewey: 1859~1952)였다. 그는 프래그머티즘의 관점에서 먼저 경험적인 과학주의와 사변적인 합리주의를 종합하여 인간의 '경험'과 '마음'이 상호작용하여 지식이 형성된다고 보았다. 여기서 듀이는 특히 '교육적인' 사고와 경험은 무엇인가를 밝히고자 하였다. 그에 의하면, 교육적 가치를 지니는 사고는, 무엇인가를 탐구할 때, 기존의 신념이나 지식의 문제를 찾으며, 지속적인 대안과 가정을 모색하며 검증하는 반성적 사고(reflective thinking)임을 주장하였다. 반성적 사고는 사고과정에서 지적인 흥미와 확산직 사고력을 이끌고, 추론과 배경지식의 활용 등 방법적인 지식을 유도함으로써, 교육적 가치가 있다고 할 수 있다(Dewey, 1910).

듀이(Dewey, 1938)는 또한, 교육적 가치를 지닌 경험—물리적·정신적 경험을 모두 포함—은 이전의 경험(선행경험)과 후속 경험 간에 '연속성'과 '상호작용'을 보이며 특히, 후속 경험에 '흥미'와 '능력'을 제공하면서 '성장'을 일으키는 것으로 보았다. 이러한 의미로, 그는 교육이란 유기체(인간)와 환경 간의 상호작용을 통해 경험이 지속적으로 재구성되며 성장을 야기하는 활동이라고 보았다. 듀이에게 지식과 교육은 잠정적이며 변화에 열려있으며, 상호작용과 교류를 통해 재구성되는 특징을 가진다. 경험의 지속적인 재구성 과정으로서의 교육은 개인과 세계, 관념과 실재, 정신과 신체, 사고와 행동, 이론과 실제, 일과 놀이, 학습자와 교육과정이 대립하지 않고, 서로 연결되어 상호작용함으로써 이루어진다(심승환, 2013a). 특히, 교육을 일과 놀이의 연합의 성격으로 파악한 것은, 어떤 성취목표를 위한 준비과정(과업으로서의 학습)과 그 자체로 흥미와 만족을 주는 활동(내재적 가치와 목적으로서의 학습)을 연결하여 본 획기적인 교육관으로 평가할 수 있다.

1916년에 듀이가 출간한 〈민주주의와 교육〉 (*Democracy and Education*)은 부제를 '교육철학입문'이라 하였고, 교육의 목적, 교육과 관련된 핵심 개념인 성장, 경험, 사고, 지식을 고찰하며, 교육의 내용 및 방법, 사회적 환경과 교육의 문제를 체계적으로 논의하였다. 이 책에서 듀이(Dewey, 1916: 473)는 명시적으로 "교육철학은 현대 생활이 가지고 있는 여러 가지 문제점들을 고려하여 올바른 지적, 도덕적 습관을 형성하는 데에 관련된 문제들을 명백히 체계화하는 것"이라고 정의한다. 일단, 이것은 교육철학이란 학문 영역이 무엇을 대상으로 어떠한 접근을 취하는지에 대해 처음으로 명확한 정의를 내린 점에서 의의를 찾을 수 있다.

듀이는 교육철학이란 영역은 철학과 교육이 불가분 연결된, 이론적이며 동시에 실천적인 학문임을 제시한다. 즉, 인간이 사회생활에서 야기되는 문제들을 볼 때 과거의 경험을 반성하고 미래의 가치실현 방향에 비추어 명확하고 체계적으로 분석하는 이론적 영역이 철학이라면, 그러한 문제 분석에 상응하여 현재 사회 구성원의 합당한 지적, 도덕적 태도를 형성하는 실천적 영역이 교육이다(Dewey, 1916). 따라서, 문제점과 방향성을 읽는 철학이 없으면 교육의 실천이 불가능하며, 교육이 없으면 철학적 관점을 사회현실에서 실현하는 것이 불가능하여 양자는 불가분 연결된 '교육-철학'이 되는 것이다. 이러한 교육철학에 대한 듀이의 관점은, 지식이나 도덕 등과 관련된 철학사상의 다양한 관점들을 교육 실제에 적용하는 접근이나, 주관적인 교육적 신념의 방향을 제시하는 접근이나, 교육의 현상이나 문제들을 철학적으로 설명하는 접근 등과 달리, 인간의 사회적 삶의 문제에 초점을 두어 교육과 철학을 불가분 연결된 하나의 독립적이고 체계적인 학문영역으로 본다는 점에 그 특징이 있다.

어떤 학문 영역의 성립에는 그 영역 고유의 연구 방법 혹은 접근방법이 필요한데, 영국과 미국에서 주로 발달한 분석적 교육철학은 교육 및 교육과 관련된 중요한 개념에 대해 분석적인 방법으로 고찰함으로써, 교육철학의 독립적인 접근방법을 체계화하며 더욱 정밀한 학문으로 발전시켰다. 분석적 교육철학은 특히 학회 설립과 학술지 활동을 통해 발달하였는데, 1941년 미국교육철학회(American Philosophy of Education)가 창립되고 학술지 『교육이론』(*Educational Theory*)이 간행되었으며, 1964년에는 영국 교육철학회(Philosophy of Education Society of Great Britain)가 창립되고 학술지 『교육철학』(*Journal of Philosophy of Education*)이 간행되었다. 학회와 학술지를 통해 왕성한 학술 활동을 전개함으로써, 교육철학은 내용적·방법적으로 심화될 수 있었다.

영국의 피터스(R. S. Peters), 허스트(P. Hirst), 디어든(R. Dearden)과 미국의 셰플러(I. Scheffler) 등이 주축이 된 분석적 교육철학은 비트겐슈타인의 언어철학을 근간으로, 사상과 개념을 논리적으로 명료화하고 그 한계를 분명히 정하고자 노력하였다. 분석적 교육철학은 모호한 개념이나 혼란스러운 진술들을 명료화하고자 하면서, 특히 '교육'을 사회화, 치료, 훈련과 같은 유사 개념과 분명히 구분 짓고 개념의 준거와 한계를 명확히 하려 하였다(심승환, 2013b). 피터스는 교육, 교수, 학습, 교화, 창의성, 정서, 자유,

평등, 권위, 벌과 같은 교육 관련 개념들의 준거와 의미를 밝혔고, 교육 개념이 성립하기 위해선 규범적, 인지적, 과정적 준거의 세 가지 필수적인 준거가 필요함을 제시하였다(Peters, 1966).

한편, 셰플러(Scheffler, 1954)는 교육철학을 교육의 실제에 관련된 주요 개념들에 대한 엄밀한 논리적 분석이라 정의하고, 분석적 접근은 구체적 사실 및 명확한 문제의 확인, 방법과 대안의 객관성 및 논의의 엄밀성 검토를 중시하는 탐구공동체가 되어야 함을 지적하였다. 또한, 그는 교육적인 구호나 은유, 용어에 대한 기술적 의미뿐만 아니라 실제적 의미를 동시에 평가하여야 함을 주장하였다(Scheffler, 1960). 예를 들어, '교과가 아니라 아동을 가르쳐라'라는 구호는 가르침에 학습 내용은 필수적이라는 측면에서 기술적 의미로는 오류일지라도, 실제적 의미로서 아동을 중심에 두고 가르치라는 규범적 의미를 담고 있음을 이해할 필요가 있다. 셰플러는 '가르침(teaching)'의 의미 분석을 통해 이것이 단순히 학생의 기계적 행동 변화를 유도하는 행위가 아니라, '합리적 이유에 근거하여 자율적으로 판단하도록 돕는 과정'이라고 하였다(Scheffler, 1973). 이러한 분석은 합리성과 자율적 · 비판적 탐구를 교육적 이상으로 제시함으로써, 분석적 접근이 단순히 객관적 검토에 머물지 않고 교육의 규범적 · 도덕적 이해를 더욱 심화시킬 수 있음을 보여준다.

(4) 교육철학의 확장과 다양화

분석적 교육철학은 교육철학을 명확한 방법론을 갖춘 하나의 엄밀한 '학'으로서 발전시키는 데 중요한 공헌을 하였다. 그러나 분석철학의 접근법에 대해서는 다양한 측면의 비판이 제기되었다. 먼저, 이 접근은 교육 개념의 배경인 역사적, 문화적 맥락에 무관심하며, 또한 중립적인 성격상 정책적 방향과 관련된 문제에 무비판적이라는 것이다(McLaughlin, 2000; 심승환 2013a). 이러한 비판적 관점에 근거하여 20세기의 교육철학에서는 몇몇 중요한 이론들이 제기되었는데 그중에 대표적인 것이 자유주의 및 공동체주의적 관점의 교육철학이다. 롤즈(J. Rawls)를 주축으로 자유주의 관점에서는 특정한 권력과 가치가 개인과 집단을 지배하지 않고, '공정으로서의 정의(justice as fairness)' 관점에 근거하여 개인의 자유와 권리를 보장하는 것을 강조하였다. 이러한 입장에서의 교육은 무엇보다 누구도 소외됨 없이 평등한 기회를 보장하여야 하며, 권위적이지 않고 중립적이며 객관적인 관점에서 학습자의 자율성과 선택권을 존중하고 길러주는 방향을 추구해야 한다(심승환, 2013b).

이에 반하여, 공동체주의에서는 공동체의 사회문화적 영향을 받는 구성적 존재인 개인이 중립을 지킨다는 것은 불가능하며, 공동체의 가치는 개인의 정체성과 목표를 찾는 데 중요한 역할을 한다고 주장하였다(Mullhall & Swift, 1992). 특히, 맥킨타이어(MacIntyre, 1981)는 현대 문화가 각자의 감정대로 행하는 '주정주의(emotivism)' 속에서 덕의 상실 혹은 혼돈의 시대가 되었음을 지적하였다. 이를 극복하기 위해 그는, 사회구성원들이 공동체의 가치와 목적을 인식하고 그 속에서 자신의 역할을 자각할 수 있어야 한다고 주장하였다. 그러한 인식을 키우기 위해서 그는 '사회적 실제(practice)', '삶의 서사(narrative)', '전통(tradition)'을 통한 교육이 필요하다고 보았다.

첫째, 사회적 실제는 사회적으로 형성된 인간 활동의 양식으로, 그 자체에 탁월성의 기준이 있고 이를 추구하면서 내재적 가치가 실현되며 능력과 사고가 확장된다. 둘째, 삶의 서사는 과거와 현재와 미래의 삶의 연속적이고 전체적인 맥락(배경과 목적) 속에서 자신의 개별 행위를 성찰하며 합리적인 선택을 하는 것을 뜻한다. 셋째, 전통은 일련의 사회적 실제들 및 이것들의 가치로서 세대를 넘어 전승된 역사적·사회적 특수성으로 개인의 정체성 및 사회적 역할의 도덕적 근거가 되는 것이다. 자유주의와 공동체주의 교육관은 기존의 개념 분석적인 교육철학을 개인의 권리와 자율성 및 공동체의 가치와 목적과 관련된 사회적인 문제와 맥락에서 이해하도록 논의를 확장하도록 이끌었다.

성, 인종, 계층 간의 차별과 불평등에 대한 사회적 인식이 높아지면서 교육철학에서도 이러한 사회적 문제를 보다 적극적으로 다루기 시작하였다. 마르쿠제, 아도르노, 호르크하이머, 하버마스 등 독일 프랑크푸르트 학파의 비판이론 및 브라질의 교육자 프레이리의 해방적 교육론에 영향을 받은 미국의 지루, 맥래런, 애플, 그린 등은 비판적 교육학을 주장하였다. 이들의 주요 관점은 근대 산업사회의 도구적 이성이 '허위의식(false consciousness)'을 낳아 인간을 소외시키며 불평등 구조를 정당화하며 재생산한다는 것이다. 비판적 교육학은 사회적 불평등과 재생산 구조가 교육에도 그대로 반영되며, 교육이 경제적 재생산뿐만 아니라, 기득권을 강화하며 사회적 약자를 지속적으로 소외시키는 도구로 활용된다고 본다. 비판적 교육학은 이러한 사회적 불평등과 불의의 현실을 올바로 인식하는 '비판적 의식(critical consciousness)'을 함양하며, '의사소통적 합리성' 및 '문제제기식 교육'을 통해 쌍방향적인 이해 및 논의의 능력과 태도를 키워 사회의 변혁을 이끄는 '변혁적 지성인'을 양성하여야 한다고 주장한다(Giroux, 1988).

한편, 산업사회의 대중화 현상과 양차 세계대전을 거치며 심화된 인간 소외 현상에 대하여, 20세기 후반에는 니체, 샤르트르, 키에르케고어, 하이데거 등의 실존주의 철학이 교육철학 연구에도 큰 영향을 주었다. 이 사상은 "실존은 본질에 앞선다."(Sartre, 1943, vol.2.: 202)는 관점을 제시하며, 시・공을 조월하여 보는 인간에게 보편적이며 불변하는 본질보다 인간 각자가 지금 그리고 여기의, 고유하며 변화하는 상황에서 스스로 느끼며 창조해나가는 실존을 중시하였다. 하이데거(Heidegger, 1927)는 현대 사회의 인간들이 잡담, 호기심, 애매성으로 인하여 자신의 참된 실존인 본래성을 잃고 비 본래성으로 퇴락함을 지적하였다. 현대인들은 대상을 깊이 보지 못하고 피상적, 상식적 수준에서 잡담하며 평균화된 지식과 생각에 머무르게 된다. 또한, 현대인들은 계속 새롭고 끌리는 것에 호기심을 갖고 찾으며 지금, 여기의 한 대상에 깊이 포착하지 못한 채 끊임없이 의식이 떠돈다. 이렇게 잡담과 호기심이 의식의 기준이 됨으로써 현대인들은 자기와 대상과 세계의 진실성(본래성)을 보지 못하고 소문과 기대치에 의존한 채 비 본래적인 '애매성'으로 퇴락하게 된다.

이러한 비본래성을 극복하기 위해서는, 기존의 유형과 체계, 관습과 여론, 자신의 구태의연한 습관을 의식 없이 따르던 자신을 반성하며, 지금 여기의 자신, 대상, 세계를 진실하게 실존적으로 마주하며 새롭게 결의하며 실천하고, 또한 책임지는 존재가 되어야 한다(Nietzche, 1883). 한편, 부버(M. Buber)와 테일러(C. Taylor)는 이러한 본래성은 참다운 관계를 통해 이루어진다고 보았고, 볼노우(Bollnow, 1971)는 실존주의를 교육학적으로 해석하여 기존의 연속적이고 지속적인 성장을 중시하는 교육관과 달리, 비연속적인, 순간적인 '만남과 각성'의 교육관을 주장하였다. 이 순간적인 만남과 각성은 교사와 학생 사이, 문학작품을 읽는 중에서, 삶의 위기의 순간 등에서, '예기치 않게 우발적으로 일어나며' 결정적인 깨달음과 결의를 촉구한다. 이 같은 교육은 오랜 시간 양적으로 많은 지식을 축적하는 것과는, 질적으로 전혀 다른 성질을 가진다. 따라서, 실존주의 교육에서는 많은 내용을 효과적으로 잘 전달, 숙지하는 것은 중요하지 않고, 학습자가 스스로 선택하고 의미를 부여하는 것이 중요하다.

상기한 듀이와 프래그머티즘, 분석철학, 비판이론, 자유주의와 공동체주의, 실존주의뿐만 아니라 국제화, 다원화 시대 속에서 다양성과 차이를 중시하는 포스트모더니즘과 다문화주의, 여권과 여성성의 의미를 강조하는 페미니즘, 그리고 펜데믹을 거치며 지구환경 위기 시대 속에 인본주의적 신념을 극복하고 비 인간 존재—자연, 사물, AI 등—와의 평등한 공생적 관계를 강조하는 포스트휴머니즘(posthumanism)도 인간과 교육을 바라보는 시각을 더욱 풍성하고 깊이 있게 함으로써 교육철학의 지평을 더욱 확장·발전시켰다고 본다.

(5) 교육철학의 학문지도

교육철학이란 무엇인가? 이러한 질문은 'A는 B이다.'라는 일대일 대응의 사실적 진술을 요구하는 것이라기보다는 교육철학의 역사적·사회적 맥락을 고려하여 '이 학문 영역은 무엇을 어떻게 연구하여야 하는가'라는 규범적 진술을 요구하는 것이다. 하나의 학문은 독자적인 연구영역과 연구방법이 있어야 한다. 교육철학은 무엇을 대상으로 하는가? 교육철학의 연구영역은 고대사회의 공자와 플라톤 등의 사상 이래, 인간과 교육에 관한 폭넓은 의미의 '교육철학'이란 학문이 발달하여 지금까지 연구되어 온 다양한 관점들과 함께, 현재 교육철학 연구에서 활발히 다루고 있는 주제들을 고려하여, 교육철학이 규범적으로 마땅히 탐구하고 제시하여야 할 영역을 포함한다. 즉, 다른 학문 영역과 구분되는 독자적 정체성을 지녀야 하기에 무한정 모든 내용을 포섭해도 안 되고, 그렇다고 인간과 교육이란 폭넓고 복합적인 영역을 협소한 틀로 한정하여도 안 될 것이다.

교육철학은 참된 인간성과 교육의 방향을 다루는 영역으로 그 핵심주제는 '인간'과 '교육'이다. 이에 대한 핵심 질문(주요영역)은, '인간이란 무엇인가', '무엇이 참되고 선하며 아름다운 것인가', '교육이란 무엇인가', '개인과 사회(공동체)는 무엇을 지향하며 어떤 관계인가'이다. 네 가지 주요영역은 각기 세부 주제를 내포한다. 첫째, '인간이란 무엇인가'의 영역은 인간의 본성 및 특징(知情意 혹은 智德體의 제 측면), 인간의 인식과정 및 방법, 인간의 목적 및 이상, 인간의 사고와 경험에 관한 고찰을 포함한다.

둘째, '무엇이 참되고 선하며 아름다운 것인가'는 진·선·미의 가치에 관한 고찰, 도덕(윤리)과 사회이념에 관한 고찰, 자유·평등·정의의 문제, 그리고 이것들의 실현과정 및 방법에 대한 논의를 포함한다.

셋째, '개인과 사회의 방향 및 관계'는 개인의 정체성 및 자아실현, 사회공동체의 목적 및 가치의 실현, 개인과 사회 또는 집단 간의 관계와 갈등 문제, 소외·차별·불평등·억압·빈곤·부패 등 각종 사회문제와 교육의 관련성 및 해결방안, 교육적 성취(수월성)와 사회정의(평등) 간의 문제, 다문화교육, 성·인종·계층 문제와 교육 방향, 시민성과 시민교육, 생태·환경문제와 교육적 해결 방향 등이 포함된다. 넷째, '교육이란 무엇인가'는 앞의 세 주제와 연관하여 인간성, 가치, 사회, 교육의 관계를 탐구하며, 교육의 본질, 교육의 주체와 대상, 교육의 목적·내용·방법, 가르침과 배움의 의미 및 관계, 과거-현재-미래의 역사적 맥락 속에서의 교육 이해, 교사와 학생, 학교 교육의 문제, 교육정책과 교육평가 등에 관한 고찰을 포함한다. 다만, 교육철학은 다른 교육학의 하위 영역과는 달리, 참된 인간성과 가치, 그것의 실현과 관련된 '규범적인 교육의 방향'과 관련하여 이 주제들을 다룬다(심승환, 2013a 연구를 바탕으로 수정·보완).

교육철학의 학문지도를 그림으로 보면 아래와 같다. 이 그림은 교육철학의 학문적 정체성과 그 구조를 한 눈에 보여준다. 교육철학의 중심에는 '교육'에 관한 가장 근본적인 질문, 곧 인간과 교육의 본질에 관한 탐구가 자리한다. 이 핵심주제에서 4개의 주요 영역이 파생되는데, 그 수직축에는 인간과 교육, 수평축에는 가치와 사회의 주제들이 위치한다. 4개 주요영역 중 맨 위에는 교육철학의 가장 근본적이며 상위의 탐구대상인 '인간성의 본질과 특징'이 위치한다. 이 영역은 아래 3개 하위 영역의 상위 영역으로서 '이론적 근거이자 방향성'을 제시한다. 맨 아래에는 '교육의 본질과 방향'의 영역이 위치하는데, 이 탐구 영역은 인간성, 가치와 도덕, 개인과 사회의 세 영역의 탐구를 바탕으로, 이들의 연구 성과들을 수렴하여서 '실제적 적용의 영역'으로서 바람직한 교육의 방향을 찾고 제시한다.

한편, 그 수평축의 왼편은 '가치와 도덕'의 탐구 영역으로 이것은 인간성에 관한 탐구를 기초로 하며, 우편의 개인과 공동체의 방향 및 관계의 문제를 해석하고 논의하는 기초가 된다. 개인의 자아실현과 사회의 제 문제에 관한 탐구는 또한, 교육의 실제적 방향을 고찰하고 제시하는 데 가장 직접적인 근거가 된다. 수평축의 두 영역은 인간 탐구의 근본 영역과 교육 탐구의 적용 영역의 중간에 위치하며 이론적 탐구와 실제적 논의를 연결하는 역할을 한다(심승환, 2013a). 이 네 영역은 서로 불가분 연결되며 상호작용하고 때로는 중첩적으로 탐구되며 서로를 보완한다. 교육철학에서 이론적 탐구는 실제적 논의의 기초이며, 실제적 논의를 통해 의미를 지니며, 실제적 논의는 심도 있고 풍성한 이론적 탐구를 바탕으로 해야만 참된 방향성을 찾을 수 있으므로, 양자는 지속해서 적극적으로 교류하여야만 참다운 의미의 교육철학을 실현할 수 있다.

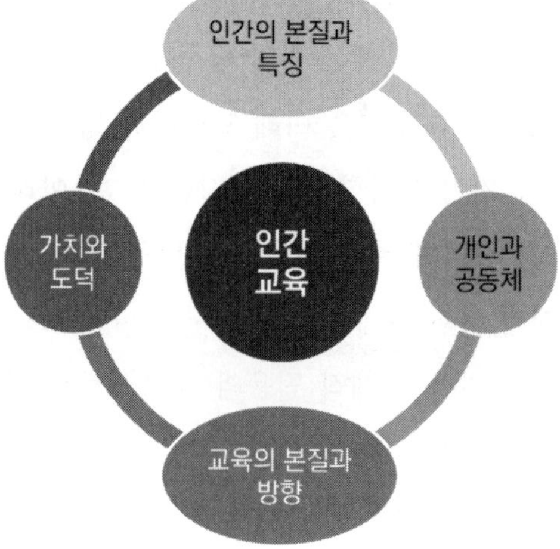

[그림 1] 교육철학의 학문지도(주요영역)

교육철학의 연구방법 혹은 접근방법은 무엇인가? 교육철학의 접근방법은 그 연구대상의 특성과 불가분 연결되어 있다. 즉, 인간과 교육의 본질과 방향성을 고찰하고 논의하는 것은, 존재론과 가치론과 인식론을 다루는 영역으로, 경험적인 방법보다는 규범적이며 논증적인 해석과 설명을 추구한다. 이러한 접근은 기본적으로, 인간과 교육의 여러 관점에 대하여 '그것은 무엇인가', '왜 그러한가', '다른 측면은 무엇인가'를 심도 있고 정밀하게 고찰한다. 교육철학의 주요한 접근방법은 분석적, 규범적, 사변적, 비판적, 해석적 접근이라 할 수 있다.

첫째, '분석적 접근'은 인간, 교육, 배움, 성장 등 교육철학 주요영역의 핵심 개념들의 의미를 명확히 밝히며 중요한 진술들의 논리적 전제와 근거들을 규명한다. 둘째, '규범적 접근'은 인간 교육이 추구해야 할 이상과 도덕적 가치의 정당성을 탐구하며 무엇이 옳고 좋은 방향인지를 논의하며 제시한다. 셋째, '사변적 접근'은 인간과 교육에 관한 다양한 사상과 이론들을 비교하며, 관련성, 유사점과 차이, 장점과 한계, 대안 등을 고찰하며 종합적으로 논의한다. 넷째, '비판적 접근'은 주로 교육의 실제에서 나타나는 불합리한 측면, 불의와 불평등, 억압, 차별, 소외, 폭력, 갈등, 모순 등의 근본적인 원인과 배경 그리고 그에 따른 문제 등을 비판적으로 고찰하고 바람직한 극복 방향을 논의한다. 다섯째, '해석적 접근'은 다양한 사상, 문헌, 역사적 사건을 교육의 관점에서 이해하고, 사회현실 및 교육 실제의 다양한 행위에 나타난 교육적 의미를 해석한다.

교육철학 연구는 기본적으로 이 다섯 가지 접근을 취하며, 각 영역이나 주제별로 보다 주요한 접근방법을 활용할 수 있다(심승환, 2013a).

〈표 1〉 교육철학의 세부 영역과 접근방법

주요영역	세부주제	주요 접근방법
인간이란 무엇인가	• 인간의 본성 및 특징(지성, 감성, 의지, 사회성) • 인간의 인식과정 및 방법 • 인간의 목적 및 이상 • 인간의 사고, 경험, 성장	분석적, 규범적, 사변적
가치와 도덕	• 진 · 선 · 미의 의미 • 도덕(윤리)과 가치, 사회이념 • 자유 · 평등 · 정의의 문제 • 가치의 실현과정 및 방법	규범적, 사변적, 분석적

주요영역	세부주제	주요 접근방법
개인과 사회의 방향 및 관계	• 개인의 자아실현과 사회공동체의 목적 실현 • 관계와 갈등, 소외, 불평등, 억압의 실태와 해결방안 • 교육 성취(수월성)와 사회정의(평등) • 다문화교육, 성·인종·계층 문제와 교육 • 시민성과 시민교육 • 생태 환경 문제와 교육적 해결방향	비판적, 해석적, 규범적
교육이란 무엇인가	• 인간성, 가치, 사회, 교육의 관계 • 교육의 본질, 교육의 주체(대상) • 교육의 목적, 내용, 방법 • 가르침과 배움의 의미 및 관계, 교사와 학생 • 학교와 교육과정, 교육정책과 교육평가	분석적, 규범적, 해석적, 비판적, 사변적

교육철학은 '어울림'의 학문이다. 앞서 듀이 이론에서, 교육철학은 사회현실의 문제를 고찰하며(철학의 영역) 그 해결 방향으로서 올바른 삶의 형성을 모색(인간 교육의 영역)하는 연결된 학문 영역(교육－철학)임을 보았다. 카아(Carr: 2004)도 이와 유사하게, 아리스토텔레스의 '프로네시스'(phronesis: practical wisdom) 개념에 근거하여, 교육철학은 무엇이 선(善)인가에 대한 목적에 대한 사유와 이를 어떻게 달성할지에 대한 방법에 대한 사유의 연결임을 지적하였다. 이렇듯 교육철학은 첫째, '이론과 실제의 어울림'의 영역이다. 이렇게 볼 때, 교육철학은 협소한 교직과목이 아니라, 모든 사람이 참다운, 좋은 삶이 무엇이며 그것을 위해 어떻게 성장하며 변화되어야 할지를 성찰하고 실천하는 방향을 제시하는 학문영역이다.

둘째, 교육철학은 '인간과 세계의 어울림'을 탐구하는 영역이다. 인간은 태어나며 죽을 때까지 가족, 학교의 교사와 동료들, 이웃, 직장 동료들, 다양한 사람들, 다양한 사물들(최근에는 AI 포함), 자연환경 및 넓게는 지구와 우주에 이르는 넓고 복합적인 존재들과 다양한 차원에서 관계를 맺고 상호작용하며 살아간다. 이 다양하고 복합적인 어울림의 경험을 통해, 인간은 지적, 정서적, 신체적, 사회적, 인격적으로 변화하며 성장한다. 이 과정에서 참다운, 좋은 인간성을 형성하고 실현하는 어울림의 방향은 과연 무엇이며, 개인과 사회공동체는 이를 위해 무엇을 어떻게 구체적으로 노력하여야 할지를 탐색하는 영역이 바로 교육철학이다.

셋째, 교육철학은 '가르침과 배움의 어울림'을 고찰한다. 광의로 볼 때, 인간은 학교교육과 같은 정형화된 교육 외에도 다양한 정신적 · 물리적, 직접적 · 간접적 경험의 통로를 통하여 배우며 성장하면서 살아간다. 또한, 역시 광의에서, 인간은 가족, 주변인, 친구, 동료 등 다양한 사람들(더 넓게는 반려동물 등)에게 다양한 차원의 성장을 이끄는 가르침을 주며 살아간다. 즉, 광의의 차원에서 인간의 삶은 다양한 배움과 가르침이 연속적 혹은 비연속적으로 어우러지는 영역이라 볼 수 있다. 교육철학은 이 배움과 가르침의 관계 혹은 상호작용이 어떻게 일어나며, 또 참다운 인간성을 형성하는 이 양자의 관계와 상호작용은 과연 무엇인지를 고찰한다.

넷째, 교육철학은 역사적으로 '과거－현재－미래의 어울림'의 영역이다. 철학은 인류가 지금까지 살아온 다양한 시대의 문화와 시대정신을 담고 있다. 또한, 교육은 무형식적 · 비형식적 교육을 포함한 넓은 의미에서 인류의 역사와 그 흐름을 같이 한다. 앞서 듀이(Dewey, 1916)가 교육철학을, 과거의 경험을 반성하고 미래의 가치실현 방향에 비추어 현재 사회구성원의 합당한 지적, 도덕적 태도를 형성하는 영역이라 보았듯이, 이것은 과거와 현재와 미래를 함께 성찰해야 하는 영역이다.

우리가 교육철학을 근래 성립한 학문으로 협소하게 보지 않고, 전술하였듯이 참된 인간성 형성에 대한 오래된, 다양한 사상과 실천의 축적과 발달의 과정으로 본다면, 이는 필연적으로 역사적 성찰의 영역이 되어야 한다. 참다운 인간 교육에 관하여, 과거를 보며 그 역사적 맥락에서 현재를 이해하며, 과거의 지혜를 현재에 창조적으로 적용하며, 과거의 잘못과 문제는 비판하며 다시금 되풀이되지 않도록 경계하며 현재까지 이어지는 부분은 그 극복 방향을 고민해야 할 것이다. 또한, 오늘날 실제로 좋은 영향력을 발휘하는 교육철학이 되려면, 갈수록 빠르게 변화하며 그 변화의 범위와 질이 커지는 현실과 미래의 상황—이는 다양한 사회적 불안과 위기의 요소이기도 함—을 특별히 민감하고 정밀하게 고려하고 예측하여, 그에 현명하게 대처하여 방향성을 제시하는 학문 영역이 되어야 할 것이다.

마지막으로, 교육철학은 '다양한 접근의 어울림'의 영역이다. 접근방법의 측면에서 교육철학은 다양한 학문영역과 연구방법이 융합적으로 어우러지는 탐구이다. 인간성과 교육의 방향을 폭넓게 연결하여 탐구하는 교육철학은 본질상 융합적일 수밖에 없으며, 따라서 철학, 인류학, 역사학, 심리학, 사회학, 정치학, 법학, 윤리학, 미학, 경제학, 예술, 체육학, 생명과학, 의학의 다양한 연구 성과와 관심을 공유·수렴한다. 또한, 인간 탐구 자체가 경험적인 동시에 규범적인, 복합적 특징을 가지므로, 문헌연구나 해석학뿐만 아니라 때로는 인터뷰, 참여 관찰법, 설문 및 통계 조사 등 다양한 연구방법을 복합적으로 활용해야 할 것이다. 이러한 융합적 접근방법은 또한 앞으로 '초연결의 시대'라는 시대 정신 및 시대적 흐름에도 부합하는 것이다. 그러나 내용 면에서는, 다양한 학문영역의 주제와 성과들을 활용하더라도 '인간성과 교육의 방향'이라는 핵심주제의 탐구를 중심으로 수렴하며, 방법 면에서는, 다양한 연구 방법을 일부 활용하더라도, 분석적, 규범적, 사변적, 해석적, 비판적 접근의 핵심적 접근방법을 기본적인 틀로 하여, 교육철학의 독자성이 드러나는, 깊고 풍성한 탐구와 논의가 되도록 수렴해야 할 것이다.

참고문헌

『論語』
『孟子』
『大學』
『碧巖錄』
『禮記』
김정환 · 강선보(2011). 교육학개론. 서울: 박영사.
심승환(2013a). 교육철학 연구의 학문지도. 교육사상연구. 27(3). 241-274.
심승환(2013b). 영미교육철학 연구의 성과와 과제, 교육철학. 49. 45-87.
정범모(1997). 교육과 교육학. 서울: 배영사.

Aristotle. *Nichomachean Ethics*. Ross, D. (trans. 1980). Oxford: Oxford University Press.

Bollnow, O. F. (1971). *Padagogik in Anthropologischer Sicht*. Tokyo: Tamagawa University Press. 오인탁 · 정혜영 공역(1990). 교육의 인간학. 서울: 문음사.

Carr, W. (2004). Philosophy and Education. *Journal of Philosophy of Education, 38*(1), 55-73.

Comenius, J. A. *Pampaedia Allerziehung*, 정일웅 역(2005). 코메니우스의 범교육학. 서울: 그리심.

Chambliss, J. (2009). Philosophy of Education Today, *Educational Theory, 59*(2). 233-251.

Dewey, J. (1910). *How we think*. 정회욱 역(2011). 하우 위 싱크: 과학적 사고의 방법과 교육. 서울: 학이시습.

Dewey, J. (1938). *Experience and Education*. 엄태동 역(2001). 경험과 교육. 서울: 원미사.

Durkheim, E. (1956). *Education and Sociology*. New York: The Free Press.

Freire, P. (2000). *Pedagogy of the Oppressed*. New York: Continuum.

Giroux, H. (1988). *Teachers as Intellectuals: Toward a Critical Pedagogy of Learning*. 이경숙 역(2001). 교사는 지성인이다. 서울: 아침이슬.

Heidegger, M. (1927). *Sein und Zeit*. 전양범 역(2001). 서울: 동서문화사.

Herbart, J. F. (1806). *Allgemeine Pädagogik*. 김영래 역(2006). 헤르바르트의 일반교육학. 서울: 학지사.

Kant, I. (1803). *Immanuel Kant Eine Vorlesung Uber Paedagogik*. 조관성 역(2001). 칸트의 교육학 강의. 서울: 철학과 현실사.

Kant, I. *Lectures on Ethics*, L. Infield(trans., 1963). New York: Harper and Row.

Kant, I. *Logic*. Hartman, R. (trans. 1988). New York: Dover Publications.

Kant, I. *Kritik der reinen Vernunft*. 최재희 역(1995). 순수이성비판. 서울: 박영사.

MacIntyre, A. (1981). *After Virtue: A Study in Moral Theory*. Notre Dame, IN: University of Notre Dame Press.

McLaughlin, T. H. (2000). Philosophy and Educational Policy: Possibilities, Tensions and Tasks, *Journal of Education Policy, 15*(4), 441-457.

Mullhall, S. and Swift, A. (1992). *Liberals and Communitarians*. New York: Blackwell Publishers Ltd. 김해영 · 조영달 역. 자유주의와 공동체주의. 서울: 한울.

Nietzsche, F. (1883). *Also Sprache Zarathustra*. 황문수 역(2001). 서울: 문예출판사.

Peters, R. S. (1966). *Ethics and Education*. London: George Allen & Unwin Ltd.

Plato. (2000). *The Republic*. G. R. F. Ferrari(ed.) Cambridge: Cambridge University Press.

Rousseau, J. J. (1762). *Emile*. 권응호 역(2000). 서울: 홍신문화사.

Sartre, J. P. (1943). *L'être et le néant*. 손우성 역(1990). 서울: 삼성출판사.

Scheffler, I. (1954). Toward an Analytic Philosophy of Education, *Harvard Educational Review, 24*, 1-15.

Scheffler, I. (1960). *The Language of Education*. Springfield: Charles C. Thomas.

Scheffler, I. (1973). *Reason and Teaching*. London: Routledge and Kegan Paul.

Sahakian, W. W. (1974). *Ethics: An Introduction to Theories and Problems*. 송휘칠 · 황경식 역. 서울: 박영사.

II 위기의 시대, 어울림의 교육철학[1)]

1. 들어가며

오늘날 세계는 전쟁과 테러, 각종 폭력과 갈등으로 몸살을 앓고 있고 고도화된 기술을 이용해 범죄의 양상도 더욱 심각해지고 있다. 일인 가정의 급속한 증가와 심각한 저출산의 문제도 중요한 사회적 문제로 대두되고 있다. 이상기후와 대재난, 펜데믹, 자원고갈과 같은 자연환경의 문제는 극심한 빈곤과 기아, 난민, 빈부 간의 격차와 대립 심화와 같은 사회환경의 문제와 맞물려 위기감을 고조시키고 있다. 이러한 위기는 교육에서도 발생하고 있나. 학교폭력, 집단따돌림, 교권실추, 아동학대, 중도탈락, 자살 등과 같은 심각한 문제들이 교육의 근간을 흔들고 있다. 또한, 근래 디지털 기술의 발전과 코로나 펜데믹의 영향은 친밀한 대면적 상호작용 학습보다는 온라인과 매체를 사용한 개별 학습의 강화를 가져왔고, 이는 기존의 양적인 성적 중심의 평가 경향과 맞물려 개인주의가 심화되고, 타인에 대한 배려와 협력, 공동체의 가치에 대한 의식의 약화를 초래하였다.

이러한 사회와 교육의 심각한 위기의 원인은 무엇인가? 물론 다양하고 복합적인 원인이 있겠으나 근본적으로는 자아와 타자에 대한 긍정적 인식에 기초한 배려와 협력의 가치가 쇠락하고

1) 이 장의 내용은 저자(심승환)의 논문, "위기의 시대, 공생과 어울림의 교육철학"(학습자중심교과교육연구, 2024)을 수정 · 보완하였음

무너졌기 때문이라고 본다. 광의의 관점에서 세계 내 타자의 범주에 자연도 포함된다고 보면, 이는 많은 전문가가 오늘날 자연환경적 위기의 상당 부분이 인간이 초래한 것이라는 지적과 상통한다. 이러한 위기와 관련하여, 유네스코는 21세기 인류가 직면한 사회적, 경제적, 문화적, 환경적 문제들에 대처하는 '지속가능 교육(education for sustainability)'의 목표를 천명하였다. 이는 자신과 타인이 당면한 문제를 함께 해결하기 위해 현명한 판단과 실천을 유도하는 지식, 기술, 태도의 함양을 추구하며, 특히 지속가능한 세계를 위협하는 문제들에 대처하는 지식과 이해의 필요성을 강조하였다(UNESCO, 2009).

현대사회의 위기와 관련하여 독일의 사회학자이자 철학자인 하르트무트 로자(Hartmut Rosa: 1965~)는 그 위기의 원인을 가속화와 소외로 보았다. 현대사회는 여러 방면에서 가속화가 이루어지고 있다. 현대인은 교통, 통신, 생산의 분야에서 목표지향적인 과정을 가속하는 "기술의 가속화", 사회적 교류방식, 행동방식, 지식 내용의 빠른 변화를 지향하는 "사회변화 가속화", 더 많은 일을 빠르게 해야 하는 "생활의 가속화"를 경험하고 있다(Rosa, 2013: 20-27). 이러한 가속화의 영향으로 현대인은 "자아와 세계와의 관계의 왜곡"을 경험하게 되고, 이는 "공간, 사물, 자기 행위, 시간, 자신과 타자로부터의 소외"를 유도하게 된다(Rosa, 2013: 119-139). 이러한 가속화와 소외의 사회적 흐름은 교육에도 영향을 주고 있다. 오늘날 교육 현실은 성적, 입시, 경쟁에 몰입되어 교사와 학생이 충분한 대화적 관계를 맺기 힘들다. 이러한 상황에서는 교육도 하나의 "생산과정"으로 인식됨으로써, "최적화" 논리에 따라, 세계와의 관계에 대한 폭넓은 학습보다는 단순한 기술과 통제의 문제로 축소된다(이태영, 2020: 53). 개개인은 자신의 성적, 실적, 이익을 효율적으로 증대하는 일에 몰입하는 와중에, 타자와의 공생과 소통, 배려와 협력의 가치와 방법을 망각하거나 무시하고 살아가게 된다.

오늘날 생산성과 효율성을 중시하는 무한 경쟁 체제는 상대적 능력 및 성과를 기준으로 구성원들에게 상대적 열등감과 패배감을 조장한다. 성적과 실적에 따른 진학, 취업, 보상의 경쟁 체제 속에서 상대적으로 부족한 결과를 받을 때 개인은 자신과 타인, 공동체에 대한 부정적 관점을 갖게 된다. 이것은 가정, 학교, 사회에서 다양한 형태의 '무시'로 연결되어 기본적 생활 및 학습과 일 모든 방면에서 의욕을 잃도록 한다(Honneth, 1995; 심승환, 2023). 개인은 타인과의 관계에서 인정받음으로써, 자신의 정체성을 형성시키는데 자신의 고유한 능력을 인정받은 사람은 긍정적 자아상을 형성시키면서 자신의 능력과 자질을 인식하기 시작한다. 반면에, 이러한 인정을 받지 못할 경우, "수치심, 분노, 공격성, 질투심 등의 부정적 정서"를 발달시킨다(Honneth, 1995: 257). 부정적 자아관을 통해 발생한 분노와 공격적 성향은 다시금 타자를 무시하고 침해하는 문제의 원인이 되기도 한다.

이 글은 이같은 문제의식에 기초하여 오늘날 사회와 교육의 문제점들의 근원에 있는 무시와 소외의 현상을 분석하고, 이를 극복하기 위한 '공생'과 '어울림'의 실현을 추구하는 교육철학을 제시하고자 한다. 먼저, 본론의 첫 부분은 공생의 기반으로서 호네트(Honneth)의 '인정(recognition)' 개념을 고찰하고 여기서 더 나아가 '상호 이해(mutual understanding)'의 필요성을 제안한다. 다음으로는, 어울림을 실현하기 위해 로자(Rosa)의 '울림(resonance)' 개념을 고찰하고 이를 발전시킨 '상호돌봄(mutual caring)'으로서의 '어울림의 교육철학'을 제안한다. 마지막으로, 결론에서는 어울림의 교육철학이 지향하는 교육의 구체적 방향을 제시하겠다.

2. 공생을 막는 요인과 공생의 기반으로서의 인정

호네트(Fraser & Honneth, 2004)에 의하면, 인간 사회의 모든 갈등의 근원에는 무시와 인정을 향한 분투의 과정이 존재한다. 불평등과 분배의 갈등도 "인간 활동과 특성과 기여의 가치를 결정하는 사회문화적 성향"에 대한 "인정의 갈등"에 포함된다(Fraser & Honneth, 2004: 54). 호네트(Honneth, 1995)는 인간 갈등의 근원인 무시의 형식을 주로 세 가지로 본다. 첫째, 가장 기초적인 형식의 무시로 신체적인 모욕과 학대이다. 이는 심리적 침해상태를 초래하며 개인의 긍정적 자아관 발달을 막는다. 둘째, 사회적 관계에서 발생하는 무시로서 이는 개인을 성숙한 주체로 인정받지 못하게 하고, 자유의지와 도덕적 책임의식을 막으며 수동적으로 반응하도록 만든다. 셋째, 개인의 활동 가치에 대한 무시로서 개인의 활동이 충분한 가치가 있음에도 무시당하는 상태로, 이러한 부정적인 평가를 통해 개인의 존엄성과 자존감은 떨어지게 된다.

인정이 최초로 길러지는 장은 가정이다. 유아기와 아동기 때 특히 부모와의 관계에서 경험한 친밀한 정서적 배려는 자신감을 길러주어 자신의 필요와 감정을 표현하며 긍정적인 자아정체성과 자존감을 발달시키며 이후의 심리적·사회적 발달을 위한 중요한 초석이 된다. 그런데 문제는, 이때 아이의 기본적 요구가 무시되고 나아가 학대나 폭행과 같이 신체적 자주성이 훼손당한다면, 자신에 대한 믿음이 손상되고 긍정적인 심리적·사회적 발달에 장애를 가져오게 된다(Honneth, 1995). 여기서 주목해야 하는 부분은, 모든 인간은, 특히 발달 과정에 있는 아이들은 나름대로 약함과 취약성을 가지고 있음을 인정하는 것이다. 그런데 일반적인 기준 또는 부모나 양육자, 교사의 주관적 기대 수준에 못 미친다고 아이를 무시하게 되면, 이는 자신과 타인에 대한 긍정적 인식의 발달을 막게 된다.

아이들이 사회적 생활을 좀 더 활발히 영위해 가면서 필요한 인정의 형식은, 동등한 주체로서 자율적으로 참여하고 결정할 권리를 인정받는 것이다(Honneth, 1997). 개개인은 이러한 사회적 인정을 통해 건강한 자기존중 의식 및 자율성과 책임의식을 발달시킨다. 그런데, 오늘날의 사회에서 문제가 되는 현실은, 가정과 학교에서 청소년들이 자기 생각과 의사를 자율적으로 펼치는 것을, 구조적으로 막는 문화가 존재한다는 것이다. 호네트(Honneth, 2008: 97)는 인정을 불가능하게 하는 오늘날의 "상품 교환"의 문화를 지적하면서 이 문화 속에서 주체는 "이익을 주는 대상" 및 "손익계산에 유용한 자원"만을 모든 판단의 기준으로 삼는다고 비판한다. 오늘날 특히 한국교육 현실에서, 학생들이 자신이 공부하고자 하는 학교와 학과와 진로를 자율적으로 선택할 수 있어야 하는데, 실질적으로는 장차 '돈이 되는' 것, 그리고 그것을 위해 가장 '효율적인 것'만을 선택해야 하는 현실이다. 또한, 학교, 학생, 교사, 학과 모두 얼마나 돈이 되느냐의 기준을 최우선 하는 상황은, 학생 및 교육의 주요 요소의 고유한 잠재적 가치를 무시하게 만든다. 이는 또한, 학생 가정의 경제력이 학교, 교사, 학과에 대한 실질적인 선택권의 가장 중요한 요인이 되는 현실과 맞물려 있다. 미시적인 학습 과정에서도, 자율적이고 창의적이며 협력적인 사고와 의사소통, 판단의 과정은 성적과 입시를 위해 비효율적인 것으로 무시된다. 이러한 상품 교환의 문화를 통한 무시의 관행을 가정과 사회와 교육의 장에서 극복하지 않는 한, 사회구성원의 자율적 권리와 의사를 상호 인정하는 성숙한 시민사회를 만들어가기는 어렵다.

호네트(Honneth, 1997)는 인정의 세 번째 단계로서 '사회적 가치부여'를 주장한다. 이는 개인이 수행한 일에 대한 존중과 인정에 근거한다. 각자의 독특한 능력과 활동을 서로 인정함으로써 구성원들은 "강력한 동기와 일에 대한 흥미"를 가지게 된다(Huttunen & Heikkinene, 2004: 164). 그런데 이러한 인정은 개인의 활동이 각자의 자율적 의지에 따라 이루어져야 하며 그것이 공동체의 공동 가치를 지향해야 한다는 요건을 바탕으로 한다. 여기서 중요한 관건은, 구성원 각자의 개성 있는 역할이 공동체에 공헌할 수 있다는 상호신뢰이다. 그리고 이것은 구성원의 차이와 다양성을 존중하면서 함께 협력하는 의식과 문화에 바탕을 둔다. 반면에, 획일적인, 특히 상업 자본주의의 효용성의 가치가 구성원들을 지배·통솔함으로써 일부 구성원의 활동이 무시되고 배제된다면,

이러한 공동체 문화를 이룰 수 없다. 현재의 사회와 교육에서 획일적으로 표준화된 목표와 전략을 정하고 이를 위한 기술적 성취 활동에만 매진하는 상황은 사회구성원과 학생들을 "무감각한 대상"으로 만든다(Honneth, 2008: 129). 특히, 현재 한국교육은 성적과 학력에 집중적으로 지나친 가치를 부여함으로써, 사회의 다양한 가치를 수용하지 못하고 구성원들은 이로 인한 우월감과 열등감에 빠져 있다(곽덕주, 2019). 교육평가 기준이 지나치게 인지적 측면, 기술적으로는 이를 위한 암기능력에 치우쳐서 정서적 감수성이라든지 창의적 표현력 같은 능력과 태도는 무시되고 있다.

이러한 성적 지상주의(혹은 성과 지상주의)는 또한 극단적 경쟁의식 속에서 주변의 모든 타자를 정복하고 이용할 대상으로 여기게 하는 심각한 '자아 중심적 분리주의'를 유도한다. 이는 공생을 지향하는 생태적 지속가능성을 근본적으로 막는 태도이다. 자아 중심적이며 분리주의적인 관점은 홉스의 '만인의 만인에 대한 투쟁상태'의 관점과 연결된다. 이러한 관점은 다른 생명체, 성, 인종, 세대 등의 차이를 무시하며 그들에 대한 지배적인 자세를 정당화하고 유도한다(Gomes and Kanner, 1995). 자아중심주의와 분리주의는 사회적 환경뿐만 아니라, 인간과 자연과의 관계에서도 심각한 문제이다. 오늘날 상업 자본주의의 맥락에서, 자연에 대한 인간의 태도는 인간 중심적인 지배와 조작의 방식이라 볼 수 있다. 여기서 인간은 자연의 모든 것을 효과적인 자원으로만 간주하며 활용성과 효과성의 도구적 가치로 본다. 이는 자연과 인간을 모두 '자본'으로 보는 상품화 경향에 근거하며 소비문화와 기술적 진보는 이러한 태도를 점증시키며 무분별한 생태계와 삼림의 파괴와 같은 지구환경 위기의 배경이 된다.

사회적 가치 부여로서의 인정의 최종 단계는 첫 단계의 '사랑'의 정서적 배려와 둘째 단계의 '권리'의 인지적 보장을 종합하여 이루어진다. 여기서 구성원 개개인은 공동체 안에서 각자의 독특한 개성과 능력을 인정받고 자존감을 바탕으로 공생의 보람과 기쁨을 경험하게 된다. 이러한 인정의 공동체에서는 각자의 개성과 능력이 자신과 타인에게 모두 중요하다는 상호인식의 문화가 발달한다(Honneth, 1992; 박문범 · 김회용, 2020).

3. 상호이해와 존중을 통한 공생 문화

호네트의 인정 이론은 상대의 개성 있는 역할과 가치를 무시하지 않고 정서적이며 사회적인 차원에서 인정함으로써 공동체의 화합과 협력의 공생 문화를 이루는 데 중요한 이론적 기반을 제시한다. 그러나 공생을 위한 인정의 '상호성'에 대한 설명이 부족하며, 상호적 이해와 존중이 구체적으로 어떻게 길러지며 실현될지에 대한 교육적 과정에 대한 고찰이 보완되어야 한다고 본다.

'이해하다'의 영어표현인 'understand'의 라틴어 어원은 'inter(사이)'와 'stand(서다)'의 합성어이다(online etymology dictionary: etymonline.com). 즉, '이해하다'는 어원적으로 볼 때, 일방이 아닌 쌍방의 사이에서 이루어진다는 의미와 치우침이나 편견이 없어야 한다는 의미가 내포되어 있다. 참다운 의미의 이해가 이루어지기 위해서는 우선, 자신의 일방적인 생각을 내려놓고 상대의 마음과 생각을 잘 읽고 경청하는 태도가 갖추어져야 하며, 지속적인 쌍방향의 대화와 교류를 통해 상호 간에 오해와 미진한 의미를 수정하고 보완해 나가야 한다. 한편, 한자의 '理解'는 다스릴 '理'와 풀 '解'의 조합으로, 어원적으로 '理'는 '옥의 원석 속에 숨어 있는 고운 결을 갈아내다'는 의미이며, '解'는 '칼로 소의 뼈와 살을 바르다'는 의미에서 왔다(디지털한자사전: http://www.e-hanja.kr). 즉, 한자어인 '이해'는 숨어 있는, 보이지 않는 부분까지 잘 살피고 발견한다는 뜻이 담겨 있다. 영어 어원과 한자 어원을 종합적으로 볼 때, 참다운 이해를 위해서는 일방적이고 단편적인 시각과 판단이 아니라, 복합적이고 심층적인 관찰과 해석의 과정이 필요함을 알 수 있다.

나딩스(Noddings, 2003)에 의하면, 인간은 '관계적 존재'로서 참다운 인간성을 실현하는 교육의 근본 목적은 상호적 배려의 관계를 영위하도록 하는 것이며, 이는 배려하는 자와 배려받는 자의 상호적 관계를 통해 형성되며 길러진다고 한다. 배려가 이루어지려면 먼저 상대의 필요와 의도를 서로 공감하고 이해하며 수용하는 과정이 필요하다. 배려의 시작은 환자의 고통에 의사가 공감하거나 아이의 문제에 엄마가 같이 고민하는 것처럼 상대의 처지를 주목하고 공감하는 것이다. 배려를 위해 일차적으로 중요한 것은, 자신의 의도를 내려놓고 열린 마음으로 상대의 필요와 의도를 이해하려는 태도이다. 자신의 의도가 앞서게 되면 관계가 일방적인 것으로 될 수 있으며 상대의 고유성을 있는 그대로 보지 못하게 왜곡한다. 배려를 위해 다음으로 중요한 것은, 배려하는 자와 배려받는 자가 상호적으로 반응해야 한다는 점이다. 성숙한 배려의 관계는 수용(reception)과 인정(recognition)과 반응(response)의 상호적 활동으로 이루어진다. 여기서 배려자와 배려받는 자의 역할은 정해져 있는 것이 아니라, 서로 바뀌기도 한다. 배려 관계에서 서로는 상대의 필요와 의도를 수용하고 인정하며, 나아가 적극적으로 반응한다.

부모와 자녀 간 혹은 교사와 학생 간의 교육적 관계에서 보자면, 부모와 교사는 먼저 자녀나 학생의 독특한 고민, 바램, 특징, 능력 등을 충분히, 깊이 있게 이해하며 그것을 존중하는 노력이 필요하다. 또한, 역으로 자녀나 학생은 잠시 자기 생각을 내려놓고 부모와 교사의 고민과 바람을 깊이 이해하고 존중하여야 하고 그들의 양육과 가르침의 노력에 감사하며, 그러한 노력에 부응하여 즐겁게 최선을 다하는 모습으로 반응해야 한다. 그 반응을 볼 때 부모와 교사의 배려 동기는 더욱 증대되며 선순환적 상생과 확장의 배려가 이루어진다. 바로 이럴 때 참다운 인간성으로서의 상호배려의 태도가 길러지며 장차 공생의 사회 문화를 이끌어 갈 성숙한 시민성이 키워지는 것이다. 그런데 후술하겠지만, 여기서 중요한 장애 요소는 '성과주의와 결부된 가속화의 문화'이다. 빨리 성적을 올려야 한다는 압박감은 부모와 자녀 간, 교사와 학생 간의 상호이해와 존중의 과정, 수용과 인정과 반응을 위한 대화와 관찰과 교류의 시간과 기회를 막는다.

배려의 태도를 키우기 위해서는 학생이 교사의 배려에 '반응'할 줄 알아야 한다. 그런데, 교사나 부모가 학생의 "고유한 관심과 상황"을 무시하고 자기 생각이나 일반화된 기준에서 "모두 다 너를 위한 거야"라고 일방적으로 말할 때 학생들은 점점 반응하는 것을 멈추게 된다(Noddings, 1992: 107-108). 상호성을 지닌 배려가 이루어지고 성숙하기 위해서는, 서로가 상대의 고유한 인격과 상황에 주목하고 존중하는 신뢰가 쌓여야 한다. 배려하는 자는 배려받는 자의 잠재된 가치를 발견하고 이를 실현하기 위해 함께 노력하여야 한다. 이러한 이해와 상호 협력의 과정에서 학생은 교사를 사랑하게 되며 교육내용에 관심을 기울이며, 교사를 본받으려 하게 된다. 이러한 적극적 반응과 상호 협력적 교육 활동이 이루어질 때, 발달 단계에서 학생의 적극적 동기와 협력적 관계 형성의 든든한 기초가 형성된다(Noddings, 2003).

분절과 대립, 갈등의 위기의 시대를 극복하는 공생의 문화를 형성하기 위해서는 호네트가 주장한 정서와 권리와 가치의 차원에서의 인정에서 더 나아가 서로의 고유한 인격에 대한 심층적이고 복합적인 이해와 존중, 상호 반응과 돌봄 및 협력의 과정이 필요하며, 특히 교육의 장에서 이를 적극적으로 키워야 할 것이다.

4. 후기 현대사회의 위기와 '울림(resonance)'의 의미

(1) 후기 현대사회 위기 요인으로서의 가속화와 소외

로자(Rosa, 2010)는 후기 현대사회의 문제로서 '가속화(acceleration)'와 '소외(alienation)'의 현상을 지적한다. 먼저, 가속화는 기술의 가속화, 사회변화의 가속화, 생활의 가속화의 세 가지 범주로 진행된다.

첫째, 기술의 가속은 주로 교통, 통신, 생산 등의 분야에서 목표지향적 과정을 의도적으로 가속화하는 것이나 가속하려는 의도에서 만들어진 새로운 조직 및 관리 형태를 의미한다. 기술의 가속은 사회의 시간과 공간에 대한 지각과 체제를 변화시킨다. 지구화 시대, 장소를 초월한 인터넷 시대에 시간은 공간의 중요성을 약화하며 소멸시키며 교통과 통신의 속도는 공간을 압축시킨다.

둘째, 사회변화의 가속은 사회적 상황과 구조가 불안정해지며 사회적 교류방식, 행동방식, 지식 내용이 빠르게 변화하는 특징을 의미한다. 이 변화는 태도와 가치, 사회적 관계와 의무, 사회적 구조, 환경, 언어, 습관 등 사회 자체의 전반적인 가속이다. 변화 속도와 관련된 뤼베(Lübbe, 2009)의 '현재의 수축(the contraction of the present)' 개념에 의하면, 과거는 더는 유효하지 않은 것이며 미래는 아직 유효하지 않은 것으로, 사람들이 유효한 것으로 판단하는 시간 구간이 곧 현재이다. 그런데 문화 혁신과 사회 혁신의 가속으로 인해 그 유효성의 구간, 즉 현재가 점점 축소된다. 현재의 수축은 정치, 직업, 기술, 과학뿐만 아니라 규범적, 심미적 차원에 이르기까지 폭넓게 발생한다. 거의 모든 방면에서 후기 현대인은 기존의 제도, 지식, 가치들이 빠르게 그 안정성을 상실함을 느낀다. 로자(Rosa, 2010)는 사회변화 가속의 예로 가족과 직업의 영역을 제시한다. 대략 1850년대에서 1970년에 이르는 초기 현대사회에서 가족과 직업은 세대를 넘어서 기본적 구조를 유지하였으나, 이후 고전적 현대의 시기에는 가족과 직업 구조가 한 세대 정도 동일하게 유지되었고, 오늘날 후기 현대사회에 이르면 이혼과 재혼, 빈번한 이직 등으로 한 세대 내에도 그 구조가 수시로 변화한다.

셋째, 생활 속도의 가속은 더 적은 시간에 더 많은 일을 하려는 욕망으로 인하여 하나의 시간 단위에서 행위나 경험의 일화들이 늘어나는 것을 의미한다. 후기 현대사회에 사람들은 지속적으로 시간의 부족에 대한 압박감을 느낀다. 후기 현대사회는 다양한 분야에서 기술의 혁신으로 작업 시간을 단축하였음에도 불구하고, 사람들은 더 많은 일을 하려 하고 여러 일을 동시에 하려 한다. 예를 들어, 이메일 기술의 개발로 메시지 교환에 드는 시간이 단축되었지만, 사람들은 더 많은 양의 메시지를 교환하고 있다. 또한, 교통수단의 발달로 이동시간이 단축되었으나 사람들은 더 많은 거리를 이동하고 있다. 이처럼 생활 속도의 가속은 기술의 발전에도 불구하고 시간이 점점 부족해지는 현상을 의미한다.

로자(Rosa, 2010: 80)는 이와 같은 가속화 현상을 "인간을 실질적으로 노예화하는 압력"으로서 개인적·사회적 삶 전반을 지배하며 저항하거나 피하거나 비판하는 것을 거의 불가능하게 하는 영향력이라 지적한다. 그런데, 이 가속화는 경쟁과 효율성의 논리와 연결되어 있다. 사람들은 타인 또는 타 집단에 뒤처지지 않기 위해 더 빨리 무엇인가를 생산하며 성취해야 한다는 압박감 속에 산다. 이러한 가속화의 압박감은 개인적·사회적 삶의 질적 가치를 도외시하게 하며 우리 자신의 삶과 세계와의 관계의 삶으로부터 소외되도록 만든다(Lijster and Celikates, 2019).

가속화는 경쟁의 논리에 의해 '역동적인 안정화(dynamic stabilization)'를 유도한다. 후기 현대사회는 지속적인 "상승의 움직임"

에 의해 안정성을 유지한다. 구체적으로 보면, 후기 현대사회의 구조는 물질적 영역에서의 '성장', 시간적 영역에서의 '가속화', 사회적 영역에서의 '혁신' 논리의 삼각 축에 의해 역동적으로 안정화를 추구한다. 이는 제도적 질서로서 자본주의 시장경제, 사회구조적 질서로서 상승 논리에 의해 재생산되는 사회경제적 계층, 사회적 축적과 분배의 운영 논리와 연결되어 있다(Rosa, 2019: 407). 여기서 문제의 핵심은 가속화 현상 그 자체라기보다는 그것을 무비판적으로 수용하는 것이다. 후기 현대사회의 구성원들은 점점 주어진 경쟁 현실에 아무 생각 없이 적응하는 데만 주력하고 좋은 삶이 무엇이며 어떻게 실현할지에 대한 반성적이며 창의적인 성찰과 노력을 멈추게 된다.

후기 현대사회에서 가속화와 함께 중요한 문제는 '소외(alienation)'의 현상으로 이는 자율성과 자아실현을 어렵게 만든다. 로자(Rosa, 2010)의 관점에서 소외는 주체가 스스로 진정 원하거나 지지하지 않는 목표나 실천을 따르는 상태로서 경쟁력 강화를 위한 해고, 교육개혁·경제개혁·경영 지침 등의 강제이행, 전쟁동원, 무리한 기술개발 등이 그 예이다. 심각한 점은 이러한 소외상태가 지속되면 자신이 진정 원하는 것이 무엇인지조차 잊어버릴 수 있다는 것이다.

로자(Rosa, 2019: 178)에 의하면, 소외란 관계의 특별한 방식으로서 가족이나 일 또는 어떤 활동에서 형식적인 관계는 있으나 그것들이 자기에게 "침묵하거나 의미가 없어지고 무관심하며 거부감을 느끼게 되는 상황"을 의미한다. 이 상황에서 개인은 주변환경뿐만 아니라 자기 자신으로부터도 분리되고 반응이 없는 느낌을 받는다. 소외의 관계에서 개인은 상대의 고유한 소리를 들을 수 없고 상대에게 자기 소리를 표현하지 못하게 되어, 서로 간의 영향력과 감응은 없어지며 교류는 약해지며 중단된다.

로자(Rosa, 2010)는 후기 현대사회의 가속화가 소외를 촉진하고 강화한다고 지적한다. 첫째, 가속화 현상은 공간으로부터의 소외를 촉진한다. 개인은 공간에서 자신의 위치를 느끼며 세계를 경험하는데, 후기 현대사회의 디지털 시대에는 물리적으로 가까운 것과 사회적으로 가까운 것이 연결되지 않는다. 이제 더는 공간적 위치나 환경이 사회적 과정에서 중요하지 않게 되었다(Virilio, 1997; 1998). 즉, 어떤 공간을 잘 알고 편안함을 느끼려면 친밀함이 생겨야 하고 이런 친밀함과 친숙함이 생기려면 시간이 필요한데, 현대의 사회적 가속은 빈번한 이사, 공간과 사물의 잦은 교체 등의 현상을 유도하며, 이는 물리적 환경 또는 공간으로부터의 소외를 초래한다.

둘째, 가속화 현상은 사물로부터의 소외를 유도한다. 우리가 자동차, 전자제품, 의복을 오랜 기간 사용하다 보면 그 사물들은 자아와 체험을 공유하며 자아의 정체성과 역사의 일부가 된다. 그러나 가속 사회에서 사람들은 사물을 수리하지 않고 버리고, 유행에 따라 급변하는 소비심리에 따라 자주 새것으로 교체한다. 이렇게 우리가 새롭게 사들이는 사물들은 많으나 그것과 친숙하지 못하고 낯선 환경 안에서 살고 일한다. 이러한 생활방식은 사물과의 관계를 멀어지게 한다. 또한, 빠른 기술개발로 인해 사물들의 사용법은 점점 더 복잡해지고 그것을 잘 알지 못하고 사용하는 경우가 많은데 이것도 사물과의 소외의 원인이 된다(Rosa,

2010).

셋째, 가속화 현상은 자기 행위로부터의 소외를 유도한다. 소외와 반대되는 개념은 편안함과 안정감인데, 오늘날 우리는 일상 행위에서 편안함과 안정감을 느끼지 못한다. 오늘날 우리는 시간에 쫓기어 일과 사물에 대한 방식, 절차, 사용법 등에 관해 충분히 알지 못하고 급히 일을 처리할 때가 많다. 또한, 진로와 같은 인생의 중대 결정을 할 때도 시간의 압박 속에서 충분한 지식이 부족한 채 무엇이 자기에게 좋은지 잘 모르고 그것을 수행한다. 또한, 오늘날 사람들은 자신이 진정으로 하기를 원치 않는 행위를 해야 할 때가 많다. 현대인은 직장과 가정에서 핵심 업무 이외의 과중한 업무량, 인터넷 서핑, TV시청 등으로 자기에게 정말로 필요하고 진정 원하는 일보다는 그 밖의 다른 것으로 시간을 보낸다. 속도의 압박 속에 살아가는 세계에서 사람들은 자기계발과 같은 장기적 만족을 위한 일보다는 인터넷 서핑이나 TV 시청처럼 단기적 만족을 추구하게 된다.

이런 환경에서 사람들은 실제 사용할 사물들을 구매하기보다는 쇼핑하고 쓰지도 않을 상품을 그냥 사 놓는 경우가 많다. 우리는 시간적 초조함에 사로잡혀 사물들을 소유는 하나 소화하지 못하고 그 불만을 쇼핑으로 다시 보상하는데, 이것이 바로 허위욕구이다. 이러한 상황에서 우리는 자신이 무엇을 진정 원하는지, 어떤 사람이 되려고 하는지를 망각한다. 우리는 매일 수동적으로 부과되는 업무 목록과 단기적 보상으로 느껴지는 소비 활동으로 자기에게 진정성 있는 것을 망각한다. 이렇게 시간의 압박은 결국 진정한 자기를 잊고 살아가도록 유도한다(Rosa, 2010).

넷째, 가속화 현상은 시간으로부터의 소외를 유도한다. 우리 일상에서 보통 여행과 같이 좋아하는 일을 할 때는 시간이 빠르게 지나가고 지나고 돌이켜보면 반대로 꽤 긴 시간으로 느껴진다. 역으로 차량정체를 겪었던 하루와 같이 길게 느껴졌던 일과가 잠자리에 누우면 빨리 지나간 것처럼, 느껴질 때가 많다. 그런데 후기 현대사회에서 미디어가 일상에 큰 영향을 주면서부터 경험의 시간과 기억의 시간은 모두 다 짧게 느껴진다. 예를 들어, 미디어 영상을 보며 시간을 보낼 때 매우 빨리 느껴지는데, 시청을 마친 후 그 시간을 기억할 때도 짧다고 느껴진다.

이렇게 미디어 세계에서 경험의 시간과 기억의 시간이 모두 수축하는 현상이 일어난다. 우리가 미디어를 시청할 때는 오직 시각만 사용하고 여러 감각과 신체적 움직임과 상호작용과 같은 경험을 잘 활용하지 못한다. 더욱이 미디어 시청에서는 자아의 삶의 이야기와 깊이 연결되지 않고, 우리의 심리 상태와 경험에 의미 있는 방식으로 '응답'하는 것이 부족하다. 기억의 시간이 길게 느껴지려면 심층 기억의 흔적이 있어야 한다. 이 기억의 흔적은 어떤 경험이 고립되지 않고 우리의 과거 경험과 연결되어 우리의 삶과 정체성에 어떠한 의미를 줄 때 생겨난다. 문제는 가속화 사회에서 이러한 미디어의 강력한 영향 외에도, '새로운 것에 대한 준비' 만을 지나치게 강조됨으로써, 경험의 중요성이 과소평가되고 이는 우리의 기억 흔적을 지워버리도록 한다(Rosa, 2010).

마지막으로, 가속화 현상은 타자로부터의 소외를 유도한다. 과거 제한된 지역의 대면 공동체에서 만나는 사람들과 대조적으로, 오늘날 미디어를 통해 비대면으로 만나는 사람들의 수는 폭증했다. 또한, 오늘날 교통과 통신 기술의 급속한 발전은 타인을 짧은 시간 안에 너무 많이 만나게 함으로써 관계의 종류와 빈도 면에서 "사회적 포화상태"에 이르게 한다(Gergen, 2000: 61-62). 이에 따른 결과로 사람 간의 진실된 관계가 어렵게 되었다. 짧은 시간에 많은 사람을 만나야 하는 제한적 상황은 개인적인 이야기나 공감대 형성과 같은 깊은 관계를 힘들게 하고 정보 교환 및 도구적 관점의 협력 정도의 얕은 관계만을 가능하게 한다. 오늘날 고도로 급속히 발전하는 기술은 사회적 관계를 양적으로 확대되고 있으나, 오히려 질적으로 심도 있는 대화와 교류를 어렵게 하며 진정성 있는 깊은 관계는 약화된다(Rosa, 2010). 특히, 가속화는 전술하였듯이 '빨리, 많은 실적을 내야 한다'는 경쟁과 효율의 논리와 맞물려 있기에, 사람과 사람의 관계를 '도구적 관계'로 간주하게 만들어 진정성 있게 서로의 생각과 필요를 공감하고 교류하는 것을 막는다.

소외의 원인은 한편으로는 자기 안에 갇혀 상대를 듣지 못하거나, 다른 한편으로는 자기를 잃고 상대에 흡수되면서 자기 소리를 내지 못하기 때문이다. 소외의 관계 혹은 침묵의 관계에서 우리는 상대와 자신을 단지 자원, 도구, 효율적 수단으로 본다. 여기서 우리는 사람, 사물, 세계와의 관계 형성의 동기를 상실하게 된다. 자아는 이때 자신의 몸과 감정에서 어떤 울림을 느끼지 못한 채 자신을 "공허한 존재"로 여기며 자기 삶의 시간적 연속성을 인식하지 못하여 "미래에 대한 긍정적 동기를 상실"하게 된다(Rosa, 2019: 179-180). 침묵과 소외 속에서 우리는 자신의 과거 경험과 능력, 세계와 사물이 자신에게 미치는 영향력, 미래를 향한 자아

실현의 동기와 자신감을 느끼지 못하게 된다(심승환, 2021).

(2) 울림(resonance)의 의미

후기 현대사회의 가속화와 소외 현상으로 세계와의 관계 형성이 어렵게 되고 자아실현을 위한 동기와 자신감이 상실되는 위기 속에서 로자(Rosa, 2019)가 제안한 극복의 방향은 '울림 또는 공명(resonance)'의 회복이다. 이것은 울림의 물리적 현상과 '다시 소리냄'을 의미하는 라틴어 're-sonare'라는 어원에 기초하여 발달된 개념이다. 즉, 울림(resonance)은 두 개의 진동하는 물체 사이에 한편의 진동이 다른 편의 진동을 "촉발하는 관계"에서 비롯된 개념인데, 이는 단순한 기계적인 반응이나 메아리와는 달리, "각자의 고유한 진동을 자극"하는 관계이다(Rosa, 2019: 164-165).

이 개념은 국내 연구에서는 기존에 주로 '공명(共鳴)'으로 번역되었으나, 순수 우리말인 '울림'이 로자의 본래 의도를 더 잘 살리고, 현재의 대중적 한국어 사용 맥락에서 더 좋다고 본다. '공명'은 대중의 일상언어에서 낯설게 느껴지며, 사전적으로 '진폭의 증가'나 '공감'을 뜻하는 '공명'보다는, 어떤 자극으로 내면에 파문이 생겨 소리 내 반응한다는 의미의 '울림'이 오히려 본래 의도에 더 가깝다고 본다. 로자가 제안한 'resonance' 개념은 외부의 소리에 대한 감흥(affection)과 이에 대한 주체의 소리 냄(emotion)의 상호작용인데, 이는 마치 악기가 울릴 때, 연주자의 고유한 연주방식이 악기마다 다른 울림통과 상호작용하여 저마다 개성 있는 울림을 표현하는 것과 같다. 우리가 종을 울릴 때도 단순히 종 치는 사람에 의해 종이 수동적으로 울리는 것이 아니라, 종의 모양, 크기, 재질에 따라 천차만별의 울림이 난다. 또한, 일상언어에서 '그 작품을 보고 큰 울림이 있었다', '그분의 행적은 우리에게 큰 울림을 준다' 등의 예에서도 우리는 '울림'을 찾을 수 있으나, '그 작품에 공명한다', '그분의 행적에 공명한다'라는 말은 매우 낯설게 느껴진다. 울림 자체가 혼자서 일어나는 것이 아니라 상호 반응으로 발생하며, '울림' 앞에 접두사 '어'를 붙이면 '어울림'이 되어 '관계'의 형식을 의미하는 'resonance'와 잘 연결된다. 단, 로자가 제시한 울림의 개념을 한층 더 보완하여 연구자가 제시할 '어울림'의 개념은 뒤에 상술하겠다.

울림은 현대인의 관계 회복에 대한 갈망에 기초한다. 인간은 부름을 받고 응답할 때 무엇인가를 성취할 수 있다는 자신감과 능력을 느낀다(Lijster and Celikates, 2019). 울림의 관계에서 쌍방은 서로 반응하고 "자신의 목소리"를 통해 서로 영향을 주면서 "상호적 적응 과정"을 겪는다. 울림은 때로는 동시에 때로는 반응하여 이루어지는데, 쌍방이 똑같거나 고정된 반응이 아니며, 인과적이거나 도구적인 관계가 아니다(Rosa, 2019: 165-167). 울림의 관계에서 우리는 서로의 의지와 개성을 충분히 표현하며, 서로에게 적응하는 동시에 서로를 성장시키는 상호 변화의 과정을 겪는다.

로자(Rosa, 2019: 171)는 울림이 온전히 실현되려면, 울림을 생성하는 "습관화되고 제도화된 전체적 관계" 및 "울림을 가능하게 해주는 매개체"가 필요하다고 주장한다. 이것은 가족, 일, 예술, 종교, 자연 등의 영역에서 "상호적으로 적응하는 울림의 공간"으로서, 울림을 촉발하며 울림이 내재하는 "사회적 제도와 실제 및 사회화의 양식"이 된다. 울림은 개인적이며 순간적인 감흥으로 촉발되지만, 상대와의 지속적인 상호적응 및 상호 변화의 과정을 포함한다. 또한, 하나의 울림 관계는 다른 여러 울림의 관계에 영향을 주면서 수많은 울림의 관계망들이 상호작용하며 사회적 영향력을 미친다. 이러한 까닭에, 울림은 개인적이면서 동시에 사회적이며 개인의 정체성 형성뿐만 아니라 폭넓은 사회화 양식의 의미를 지닌다.

로자는 울림을 생성하며 강화하는 매개체로서, 삼차원적인 "울림의 축(resonant axes)"을 제시한다. 첫째, 울림의 수평축은 가정, 우정, 정치와 같은 사회적 차원이며, 둘째, 울림의 수직축은 종교, 자연, 예술, 역사와 같은 정신적 차원이고, 셋째, 울림의 대각축은 사물, 일, 학교, 운동과 소비와 같은 사물의 차원이다. 이러한 울림의 축들은 개인적이며 문화적인 발달 과정을 통해 역동적으로 변화하고 발전한다(Rosa, 2019). 울림은 존재론적으로 세계와의 근본적인 만남을 통해 자아를 형성하게 해주는 기반이다. 또한, 울림은 규범적으로 좋은 삶의 내재적 요소로서, 사람・사물・활동과의 관계를 통해 다방면의 울림의 감흥을 경험하는 속에서 풍요로운 삶을 누리게 해준다(Kristensen, 2018).

로자(Rosa, 2019)에 의하면, 울림은 감흥(affection), 감정표현(emotion), 변화(transformation), 측정 불가능성(elusiveness)의 네 가지 본질적 성질을 지닌다. 첫째, 울림 관계는 관계하는 상대로부터 참다운 감흥을 느껴야 한다. 둘째, 감흥을 통해 우리는 몸과 마음을 기울여 반응하면서 자아효능감을 경험한다. 셋째, 울림은 우리 자신과 상대를 함께 변화시킨다. 울림의 상대가 사람이든,

일이든, 어떤 관념이든 울림 관계는 자신과 상대를 함께 적응·변화시키면서 관계 그 자체를 변화시킨다. 넷째, 울림 관계는 통제하는 것이 불가능하며 유동적이다. 우리는 어떤 것이 울림의 결과를 낳을지 미리 알거나 그 상황을 유도·제어할 수 없다. 울림 관계는 지시와 통제를 통해 이끄는 것은 불가능하고, 다만 "경청과 응답의 대화적 관계"에서 촉발된 감흥과 표현과 변화를 통해 발생한다(Kristensen, 2018: 187).

이렇게 울림은 수용과 반응, 내재적 관심, 자아효능감을 통해 발달하며, 쌍방은 단순한 메아리가 아닌, 자기의 고유한 목소리를 내되 서로 영향을 주고 적응하며 변화하는 관계이다. 이런 맥락에서 울림은 단순한 순간적인 좋은 기분이나 만족 같은 감정 상태와는 다르다. 울림은 우선 상대와의 관계에서 수용적 측면의 감흥과 반응적 측면의 주도적 감정표현이 상호작용하며, 지속적으로 서로 '적응적 변화(adaptive transformation)'를 겪는 쌍방향적이고 유동적인 관계이다(심승환, 2022).

5. 울림에서 어울림으로

로자의 울림(resonance)의 개념은 성장과 경쟁 지향의 도구주의적 관행으로 인한 소외와 관계 약화의 현실에서, 개개인이 좋은 삶을 위한 세계와의 상호적응적 관계를 형성하는 데 중요한 통찰과 방향성을 제시한다. 그러나 관계의 쌍방 주체가 어떻게 서로 다가가며 교류해야 하는지의 구체적 방향성에 대한 설명과 단순히 상호적응적 변화가 아니라 서로를 적극적으로 돌보며 서로의 좋은 방향을 이끌어줄 수 있는 보다 적극적인 사랑과 상호돌봄(mutual caring)의 개념 보완이 필요하다고 본다. 이러한 맥락에서 저자는 울림 개념을 보완하여 서로 다른 주체가 울림을 바탕으로 적극적인 사랑과 상호돌봄을 행사하는 '어울림'의 개념을 제시하고자 한다.

에리히 프롬(Fromm, 1956)에 의하면, 사랑은 수동적인 감정이나 단순한 물리적 기술이 아닌, 능동적이고 복합적인 정신적 능력과 태도를 의미한다. 사랑은 외부의 자극에 대한 단순 반응이 아니라 주체의 능동적인 영향력의 행사로서, 우선 상대를 격려하고 발전시킬 수 있는 "의지와 능력"을 갖추어야 한다. 프롬의 관점에서 사랑의 본질은 받는 게 아니라 주는 것이다. 사랑의 행위에서 자신은 상대에게 "잠재능력을 최고로 표현"하는 와중에 자신의 힘, 부, 능력을 경험하며 더욱 고양된 생명력과 잠재력을 경험하면서 큰 기쁨을 느낀다. 우리는 자신의 기쁨, 관심, 이해, 지식, 유머, 슬픔과 같은 자신을 살아있게 하는 생명력을 타인에게 줌으로써 자신과 타인의 생동감을 동시에 고양한다. 이렇게 생명력을 주며 나누는 사랑은 타인을 "주는 자"로 만들고 함께 "생명을 탄생시키는 기쁨"에 참여하게 된다. 사랑은 "사랑을 일으키는 힘"이며 무엇인가를 탄생시키는 힘이다(Fromm, 1956: 42-45).

대한민국은 한(恨)의 역사이자 흥(興)의 역사를 지닌 민족이다. 박은식 선생이 우리 역사를 쓰면서 한국통사(韓國痛史: 한국의 아픈 역사)라 했고 일제강점기 역사를 한국독립운동지혈사(韓國獨立運動之血史: 한국 독립운동의 피의 역사)로 표현하였다.

선조들은 각종 전쟁과 환난 속에서 수많은 어려움과 고통을 당하였지만, 그 어두움 속에서도 흥을 잃지 않고 살아왔다. 농악이나 풍물을 보면 징, 꽹과리, 태평소, 북 등 서로 다른 소리를 지닌 악기들이 함께 신명 나게 어울린다. 그 '신명 나는 어울림' 속에는 서로의 슬픔, 기쁨, 재능의 나눔이 있고 한을 흥으로, 죽음을 새로운 탄생으로 승화하는 잠재된 힘이 있다. 선조들은 또한 이웃에 도움이 필요할 때 두레와 품앗이와 같은 나눔의 실천을 하였다. 우리는 이러한 좋은 전통문화를 오늘날의 현실에 맞게 창조적으로 계승하여야 할 것이다. 여전히 어렵고 오히려 더 힘든 상황 속이지만 나 혼자만 살려고 하는 것이 아니라, 서로의 개성과 재능과 능력을 적극적으로 나누는 '어울림의 삶'을 통해 자신과 타인, 그리고 공동체를 더욱 생명력 있게 고양하는 지혜와 문화를 육성해야 할 것이다.

나눔과 사랑을 통한 어울림은 자신과 타인을 함께 변화시키는 '상생의 힘'을 가진 인간 활동이다. 앞서 프롬이 주장하였듯이, 그 상생의 변화 방향은 '고양된 생명력'이다. 이 상생의 변화를 이끌기 위해서는 능력과 지식 등이 갖추어져야 하며, 자기 것을 적극적으로 나누고자 하는 열정적 의지와 타인을 향한 공감이 필요하다. 이러한 맥락에서 어울림은 지성과 감성과 의지를 조화롭게 키우는 전인교육(全人敎育)을 통해 가능하며, 참된 전인교육은 나눔과 사랑의 어울림을 통해 가능하다. 또한, 이러한 어울림의 사랑은 가르침과 배움의 상호작용으로서의 교육의 본질을 보여준다. 이것은 우리 선현들이 교육의 의미로 사용한 줄탁동시(啐啄同時)—생명의 탄생을 위해 병아리와 어미 닭이 안과 밖에서 동시에 쪼는 상호작용—의 뜻과 상통한다. 참된 교육은 가르치는 자가 혼자 독백하며 일방적으로 전하는 것이 아니고, 배우는 자가 어떠한 가르침의 인도함 없이 스스로만 배울 수 있는 것도 아니다. 가르치는 자가 가르침의 열정을 가지고 자신의 지성과 감성과 의지의 전인적 능력으로 이끌고 전수하며 도와주는 동시에, 배우는 자가 또한 적극적인 배움의 열정을 가지고 지성・감성・의지의 전인적 변화를 이루는 행위이다. 이 줄탁동시의 상호작용을 통한 생명(전인적 인격)의 탄생을 경험하며 가르치는 자도 말할 수 없는 기쁨과 성취감, 성장과 자아실현을 맛보기 때문에, 참다운 의미의 교육은 '상생의 어울림'이라 할 수 있다.

이 어울림의 사랑은 또 다른 사랑을 낳는다. 배우는 자가 얻은 전인적 인격의 생명력은 또다시 타인에게 새로운 생명력을 줄 수 있는 선순환의 힘을 가진다. 여기서 중요한 것은, 프롬이 지적했듯이, 생동력, 생명력, 기쁨을 불러일으키는 것이 사랑의 핵심인 것처럼, 어울림의 교육에서도 배우는 자가 인생에서 힘차게 기쁘게 살고자 하는 근본적 동기와 힘을 불러일으키는 것이, 그 본질이라는 점이다. 배움을 통해 신이 나고 즐거우며 무엇인가를 하고 싶어 하는 생동력을 불러일으켜야 한다(심승환, 2022). 그리고 이 생동력은 로자가 울림의 개념에서 지적했듯이, 일방적인 메아리가 아닌 서로 독특한 자신의 목소리로 함께 참여할 때 이루어진다. 즉, 어울림의 교육은 배우는 자의 독특한 개성과 관심과 재능을 발견하고 인정하며 그것을 통해 참여하며 더욱 키워주는 방향으로 나아가야 한다.

인간 실존으로서의 사랑은 근본적으로 '분리'의 실존적 위기를 극복하려는 노력이다. 모든 시대의 인간은 어떻게 분리 상태를 극복하고 개체적 생명을 초월해 합일을 달성하느냐의 문제에 직면한다. 죽음, 자연의 위협 및 사회적 압박, 심리적 무력감 등이 분리의 실존적 위기라 할 수 있다. 현대사회에서 인간의 분리 감정은 일과 여가에서 표준화되고 대중화된 생활방식 속에서 개성이 상실되면서 증폭된다. 즉, 자신의 삶이 자기 고유의 참된 자아의 삶에서 분리됨으로써 느끼는 분리의 감정이다. 이를 극복하기 위해선, 단순히 함께 살며 서로에게 의존하는 것을 넘어, 각자의 고유성과 개성을 살려줄 수 있는 성숙한 사랑이 있어야 한다(Fromm, 1956).

이 사랑은 자신과 타인을 연결하여 주는 동시에 자신 안에 있는 참된 고유한 자아와 만나고 그것을 성장하도록 이끄는 행위이다. 우리는 일과 여가와 사람과의 만남, 또는 어떤 활동에서도 분리를 극복하는, 진실한 합일의 사랑을 경험하며 배울 수 있다. 어떤 일에 온전히 몰입하여 무엇인가를 창조하는 활동에서, 자신은 그 대상과의 “교류의 방법”을 알게 되며 “나만의 힘”을 느끼게 된다. 우리는 자연을 깊이 감상하거나 그 속에서 움직이면서 자연과의 교류 또는 결합을 알게 되며 그 속에서 참다운 ‘나’를 느끼게 된다. 단순한 의존과 지배-복종의 관계가 아니라, 각자의 독특한 개성을 서로 존중하고 살려주는 참된 인간관계를 통해 “고립과 분리의 감정”을 극복하는 한편, “자아효능감”을 바탕으로 한 “자아정체성”을 키울 수 있다(심승환, 2022: 13).

프롬(Fromm, 1956)은 사랑의 핵심적 인격 요소로 보호, 책임, 존경(존중), 지식(이해)을 언급하였는데, 서로의 개성을 살려주는 어울림의 교육도 이러한 인격 요소를 바탕으로 이루어진다. 첫째, 어울림의 교육은 생명과 성장에 대한 적극적인 보호의 관심을 바탕으로 한다. 어머니가 자식에게 젖을 주고 꽃에 물을 주는 것 같이 우리는 상대방의 생명과 성장을 위한 관심과 보호의 열정을 가져야 한다. 둘째, 우리는 상대의 필요와 요구에 대해 자발적으로 책임감을 느끼며 응답하여야 한다. 이 자발적 책임감은 상대의 문제가 나 자신의 문제이며, 내가 자신에게 책임을 지듯이 사랑하는 사람에 대한 책임을 지겠다는 마음이다. 셋째, 우리는 상대를 있는 그대로 존중하고 그의 개성을 발견하고 그에 맞추어 자아실현 하도록 이끌어 주어야 한다. 어울림의 사랑은 지시와 복종의 태도를 버리고 상대의 자유와 독립성을 최대한 존중하면서, 자발성에 의해 이루어지며 이 자발성을 더욱 키워주는 행위이다.

어울림의 교육에서의 존중 또는 존경(respect)은 힘과 능력보다는 인격적 권위를 통해 자연적·자발적으로 발생한다. 성숙한 인격의 가르치는 자는 힘으로 통제하기보다는 배우는 자의 개성을 존중하고 키워주면서 자연스럽게 배움의 동기를 자극한다. 또한, 가르치는 자의 성숙한 인격, 가르침의 열정과 노력, 사랑과 배려를 보며 배우는 자는 그를 향한 자연스럽고 자발적인 존경심이 들게 된다. 가르치는 자가 배우는 자의 개성과 의지를 존중해야 하는 것과 마찬가지로, 배우는 자도 가르치는 자의 개성과 의지를 존중해야 한다. 요즈음 교권실추 문제가 심각한데, 교육이 살려면 가르치는 자와 배우는 자의 상호 존중이 회복되어야 한다. 배우는 자는 가르치는 자가 무엇을 바라며 고민하고 있는지 깊이 이해할 수 있어야 하며, 그의 고유한 성향과 방식을 존중하면서 교육 활동에 협력적으로 참여하여야 한다. 차이를 존중하는 가운데 상대와의 교류에 적극적으로 임하여야 참된 어울림이 이루어진다.

넷째, 보호와 책임과 존경은 '상대와 자신에 대한 지식(이해)'을 바탕으로 한다. 상대에 대한 지식의 기본은 나의 관점이 아닌, 상대의 관점에서 그의 행위를 보는 것이다. 상대의 행위를 그의 관점에서 해석해 볼 때, 그 저변에 어떠한 불안, 근심, 외로움, 죄책감, 희망, 기쁨, 슬픔, 미움 등이 있을지 등을 깊이 이해하려는 노력이 필요하다. 또한, 어울림의 교육은 상대뿐만 아니라 자신에 대한 지식을 바탕으로 한다. 자신의 필요와 성향과 특징, 내면 깊숙이 있는 고민과 열망, 잠재된 재능과 능력, 미래의 비전, 이 모두를 포함한 자신의 자아정체성과 자아통합성 등에 대한 깊은 이해와 지식은 상대에 대한 이해 및 관계 맺음의 바탕이 된다. 이러한 상대와 자신에 대한 지식은 완성된 지식이 아니라 지속적인 어울림을 통해 보완되며 성숙해진다. 전술하였듯이, 참된 어울림은 자신의 의지와 능력 등의 고유한 자아정체성을 발견하게 하고 상대의 고유한 내면과 개성을 이해하는 과정이기 때문이다.

어울림의 요소인 보호, 책임, 존중, 이해는 상호 의존한다. 상대의 안전과 성장에 대한 보호의 관심은 상대의 요구와 문제해결에 대한 책임감의 근간이 되며, 상대에 대한 존중의 마음은 상대에 대해 깊이 이해하는 지식을 유도한다. 또한, 상대에 대한 지식은 상대의 요구에 응답하고 성장시키는 데 근간이 되며, 상대의 행복을 진정으로 바라며 지켜 주고자 하는 보호와 책임의 마음은,

상대의 개성을 인정하고 실현하게 해주는 존중의 근간이 된다.

보호, 책임, 존중, 이해의 인격 요소들은 전인교육이 최종적으로 지향하는 가장 중요한 인성 목표인 동시에, 교육의 과정에서 필수적으로 갖추어야 할 인성 요소이기도 하다. 가르치는 자는 우선 엄마가 아이에게 젖을 주듯이, 배우는 자의 생명과 성장에 대한 절실한 보호의 마음을 지녀야 하고, 배우는 자의 필요와 문제에 적극적으로 응답하며 대처하는 책임의 자세를 가져야 하며, 지배와 지시가 아닌 배우는 자의 개성과 생각을 존중하고 이를 키워주어야 한다. 아울러 가르치는 자는 배우는 자의 특성, 고민, 관심을 깊이 이해해야 할 뿐만 아니라, 배우는 자 스스로가 자신을 이해하여 자아를 실현할 수 있도록 이끌어 주어야 할 것이다. 이를 위해서 또한, 가르치는 자는 스스로 자신을 잘 알아야 하며, 부족한 점을 인식하여 인격과 능력을 지속해서 성숙시켜 나가야 할 것이다(심승환, 2022). 어울림의 교육은 그 과정에서 상호적인 보호와 책임과 존중과 이해를 바탕으로 하며, 이를 키워 사회에 나가 타인을 보호하며 책임감을 지니며 존중하고 이해하는 어울림의 공동체를 이루는 기초가 된다.

'어울림'의 인격 형성을 위해서 일상 속에서 특별히 키워나가야 할 태도는 무엇인가? 한꺼번에 여러 가지 많은 일을 하며 다양한 매체의 영향을 받는 현대문화 속에서, 상대를 이해하며 적극적으로 사랑하고 돌보기 위해서는, 특별히 '집중과 성실'의 실천이 필요하다. 어울림의 사랑을 실천하기 위해서는 상대를 아는 지식과 상대의 필요와 고민에 대한 책임 있는 헌신이 필요한데, 이는 집중력과 성실함이 없이는 안 된다. 그것은 지금, 여기 마주하는 상대에 대해 온전히 집중하여 전심을 기울임으로써 행할 수 있는 것이다. 집중과 성실의 태도는 어떤 일이나 사람에 집중하여 관찰 또는 경청하며 그 일과 사람과의 상호작용에서 최선을 다하는 태도와 능력을 키움으로써 성취될 수 있다. 이는 일상 속의 반복된 학습과 일, 대인관계, 취미생활 속에서 스스로 자연스럽게 익혀가도록 이끌어 주는 것이, 가장 강력한 방법이다. 이를 위해 쉬운 것부터 체험할 소재와 기회를 제공하고 공동의 활동을 통해 부모, 교사, 선배, 동료의 모범을 자연스럽게 관찰하고 모방할 수 있도록 하는 것이 바람직하다(심승환, 2022).

집중과 성실의 태도는 '인내'의 인격을 바탕으로 이루어진다. 이는 중요한 일을 위해 자신이 하고 싶은 것을 절제하고, 하기 싫더라도 쉽게 포기하지 않고 지속하는 태도와 능력이다. 현대인은 신속히 처리하는 것을 좋아하고 효율성을 중시하는데, 사랑의 실천은 빠른 결과보다는 인내심을 가지고 어렵더라도 지속하는 힘이 필요하다. 이 지속성을 위해선 사람이나 일에 최고의 관심을 기울이는 마음 자세가 필요하다. 사랑의 실천은 온 마음을 기울여 배우며 훈련하고 집중하여 행하는 습관을 키워야 한다(Fromm, 1956).

프랑스 속담에 '어떤 음식을 먹어 본 사람만이 그 음식의 맛을 알 수 있다'라고 하였듯이, 우리는 때로는 이질적이고 내키지 않는 것일지라도 일단은 참고 묵묵히 해보는 과정이 필요하다. 이는 학습이나 인간관계나 일을 할 때 모두 마찬가지이다. 어울림은 이질적인 것과의 만남을 전제로 하는데, 이때 생소하고 때로는 갈등을 가져오는 경험들을 인내를 통해 어울림으로 승화시키는 인성을 길러야 한다. 로자(Rosa, 2019: 184-185)는 울림의 능력은 "이질적이고, 당황스럽고, 사유화할 수 없으며, 특히 자신의 이해와 기대와는 다른, 접근하기 힘든 경험들의 기반 위에서 발생한다."라고 주장한다. 특히 그는 사춘기를 소외와 울림의 변증법의 시기로서, 가족, 환경, 학교 등의 모든 세계가 갑자기 이질적으로 느껴지고 주변 사람들과의 관계, 모든 행동의 의미 등에 대해 질문하게 되면서, 강렬한 울림을 경험하는 순간이라고 지적한다. 이러한 생소함과 갈등의 시기에 청소년들은 어떻게 생각하고 행동해야 하는지에 대한 "주체적인 의심, 탐색, 반성, 발견, 선택의 울림의 과정"을 거치며 "근본적 변혁의 울림"을 경험할 수 있다(Rosa, 2019: 188-189). 이러한 울림과 성숙을 위해서는 마주하는 환경과 대상이 낯설고 어렵더라도 회피나 도피, 포기가 아니라 인내하며 어울리는 과정이 필요하다.

어울림의 사랑을 실천하기 위해서는 또한 '민감성'이 필요하다. 이는 먼저 자신의 신체적 요구, 변화, 고통, 내면의 소리, 특징에 민감한 태도를 의미한다(Fromm, 1956). 자신의 문제와 특징에 대한 민감하고 깊은 앎은 타자와의 성숙하고 원만한 상호작용과 관계를 위한 중요한 기반이 된다. 또한, 자신에 대한 민감성이 충분히 성숙할 때, 이는 타인과 모든 사물, 세상에 대한 민감성으로 연결된다. 우리는 자신에 대한 민감성을 바탕으로 타인의 신체적 요구, 변화, 고통, 특징에 민감성을 가지고 깊이 이해해야 한다. 상대에 대한 민감한 관찰과 이해는 역으로 자신을 더 잘 이해하는 기반이 되기도 한다. 우리는 가족, 친구, 동료의 모습, 고민과 갈등, 희망과 기쁨을 민감하게 깊이 보는 와중에, 우리 자신의 모습과 내면을 잘 볼 수 있게 된다. 또한, 우리는 간접적으로 문학이나 영화 속 인물의 삶과 내면에 몰입하여 관찰할 때, 그 속에서 자신의 삶과 내면을 거울처럼 성찰해 볼 수 있다. 이처럼 자아와 상대에 대한 민감성은 상보적 관계로 어울림의 성숙한 인격을 이끈다.

어울림의 인격을 위해서는 이상적 인간상의 '모범'이 필요하다. 사랑의 실천은 성숙한, 사랑을 베푸는 인격을 갖춘 사람이 어떤 사람인지에 대한 가르침이 필요한데 이는 설명이 아닌, 모범을 통해 배울 수 있다. 이런 측면에서 선생은 단순한 지식의 원천이 아니라, 지혜를 갖추고 인간적 태도를 가르치며 모범을 보여줄 수 있어야 한다. 선생은 학생에게 헌신, 열정, 인내, 배려와 돌봄의 모범이 되며, 사랑의 관계를 통해 사랑의 인격을 자연스럽게 배우도록 해야 한다. 또한, 교육에서 우리는 훌륭한 인간이 지향해야 할 이상적 인간상을 역사, 문학, 예술을 통해 제시해주고, 이를 통해 모범적 인격의 비전을 제시하고 잘못된 태도를 경계하도록 해야 할 것이다(Fromm, 1956; 심승환, 2022).

마지막으로, 어울림의 인격을 위해선 상호 간의 '믿음'이 필요하다. 서로의 인격과 기본적 동기, 자신을 향한 배려와 사랑에 대한 믿음은 어울림을 실현하며 지속시키며 발전시키는 바탕이다. 상대를 믿지 못하면 배려와 사랑의 동기는 발생하지 못하고, 의심으로 인해 진정성 있고 지속적인 관계를 유지하기 어렵게 된다. 또한, 우리는 환경과 감정의 변화와 관계없이 같은 자아정체성을 유지한다는 확고한 자신에 대한 믿음도 필요하다. 자아정체성에 대한 믿음이 없으면 타인에게 의존하면서 자신의 감정을 온전히 발휘하기 어렵다. 반면, 자신에 대한 믿음은 현재와 미래에 같은 기대감을 바탕으로 일관성 있는 행동을 이끌 수 있으므로 타인에게 성실한 사랑을 할 수 있다. 믿음은 또한 상대의 '가능성'에 대한 믿음을 포함한다. 우리는 아이들이 스스로 성장할 수 있다는 믿음을 가져야 한다. 그렇지 않다면 그것은 교육이 아니라 조작이다. 교육은 아동의 가능성과 잠재력을 믿고 그 가능성을 실현하도록 도와주는 것인데 반해, 조작은 성장의 가능성을 믿지 않고 오직 통제만을 행사하는 것이다(Fromm, 1956).

인간은 자유의지와 개성을 가진 존재이다. 통제와 조작은 이 자유의지와 개성을 소멸시키고 인간을 마치 로봇처럼 타율적인 지시만을 수행하는 존재로 만든다. 그러한 타율적 존재는 스스로 성장하지 못할 뿐 아니라, 스스로 상대에게 다가가며 사랑을 베푸는 자율적이며 적극적인 어울림의 실천을 할 수 없게 된다. 교육에서 믿음은 교육적 관계를 더욱 공고히 하고 배우는 자의 자신감과 의욕을 북돋우며, 이는 성취를 증진하며 이 성취는 더 큰 믿음으로 연결되는 교육의 선순환을 낳게 된다.

어울림은 '확장성'을 가진다. 참된 어울림을 통해 배려와 사랑을 경험한 자는 장차 사람과 사물과의 관계에서 이를 실천한다. 이는 나딩스(Noddings, 1992; 2003)가 주장한 배려의 확장성과 상통한다. 배려받는 자는 배려하는 자의 존중과 친밀함의 태도, 공감과 나눔, 감사의 태도를 본받는다. 하나의 배려 관계는 다른 다양한 배려 관계로 확장된다. 아이와 부모 사이의 배려 관계는 협력과 나눔, 관심과 개방성의 태도를 키우며 다양한 관계의 형성 및 성숙의 기반이 된다. 배려 관계는 자아에 대한 깊은 관심과 성찰을 유도하며, 가정, 학교, 이웃, 동료 등 주변의 가까운 사람과의 배려 관계로 확장되며, 더 나아가 이방인과 멀리 있는 사람들, 동·식물, 지구, 사물, 추상적 관념에 이르기까지 폭넓게 배려 관계가 확장된다.

참된 어울림의 경험은 관계하는 상대 혹은 대상에게 전심으로 몰입하며 최선을 다하는 자세와 깊은 이해와 나눔을 통한 공감의 태도와 능력을 키워주어 이후 사람, 사물, 자연, 더 큰 세상에 대해서도 이러한 태도와 능력으로 관계하는 힘이 된다. 또한, 어울림을 통해 나누는 기쁨과 신뢰는 삶의 다양한 관계를 열정적으로 그리고 인내심 있게 추진하는 힘이 된다(심승환, 2022). 어울림은 특히 소외되고 약한 자들에 대한 배려와 사랑의 실천을 통해 이루어진다. 우리는 인종, 성, 장애 등으로 소외된 사람들, 전쟁 난민들, 기아와 빈곤으로 고통받는 이웃들의 상황과 마음을 민감하고 깊이 있게 이해하고 공감하며 구체적이고 적극적인 나눔의 사랑을 실천하여야 한다. 우리는 또한 사회경제적 부정의와 불평등, 오염과 파괴, 자원고갈 등의 지구생태 환경의 위기, 점증하는 전쟁과 테러 등의 문제해결에 대해서도 민감하고 깊은 이해와 적극적인 협력과 나눔의 실천을 모색하여야 한다(Noddings, 2005). 어울림의 인격 형성을 위해 우리는 가깝고 먼 관계에서의 다양한 문제들을 해결할 때 한편으로는 차이와 다양성을 이해하고 존중하는 태도를 길러야 하며, 다른 한편으로는 보편적 권리를 중심으로 돌봄과 화합과 협력을 모색하는 자세를 키워야 할 것이다.

6. 나오며

지금까지 위기의 시대에 공생과 어울림의 의미와 교육적 방향에 대하여 고찰하였다. 먼저, 오늘날 무한경쟁체제에서 지나친 성과주의 문화는 상대적 열등감과 패배감을 조장하여 공생을 어렵게 만든다. 호네트(Honneth)는 이와 관련하여 가정, 학교, 사회에서의 다양한 형태의 '무시'의 문제를 지적한다. 무시는 자존감에 상처를 주고 부정적 자아관을 초래하며 그로 인한 수치심, 분노, 공격적 성향은 다시 타자를 무시하고 침해하는 원인이 되기도 한다. 이를 극복하기 위해서는 가정, 학교, 사회에서 정서적 차원, 권리의 차원, 사회적 가치 부여의 차원에서 인정하는 태도와 문화를 조성하여야 할 것이다. 인정의 문화는 자존감을 바탕으로 자율성과 책임의식을 키우며 다양성의 존중과 사회적 연대감을 함양한다.

인정을 바탕으로 공생의 문화를 형성하기 위해서는, 상호적 이해와 존중의 태도를 길러야 한다. 먼저, 이해는 근본적으로 일방이 아닌, 쌍방의 사이에서 발생하며 치우침과 편견이 없음을 의미하는데, 이러한 차원에서 그 의미에 '상호성'과 '객관성'을 내포한다. 또한, 이해는 숨은 부분까지 깊이 살피고 발견한다는 뜻을 담고 있어, 깊이 있는 경청, 관찰, 해석의 과정이 필요하다.

교육의 근본 목적인 참다운 인간성 형성은 상호적 배려의 인간관계를 바탕으로 한다. 이는 서로 열린 마음으로 상대의 필요와 의도에 주목하여 수용하고(reception), 상대의 고유성을 있는 그대로 깊이 이해하고 존중하며(recognition), 상대를 위하여 최선을 다하여 반응(response)하는 수용－인정－반응의 과정을 통해 이루어진다.

후기 현대 사회의 위기는 가속화와 소외로 인해 삶의 의미와 방향성이 상실되어 가는 현상과 맞물려 있다. 기술의 가속화, 사회변화의 가속화, 생활의 가속화는 경쟁과 효율성의 논리와 연결되어 사람들의 인식 속에 뒤처지지 않기 위해 더 빨리, 더 많이 무엇인가를 성취해야 한다는 압박감을 조성하며, 이는 개인적·사회적 삶의 질적 가치를 도외시하고 자신의 삶 및 세계와의 관계의 삶으로부터의 소외를 초래한다. 로자(Rosa)는 소외를 가족, 일, 활동에서 의미가 없어지고 무관심해지거나 거부감을 느끼어 침묵하게 되는 상황으로서, 구체적으로 공간, 사물, 자기 행위, 시간, 타자로부터의 소외를 지적하며, 이를 극복하기 위해 '울림(resonance)'의 관계를 제시한다. 울림은 쌍방의 관계에서 한 편의 소리 또는 진동이 다른 편의 소리를 촉발하는 현상으로, 여기에는 소리를 들을 때의 감흥(affection)과 그에 대한 주체적 반응(emotion)이 필요하며, 그 반응은 수동적인 반사 또는 메아리와 달리, 쌍방의 고유한 소리로 상호작용한다는 특징이 있다. 이러한 감흥과 능동적 반응의 울림 관계를 통해 우리는 자신감과 자아효능감을 느끼며, 지속해서 상호 적응하며 변화하고 성장하는 과정을 겪는다.

울림은 이를 촉발하는 다양한 차원의 매개체와 관계망을 통해 발달하는데, 로자는 이를 사회적, 정신적, 사물적 차원의 삼차원 울림 축으로 제시한다. 여러 울림의 관계망들은 상호작용하며 영향력을 미치면서 풍요롭고 좋은 삶의 기반이 되며 자아정체성을 발달시키고, 사회적 가치의 습득을 통해 사회화의 양식이 된다.

울림은 경쟁과 소외의 현실에서, 세계와의 능동적이며 상호적 응적 관계를 형성하는 데 중요한 통찰을 주지만, 쌍방 주체의, 더욱 구체적인 상호작용 방식과 적극적인 상호돌봄의 방향성 보완이 필요한데, 이러한 취지에서 저자는 '어울림'의 개념을 제시한다. 어울림을 위해서는 근본적으로 사랑의 마음을 지녀야 하는데, 이는 상대를 격려하고 발전시킬 수 있는 의지와 능력을 바탕으로, 상대에게 자신의 생명력과 잠재력을 최고로 표현하는 능동적 자세를 지녀야 한다. 자신이 가진 생명력을 아낌없이 상대에게 베풀 때, 이는 상대뿐만 아니라 자신의 생동력을 동시에 고양하는 상생의 힘을 가져온다. 또한, 이러한 베풂과 나눔의 행위는 상대를 다시금 베푸는 자로 키워 사랑의 선순환을 유도한다.

상생의 어울림을 위해서는 공감력, 의지, 능력과 지식이 필요하기에 지·정·의의 전인교육을 통해 가능하며, 참된 전인교육은 가르치는 자와 배우는 자의 줄탁동시의 어울림을 통해 가능하다. 어울림의 교육은 배우는 자의 배움과 삶에 의욕을 고취하며, 가르치는 자 또한 성취감과 자아실현을 경험하게 한다. 이를 이루기 위해서는, 지시하고 의존하는 방식이 아니라 서로의 고유성과 개성을 존중하고 살려주는 상호작용의 방식을 지향해야 한다.

어울림의 교육은 보호, 책임, 존중, 이해의 핵심적 인격 요소를 기반으로 한다. 즉, 이는 첫째, 생명과 성장에 대한 적극적인 보호의 관심이 있어야 하며, 둘째, 상대의 필요와 요구에 대해 자발적인 책임감으로 응답해야 하며, 셋째, 상대의 고유성을 존중하고 개성을 발견하여 자아실현 하도록 이끌어야 하고, 넷째, 상대와 자신의 내면과 특징에 대한 깊은 이해가 있어야 한다. 여기서 특히, 이해와 존중은 교사뿐만 아니라 학생도 필수적으로 지녀야 할 인격 요소이다. 학생도 교사의 고민, 희망, 필요, 성향, 행동방식들을 이해하고 존중하려는 노력이 있어야 참된 어울림의 교육을 이룰 수 있다.

어울림의 인격 요소를 키우기 위한 실천적 교육 목표로는 집중력과 성실, 인내, 민감성, 모범, 믿음이 필요하다. 첫째, 어울림의 인격은 지금, 여기 마주하는 상대(또는 대상)에게 온전히 집중해 전심으로 최선을 다하는 태도를 키우는 것이 필요하다. 둘째, 이를 위해 우리는 중요한 일을 위해 때로는 절제하고 어려워도 포기하지 않고 지속하는 태도를 키워야 한다. 셋째, 어울림의 인격은 상대와 자신의 내면과 특징을 민감하게 이해하는 자세가 요구된다. 넷째, 이것은 교사의 열정과 보살핌의 모범이나 교과 과정을 통한 모범적 인격의 학습이 있어야 한다. 다섯째, 어울림의 인격을 위해선 자신과 상대의 가능성과 동기, 배려의 마음, 지속성에 대한 믿음이 바탕이 되어야 한다.

공감과 존중, 최선을 다한 배려와 사랑의 나눔을 통해 길러진 어울림의 인격은 '확장성'을 지녀서, 자아, 가정, 학교, 이웃, 동료, 자연, 사물, 관념, 지구와 세계와의, 다른 어울림과 더 큰 어울림으로 확장된다. 어울림의 인격은 특히, 자신의 안위만을 생각하지 않고, 불평등과 차별, 난민, 환경파괴, 전쟁과 테러, 소외된 자, 약자, 사회적·환경적 위기와 문제에 주목하며 더불어 지속해서 잘 살 수 있기 위한 배려의 실천을 지향한다. 이를 위해 우리는 차이와 다양성을 존중하는 한편, 화합과 협력을 함께 모색하는 자세를 가져야 한다. 특별히, 다양한 집단과 개인이 함께 살아가야 하는 사회에서 자신과 다른 생각을 지닌 타인(타집단)에 대한 이해와 배려가 없다면 갈등과 대립이 계속될 수 있는데, 이를 극복하기 위해 어렵더라도 상대의 소리와 자신의 소리를 조화롭게 어울리게 할 수 있는 인성과 능력을 키워야 할 것이다.

어울림의 교육은 인간 간의 공생과 협력을 넘어서 더 넓은 환경과의 공생과 협력을 지향한다. 자연 및 환경은 인간의 도구적인 의도와 영향력을 넘어서 나름의 고유성과 타자성을 가진다(Bonnet, 2017). 우리는 자연 및 환경을 단순한 이용 대상으로 보지 말고, 그 고유한 가치를 이해하고 존중하는 태도를 지향해야 한다. 또한, 자연의 존재들이 각자의 고유성을 가지지만 서로 협력적인 상호작용을 통해 상생의 관계를 형성하고 유지해가듯이, 우리는 분리주의적 세계관을 극복하고 생태적 지속가능성의 세계관을 바탕으로 자연과 인간과 세계가 모두 살아있는, 분리되지 않는 전체로서 상호 연결되고 의존하며 협력하는 관계임을 인식해야 한다(Hawken, 2007; 심승환, 2023).

어울림의 인격을 키우는 교육은 우선 교사와 학생과 교육내용이 서로 감흥을 주며 소통하는 울림의 삼각관계가 되어야 한다. 교사와 학생은 자신감과 서로에 대한 신뢰를 바탕으로 상호 열린 마음으로 적극적으로 다가가야 하며, 교육내용은 교사와 학생에게 신선한 자극으로 관심을 일으키고 중요한 의미로 다가와야 하고, 교사와 학생은 또한 교육내용을 단순히 전달하거나 받는 게 아니라, 그것을 창조적으로 발전시켜 나갈 수 있어야 하며, 교사와 학생, 학생과 학생의 상호작용은 배움의 즐거움과 생동력을 증진하도록 서로 격려하는 분위기를 조성하여야 한다. 이를 위해 교사는 학생에게 울림을 줄 수 있는 교육내용의 선별 및 구성과 함께, 그 내용에 마음을 열도록 적절한 소개와 개방적 교육 분위기를 이끌어야 한다. 아울러, 교사는 학생과 더불어 교육내용의 습득을 넘어서 한편으로 비판적으로 질문하고 탐구하며, 다른 한편으로 그것을 바탕으로 새로운 것을 발견하고 창조할 수 있도록 이끌어 주어야 한다. 이러한 어울림의 교육이 될 때, 학생은 장차 마주하는 수많은 지식과 일에 열정적으로 다가가게 되며, 자신의 관점과 목소리로 능동적으로 반응할 수 있는 능력을 키울 수 있을 것이다. 어울림의 교육은 상호 인정과 존중을 바탕으로 울림을 맛보면서 사람, 자연, 사물, 세상에 대해 마음 문을 활짝 열어 경청하고, 자신의 고유한 소리를 내면서 적극적으로 참여하고 교류하는 방향을 지향해야 한다.

오늘날 우리는 글로벌 네트워크, 초고도화된 지식·정보화 및 AI 기술의 발전으로 '초연결의 시대'에 살고 있다. 사람과 사람, 지역과 지역, 집단과 집단, 사람과 사물 및 자연, 사물과 사물, 사물과 자연 등이 복합적이고 긴밀하게 연결·교류하는 상황에서, 우리는 새로운 위기와 기회를 동시에 경험하고 있다. 이러한 시대에, 교육은 다양한 존재들이 서로 올바르고 지혜롭게 관계 맺으며 상생하는 어울림의 인격과 지혜를 키우는 일에 최선을 기울여야 할 것이다.

참고문헌

곽덕주(2019). 민주 시민성의 조건으로서 성숙한 자기관계: 타자 인정에의 욕구의 교육적 지위를 중심으로. 교육철학연구, 41(3), 1-22.

박문범 · 김회용(2020). 호네트의 인정이론에 나타난 '연대' 개념과 교육적 의의. 교육사상연구, 34(2), 43-66.

심승환(2021). 로자의 울림 이론을 통한 현대사회의 비판적 분석과 교육적 방향 고찰. 교육사상연구, 35(4), 69-104.

심승환(2022). 교육은 사랑이다. 파주: 교육과학사.

심승환(2023). 호네트의 인정이론에 기초한 긍정적 자아관 형성 및 인성교육의 방향 고찰. 학습자중심교과교육연구, 23(11), 353-367.

심승환(2023). 생태적 지속가능성을 지향하는 교육철학과 교육의 실제적 방향 모색. 교육사상연구, 37(3), 93-117.

이태영(2020). 하르트무트 로자의 공명이론과 교육학적 시사점. 교육의 이론과 실천, 25(1), 43-62.

Bonnct, M.(2017). Environmental Consciousness, Sustainability, and the Character of Philosophy of Education, *Studies in the Philosophy and Education, 36*, 333-347.

Fraser, N. & Honneth, A.(2004). *Redistribution or Recognition? A Political-Philosophical Exchange*. New York, NY: Verso, 2004.

Fromm, E. (1956). *The Art of Loving*. New York: HarperCollins. 황문수 역(2005). 사랑의 기술. 서울: 문예출판사.

Gergen, K. (2000). *The Saturated Self: Dilemmas of Identity in Contemporary Life*. New York: Basic Books.

Gomes, M. and Kanner, A. (1995). The Rape of the Well-Maidens Feminist Psychology and the Environmental Crisis. In *Ecopsychology Restoring the Earth Healing the Mind*. T. Roszak et al. (ed.), 111-121. San Francisco: Sierra Club Books.

Hawken, P. (2007). *Blessed Unrest: How the Largest Social Movement in History is Restoring Grace, Justice and Beauty to the World*. New York: Penguin Books.

Honneth, A.(1992). *Kampf um Anerkennung mit einem neunen Nachwort*. Frankfurt am Main: Suhrkamp. 문성훈 · 이현재 역, 인정투쟁. 고양: 사월의 책.

Honneth, A.(1995). *The Struggle for Recognition: The Moral Grammar of Social Conflicts*, J. Anderson, trans. Cambridge, Mass.: MIT Press.

Honneth, A.(1997). Recognition and Moral Obligation. *Social Research*, 64(1), 16-35.

Honneth, A.(2008). *Reification*. Oxford: Oxford University Press.

Huttunen, R. & Heikkinen, H.L.T. (2004). Teaching and the Dialectic of Recognition. *Pedagogy, Culture and Society, 12*(2), 163-173.

Kristensen, M. L.(2018). Mindfulness and Resonance in an Era of Acceleration: a Critical Inquiry. *Journal of Management, Spirituality and Religion. 15*(2), 178-195.

Lijster, T. and Celikates, R.(2019). Beyond the Echo-chamber: An Interview with Hartmut Rosa on Resonance and Alienation. *Krisis; Journal for Contemporary Philosophy*, Amsterdam, 1, 64-78.

Lübbe, H. (2009). The Contraction of the Present. In H. Rosa, & W. Scheuerman, *High-speed Society: Social Acceleration, Power and Modernity*. Pennsylvania: Pennsylvania State University, 159-178.

Noddings, N. (1992). *The Challenge to Care in Schools: An Alternative Approach to Education*. New York: Teachers College Press.

Noddings, N. (2003). *Caring*. Berkely, CA: University of California Press.

Noddings, N. (2005). *Educating Citizens for Global Awareness*. New York: Teachers College Press.

Rosa, H. (2010). *Acceleration and Alienation. Towards a Critical Theory of Late-modern Temporality*. Aarhus: NSU Press.

Rosa, H. (2019). *Resonance: A Sociology of Our Relationship to the World*. Cambridge: Polity Press.

UNESCO(2009). UNESCO World Conference on Education for Sustainable Development. Retrieved June 16, 2010 from www.esd-world-conference-2009.org/

Virilio, P. (1997). *Open Sky*. London/New York: Verso.

Virilio, P. (1998). Polar Inertia, In J. Derian (Ed.), *The Virilio-Reader*, Oxford: Blackwell, pp. 117-133.

www.etymonline.com

www.e-hanja.kr

Ⅲ 도덕적 자아정체성의 함양

- 테일러의 'authenticity' 개념을 중심으로[1)]

1. 서론

오늘날 세계는 다양한 사회적 갈등과 환경적 위기로 인해 더불어 살아가는 지속 가능한 공생의 조건이 위협받고 있다. 교육현장에서도 학교폭력과 교권실추, 학생 수 급감과 중도탈락의 문제 등이 심각한 위기 상황을 초래하고 있다. 이러한 사회와 교육의 위기는 다양한 요인으로 볼 수 있다. 그런데 그중에서도 오늘날 폭넓고 강한 사회문화적 영향을 미치는 과도한 개인주의는 공존과 공생을 위한 공공의 가치를 심각하게 위협하고 무너뜨리는 요인이라고 볼 수 있다.

개인주의 가치관은 중립성과 무연고적 자아관을 강조하는 자유주의에 사상적 근거를 둔다. 자유주의는 개인의 자유와 권리를 강조하며, 특정한 가치나 선(善) 이념이 우월한 지위를 누리지 못하게 중립적 입장에서 절차적 합리성을 추구한다. 그런데 개인이 과연 공동체의 영향 및 가치를 벗어나 자기만의 삶의 방향을 모색할 수 있는지 또는 그래야 하는지의 문제를 우리는 심각하게 검토해 보아야 할 것이다. 개인주의 가치관은 또한, 현대의 '상대주의'와 '도구주의' 경향과 연결되어 있다. 즉, 어떠한 절대적이며 보편적인 선이란 없으며 각자 개인이 추구하는 삶의 방식을 자유

---

1) 이 장의 내용은 저자(심승환)의 논문, "테일러의 자아 이론에 근거한 도덕적 자아정체성 교육의 방향 고찰"(한국교육학연구, 2024)을 수정 · 보완하였음

롭게 허용해야 한다는 상대주의와 최종적 목적이 무엇이며 그것이 옳은 것인가를 생각하지 않고 그것이 무엇이든 '효율적으로' 달성하게 하는 것이 중요하다고 보는 도구주의가 현대의 개인주의를 더욱 강화하고 있다. 문제는 이렇게 될 때, 개인은 자신이 어떠한 삶을 추구해야 하는지를 단지 상대적 선호도와 충족도에 따라 판단하게 됨으로써 도덕적으로 무분별한 삶을 이끌게 된다는 점이다. 개인의 좋은 삶과 참된 자아실현이 홀로 이루어지는 것이 아니고, 공동체 안에서 이루어진다면 개인의 삶의 목적과 관련된 자아정체성 인식도 공동체가 지향하는 가치와 조화하여 이루어져야 할 것이다.

오늘날의 개인주의 및 도구주의적 가치관의 문제는, 자기 삶을 단순히 무엇이든 자기가 원하는 바를 충족시키는 관점에서 보는 것이 아니라, '무엇이 진정으로 자기에게 가치 있고 의미 있는 삶인가?'를 숙고하는 자아정체성에 대한 도덕적 관점의 교육이 필요함을 시사한다. 그런데 한국의 오늘날 자아정체성 교육은 주로 자신이 어떠한 성격과 특징을 지니며, 어떤 소질과 재능과 적성을 가졌는지 탐색하고 이와 관련해 자신의 미래 진로 분야를 설계하는 진로 상담 쪽에 초점을 두어 이루어지고 있다. 물론, 자신의 적성을 발견하고 그에 맞는 진로를 탐색하고 준비하는 것은 개인의 자아실현 측면에서 필요한 일이나, 인간의 삶이 개인적으로나 사회적으로 가치와 도덕의 측면을 필연적으로 내포하고 있다면 자아정체성 교육은 반드시 이러한 부분의 안목을 심도 있게 키워줄 수 있어야 한다.①

이 장에서는 이러한 배경에서 도덕적 자아정체성 교육의 이론적 기반을 제시하고자 캐나다의 공동체주의 철학자 찰스 테일러(Charles Taylor, 1931~)의 자아에 관한 이론을 중심으로 도덕적 자아정체성의 의미와 그에 근거한 교육의 방향을 고찰하는 것을 목적으로 하였다. 그는 자유주의의 중립적 합리성 및 무연고적 자아관과 현대의 상대주의 가치 및 도구주의 경향과 관련된 자기 충족적 자아관을 비판하면서, *Sources of the Self*(1989)와 *The Ethics of Authenticity*(1991) 등의 연구에서 강한 도덕적 평가의 틀 혹은 '의미의 지평'을 토대로 한 도덕적 자아관을 주장하였다.

테일러의 연구는 서양의 도덕·정치 사상에 대한 통시적인 분석을 통하여 현대의 지배적인 문화 사상의 문제들을 비판적으로 지적한다. 그의 주된 지적은 현대의 자유주의적 도덕론이 자아와 자아가 추구하는 선(善; the good)을 분리하는 오류를 범했다는 것이다. 테일러가 볼 때, 인격의 개념과 도덕적 주장은 반드시 선 혹은 "강한 평가의 틀(strong evaluative framework)"을 전제한다(Keeny, 2007: 115). '나는 누구인가?'라는 자아정체성의 질문은 필연적으로 '나는 어떤 존재이며 어떻게 살아야 하는가?'라는 존재론적이고 규범적인 질문을 내포하며, 이는 '내 삶에서 무엇이 옳고(좋고) 무엇이 그른가(나쁜가)'의 질적인 가치평가를 수반한다는 것이 테일러의 관점이다.

오늘날의 현실에서, 개인주의적 가치관의 폐단이 사회 전반과 교육계에도 만연하고, 환경적 위기와 다문화사회의 문제 속에서, 공동선을 지향하며 공생과 조화를 추구하는 자아정체성 교육의 방향을 제시하는 것은, 매우 중요하다고 본다. 이하 본론에서는 먼저, 테일러의 도덕적 자아정체성 이론이 나오게 된 배경으로서 현대 사회의 가치관에 대한 비판적 논의를 살펴보고, 다음으로 자아정체성의 근거가 되는 '의미의 지평(horizons of significance)'을 고찰하고 나서, 서사적 인식을 바탕으로 한 도덕적 자아정체성의 의미를 논의하고, 결론에서 본론의 논의를 기초로 도덕적 자아정체성 교육의 구체적 방향을 제시하겠다.

2. 현대 사회의 가치관 비판

테일러(Taylor, 1991)는 현대인에게 상실감과 쇠락을 가져오는 세 가지 종류의 병리적 문제점을 지적한다. 첫째, 현대인들은 '개인주의(individualism)'의 문제를 가지고 있다. 현대인들은 자신의 방식대로 선택하며 자신의 신념에 따라 자신만의 삶의 방향을 결정한다. 이들의 자유로운 선택권은 법적 차원에서 옹호되며 전통적 가치 질서에 구속받지 않는다. 이러한 현대인의 개인주의적 경향은 폭넓은 사회적 지평과의 연결을 소멸시키며, 사람들에게 삶에 대한 소명의식, 고차원적인 삶의 목적 감각을 잃고 살아가게 한다. 목적의 상실은 폭넓은 비전을 보지 못하게 하고 협소한 자아의식 속에서 타인 및 사회와 연결된 풍성한 삶의 의미를 점점 축소시킨다.

둘째, 현대 사회는 '도구적 이성(instrumental reason)'이 지배하는 문제를 안고 있다. 현대인들은 주어진 목적에 대해 경제적으로 최적의 수단, 최대의 효과성, 최적의 비용 대비 산출 비율만을 성공의 척도로 여긴다. 이런 맥락에서 주변의 모든 존재를 그런 최적의 효과를 거두기 위한 자원 혹은 도구로 여긴다. 이때 어떠한 존재와 사물의 고유한 가치는 효과성과 생산성을 최대화, 최적화하는 논리에 의해 잠식된다. 도구적 이성에 의해, 사람들은 기술적 문제해결에만 주목하면서 세계 안에서의 울림, 깊이, 풍성함의 의미를 상실해가고 있다. 이것은 우리를 둘러싼 굳건하고 지속적이며 우리와 소통하는 존재들을 무시하도록 만든다(Taylor, 1991: 5-8).

셋째, 현대인은 "개인주의"와 "도구적 이성"에 의해, 판단을 심각하게 제한하는 삶을 살게 된다. 산업기술이 지배하는 문화에서 우리는 진지한 도덕적 심의를 할 수 없게 되고, 우리 삶을 위협하는 환경문제와 같은 중요한 사항에 대하여도 비판하지 못하고 수용하게끔 된다. 현대의 원자화된 개인주의와 중앙집권화된 관료제는, 공적 영역으로의 적극적인 참여와 연대를 통한 건설적인 비판의 시도를 원천적으로 봉쇄하며, 시민으로서의 인간의 존엄성과 정치적 자유를 위협한다. 이러한 현대 사회의 세 가지 문제는 우리에게 도덕적 지평을 사라지게 하는 "의미의 상실, 목적의 상실, 그리고 자유의 상실"을 가져온다(Taylor, 1991: 8-10).

테일러(Taylor, 1991)는 또한 이러한 현대 사회의 문제와 연관되는 현대인의 상대주의적 가치관을 지적한다. 현대 사회에 모든 사람은 제각기 자신만의 가치를 지니며 이것은 논쟁의 여지가 없다고 생각한다. 이는 상호 존중 및 자기충족의 관점에 근거하며 개인의 가치관과 삶의 선택을 존중하여야 한다는 논리이다. 그러나 이러한 상대주의의 가치관 및 자기충족의 문화는 개인을 넘어선 폭넓은 시야를 잃어버리게 만든다는 점에서 근본적인 문제가 있다.

자기충족 관점의 철학적 근거를 찾아보면 자기 자신에게 진실한 삶을 살자는 "본래성 혹은 자기진실성(authenticity)"[2)]의 도덕적 이상이 존재한다. 그리고 이 자기진실성은 중립적 판단을 강조하는 자유주의 이념과 연관되어 있다. 여기서 좋은 삶은 각 개인이 자신의 방식으로 추구하는 것이며, 모든 시민의 입장을 동등하게 존중해야 하므로 국가 등의 공공기관은 그에 대해 "중립적 입장"을 취해야 한다는 것이다(Taylor, 1991: 15-18). 현대의 자기진실성(authenticity)의 근원은 18세기의 철학적 관점에서도 찾을 수 있다. 여기서 개인은 데카르트의 "무연고적 합리성" 및 로크의 "정치적 개인주의"의 개념에 따라 도덕적 직관 능력을 부여받은 존재로, 개인적 의지는 사회적 의미에 우선된다.

이 관점은 칸트의 내면의 "양심의 법정"과 같이 자기 내면의 소리에 진실할 것을 주장하는데, 현대에 자율적 판단과 선택을 강조하는 자기진실성은 이러한 관점에 철학적 근원을 두고 있다. 자기진실성은 또한 외적인 사회적 구속에서 벗어나 내면의 자연의 소리를 따라야 하며 개인적 사회계약을 통해 개인적 자유를

2) 테일러의 'authenticity'의 개념은 '자기진실성'이나 '본래성'으로 연구자에 따라 다소 다르게 번역한다. 실존주의 철학의 관점에서 'authenticity'는 대중, 체계, 관습에서 벗어난 실존적 주체의 고유한 자각과 결의의 뜻에서 자신의 고유한 근원적 자각에서 왔다는 '본래성(本來性)'으로 번역된다. 그런데, 테일러는 이러한 실존적 주체의 자각을 중시하면서도, 진정한 의미의 성숙한 자아정체성은 자아에 중요한 의미를 부여하는 공동체를 비롯한 다양한 시공간적 맥락과 의미의 지평을 종합적으로 수렴하여야 한다는 점을 강조한다. 따라서 이 장에서는 테일러의 'authenticity'를 자아의 고유성을 강조하는 실존주의적 용어인 '본래성'보다는, 진실한 자아정체성의 의미에 대한 성숙한 성찰의 의미를 담은 '자기진실성'으로 번역하기로 한다.

보장해야 한다고 주장한 루소의 사상과도 연결되어 있다(Mason, 2000: 100-101).

현대의 자기충족적 진실성의 관점은 중립적 입장을 강조하는 자유주의, 도덕적 주관주의, 인간 행동의 인과적·경험적 설명만을 추구하려는 현대문화의 경향을 통해 강화된다. 문제는 이러한 관점이 우리의 도덕적 이상을 추구하는 것을 힘들게 한다는 점이다. 즉, 이 같은 관점의 자기 진실성은 오직 자아의 소리와 자기 방식에만 진실하며 자기 이외의 방식을 무시할 수 있다는 점이다. 인간에게는 단순히 무엇이든 자기 나름대로 추구하면 좋은 것이 아니라, 합리적·도덕적 측면에서 옳고 그른 기준과 더욱 중요하며 가치 있는 삶의 방식이 있다. 만약, 우리가 자기진실성을 도덕적 가치를 견지하는 개념으로 이해하려고 한다면, 이를 자기 결정적 자유의 의미보다는 우리의 정체성의 형성에 있어 "중요한 타자들을 향한 열의(commitment)"의 의미로 접근해야 할 것이다(Mason, 2000: 104).

테일러(Taylor, 1991: 22-23)의 입장은, 자기진실성은 중요한 도덕적 이상이지만, 이것이 올바로 되려면, 단순히 자기충족을 넘어서, "자기 삶의 역사적 뿌리, 자신이 소속된 시민사회의 공적 요구, 공적 문제에 대한 협력의 의무, 자연환경의 보존 등의 가치"를 충분히 인식해야 한다는 것이다. 자기진실성은 자아와 관련된 다양한 관계들의 가치를 함께 고려하고 실현할 때 제대로 이룰 수 있는 것이다.

인간의 정체성은 도덕적 가치를 지향하며 대화적인 방식으로 구성된다는 관점에서, 테일러(1991: 31)는 "도덕적 문제에 대한 추론은 항상 타자와의 협력적 추론을 통해 이루어진다."라고 주장한다. 테일러에게, 참된 정체성은 외부의 도덕적 요구와 사회적 관계에 대한 비 수단적 열의에 기초한 책임감의 수용을 의미한다. 단순한 욕망이나 열망과는 다른 "타인과의 관계에서의 중요한 요구들"을 고려하지 않는 자기충족의 방식은 자아를 스스로 쇠락하게 하며 자기진실성을 실현하는 조건을 파괴한다(Mason, 2000: 106; Taylor. 1991: 35). 자신의 어떠한 선택이나 판단은, 단순한 상대적 선호가 아닌, 사회적으로 공유된 지성을 배경으로 하는 폭넓은 가정이나 가치에 의해 중요성을 가진다. 따라서 개인의 정체성이 각자 인생의 중요한 방향설정 및 판단에 근거할 때, 이는 개인을 둘러싼 폭넓은 "사회적 의미의 지평"을 배경으로 형성되어야만 충분한 가치를 지닌다. 그런데도, 폭넓은 도덕적 지평을 간과한 현대 사회의 자기 결정적 자유의 경향은 우리의 정체성의 인식에서 가치와 의미의 중요성을 약화한다. 차이, 복수성, 다양성, 다문화주의와 같은 개념은 자기진실성에 매우 중요한 것이지만, 이것들을 단순히 "자아의 차이와 선택의 자유"라는 차원에서 접근한다면, 도덕적 가치를 지닌 자아정체성의 의미를 제대로 인식하지 못한 것이다(Mason, 2000: 109).

자신의 삶에서 선택이라는 것이 중요하다면, 그것은 모종의 기준이 있어야 한다. 만약 그것이 없다면, 어떤 것이든 용납되며 자신에게 무엇이 중요하고 그렇지 않은지에 대한 일관성이 사라지는데, 이는 곧 자기에게 무엇이 진실한 것인지를 알 수 없게 한다. 이러한 맥락에서 자율적 판단이 하나의 이상으로 가치를 지니려면 무엇이 더 중요하고 그렇지 않은지에 대한 기준이 있을 때만 가능하다. 그리고 그 가치 판단의 기준은 충분히 존중받을 수 있는 모종의 의미의 지평을 근거로 해야 한다(Taylor, 1991 : 39-40).

만약 어떤 선택이 단지 자유롭게 허용된다는 근거로 가치가 있다면, 인간 존재의 대화적 본질이 부인되며 우리 선택의 의미가 가치 절하된다. 참된 자기진실성은 우리의 실존의 대화적 본질을 인식함으로써 가능하다. 즉, 이것은 자아를 초월하여 우리에게 중요한 타자들—친근한 관계나 사회적 관계를 포함해서—에 대한 관심 속에서 이루어진다. 테일러(Taylor, 1991: 40)는 이러한 측면에서 "자아의 외부에서 요청되는 것을 무시하는 행위는 의미의 조건을 무시하며 이를 사소한 문제로 만드는 것"이라고 지적한다.

즉각적인 선호의 문제가 아닌 자아의 참된 정체성을 찾고자 한다면, "자신의 존재가 공동체와 역사와 넓은 환경 안에 뿌리박고 있으며 그것들의 도덕적 요구들과 연관되어 있음을 인식"하여야 한다(Mason, 2000: 111). 이 같은 테일러의 입장은 "참다운 자유는 실존적 주체로서 자기뿐만 아니라 세상에 대하여 선택의 결과에 대한 중대한 책임을 떠맡는 것"이라는 샤르트르(Sartre, 1943: 553)의 주장과 맥을 같이 한다. 테일러(Taylor, 1985a: 157)는 "진실한 실존의 밑바탕이 되는 자유는 어떠한 목적을 지향한 열의에 기초한 자유이며 이는 단순히 외부의 장애물과 구속에서 벗어나는 소극적 의미의 목적 없는 자유가 아니다"라고 지적한다.

우리의 정체성과 도덕적 지향점은 공동체 내의 언어적 상호작용을 통하여 문화적 · 역사적으로 형성된다. 역사적으로 발전되고 계승되어 온 사상과 지적 전통은 도덕적 인격과 정체성을 이해하며 해석하는 근거가 된다(Calhoun, 1991). 이와 관련하여 테일러(Taylor, 1989)는 현대 사회의 도덕적 정체성을 이해하는 데 영향을 준 세 가지 주된 사상을 주장한다. 첫째는, 급진적 반성주의로서 존재의 내면 지향성을 이해하려는 관점이다. 이 내면 지향성은 우리의 경험의 더 깊은 조건을 성찰함으로써 자기 이해를 추구하는 아우구스티누스의 관점에서 기원한다(Hittinger, 1990; Calhoun, 1991). 이 관점은 근대에 데카르트와 로크를 거쳐 자아의 객관성을 강조하는 경향으로 발전하게 되었고, 이는 자율적 주체의 무연고적인 합리적 추론이 인격과 도덕적 주체의 조건을 형성하는 기반임을 주장한다.

둘째는, "일상적 삶의 확증"이 가치 판단의 주된 기준이며, 이것이 자아를 이해하고 함양하는 주된 근거라는 관점이다. 이 관점은 좋은 삶의 기준이 과거 전통사회의 고차원적 활동이나 윤리, 명예에서부터, "노동, 결혼, 가족과 같은 일상적 삶"으로 전환되었음을 의미한다(Taylor, 1989: 211-213). 셋째는, 19세기 철학과 문학에서의 표현주의적 전환과 관련된 것으로, 내적 본질을 발견할 수 있게 하는 본래적인 또는 진실한 자아를 강조하는 관점이다(Hittinger, 1990). 이 관점은 "각 개인은 모두 다르며 고유하고, 이 고유성은 자신이 어떻게 살아야 하는지를 결정하는 기준이 된다."라는 것으로, 이 입장은 현대문화의 이정표라고 할 만큼 강력한 영향을 미친다(Taylor, 1989: 375-376).

현대의 정체성 개념에 영향을 준 이들 세 관점은 자아와 세계에 대한 도덕적 이해에 도움을 주었으나, '개인주의적이며 주정주의적인 한계'를 내포한다. 이러한 관점들은 자기충족적 경향성이 강화되는 반면, 사회적 유대성이 점점 약화된다. 자아정체성은 초연한 합리성이나 단순한 과학적 대상물이 아니라, 역사와 언어 문화적 영향을 받으면서 도덕적 지평에 의해 의미를 생성하는 주체이다. 이렇게 볼 때, 이 관점들은 자아정체성에서 '의미'의 지평을 상실하도록 한다(Taylor, 1989).

테일러는 다른 공동체주의자들과 같이 참여적 시민성과 공공의 목적에 관한 공동체적 관점을 중시한다. 그는 공공의 규범적 가치를 중시하는데, 이와 반대되는 첫 번째 틀로서, 근대의 '중립적 합리성의 틀'을 소개한다. 이 틀은 인간 사회의 문제들을 이해하고 해결하기 위한 최선의 수단은 중립적 합리성이라는 관점이다. 이것은 심리학, 사회학, 경제학, 인류학과 같이 자연과학의 원리와 방법을 인간, 사회, 문화의 연구에도 그대로 적용하여 "객관적이고 절차적인 합리성"을 확보하자는 관점이다(Ferrero, 2001: 84-85).

두 번째 틀은 '치료적·규범적 틀'로서 개인의 행복에 초점을 두고, 억압적 사회 구조로부터 개인을 해방해 개인의 정신건강이나 본래적 자아를 찾자는 관점이다. 이 치료적·규범적 틀은 자연과학의 영향을 받은 현대의 중립적 합리성의 이상에 반발하여 발생한 것이다. 중립적 합리성은 인간, 정치, 사회문제에 관한 객관적 절차와 치우치지 않은 계량적 평가를 강조한다. 반면에, 규범적 관점에서는 인간의 삶에 의미를 주는 가치나 감정의 질적인 고려사항을 배제해서는 안 된다고 본다.

규범적 틀은 계몽주의 시대의 합리주의에 반발하는 낭만주의

사상에 기원하며 또한 현대의 공리주의-도구주의적 입장에 대한 반발이다. 이 입장은 자유주의와 근대성은 도덕적 붕괴를 낳았다고 보며, 종교적 질서 혹은 초월적인 조화와 같은 확고한 도덕적 근간을 찾고자 한다. 이들과는 다른 측면에서, 포스트모더니즘과 비판이론 역시 보편성이나 이성에 절대적인 권위를 부여하는 자유주의 및 근(현)대성의 경향에 반발한다. 그런데 테일러가 보기에, 이들 규범적 틀이나 포스트모더니즘 또는 비판이론의 입장도 여전히 현대의 선(善) 개념을 공유한다. 즉, 이들의 도덕적 주장의 대부분은 "소수자의 권리, 평등, 자유, 표현, 대표 등 현대의 가치들에 근거한 것"이다(Ferrero, 2001: 86-87). 즉, 인간과 사회의 합리적이고 더 나은 방향을 추구하는 모든 생각과 행위는 '모종의 틀 혹은 지평'을 요구하며, 그것은 단순한 절차적 정당성뿐만 아니라 공동체의 도덕적 가치를 내포하고 또한 그러해야만 한다는 것이 테일러의 관점이다.

아울러, 테일러는 이와 관련하여 현대 사회의 시민이 참다운 자아정체성을 찾고 실현하기 위해서는 사회의 공공의 선 개념 혹은 가치와 관련된 '의미의 지평(horizons of significance)'을 기준으로 강한 가치평가의 인식과정을 통하여 자기 삶의 규범적 방향성을 숙고하고 발견해야 한다고 본다.

3. 의미의 지평

테일러(Taylor, 1989)는 인간의 생명과 인격은 존중되어야 한다는 믿음의 배경으로서 고차원적인 삶을 살 수 있는 인간 존재의 가치를 주장한다. 온전한 인격에 대한 존중의 가치는 공동체 구성원들이 삶에 대한 관점과 계획을 자유롭게 구상하며 표현하며 발전시키는 의사소통의 과정과 밀접히 관련된다.

사회공동체 구성원들은 어떤 삶의 형태가 가치가 있는지에 대한 의식을 공유하며 이것은 각기 다양한 사회적 직무와 역할에 대한 가치 인식과 연결되어 있다. 오늘날 사회구성원들은 자유로운 가운데 공동체에 헌신적으로 공헌하는 삶을 가치 있는 존엄한 삶으로 여기는데, 이러한 공적 인식은 현대 사회 삶의 방향의 중요한 기준이 되며 이에 대한 노력은 민주주의 정치를 활성화하는데 기여한다(Taylor, 1989: 61-62).

우리의 사회적 삶에는 모종의 틀이 있어야 한다. 이것은 곧 우리가 삶을 살아가는 지평, 즉 우리 삶의 의미를 이해하기 위한 지평을 의미한다. 인간은 온전한 인간성을 실현하기 위해 이러한 '의미의 지평(horizons of significance)'을 통해 질적으로 차별화된 삶을 살아야 한다. 이 의미의 지평은 '나는 누구인가?'라는 정체성의 문제와 연관된다. 자아의 정체성은 무엇이 자신에게 결정적으로 중요한가에 대한 이해와 관련된다. 이것은 자기 존재의 위치, 자신이 헌신하고 동일시하는 대상에 의해 정의된다. 자신이 헌신하고 동일시하는 것은 자신에게 틀이나 지평을 주어 매사의 가치 판단과 행위의 방향성, 중요한 결정 사안에 대한 입장을 취하게 해준다. 그런데 자아정체성의 혼란이 있게 되면 이는 삶에 대한 방향 감각 상실로 이어진다. 자기 존재의 위치에 대한 확신이 없다는 것은, 자기 삶의 기준이 되는 틀이나 지평이 없어서 무엇이 가치 있는 것인지에 대한 판단이 흔들린다는 것이다(Taylor, 1989: 64-66).

자아정체성이나 삶의 방향 감각은 단순히 개인적 선호가 아니라, 종교적 믿음이나 정치적 이념, 민족적 정체성과 같은 복합적이고 다면적인 영향력 속에서 형성된다. '나는 누구인가?'라는 질문은 자신에 대해 스스로 묻고 대답할 수 있는 '대화자로서의 나'를 전제한 것이다. '저 사람은 누구지?'라는 질문은 그 사람의 정체성에 대해 응답해 줄 수 있는 상대를 기대한 것이다. 이때 상대는 보통 '그는 아무개의 형부이다.' 또는 '그는 수리공이다.' 또는 '그는 대통령이다.'라는 것과 같은 관계의 방식이나 사회적 역할로 응답한다. 마찬가지로 나 자신이 누구인가를 물을 때, 이는 자신의 사회적 관계에 대한 응답을 요구하며, 근본적으로 자기 삶의 사회적 역할 및 도덕적 방향에 대한 인식을 요구한다(Taylor, 1989: 68-69).

테일러의 이러한 주장은, 정체성 인식에 있어서 사회적 관계와 역할의 중요성을 지적한 것이지만, 근본적으로 정체성에 대한 질문 자체가 한편으로는 '자율성'을, 또 한편으로는 '관계성'을 내포하고 있음을 나타낸다. 즉, '나는 누구인가?'라는 질문 자체를 할 수 있다는 것은, 그 질문에 독자적 관점에서 자율적으로 대답할 수 있는 내면의 자아를 상정하고 있고, 그 내면의 자아와의 대화적 관계—자아 성찰의 과정—를 통해 자아정체성에 대한 답을 모색하고 있음을 의미한다. 그리고 그 답은 자신의 복합적이고 다면적인 사회적 영향력 속에서 찾을 수 있음을 알 수 있다.

테일러는 인간은 자기 해석의 존재이며 자아는 자기 해석을 통해 구성된다고 주장한다. 인간은 일정한 언어 속에 실존하고 이 언어에 의해 구성된다. 그런데 이 언어는 언어공동체 내에서만 존재하며 유지되며, 이는 자아가 다른 자아들과의 공동체적 관계 속에서 구성됨을 의미한다. 자신의 정체성에 대한 물음은 언어공동체 내에서 타인과의 소통을 통해 의미를 찾게 된다. 자신은 가정에서, 사회적 공간에서, 사회적 지위와 역할을 통해서, 사랑하는 사람과의 친밀한 관계에서, 자신에게 중요한 공동체의 도덕적 가치관 속에서 그 정체성의 의미를 발견한다. 우리는 사회적 관계에서 대화를 통해 도덕적·정신적 분별력을 배운다. 대화를 통해 우리는 '공동의 공간'을 만들고 활성화하며 이 안에서 함께 무엇이 중요한가에 대한 의미를 형성해간다(Taylor, 1989: 79-81).

테일러의 이러한 주장은 서양 근대의 독립적·중립적으로 사유하는 자아와 자율적이고 본질적인 주체에 대한 강조와 대립된다. 자아의 사고와 가치관은 필연적으로 그와 연계된 수많은 사람 및 사건들의 영향 및 사회의 정신적·역사적·문화적 영향을 받는다. 또한, 이에 따라 자아의 정체성도 세계 안의 다양한 관계와 상호작용을 통해 유동적으로 구성되며 성장·변화함을 알 수 있다. 테일러가 주장한 '공동의 공간'이라는 것은, 나와 너, 공동체가 함께 어떠한 방향으로 어떻게 살아야 할지에 대한 가치와 의미를 함께 만들고 발전시켜 나가는 협력적 상호작용이라고 볼 수 있다.

자신과 타인의 공동의 공간 속에서 우리는 자신의 삶에서의 분노, 사랑, 근심, 열망 등의 의미를 배운다. 물론 자아는 기존의 의미와는 다른 독창적인 이해와 의미를 발전시킬 수도 있으나, 이것은 공동의 언어 속의 기반이 있을 때 가능하다. 이러한 맥락에서 자아 개념의 성숙은 주변의 여러 대화자와의 관계와 '대화의 망(webs of interlocution)'을 통해 이루어진다. 이를 통해 우리는 자기를 이해하며 자기를 정의한다(Taylor, 1989: 82-83).

자아개념을 형성하는 자신의 독창적 언어는 타인들의 언어와 비교·대조하면서 형성되며 발달한다. 성인으로서의 독립적인 관점은 성장하면서 공동체 안의 관계적 경험을 기반으로 형성된다. 예를 들어, 미국 문화에서 젊은이는 자라나면 부모 곁을 떠나 세상에서 독립적으로 사는 삶을 추구한다. 미국 젊은이들은 단지 공간적으로 떠나는 것만이 아니라, 독립적인 신념을 갖도록 기대된다. 그러나, 이 독립적 태도, 또는 독립성의 의미는 미국의 전통과 문화에서 형성된 것이다. 독립성이라는 것이 무엇인지는 문화에 의해 정의되며 각 젊은이의 삶에서 끊임없는 대화 속에서 그 의미가 수정·보완되며 재정의될 수 있다. 이렇게 독립적 태도와 같은 어떤 자아개념의 의미는 사회적 이해 속에, 전통 속에서 형성되는 것이다(Taylor, 1989: 87-91).

인간의 삶은 근본적으로 대화적 성격을 지닌다. 우리는 사람들과의 풍성한 언어적 상호작용을 통해 우리 자신을 이해하며 정체성을 규정하는 온전히 성숙한 주체가 된다. 우리는 말과 글로 된 어휘들뿐만 아니라 예술, 몸짓, 사랑과 같은 감정 등의 폭넓은 표현 양식에 의한 타인과의 상호작용을 통하여 우리 자신을 정의한다. 우리는 우리에게 중요한 타자들과의 상호작용을 통해 우리 자신의 견해와 관점을 발달시키며, 자아정체성에 필요한 언어와 생각을 구성해 나간다. 우리는 우리에게 중요한 타자들의 우리에 대한 인식과 교류하거나 때로는 그것에 반발하면서 우리의 정체성을 발달시켜 나간다. 그리고 심지어 우리의 정체성 인식이 타인의 인식 수준에서 벗어날 때도 그들과의 대화의 기억은 우리의 삶 동안에 지속된다(Taylor, 1991: 32-3).

테일러의 이러한 주장은 자아정체성이 자기만의 생각이 아닌, 대화와 교류를 통해 이루어진다는 점을 인식하게 한다. 자아정체성의 핵심은 자기에게 근본적으로 중요한 것이 무엇인지, 즉 무엇을 지향하며 살 것인지에 대한 자기 삶의 방향과 목표에 대한 인식인데, 이것은 필연적으로 무엇이 바람직한지에 대한 가치 판단을 수반하며, 그 가치 판단은 성장하면서 많은 타인과의 상호작용을 통해 형성된다는 점에서 그의 주장은 타당하다.

우리가 삶에서 가장 귀하게 여기는 것은 사랑하는 사람들과의 공유된 기쁨 안에서 형성된다. 정체성이란 근본적으로 우리가 누구이고 어디에서 왔는가를 의미하는데, 이것은 우리가 희망하며 가치를 평가하는 배경이 된다. 그런데 자신이 가장 귀히 여기는 것이 사랑하는 사람과의 관계를 통해 성취 가능하다면, 우리는 바로 그 관계 자체를 정체성 속에 포함된 것으로 보아야 할 것이다(Taylor, 1991: 34).

정체성은 타자와의 관계를 통해 이루어지지만, 또한 타자와의 차이에 의해 성립된다. 즉, 자신의 인생 방향에 대한 선택은, 여러 선택지와는 다른 '차별성'을 지니며, 그것은 단순한 선호도의 차이가 아닌 무엇이 더욱 중요한 가치를 지니는지에 대한 도덕적 가치평가의 기준이 되는 '의미의 지평(horizons of significance)'에 근거할 때, 진정한 가치를 지닐 수 있다. 자아정체성의 인식이 단순히 음식 메뉴 고르는 듯한 선호도의 문제가 되면, 중요성이나 의미의 차이가 없는 사소한 문제로 전락하며, 인간의 온전함과 진실성을 구현하는 도덕적 개념이 될 수 없다. 참된 정체성의 인식을 위해선, 각자가 자기의 굴레를 넘어서 "자기 존재의 뿌리가 되는 역사, 자연의 요구, 동료 인간의 요구, 시민으로서의 의무, 종교적 사명" 등을 진중하게 고려하여야 한다(Taylor, 1991: 39-40).

테일러(Taylor: 1991)는 공동체와 관계를 무시한 채, 단지 개인의 선호에 입각한 가치관 및 정체성 인식의 문제점을 지적한다. 모든 사람 나름의 가치관의 선택은 동등하게 존중받아야 하며 이 점에서 우리는 중립성을 지켜야 한다는 논리는 일견 설득력이 있다. 그런데 우리는 어떤 근거에서 사람들의 서로 다른 방식을 동등한 가치로 인정할 수 있는가? 단순한 차이 그 자체가 동등한 가치의 근거가 될 수는 없다. 만약 우리가 남성과 여성이 평등하다고 한다면, 이것은 그들이 단순히 다르기 때문이 아니라, 다름에도 불구하고 서로가 공유하며 서로에게 보완될 수 있는 속성을 지니므로 가치가 있다고 보는 것이다. 그들은 함께 숙고하며 사랑하며 추억을 만들고 대화하며 서로를 인정할 수 있다. 차이에 대한 상호 인정은 각자의 정체성이 동등하게 평가될 수 있는 공유된 가치 기준, 즉 의미의 지평을 요구한다. 어떤 가치에 대한 근본적인 공감대가 없다면 평등의 원칙이란 것도 공허한 것이 될 것이다. 이러한 측면에서 '가치의 공감대'를 키우고 발전시켜 나가는 것이 매우 중요하며, 이를 위해 시민으로서 정치적 삶에 적극적으로 참여하는 것은 하나의 중요한 방식이 된다(Taylor, 1991:

51-52).

테일러의 이러한 주장은, 우리가 가치관과 정체성을 형성해 나가는 과정에서뿐만 아니라, 타인의 가치관과 정체성을 동등한 가치로 인식하고 인정하는 데서도 공유된 의미의 지평이 중요한 역할을 한다는 점을 상기시킨다. 또한, 상대의 가치와 서로의 차이를 진정 깊이 있게 인식하기 위해서도 타인과의 지속적인 대화와 교류가 필요하고 중요하다는 점에서 그의 주장은 설득력이 있다.

테일러의 관점에서, 관계는 자기충족을 위한 수단적인 요소가 아니라 정체성을 형성하는 요소이다. 정체성은 운명적으로 한순간에 고정된 것이 아니라, 연속된 다양한 관계들 속에서 자기 과거의 삶과 그에 근거한 현재와 미래의 삶에 의미를 부여함으로써 유동적으로 형성되는 것이다. 그리고 이때 정체성은 단순한 도구적 자기충족이 아니라 진실한 혹은 본래적인 자기를 찾는다는 자기진실성(authenticity)의 이상에 부합하게 될 것이다(Taylor, 1991: 53).

테일러(Taylor, 1985b)는 개인의 선택과 가치관은 공동체의 문화적 영향력을 받아 형성된다고 주장한다. 그는 인간은 '자기 해석의 동물'로서 자신이 처한 상황에 대해 느낌과 열망과 같은 반응을 통해 의미를 부여하면서 정체성을 구성해 나간다고 본다. 그런데, 이 의미부여는 문화의 수준과 유형, 언어적 특징의 영향을 받아 형성된다. 개인의 자기 해석과 자기 이해는 타자와의 관계와 상호작용을 바탕으로 이루어진다. 개인의 말과 행동의 방식은 유아기 때부터 경험한 타인의 칭찬이나 질책과 같은 반응 및 이에 대한 자부심이나 수치심 등의 자의식을 통해 형성된다. 개인은 공포, 사랑, 걱정, 인격성숙 등의 의미를 주변의 사람들과의 대화를 통해 알게 되며 언어를 통해 도덕적 의식을 발달시킨다. 이러한 방식으로 개인은 자신과 관계되는 주변의 사람들과 상호 작용하면서 자신의 가치관과 정체성을 형성한다(Taylor, 1989).

4. 삶의 도덕적 방향 성찰과 서사적 인식

테일러는 자아 개념과 도덕성은 필연적으로 엮여 있다고 주장한다. 그는 무엇이 선인가라는 근본질문보다 절차적 정당성만을 강조하는 도덕적 관점을 비판한다. 그러한 관점은 우리의 도덕적 의식과 믿음의 영역을 무시하게 된다. 테일러는 더욱 완전한 도덕성 개념을 위해서는, 우리에게 무엇이 중요하며, 무엇이 우리의 삶을 의미 있게 하느냐는 근본적 물음을 고려해야 한다고 본다. 이것은 또한 우리 삶에서 무엇이 옳고 그르며 좋고 나쁜지에 대한 도덕적 구별의 인식, 곧 '강한 평가(strong evaluation)'의 의식을 수반해야 한다. 이 강한 평가는 우리 삶의 의미와 정체성을 발견하는 근간을 제공하며 이것이 없을 때 우리는 세계 내에서의 우리의 위치를 이해하지 못하게 된다(Abbot, 2020: 518). 자아정체성은 세상과 자기 삶을 보는 자신의 고유한 눈으로서, 여기서 경험하는 여러 가지 문제에 대한 자신의 가치평가 및 판단을 핵심적으로 내포한다.

테일러가 주장하는 강한 평가란 상황을 숙고하며 판단하게 하고 사람들에게 어떻게 반응해야 할지를 결정하게 하는 방식으로 우리의 삶에 의미를 주는 질적인 평가를 뜻한다. 이 평가는 '높은 차원의 선 개념(hypergood)'에 근거한다. 이 선 개념은 무엇이 옳고 좋은지에 대한 가치 판단과 우리의 사회적 삶과 인간관계에서의 이해와 판단과 행위의 방식을 결정하는 광범위한 지평을 제공한다.

테일러(1985b)는 자유주의의 독립적이고 무연고적인 인간관에 반대하며 사회적으로 구성된 인간관을 주장한다. 인간은 자연과학적으로만 이해될 수 없고 각 개인과 집단의 욕구 및 목적과 관련해서 이해될 수 있다. 그리고 도덕적 존재인 인간은 단지 욕구의 충족만을 추구하는 것이 아니라, 그 욕구가 질적 차원에서 가치 있는 것인지를 판단하는 강한 의미의 가치평가를 한다(Taylor, 1989; 김남준, 2007).

강한 의미의 가치평가자로서 자아는 행위자로서 다양한 존재양식들을 반성적으로 검토한다. 이러한 과정을 통하여 자아는 세계와 자기 삶의 의미를 성찰하며, 삶의 목적과 방향을 설정하는 자기 해석과 자기 발견을 모색한다. 자기 해석은 자신이 어디에 있으며 어디로 가야 할지에 대한 도덕적 공간에 대한 해석으로, 이는 어떠한 가치를 수용하며 그것을 어떻게 자기 삶에서 실현할지에 대한 반성적 성찰과 판단이다(Taylor, 1989).

테일러(Taylor, 1989: 16)가 보기에, 도덕적 틀은 반드시 "세 가지 핵심적 축"을 중심으로 발달한다. 그것은 첫째, 사람들에 대한 존중, 둘째, 좋은 삶에 대한 성찰, 셋째, 자신의 현 상태에 대한 성찰이다. 이 세 축은 서로 긴밀하게 연결되며 도덕성을 이루는 필요조건 또는 충분조건을 구성하면서, 인간과 도덕성의 본질에 대한 존재론적 성찰을 필연적으로 요구한다. 또한, 이 세 축은 삶의 옳고 그른 방향에 대한 강한 평가를 요구하며 우리 자신에게 모종의 도덕적 명령을 수행하도록 이끈다. 무엇이 좋은 삶인가의 질문은, 자신의 현재 삶의 상태를 반성하게 하며, 무엇이 더욱 가치 있는 것인지 혹은 그렇지 못한(삼가야 할) 것인지에 대해 질적인 분별을 하도록 한다(Keeny, 2007: 125-126).

이렇게 볼 때, 무엇이 선(善)인가의 도덕성에 관한 질문은 나는 누구이며 어떤 존재가 되어야 하는가의 정체성의 질문과 필연적으로 연결되어 있다. 우리의 정체성은 우리가 누구인가에 대한 대답으로서, 매 상황에서 "무엇이 선이며 무엇을 수용하고 거부해야 할지"에 대한 지평(horizon)을 제공하는 우리의 헌신과 공감대에 의해 정의된다(Taylor, 1989: 27-30; Abbot, 2020: 519). 이러한 정체성의 의식은 주변의 여러 사람과의 대화를 통해 길러진다. 우리가 사회생활에서 행하는 수많은 대화의 망은 우리의 정체성과 관련되는 질적 평가의 감각을 형성하는 틀을 키워준다. 자아정체성은 우리의 상황에 대한 이해와 도덕적 방향을 생각하게 하는 대화의 경험들에 의존한다(Abend, 2014). 우리의 정체성은 우리에게 무엇이 중요하고 그렇지 않은지를 규정하도록 하며, 우리가 나아가야 할 지향점을 제시하는 것이다. 이 지향점은 우리 삶의 문제에 답을 찾을 수 있는 근원지이며 "우리 존재의 근거"가 된다(Taylor, 1989: 29).

테일러는 자아정체성의 인식은 자신이 어디에 있으며 어디로 가야 하는지, 세계에서 경험하는 사물들이 어떤 의미가 있는지를 일깨워 준다고 주장한다. 그는 이러한 인식은 강한 가치평가와 질적 차별성을 통해 형성된다고 지적한다. '강한 가치평가를 통한 정체성'은 의미의 틀을 제시하며, 이는 우리가 살아갈 때 단순한 선호 때문에 행하지 않고, 무엇이 중요하고 그렇지 않은지에 대한 가치 판단을 통해 행하도록 한다. 인간에게 이 정체성은 회피 불가능한 필연적인 조건이다. 인간은 무엇이 올바르고 좋은지에 관한 가치평가의 질문 속에 존재한다. 만약 인간이 모든 가치평가의 틀에서 자유롭게 된다면 이는 정체성의 위기를 의미한다. 이런 사람은 중요한 문제들에 직면하여 자신이 어디에 있는지, 어디로 가야 하는지에 대한 자율적 판단을 할 수 없다(Taylor, 1989: 70-73).

테일러에 의하면, 인간은 "정체성을 찾기 위해 노력하는 존재"이다. 테일러는 심리학 및 사회학의 자아 개념과 구분하여, 선(善)에 대한 가치 판단을 수반하는 자아 개념을 제시한다. 테일러의 자아 개념은 심리학에서 보는, 자신의 욕망, 능력 등의 요소에 비추어 자기 행위를 적절히 전략적으로 조정하는 자아와 구별된다. 또한, 그의 자아 개념은 사회적으로 좋은 '이미지'를 만들고 보여주려고 하는 자아와도 구별된다. 즉, 테일러가 주장하는 자아 개념은 "자신의 욕망이나 사회적 시선에 휘둘리지 않을 만큼 강한 가치"가 수반된 방향 감각과 자기 진실성을 가진다(Taylor, 1989: 75-77). 이러한 측면에서, 테일러의 관점은 '도덕적 자아관'이라 할 수 있으며, 이는 자신의 정체성, 삶의 의미와 목적을 도덕적 가치와 필연적으로 결부하여 생각하는 관점이라고 볼 수 있다.

테일러는 인간은 자기 삶의 질적 기준에 의해 어떻게 살아야 하는지의 방향 감각을 알게 된다고 주장한다. 이 방향 감각은 두 가지 측면을 포함한다. 첫 번째 방향 감각은, 마치 지도에서 보듯이 자신이 현재 위치한 곳의 지형을 이루는 중요한 위치들이나 그것들의 관련성을 이해하는 것이다. 두 번째 방향 감각은, 지도 상에서 자신이 정확히 어디에 있는지의 현재 위치를 파악하는 것을 뜻한다. 이러한 위치 인식은 주변의 중요한 장소들과 관련하여 알 수 있다. 이와 마찬가지로, 우리 삶에서의 방향 감각도 한편으로는 지도와 같이 "질적인 틀 혹은 기준"이 필요하며, 다른 한편으로는 현재 우리 "자신의 위치 혹은 실상"을 정확하게 파악하고 있어야 한다(Taylor, 1989: 95-96).

테일러의 이러한 주장은 삶의 도덕적 방향 성찰의 중요성과 그것을 가능하게 하는 조건을 제시한다고 본다. 이 관점에서 진실한 삶은, 단지 생물학적 생존 또는 욕구의 충족이 아닌, '가치 있는 것'을 추구하며, 자기 삶에서 무엇이 질적으로 가치 있는 것인지, 그리고 자신의 '현재 실상과 문제'는 무엇이며, '어떻게 살아야 하는지'를 깨닫는 것이다. 예를 들어, 인생을 하나의 여정에 비유하자면, 일단 최종 목적지를 알아야 하며, 거기에 이르는 여정에서 중요한 지점과 경로들을 파악하면서 최적의 경로를 찾으며, 현재 위치를 알아야 하며, 사고나 공사 등 실시간으로 직면할 수 있는 주요 장애물들을 현명하게 피해 나가야 할 것이다. 마찬가지로 개인이 각자 살아갈 때 가장 우선하여야 할 것은, 무엇을 지향하여 살아야 할지 삶의 목적을 생각해야 하며, 다음으로, 그 목적에 이르는데 중요한(가치 있는) 요소들을 고려하면서 최적의 방법을 모색해야 하고, 자신의 현재 상황을 삶의 목적과 중요한 요소들—의미의 지평—과 관련하여 정확히 진단해야 하며, 목적을 향해 가는데 장애가 되는 것들이 있다면, 이를 파악하고 현명하게 극복해가야 할 것이다.

어떤 삶이 가치 있고 의미 있는 삶인가의 질문은 곧 우리의 정체성을 정의하는 방향이다. 테일러는 "선은 우리의 정신적 방향감각을 규정하며, 또 이러한 선을 통해 우리는 우리 삶의 가치를 측정한다."고 주장한다(Taylor, 1989: 97). 이러한 측면에서, 우리는 이 선의 기준과 관련하여 자기 삶의 위치를 반성하는 것이 매우 중요하다.

인간은 더욱 충만한 삶을 열망하며, 이는 우리 삶이 "질적으로 어떤 고차원적인 행위나 의미 있는 것"과 연결될 때 성취할 수 있다. 즉, 우리는 선과의 접촉 또는 선과 관련된 삶 속에서 가치 있는 삶의 방향을 찾는다. 예를 들어, 사람들은 혁명과 같은 어떤 중요한 일에 참여할 때 삶의 의미 또는 충만함을 느낀다. 이러한 일은 또한 종교적 전통을 중시하는 사람들에게는 종교의식이나 기도에 참여하는 것이 될 것이고, 어떤 사람에게는 명예로운 삶이나 이성을 통한 자기통제가 될 것이다. 또한, 일을 중시하는 사람에게는 그 일에서의 향상된 성취가, 가족을 중시하는 사람에게는 더욱 행복한 가족을 이루는 것이 된다. 표현을 중시하는 사람에게는 이것이 예술과 같은 표현활동을 통해 자신의 탁월한 잠재력을 보여주는 것이 된다. 테일러가 보기에, 이 모든 선과 관련된 열망은 인간의 삶에서 제거할 수 없는 "근본적인 갈망"이다(Taylor, 1989: 98-100).

물론, 선에 대한 열망과 달리, 현재의 조건이나 상태가 그것과 멀리 있거나 심지어 반대쪽에 위치할 수도 있다. 그런데 여기서 중요한 것은, 그런데도 '여전히 그것을 바라며 분투해 가느냐?'의 절대적 질문이며 이것은 곧 삶의 방향 인식이다. 테일러의 관점은, 바로 이 절대적 질문 혹은 삶의 방향성이 상대적 질문 곧 현재 자신의 조건이나 상태 보다 근본적이라는 것이다. 우리의 삶은 현재 무엇인가에 국한되지 않고 변화하며 열려있다. 우리는 성장하면서 점차 자기에게 선이 무엇인가를 알게 되며 살면서 다양한 경험과 도전 속에서 선과 관련된 자신의 위치를 재조정한다. 여기서 우리가 어디에 있느냐의 정도의 문제는 어디로 향해 가느냐의 절대적 문제에 종속한다. 즉, 우리의 삶의 나아감과 현 위치의 파악은 삶의 방향 인식에 근거하며, 비록 그 선의 방향 혹은 목적지와 멀리 떨어져 있다 해도 그것을 계속 바라보고 간다면 변화의 가능성은 충분히 열려 있다(Taylor, 1989: 104-105).

테일러의 이러한 주장은, 우리에게 도덕적 정체성의 인식과 관련된 '교육의 가능성과 방향'에 대해 중요한 성찰을 제시한다. 즉, 우리의 정체성은 선(善)과 관련된 우리의 열망과 관련되어 있고 그것은 우리 삶이 '어디를 향해 가느냐'와 '어디에 있느냐'의 질문과 관련되어 있다. 그런데, 현재의 조건이나 위치에 대한 후자의 질문은 삶의 방향에 대한 전자의 질문에 근거한다는 것은, 학습자와 교육자가 교육을 통해 어떠한 인간성을 지향하느냐에 대한 분명한 교육의 목적과 의지가 있다면, 지적인 측면이나 인격적인 측면에서 학습자의 현 상황이 비록 부족하고 부정적이라고 해도 충분히 변화의 가능성이 있다는 점을 제시한다. 또한, 학습자가 나아가야 할 방향과 목적의 인식은 학습자의 현 상황과 문제에 대한 반성의 근거가 된다는 점은 우리가 교육에서 무엇을 우선시하여야 할지를 상기하게 한다.

우리의 정체성이 우리 삶의 연속적 과정에서 궁극적 선의 가치를 지향하며 또한 이는 자신의 과거와 현재에 대한 지속적인 반성과 성찰을 요구한다는 점은, 삶에 대한 서사적 인식과 연결된다. 테일러는 우리 삶의 정체성은 우리의 과거와 현재와 미래의 "서사적 삶"에 대한 연결된 통찰을 통해 이루어진다고 본다. 우리가 누구인가(현재)의 의식은 우리가 어떻게 지금의 우리로 되어 왔으며(과거), 어디로 가고 있는가(미래)에 대한 관념에 근거한다. 과거로부터 현재까지의 자신의 삶에 대한 통찰은 현재로부터 미래로 가는 우리 삶의 전망과 의지로 연결된다. 이처럼 우리의 삶은 서사적 이해를 통해 전개된다. 특히, 도덕적 방향 또는 선과 관련해 자신의 현 위치에 대한 의식은 앞으로의 삶의 도덕적 방향을 투사한다. 또한, 자신이 어떤 존재인지에 대한 자각은 과거의 의미 있는 경험을 상기하며 여기까지 어떻게 왔는가에 대한 의식을 통해서 이루어진다. 과거의 의미 있는 순간들에 대한 성찰은 자신의 참된 성장 또는 선으로의 지향과 관련된 참된 정체성과 연결된다. 자신이 추구하는 참다운 삶이 무엇인지는 자신이 어떤 삶을 위해 지금까지 분투해 왔으며, 앞으로는 더 완전한 상태를 위해 무엇을 지향하는지에 대한 성찰을 통해 이해될 수 있다. 테일러는 우리가 삶에 대해 참된 평가를 하기 위해선 우리 삶의 "과거와 미래를 함께 성찰하여야 한다."라고 지적한다(Taylor, 1989: 105-108).

자아에 대한 의식은 '되어 가는 존재'로서의 자신에 대한 인식이다. 이것은 자신의 성숙과 퇴보의 역사, 패배와 극복의 역사와 같은 시간적 깊이를 가진 서사적 이해를 통해 이루어진다. 우리 삶의 의미와 충만함은 우리가 삶을 하나의 연결된 전체로서 볼 때 느껴질 수 있다. 우리가 앞으로 어디를 지향해야 할지에 대한 미래의 비전은 자기 삶의 전체적 의미를 연결된 큰 틀에서 본다는 것이고, 이때 과거의 경험은 비록 그것이 잊고 싶고 부정적일지라도 앞으로 살아갈 삶과 연결되면서 회복될 수 있다(Taylor, 1989: 112-114).

테일러의 이러한 주장은, 자신의 부정적인 과거나 고난에 직면하여서도, 미래의 전체적인 삶의 비전과 의미를 성찰함을 통해 극복해나갈 힘을 얻을 수 있다는 점에서 큰 의의가 있다. 교육이 고정적인 인간이 아닌 변화하는 인간을 대상으로 긍정적인 변화의 가능성을 믿고 스스로 변화해가는 힘을 육성하는 것이라면, 그 핵심은 학습자가 자신의 과거-현재-미래의 전체적인 삶의 변화 방향과 의미를 스스로 통찰하며, 자신의 문제와 가능성의 인식을 바탕으로 지속하여 변화·성숙하려는 노력을 하도록 도와주고 인도해주는 것이다. 이런 측면에서 자기 삶의 서사적 방향성과 의미의 인식은 특히 부정적이고 무기력하게 만드는 과거의 기억과 현재의 상태에도 불구하고, 포기하지 않고 열정적으로 앞으로의 가치 있는 삶을 위해 분투하게 만든다는 점에서 교육에서 무엇보다 우선시하고 중시하여야 할 부분이다.

그런데, 테일러의 삶의 의미와 정체성의 주장에서 오해하지 말아야 할 것은, 삶의 의미가 선이나 가치와 연결되어 있다고 해서 그것이 반드시 고정된 것은 아니라는 점이다. 우리의 삶을 서사적으로 이해한다는 것은, 삶의 연결성과 변화 가능성을 동시에 강조하는 것이며, 이는 삶의 의미 역시 어떠한 가치를 지향하지만, 또한 지속하여 탐색 되고 재구성된다고 볼 수 있다. 따라서 자아 인식 및 정체성 교육에서 주목하여야 할 부분은, 연속되는 삶의 사건과 경험 속에서 자기 삶의 의미를 지속하여 탐색하며 재구성할 수 있는 성찰 능력을 함양하는 것이다.②

5. 논의 및 결론: 도덕적 자아정체성 교육의 방향

지금까지 테일러의 현대 사회의 가치관에 대한 비판 및 도덕적 자아정체성의 개념을 고찰하였다. 테일러는 현대 사회의 병리적 문제로서 개인주의, 도구적 이성, 도덕적 판단의 상실을 지적한다. 이러한 문제는 현대인이 제각기 자기충족의 관점에서 자기의 방식만을 자유롭게 추구하면서 공공의 도덕적 가치와 기준이 무시되는 경향과 관련이 있다. 테일러는 타인과의 관계에서의 중요한 요구들을 고려하지 않는 단순한 자기충족의 방식은 자아를 쇠락하게 하며 자기진실성의 실현 조건을 파괴한다고 지적한다. 개인의 정체성은 개인을 둘러싼 폭넓은 도덕적 의미의 지평을 배경으로 형성되어야 한다. 이 의미의 지평은 '자기 존재의 뿌리가 되는 역사, 자연의 요구, 동료 인간의 요구, 시민의 의무, 종교적 사명' 등을 포함하는 것으로, 참된 정체성의 인식은 이러한 도덕적 지평의 인식을 바탕으로 한다. 자아정체성은 또한 '나는 누구인가?'라는 질문에 대한 인식인데, 이는 자신이 어디에서 왔고, 어디에 있으며, 어디로 향해 가야 하는지의 삶의 서사적 인식과 관련되는 것이다. 이러한 인식은 진실한 자아를 찾고 실현하기 위해서는 자기충족과 같은 협소하고 한시적인 자아관을 넘어 자아의 근거가 되는 폭넓은 관계망과 시간적인 연속성을 통찰하는 것이 필요함을 의미한다. 이는 자아정체성의 교육이 단순히 자신이 무엇에 소질과 적성이 있고 관심 분야는 무엇이며 어떤 성격과 특징을 지녔는지에 대한 탐색에 머물지 말고, 자기 삶의 근거가 되는 폭넓은 관계들을 성찰하며, 그 관계에서 의미(가치) 있는 방향은 무엇이며, 이를 어떻게 실현해갈지를 깊이 성찰하도록 교육해야 함을 제시한다. 도덕적 자아정체성의 인식은 학습자에게 자기 인생과 배움의 목적을 견실하게 조성하여 역경을 만나도 낙망하지 않고 꿋꿋이 헤쳐 나갈 수 있는 의지를 키우고, 이를 통해 자신의 배움을 단지 도구적 수단으로 인식하지 않고, 온전한 인격의 성숙 과정으로 인식하게 할 것이다.

테일러의 관점에서, 인간은 '자기 해석'의 존재이며 이 자기 해석은 사람들과의 '언어적 상호작용'을 통해 이루어진다. 자신이 어떤 존재이며 무엇을 지향하며 살아야 할지에 대한 자아정체성은 대화를 통해 자기 삶에서 무엇이 중요한지의 의미를 형성함으로써 인식된다. 대화는 타인과 자신의 '공동의 공간'을 만들고 여기서 공동체의 가치를 기반으로 '도덕적 분별력'을 형성시킨다.

따라서 지나친 개인주의와 도구주의에 의한 무분별한 자기충족의 자아관을 극복하고, 진실한 도덕적 자아정체성을 함양하기 위해선, 무엇보다 가정, 학교, 사회의 연속적이고 폭넓은 인생의 장에서 '가치와 의미'를 함께 탐색하는 적극적인 대화와 상호 교류의 문화를 조성하여야 할 것이다. 첫째, 가정교육에서 단순히 아이들의 요구를 들어주고 무엇을 하고 하지 말라고 지시하는 것을 넘어서, 부모와 자녀 간에 혹은 형제자매 간에 어떤 경험이나 행동의 배후에 있는 가치와 의미를 함께 나누어보고 성찰하는 시간이 필요할 것이다. 둘째, 학교 교육의 모든 교육과정도 단순히 정확한 지식의 전달과 숙지를 목표로 하기보다는, 어떠한 교육내용이든 토의, 토론, 문제해결 학습 등 교사와 학생의 활발한 대화적 상호작용을 적극적으로 확대하고 이를 통해 학생들이 주도적으로 자아정체성과 관련된 '의미와 가치'를 탐색하도록 유도한다면 좋을 것이다. 테일러는 언어적 상호작용뿐만 아니라, 예술, 몸짓, 사랑과 같은 비언어적 상호작용을 통해서도 우리는 자기 해석을 한다고 주장한다. 그러므로 음악과 미술, 체육 혹은 다양한 체험 교육 활동은 중요한 자아정체성 교육의 매개체가 될 수 있다. 다만, 그것들이 일방적으로 정해진 틀이나 기술의 숙지와 숙련을 지향한다면 그러한 목적을 이루기는 힘들고, 학생들이 그 내용과 활동을 통해 한편으로는 '독창적으로' 또 한편으로는 '협력적으로' 어떤 의미와 가치를 느끼고 발견할 수 있도록 유도해준다면 가능할 것이다.

마지막으로, 참다운 도덕적 자아정체성 형성을 위해선, 가정과 학교에서 끝나는 것이 아니라, 사회 전체가 자아관과 가치관의 공동 탐구의 장이 되어야 한다. 특히 다양한 사회적 문제에 직면하여, 무엇이 올바르고 좋은 방향인지에 대해, 다양한 공식적 · 비공식적 공론의 장을 열어, 열린 심의와 소통을 모색하는 것은, 도덕적 자아정체성 형성을 위한 훌륭한 사회교육의 예가 될 수 있을 것이다. 다만, 이러한 과정이 성공적으로 되려면, 자기 또는 자기 집단의 입장과 논리만을 고수하려는 태도를 극복하고, 이견과 반론도 경청하면서 때로는 기존에 가졌던 자기 입장을 수정하면서 공공의 선(善)을 위해 무엇이 중요한지를 숙고하는 자세를 가져야 할 것이다.

이는 오늘날 자아정체성 교육이 민주시민성의 함양과 연결되어 있음을 의미한다. 테일러는 시민교육은 시민의 전체적인 공간에서 광범위하게 발생할 수 있지만, 특히 자유 민주주의 국가에서는 자유와 평등의 가치를 실현하는 시민성을 위한 지식과 능력을 함양하는 데 특별한 관심과 책임을 기울여야 한다고 주장한다. 시민의 자아정체성 형성에서 도덕적 근간을 회복하기 위해선 "정의와 선의 가치" 등 우리의 "의미의 지평"을 만드는 다양한 사상과 전통들을 종합적으로 고찰하는 교육을 추구해야 한다. 이를 위해서 우리는 공공의 선의 가치들을 고려하여 사회와 학교, 학교와 학생의 관계를 규명하고, 선하고 정의로운 학교 교육과 시민 양성을 실현할 수 있는 방향을 모색하여야 할 것이다. 이와 관련하여, 특히 학교는 단지 사적인 성공을 위한 수단이 아니라, 공공의 목적과 가치를 구현하는 장이라는 인식을 고취하여야 하며, 이를 위해 학교가 사회의 공공선을 실현하는 선한 시민의 자질과 인성을 함양하는 데 주력하여야 할 것이다(Ferrero, 2001: 189-192).

정체성에 대한 테일러의 관점을 교육에 적용할 때, 우리가 주목해야 할 점은, 학습자의 정체성의 원천, 즉 그들의 역사성과 도덕성의 뿌리이다. 자아정체성을 찾고 자아실현을 모색하는 교육은 자아가 처한 시대의 역사적인 흐름 및 도덕적·정치적 환경을 충분히 고려하여야 한다. 즉, 역사성과 도덕적 환경은 자아정체성의 지도와 같은 것으로 자신의 현 위치를 파악하고 자신이 어디로 향해 가야 하는지를 제시해주는 역할을 한다(Ferrero, 2001: 201-202).

그러나 이러한 정체성 인식을 위해선 단순한 역사적 사실이나 윤리적 덕목들을 알고 기억한다고 하여 되는 것은 아니다. 어떠한 역사적 사건과 도덕적 가치 혹은 덕목이 자신과 공동체의 삶에 어떠한 의미가 있는지 성찰하도록 유도하는 교육이 되어야 할 것이다. 학습자가 그러한 사아 성찰 속에서 자신의 삶이 자신이 속한 공동체의 큰 역사적 흐름 속에 위치하며, 나아가 그 역사를 더 나은 방향으로 새롭게 창조해야 할 도덕적 책임이 있음을 인식하고 실천할 수 있는 교육이 되어야 할 것이다.

이러한 정체성 인식의 교육에서 학습자는 자신의 과거-현재-미래를 연결하여 성찰하면서 자신의 성격, 가치관, 삶의 목표 등이 개인이 속한 가족, 지역, 민족 등 다양한 공동체 및 역사적·정치적 배경과 어떻게 연관되어 있는지를 이해하는 것이 중요하다. 특히, 학습자는 과거의 탁월한 성취가 세대를 넘어 현재에까지 전승된 전통을 배움으로써 사회적 가치와 미덕을 갖춘 사회적 자아를 형성할 수 있다. 전통에는 해당 사회의 역사적 유산과 사회적 기대가 함축되어 있다. 교육자는 학습자에게 그러한 전통이 어떻게 현 사회의 가치 규범 및 자신의 현재 삶에 연결되는지를 성찰하고 인식하도록 안내해야 할 것이다(MacIntyre, 1981; 심승환, 2010). 그리고 여기서 더 나아가, 교육자는 학습자에게 자신이 속한 공동체의 전통을 계승하며 창조적으로 발전시키기 위해 앞으로 자신의 미래에 중요한 가치와 능력과 활동은 무엇인지를 성찰하고 계획하며, 가능한 작은 일부터 실천할 수 있도록 교육하여야 할 것이다.

테일러는 현대의 다원주의 사회에서의 자아정체성은 다인종, 다문화적 공동체의 배경 속에서 이해하여야 한다고 본다. 이러한 배경에서 자아정체성의 인식은 '차이의 정치학(the politics of difference)'과 '인정(recognition)'의 문제를 충분히 고려해야 한다. 다원화·다문화사회의 자아정체성 인식에서 중요한 점은, 그(녀)가 자라오고 속해 있는 공동체의 특수한 역사, 문화적 맥락을 고려하고 그 차이를 인정하여야 한다는 것이다. 정체성의 형성은 한편으로는 인간의 동등한 존엄성과 보편적 가치를 고려하며, 다른 한편으로는 역사·문화적 특수성과 개인의 차이를 존중하는 방향으로 나아가야 할 것이다. 다원주의 사회에서도 개인과 집단의 특정한 가치의 추구와 관련된 '강한 의미의 가치평가'가 필요하며, 이는 또한 열린 공공의 토론과정을 통해 검토되는 과정이 필요하다(Taylor, 1994; 김남준, 2007). 개인의 삶의 방향에서도 도덕적 가치를 고려해야 하듯이, 다양한 문화의 차이를 상대적으로 그대로 인정하기만 하는 것이 아니라, 인간의 보편적 가치의 실현을 증진하거나 침해하는지를 합리적으로 평가하고 검토하는 것이 또한 필요하다. 이러한 검토를 거쳐 자신이 지지하고 지향할 문화적 정체성을 모색하여야 할 것이다.

다문화적 자아정체성 인식에서 또한 중요한 것은, 단순한 차이를 강조하는 교육이 아닌 학습자 본인의 다문화적 인식에 대한 서사적 탐색이 필요하다(박진은, 2017). 예를 들어, 학습자가 어떤 다문화가정의 친구에 대해 편견 혹은 차별이 있었다면, 왜 그랬는지 반성하며, 그것이 변화하게 되었다면 어떤 계기로 어떤 생각에서 그렇게 되었는지, 앞으로는 어떻게 행동해야 할지를 탐색하고 나눌 수 있도록 해주어야 할 것이다. 이러한 서사적 탐색과 나눔을 통해 다문화 인식이 단순히 교과서에서 강조하는 덕목이 아닌, 자기 삶에서 중요한 가치, 앞으로 자신이 소중하게 지켜야 할 가치로 뿌리내릴 수 있을 것이며, 테일러가 강조하는 언어적 상호작용을 통한 의미의 형성과정을 고려한다면, 그러한 이야기를 듣는 다른 학생들의 인식에도 영향을 줄 것이다.

학교 현장에서 테일러의 자아정체성 개념을 적용할 때, 근본적인 것은, 학생들에게 먼저 '나는 누구인가?'라는 질문을 스스로 깊이 묻고 성찰하게 하는 것이다. 학생들이 이러한 자아 성찰의 질문을 단지 주어진 과제로 인식하지 않고, 주도적으로 하게 하기 위해선 때로는 '지적 곤란(aporia)'에 직면하게 하는 것도 필요하다. 의미 있는 타자로서 교사는 교과 수업의 언어적 상호작용을 통해 학생에게 이 지적 곤란을 경험하도록 이끌 때 학생은 주도적으로 자아에 대해 궁금해 하며 성찰할 수 있다. 예를 들어, 문학 수업 같은 경우, 교사는 학생에게 만약 작품 속의 화자가 된다면 어떻게 생각하고 행동할지를 묻고, 그러한 선택지가 정말로 자신의 것인지, 최선의 답인지를 지속해서 물으며 학생에게 스스로 깊은 의미를 찾고 표현할 수 있도록 유도하는 것이다(송슬기·곽덕주, 2016).

그런데, 테일러의 이론에 근거한 이러한 자아정체성 교육은 학교에서 특정 교과들에서만 수행될 수 있는 것은 아니고, 삶의 모든 공간에서 복합적이고 다차원적으로 이루어져야 할 것이다. 특히, 현대 다문화사회에서의 차이와 인정의 정치학과 관련된 테일러의 자아정체성에 대한 관점을 바탕으로, 연구자는 '다차원의 자아정체성 성찰 교육'의 필요성을 제안한다.

첫째, 일차원의 '자아 성찰'에서는, 자기 경험과 역사, 특징, 열망, 신념, 가치, 목적과 관련되어 자신을 해석하는 과정이 필요하다. 둘째, 이차원의 '관계 성찰'에서는, 앞의 자기 해석과 관련하여 가족, 친척, 이웃, 친구 등 주변인들이 자기에게 어떠한 영향을 주었으며 주고 있는지, 또 그 영향력은 자기 삶의 가치 및 방향과 관련하여 어떠한 의미가 있는지를 성찰하는 것이 필요하다. 여기서는 특히, 자신의 가치관 변화에 중요한 도전을 주었던 대화와 경험을 세밀히 성찰하고 기술해 보는 훈련이 필요하다. 자기 해석과 관계 해석의 차원에서 문학과 예술을 통해 자아와 관계를 깊이 성찰하고 표현해 보는 훈련은 상당히 효과적일 것인데, 주의해야 할 점은 어떤 정답을 정해놓고 하지 말고, 스스로 '의미'를 찾고 표현하는 학습에 초점을 두어야 한다는 것이다.

셋째, 삼차원의 '공동체 성찰'에서는, 앞의 일·이차원적 성찰과 관련하여 더 큰 맥락에서 지역, 국가, 민족, 세계, 지구환경의 역사, 문화, 도덕적 가치나 당면한 문제와 요구가 자기 삶의 진실한 가치 및 그에 따른 앞으로 삶의 방향을 모색하는 데 어떤 의미가 있는지를 깊이 반성하고 발견하는 과정이 필요하다. 공동체 차원의 자아 성찰 학습에서는 특히, 사회, 역사, 도덕, 과학 등 교과 지식을 자아 성찰의 핵심적 질문들과 연결하여 탐색하게 하는 학습이 필요하다.

넷째, 사차원의 '종합적 성찰'에서는, 자기 삶의 다차원적 배경 안에 있는 성, 인종, 계층, 종교 등의 다양한, 때로는 충돌하는 문화적 영향력과 가치들을 종합적으로 수렴하여 성찰하는 것이 필요하다. 특히, 여기서 이주민 가정이나 다문화가정의 경우에는, 두 가지 이상의 문화적 영향력과 중요성을 균형 있게 고려하여 삶의 의미와 정체성을 성찰하도록 이끌어 주어야 할 것이다. 그리고 이러한 종합적 자아 성찰의 과정을 위해선 토론과 상담, 공동 체험활동 등 다양한 대화 및 상호 교류 활동을 통해 인식의 지평을 넓히고 심화시켜야 할 것이다. 또한, 이러한 다차원의 자아정체성 성찰 교육을 위해선, 도덕, 역사, 사회, 언어, 과학 등의 통합적 혹은 학제적 교과 과정 및 관련된 비교과 교육 활동의 개발이 필요할 것이다. 이러한 복합적・다차원적 성찰 활동은 단순한 형식적 수행이 아니라, 타인의 말(글)과 다양한 체험활동 속에 담긴 '의미'를 깊이 숙고하며, 그것을 자신의 고유한 언어로 표현하도록 하면서 자기 삶에 대한 가치와 방향을 성숙시키며 정립할 수 있도록 이끌어 주어야 할 것이다.

이 글은 교육철학적 고찰로서 테일러의 관점에 근거하여 큰 틀의 도덕적 자아정체성 교육의 방향을 제시하는 데 한정되어 있으나, 그 구체적 방법에 대해서는 교육과정, 교과 교육론, 교육방법 및 교육공학 등의 전문 분야 연구에서 보완되기를 기대한다.

참고문헌

김남준(2007). 공동체주의의 인간학적, 윤리학적 근거 논쟁. 윤리교육연구, 12, 129-156.

박진은(2017). 찰스 테일러의 공동체관에서 본 초등 도덕과의 다문화교육. 초등도덕교육, 57, 129-155.

송슬기 · 곽덕주(2016). 실존적 · 윤리적 자아정체성 교육: 찰스 테일러(Charles Taylor)의 자기진실성(Authenticity) 개념을 중심으로. 교육철학연구, 38(1), 43-69.

심승환(2010). 자유주의와 공동체주의의 종합적 시각을 통한 가르침의 목적 고찰. 한국교육학연구, 16(2), 21-50.

Abbott, O.(2020). The self as the locus of morality: A comparison between Charles Taylor and George Herbert Mead's theories of the moral constitution of the self. *Journal of Theory of Social Behavior, 50*, 516-533.

Abend, G.(2014). *The Moral Background: An Inquiry into the History of Business Ethics*. Princeton: Princeton University Press.

Calhoun, C.(1991). Morality, Identity, and Historical Explanation: Charles Taylor on the Sources of the Self. *Sociological Theory, 9*(2), 232-263.

Ferrero, D.(2001). *Public Schools, Public Goods: Reintegrating the Liberal and Republican Traditions for a Civic Philosophy of Education*. Doctoral Dissertation, Harvard University.

Hittinger, R.(1990). Charles Taylor, 'Sources of Self'. *The Review of Metaphysics, 44*(1), 111-130.

Joas, H.(2000). *The Genesis of Values*. Cambridge: Polity Press.

Keeny, P.(2007). *Liberalism, Communitarianism and Education*. Hampshire: Ashgate.

MacIntyre, A.(1981). *After Virtue: A Study in Moral Theory*. Notre Dame, IN: University of Notre Dame Press.

Mason, M.(2000). *The Ethics of Integrity*. Doctoral Dissertation, Columbia

University.

Rorty, A. O. and Wong, D.(1990). Aspect of Identity and Agency. In O. J. Flanagan and A. O. Rorty(Eds.), *Identity, Character and Morality: Essays in Moral Psychology*, 19-36. Cambridge: MIT Press.

Sartre, J.-P.(1943). *Being and Nothingness*. trans. Barnes, H. E.(1957), London: Methuen.

Smith, N. H.(2002). *Charles Taylor: Meaning, Morals and Modernity*. Cambridge: Polity Press.

Taylor, C.(1985a). *Hegel and Modern Society*. Cambridge, MA: Cambridge University Press.

Taylor, C.(1985b). "Interpretation and the Sciences of Man", *Philosophy and the Human Sciences: Philosophical Papers*. vol. 2. New York: Cambridge University Press.

Taylor, C.(1989). *Sources of the Self: The Making of the Modern Identity*. Cambridge, MA: Cambridge University Press.

Taylor, C.(1989). *Sources of the Self: The Making of the Modern Identity*. 권기돈 · 하주영 역(2015). 자아의 원천들. 서울: 새물결.

Taylor, C.(1991). *The Ethics of Authenticity*. Cambridge, MA: Harvard University Press.

Ⅳ 유기체적 교육의 방향
– 화이트헤드의 유기체 철학을 중심으로[1)]

1. 들어가며

오늘날 한국교육은 여전히 성적, 입시, 취업에 몰입되어 과도한 경쟁으로 인한 부작용을 겪고 있다. 학습자의 전인적 성장과 더불어 사는 성숙한 사회구성원으로서의 자질을 함양한다는 것은, 형식적인 교육과정의 목적으로 명문화되어 있고 유 · 초등의 공교육에서는 어느 정도까지는 되고 있으나, 실질적으로 중등교육 이후에는 시험에 얼마나 효율적으로 대비하고 성적을 높이느냐에 거의 모든 것을 거는 교육 현실이라 할 수 있다.

이러한 현실은, 첫째, 학습자가 학습에 대한 자발적인 관심과 동기를 갖지 못하고 어쩔 수 없이 하게 되는 문제, 둘째, 모든 교과 내용이 오직 시험대비용으로 주입되나 자기 지식으로 소화 · 체화되지 못하고 삶에 적용 · 활용되지 못하는 문제, 셋째, 오직 경쟁에서의 승리만을 추구하는 와중에, 학습자 주변의 사람들, 자연환경, 사물, 사회적 환경과의 관계 맺음과 상호작용을 배우지 못하고 고립되는 문제의 원인이 된다. 이 장에서는 이같이 생동력 없고 분절된 교육을 극복하기 위한 이론적 기반을 제공하기 위해 Whitehead의 유기체 철학에 근거하여 교육의 방향을 모색하고자 한다.

---

1) 이 장의 내용은 저자의 논문 "Whitehead의 유기체 철학에 근거한 유기체적 교육의 방향"(학습자중심교과교육연구, 2024)을 수정 · 보완하였음

Whitehead(1861-1947)는 비록 교육이론과 관련된 종합적 저술을 쓰지는 않았으나, 교육정책에 관한 강연들을 종종 하였다. 그는 듀이와 같이 지식의 활용과 학생의 흥미의 중요성을 강조하였고 무분별한 교육의 위험을 경고하며, 성공적인 교육이 되려면 우선 학생들이 배워야 할 정확한 지식을 명확하게 알고 있어야 한다고 주장한다. 그러나 그는 한편으로는 잘 조직된 명확한 지식 학습의 중요성을 강조하면서도, 단순히 많은 양의 정보를 축적하는 것은 무용하다고 주장한다. 그는 학습자가 대상에 흥미를 지니고, 습득되는 지식이 삶에 적용되지 못하면 무기력하며 생동력을 잃는다고 지적한다. 그가 교육에 있어서 생동력을 강조하는 것은, 학습자를 주변의 환경 및 세계와 관계 맺고 상호작용하는 살아있는 유기체로 접근하는 유기체 철학의 관점에 근거하기 때문이다.

그의 유기체 철학은 주체와 객체, 마음과 몸을 이분법적으로 접근하는 근대 철학의 입장을 비판하며, 존재와 세계의 유기적 관계 맺음과 상호작용, 정신적이고 지적인 부분과 신체적이고 감성적인 부분의 유기적 연결을 강조하였다. 이 같은 배경에서 그는 교육에서 학습자의 삶의 적용과 활용을 중심으로 한 살아있는 지혜를 추구하며, 조화·균형·관계를 모색하는 독특한 '리듬'과 '파악(prehension)'의 개념을 강조하는 관점을 제시한다(Whitehead, 1929).

상기한 한국교육의 현실 문제를 해결하기 위한 이론적 근거를 찾기 위해서는 Whitehead의 유기체 철학과 교육을 전반적으로 고찰하는 것이 필요하다. 그의 이론이 그의 유기체 철학처럼 유기적으로 연결되어 있기에, 생동력 없고 분절된 교육 현실을, 생동력 있는 혹은 살아있는 유기체적 교육으로 전환하는 방향을 모색하기 위해서는 유기체 철학의 전반적 관점을 교육의 목적, 내용, 방법과 연결하여 전체로서 유기적인 관련성 상에서 고찰해 보아야 할 것이다. 이에 이 장에서는 Whitehead의 유기체 철학과 교육의 방향을 총체적 관점에서 살펴보고자 한다. 이러한 취지로 먼저, Whitehead의 근대 철학 비판과 유기체 철학의 기본 특징, 삶의 적용으로서의 교육목적, 유기적 통일성으로서의 교육내용, 리듬과 파악으로서의 교육방법을 고찰하고, 이에 근거하여 교육 현실의 문제를 극복하기 위한 방향을 탐색·제시하도록 하겠다. 이 글이 입시와 경쟁에 몰입된 한국교육에서 관계 맺음의 회복, 학습자의 자율적이고 주도적인 생동력 있는 교육의 회복, 삶에 적용되며 삶의 지혜를 키우는 교육을 실현하는 데 도움이 되기를 기대한다.

2. 근대 철학 비판과 유기체 철학의 기본 특징

Whitehead의 유기체 철학 또는 과정 철학은 근대의 과학과 철학의 기본 관점에 대한 비판에 근거한다. 그는 우선 뉴턴의 세계관과 아인슈타인의 상대성 이론을 비판하였다. 뉴턴은 세계를 직선적인 시간과 일정한 질량의 구성으로 보았으나(Hernes, 2008), Whitehead(1925)는 자연과 그 하위 요소들은 서로 연결되어 상호 작용한다고 보았다. 또한, 그는 고정된 과학적 우주관에 의해 물질 요소들은 무감각하고 가치 없고 목적 없이 존재하며, 자체의 본질로부터 발원하지 못하는 외적 관계에만 의존하는 고정된 규칙을 따른다고 보는 과학적 물질주의를 비판하였다. 아울러, Whitehead(1933)는 과학적 물질주의의 단점과 관련하여 형이상학적 사변에서 벗어난 철학적 경향의 문제를 지적하였다. 그는 철학자들이 궁극적인 도덕적 근거와 정당화를 탐구하지 않고, 실재의 관계적 인식이 없는 단순한 일반적 주장을 수용하였다고 비판하였다.

Whitehead는 과학적 합리주의의 저변에 있는 원자주의적이고 물질주의적인 우주관에 반대하였다. 이러한 물질주의적 관점은 17세기 개인을 강조한 홉스의 정치사상이나 모든 지식의 근원으로서, 외부적 실재와 분리된 고립된 개별 주체를 강조한 데카르트적 관점과 연결된다. Whitehead(1978: 10)는 "철학의 목표는 과학적 제일 원리에 도전하는 것"이라고 지적하였다. 하나의 명제는 그 명제의 의미 안에 전제된 특정한 환경의 유형만을 제시하는 부분적 진실만을 나타낼 뿐이며, 세계 전체의 구체적인 모습을 나타내지는 못한다. Whitehead는 또한, 영원하고 불변하는 실체 중심적 세계관을 비판하였다. 그의 관점에서 어떤 본질적인 실체가 있다면 그것은 "과정과 관계(process and relation)"이며 이것이 궁극적인 원리가 된다. 자아와 사회는 이러한 과정과 관계의 방식에 의해 "실제적 사건(actual occasion)"으로 존재한다. 세계의 궁극적 원리는 "분리된 개체들이 함께 연결된 전체"임을 발견하는 것이다. 분리된 다수였다가 연합된 일체로 되어가는 것이 모든 개체의 본질이다. 이러한 "궁극의 범주(category of the ultimate)가 근본 실체의 범주(category of primary substance)를 대체"한다(Whitehead, 1978: 21).

Whitehead에게 세계는 복수성, 잠재성, 창조성의 법칙으로 움직인다. 실제적 사건은 시공을 통한 세계의 복수성과 과정을 보여주는 연합성의 방식으로 발생한다. 모든 실제적 존재는 "다른 실제적 존재 안에서 현존"한다(Whitehead, 1978: 50). 각 존재는 자신과 다른 요소들을 세계 및 다른 존재들로부터 수용하고 "내적 구성과정을 통해 종합"한다(Whitehead, 1978: 20). 이러한 과정을 통해 존재들은 내부와 외부의 상호 연관의 과정을 통해 현존한다. 개인의 자아와 사회는 다양한 경험의 역동적 상호작용을 통해 공동의 성향을 형성한다. 자아와 사회는 역사적 공간과 시간의 맥락의 영향을 받음으로써, 고정된 개체가 아니라, 다양한 영향력의 상호 교류 속에서 확장적으로 구성된다. 자아는 사회적 유산의 영향 속에서 그리고 사회의 미래를 지향하여 형성되고 성장한다. 자아는 이처럼 그 사회의 "과거와 미래, 또한 현재 당면한 환경 및 그것의 창조적 영향력" 속에서 그 정체성이 형성된다(Strum, 1988: 41). 또한, 자아뿐만 아니라 한 사회도 다른 사회 및 더 큰 사회의 영향력과 질서 속에서 구성된다.

Whitehead가 주장하는 유기체적 과정 철학의 핵심은 존재의 '역동성'에 초점을 둔다는 점이다. 이는 세계 안의 사물들이 공간적 · 시간적으로 확장되면서 끊임없이 무엇인가로 '되어가는 과정' 중에 있음을 의미한다. 이러한 과정 철학적 관점은, 교육의 문제에서도 적용된다. Whitehead는 전통적 교육에서의 교과 지식의 직선적 전달방식을 비판하며 배움은 학습자의 기존의 인지

구조에 새로운 요소들을 통합시키는 역동적인 동화의 과정이 되어야 함을 주장한다. 여기서 학습자가 실수하더라도, 그것은 새로운 지식을 습득하는 기회를 창출하는 것으로, 비록 틀리더라도 자유롭게 생각할 수 있도록 해주어야 한다(Riffert, 2005). 이런 측면에서 볼 때, 고정적인 정답을 전달하고 숙지하는 방식의 교육은 역동적이고 과정적으로 생성되며 재구성되는 지식의 학습을 막는다.

Whitehead는 주체와 대상을 이분법적으로 보는 근대의 인식론에 반대하여, 양자의 연결과 상호작용을 강조하였다. 그는 "감상적 의식(appreciative consciousness)" 또는 "심미적 이해(aesthetic understanding)"의 인식방법을 주장하면서 "타자에 대한 수용성, 타자와의 협력적 관계, 타자와의 적극적 상호작용"의 중요성을 지적하였다(Strum, 1998: 14). Whitehead의 관점에서, 학습은 학습 주체가 외부의 대상에 떨어져서 객관적으로 관찰하는 방식이 아니라, 주체가 직접 주관적으로 그 실재에 참여하고 교류하면서, 즉 그 실재의 역동적인 상황을 생생히 느끼고 체험하는 방식으로 이루어진다. 따라서 여기서 습득하는 지식은 객관적 사실로서의 지식이라기보다는 주관적 관점과 가치가 매개된 '파악(prehension)'의 성격을 지닌다. 파악은 유기체가 성장하는 과정으로 과거의 경험이나 현재의 활동을, 잠재적이거나 혹은 영원한 차원으로 연결하는 행위이다(Cobbs, 1965).

Whitehead에게 세계와 자아는 생명 없고, 수량화되며, 의미 없는 대상이 아니다. 이 양자는 유기체적인, 전체론적인 차원에서 연결되어 있고 이러한 맥락에서 지식은 고정적이고 분리된 파편들이 아니라 역동적으로, 대화적으로 탐색하면서 끊임없이 구성되고 또 재구성되어야 한다(Ugwuozor, 2019). 이러한 지식에 대한 관점과 연결하여, Whitehead(1929)는 교육에서 인식론적 이해의 재구성 과정을 강조하며 학교를 이 재구성 과정을 강화하는 주된 사회적 제도로서 보았다. 그는 인간의 정신을 전해지는 정보를 수동적으로 수용하는 "죽은 기구"로서 보는 당시 교육의 지배적인 지식에 대한 관점을 비판하였다. 그의 관점에서, 정신은 어떠한 자극에 대해 "섬세하게 수용하며 반응하는, 지속적인 활동"이다(Whitehead, 1929: 6). 학습 과정에 대한 강조 없이 교과 내용을 완결된 산물로 제시하는 것은, 학생이나 해당 주제, 그리고 문명의 진보와 연결된 의미를 찾지 못하는 "무기력한 지식"을 이끈다. 그러므로 교육은 학습자의 "지각, 느낌, 희망, 사고들을 적용하는 정신 작용"을 통해 "우리의 삶을 형성"하는 "생각의 활용"에 초점을 두어야 한다(Whitehead, 1929: 3).

유기체적 인식론에 따라, 학습자는 항상 세계와 떨어지지 않고 세계 안에 존재하기에 배움은 고정된 산물이 아닌 경험적인 과정이 되어야 한다. Whitehead(1929: v)의 관점에서, "교육은 과거와 현재, 추상적인 것과 구체적인 것, 이론과 실천을 연결하는 탐구의 과정"으로서, 교육내용 그 자체 이상의 의미를 지닌다. 이러한 Whitehead의 주장은 입시 준비와 연관되어 지식 그 자체의 정확한 습득에 몰입하는 현재 한국의 교육 실제를 반성하게 한다. 시험을 위해 외웠으나 그 후에 삶과 일, 실제 문제의 해결에 적용력을 가지지 못하는 죽은 지식이 아니라, 살아서 실제 현장에 힘을 발휘하는 지식을 배우기 위해서는, 교육내용을 현재의 실제 문제에 적용하여 탐구하는 생동력 있는 배움이 되어야 한다.

Whitehead의 관점에서, 모든 사물은 존재론적으로 서로 연관되어 있다. 즉, 그의 유기체적 관점에 의하면, 자연, 인간, 사물은 각자의 존재 가치를 지니며 하나의 거대한 연결망으로 전체로서 연결되어 있다. 이는 마치 "거미줄의 한 곳을 움직이면 전체의 망이 함께 흔들리는 것"과 같다(Placid, 1959: 41). 유기체적 과정철학적 관점에서의 '이해 또는 파악(prehension)'은 추상적 원리가 아니라, 개인과 공동체를 연결하는 실천적인 삶과 경험의 방식이다. 이는 자신의 개인적 세계와 더 넓은 세계를 연결하는 참여의식과 책임감을 요구한다.

모든 사물의 상호 연관성의 이해는, 곧 모든 존재는 타 존재들의 성장과 발달의 잠재 요소임을 이해한다는 뜻이다. 이러한 이해는 자신과 다른 존재에 대한 포용과 개방성, 존중과 배려 의식을 함양하는 바탕이다. Whitehead(1978: 81)는 각자가 "진정한 자아를 찾아가는 과정은 자신과 연결된 세계를 이해하는 과정에서부터 온다."라고 주장하였다. 인간은 세계의 다른 존재들과의 관련 속에서 인간의 존재성을 찾고 모든 세계의 사물은 자신의 존재 가치를 드러내면서 상호 영향력을 주고받는다(Merleau-Ponty, 1962).

Whitehead의 유기체 철학을 이해하려면, 먼저 '현실적 존재(actual entity)'라는 개념을 파악하는 것이 필요하다. 현실적 존재는 세계를 구성하는 실재적 사물로서, 각기 다른 기능을 지니지만 같은 지평에 있고 서로 '복합적이고도 상호의존적인 경험'을 공유한다. 현실적 존재는 고정되어 있지 않으며 다른 다양한 현실적 존재와 교류하며 지속적으로 생성된다. 이렇게 다자로부터 일자를 생성하는 과정이 '합생(concrescence)'이다. 현실적 존재는 자신의 생성 주체이면서 자기를 초월할 수 있다(Whitehead, 1978). 이러한 Whitehead의 유기체 철학을 교육에 적용해 본다면, 현실적 존재는 학습자의 '하나의 경험'으로 볼 수 있으며, 이 경험은 학습자의 다른 다양한 경험과 상호 교류하면서 때로는 소멸하고 수정되며, 때로는 보완되고 창조되면서 끊임없이 새롭게 재구성된다. 또한, 조금 더 큰 차원에서 보면, 학습자가 교사 및 다른 학습자의 경험과 교류하면서, 또는 자연 및 사물 또는 어떠한 사건과 교류하면서 새롭게 생성되어 나가는 것으로도 볼 수 있다. 이렇게 볼 때, 핵심은 학습자의 측면에서 이 생성의 과정을 지식과 인격의 성장 및 성숙이라 할 때, 첫째, 이것은 고정되지 않고 지속해서 생성·재구성된다는 것이며, 둘째, 반드시 다른 존재들과의 '협력적 상호작용(합생, concrescence)'이 있어야만 한다는 것이다.

현실적 존재는 그 존재의 근원이자 목적이 되는 '영원한 객체(eternal object)'와 연관되어 있다. 영원한 객체는 순수한 가능태로서 현실적 존재의 특징을 규정하며 존재들의 관계 방식을 통솔한다. 현실적 존재가 상호 작용하며 지속하여 생성되어 간다면 그 작용과 생성 과정의 원인이자 지향점이 곧 영원한 객체이다. 영원한 객체는 모든 현실적 존재들의 시간적 차원과 공간적 차원의 발달 과정의 이유이자 목적이다. 이러한 Whitehead의 관점을 교육에 적용해 본다면, 모든 교육과정과 활동에는 그것의 특징을 규정짓는 분명한 이유와 목적이 존재한다는 것이다. 이것을 우리는 교육의 규범적 성격 혹은 교육의 이상이라고 볼 수 있다. 학교 교육의 개별적 교육내용이나 넓게는 일상의 개별적 경험을 통한 배움들은 인생 전체의 목적과 관련된 이상적이고 규범적인 방향성을 향하여, 또 그것을 중심으로 유기적으로 연결되어야 한다. 만일, 어떠한 단편적인 기술이나 지식을 그 자체로 교육이라 한다면, 소매치기나 해킹 기술도 여기에 포함하는 오류를 가져올 것이다. Whitehead가 '영원한 객체'라 칭한 삶과 세상의 근원적 가치이자 목적을 상기할 때, 개별적 교육내용과 활동들은 모두 전체로서 연결된 교육의 규범적 이상과 목적을 지향하며 그것을 중심으로 유기적·체계적으로 구성되어야 할 것이다(Whitehead, 1978).

Whitehead의 유기체적 인식은 학교 교육과정에서 모든 지식이 서로 연관되어 있고 그 지식의 학습에서 학습자가 홀로 지식을 쌓아가는 것이 아니라 교사, 동료 학습자, 학교 환경, 이웃, 자연, 다양한 사물들, 그리고 아마도 오늘날 혹은 가까운 미래에는 AI와도 적극적으로 교류하면서 배워야 함을 제시한다. 또한, 이러한 유기체적 인식은 인성 교육적 측면에서는 '나' 중심적 사고가 아닌, '우리' 중심적 사고로의 전환으로 의식을 변화시킴으로써, 자신의 존재 가치는 자신과 연관된 모든 존재와의 연대와 공존, 공동의 번영 속에서 찾고 이루어나갈 수 있음을 배우도록 한다. 자신의 성장과 행복이 타인 및 다른 존재와 불가분 연결되어 있음을 깊이 인식할 때, 오늘날 학교 교육에서 첨예한 쟁점이 되는 학교폭력, 교권실추 등의 문제를 극복할 수 있는 중요한 기반이 될 것이다. 자아와 주변 세계와의 유기체적 공생 관계에 대한 깊은 인식은 각종 파괴와 낭비, 폭력, 차별, 테러, 마약, 살인, 자살 등의 사회문제를 극복하는 인격을 형성하는 기초가 될 것이다. 세계의 다른 존재들과의 연결과 상생을 강조하는 Whitehead의 철학은 또한, 다문화적 감수성과 상호이해를 지향하는 글로벌 사회의 다문화교육을 위해서도 중대한 함의를 준다.

3. 유기체 철학의 교육목적: 삶의 적용과 활용

Whitehead의 교육철학은 과정철학과 유기체 철학의 배경에서 인간 교육의 일관된 가치와 신념의 방향을 제시한다. 그의 유기체적 관점에 의할 때, 교육에서 학습자가 주변의 다양한 교육적 환경 및 사건들과 맺는 '관계 및 과정'이 핵심이 되며, 이는 다양한 교육 실제의 문제에 있어 합당한 방향을 모색하는 근간이 된다.

Whitehead는 근본적으로 배움은 자연의 본질적이고 자연스러운 양상이라고 보며, 이러한 맥락에서 교육에서 '자기 교육'이 근본적임을 강조하였다. 즉, 그의 관점에서 사람은 누구든 어떤 연령대에 있든, 자신에게 적절하고 의미 있는 것을 배우려는 열망을 소유하고 있으며, 자기 교육의 위대한 능력을 소유하고 있다. 물론 교수자의 가르침이 있지만 모든 교육의 중심은 학습자 자신의 자기 교육이다. Whitehead 관점에서 자기 교육은 단순히 개인적 관심의 추구를 넘어서, 과정과 자유와 훈련의 깊은 의미에 대한 '철학적 성찰'을 포함한다. 자기 교육을 통해 인간은 새로운 것을 깨닫고 발견하는 창조적 활동을 수행하며 이 창조성은 또한, 지속적인 학습 의지의 원천이 된다. 인간 정신은 자신의 한계를 초월하고 미지의 것을 찾으려는 무한한 능력을 갖추고 있다. 이러한 초월을 향한 인간 정신의 능력은 개인적 성장과 인간 문명의 진보를 가져오는 힘이다(Malcom, 1998).

Whitehead 사상에서 중요한 것이 유기체적 관점으로, 이는 각 부분은 다른 부분 및 전체와 연결되어 있고 일부의 변화는 다른 부분 및 전체의 변화와 연결된다는 체계적 관점이다. 인간은 주변의 크고 작은 환경 속의 존재로 그 영향을 받으며 과거－현재－미래의 지속적인 역사적 흐름 속에서 영향을 받는 존재이다. 이러한 유기체적 관점은 교육적 경험의 의미를 구성하는 과정에서 중요하다.

Whitehead는 교육에서 특별히 경험의 의미를 해석하는 것이 필요하다고 강조하며, 이를 위해 학습자가 맺는 다양한 내적, 외적 관계의 역할 인식이 중요하다고 주장한다. 우리의 관계는 내적으로는 우리 자신의 감정 및 기억과 맺는 관계로서 정신적 구성과정이 있고 외적으로는 타인 및 물질세계, 다양한 사상들과 맺는 관계로서 구체적 삶의 양상이 존재한다. 이러한 내·외의 이중적 관계는 우리의 정체성과 가치관을 형성한다. 학습자가 학교나 다른 삶의 장소에서 겪는 경험의 의미는 내·외적 관계의 양상이 전개되는 방식에 의존한다. 외부에서 유입되는 정보나 우리가 겪는 어떤 사건은 개인적 차원에서 그 의미가 해석된다. 그것이 아무리 객관적인 사실이라고 할지라도 그 의미는 그것과 연관된 학습자 개인의 과거 경험과 감정에 기초한 해석을 통해 구성된다. 이러한 해석은 가르치고 제시되고 인식된 것을 걸러내는

'거름망'과 같은 역할을 한다. 따라서 경험의 의미를 구성하는 것은, 지극히 개인적이며 관계적인 행위이다(Malcom, 1998).

Whitehead(1929)에 의하면, 인간의 문화는 사상의 활동이며 미와 인간적 감정에 대한 수용이다. 그런데 단순한 정보의 파편들은 이러한 문화와 무관하다. 단순히 정보를 잘 축적한 인간은 이 세상에서 가장 무용한 사람이다. 따라서, 인간 교육의 목적은 특별한 방향성을 가지고 문화와 전문지식을 함양하는 것이어야 한다. 전문지식은 학습자들이 성장할 수 있는 기반이 되며, 문화는 깊은 철학적 사고와 높은 예술적 감각을 이끈다. 가치 있는 지적 발달은 자기 주도적이며 이는 대개 청소년기 및 청년기에 발달하기에 특히 이 시기에 생동력 있는 살아있는 교육을 해야 한다.

교육에서 특히 중요한 것은 '무기력한 생각(innert ideas)'을 경계하는 것이다. 무기력한 생각은 활용되거나 검증되지 않고 학생의 머리에 단순히 수용되는 생각이다. 무기력한 생각을 낳는 교육은 무용하며 해롭다. 반대로, 이러한 무기력한 생각에 열정적으로 도전하는 지적인 혁명이 인류에게 위대한 성과를 가져온다. 교육에서 무기력한 생각을 극복하기 위한 우선적인 과제는, 지나치게 많은 교과를 가르치지 말고, 가르치는 내용은 완전히 이해하도록 가르치는 것이다. 많은 교과의 단편적 정보들을 가르치는 교육방식은 분리된 생각들의 수동적인 수용을 낳고 생각의 생동력을 막는다. 교육에서 다루는 중심 개념들을 집약적으로 만들고 그 개념 간에 치밀하게 연결되도록 하여야 한다. 학생은 그것들을 자신의 것으로 만들며 자신의 실제 삶의 환경에서의 적용을 이해하도록 해야 한다. 교육의 시작에서부터 학생은 발견의 기쁨을 경험해야 한다. 학생이 교육을 통해 발견하는 생각은 자기 삶의 다양한 사건의 흐름을 이해하는 넓은 안목을 심어준다(Whitehead, 1929).

Whitehead에게 교육은 학습자들이 교육과정을 통해 세계와 우주를 이해하고, 인간의 전반적 경험을 파악하며, 스스로 자신의 활기찬 삶을 주도해나갈 수 있도록 해주는 데 목적이 있다(오영환, 2003). Whitehead(1929)는 인간이 단지 박식하기만 해서는 이 세상에서 가장 쓸모없다고 주장하였다. 그의 관점에서 학교교육이 단지 수많은 정보를 일방적으로 주입할 때 학습자는 무기력한 생각을 가지게 된다. 교육이 생동력 있는 지식, 생동력 있는 삶을 낳으려면 관념을 반성하면서 음미하고 이를 생활 및 경험에 연관하여 구체적으로 응용하는 법을 배워야 한다. 교육은 배운 지식을 학습자 자신의 필요, 희망, 목적과 관련하여 활용할 수 있도록 해야 하며, 현재의 사회적 문제들에 적용할 수 있도록 해야 한다. 학습자가 현재의 문제들을 제대로 이해하고 대처하기 위해서는 과거-현재-미래의 유기적 연속성 상에서 학습이 이루어져야 한다. 즉, 학습자는 먼저 현재의 문제들이 과거의 어떠한 역사적 배경 속에서 발생하게 되었는지를 파악해야 하며, 다음으로 그 문제들이 미래에 어떠한 방향성을 가지고 변화해 가지는지를 파악하면서, 이러한 쌍방향의 관점에서 현재 문제들을 보고 또 지식을 어떻게 활용할지를 역동적·종합적으로 통찰해야 한다.

이러한 Whitehead의 관점에 따를 때, 교육자는 학습자가 자기 생각을 활용하도록 이끌어주어야 한다. 교육에서 생각의 활용은 우리의 삶을 형성하는 모든 감각, 감정, 희망, 열망과 다양한 사고들을 조정하는 정신 작용 등을 총체적으로 포함하는 개념이다. 생각의 활용을 위해 우리가 배우는 모든 과거의 지식은 현재의 삶의 문제와 연관되어야 한다. 과학과 관련하여 생각의 훈련을 위한 우선적인 방법은 증명하는 것이다. 어떤 생각의 가치를 증명하기 위해선 그 생각을 담고 있는 명제의 진실성을 실험이나 논리를 통해 증명해야 한다. 증명되는 것은 활용되어야 하며, 활용되는 것은 증명되어야 한다. 학생들은 이론적인 교과 내용이 어떻게 적용되는지를 이해하는 것이 중요하다. 이를 위해서는 교사와 학생, 교육 활동, 학교 환경 등이 함께 협조 되어야 한다. 여기서 특히 경계해야 할 중요한 점은, 표준화되어 외부에서 부과되는 시험은 학생의 생동감 있는 사고를 키우는 데 한계가 있다는 것이다. 학생의 성공적인 성취는 많은 변화무쌍한 환경에 대응하여 섬세한 적응력을 양성하는 데 달려 있다. 이를 위해 필요한 것은, 호기심과 판단력을 고양하며 복잡한 환경에 대응하는 능력을 함양하고, 특별한 상황에서 예지력을 가지고 배운 이론을 적용하는 능력을 키워주는 것이다. 이러한 능력들은 일률적으로 정해진 시험대비용 교과 지식의 일방적 전수방식으로는 함양하기 어렵다(Whitehead, 1929).

4. 유기체 철학의 교육내용: 유기적 연속성과 통일성

Whitehead의 유기체 철학에 근거한 교육은 삶의 통일성과 완전성을 이해하고 실현할 수 있도록 도와주어야 한다. 특정 학문 분야와 세부 지식의 발전은 독립적 연구와 추상화의 산물일지라도, 교육은 다양한 지식을 삶과 세계에 대한 전체적 이해로 고양하지 않으면 안 된다. 교육에서 학습자가 삶의 통일성을 이해하고 삶에 적용하게 하려면 교과들이 삶과 세계의 특징들을 다양하게 보여주는 가운데, 어떻게 서로 연관되어 통일성을 구현하는지를 이해할 수 있도록 해야 한다. 예를 들어, 사회 교과에서 배우는 '문화나 경제'에 관한 지식과 과학 교과에서 배우는 '생명이나 지구환경'에 관한 지식을 인간(개인과 공동체)의 '좋은 삶'을 실현하는데 유기적으로 관련하여 이해하는 교육과정이 필요하다. 이를 위해서는 한편으로는 분석적 사고와 선택이 필요하며, 다른 한편으로는 사변적 또는 종합적 사고와 구성적 활동이 필요하다. 이러한 분석과 종합을 통해 학습자는 세부적 교과 내용에 대한 호기심과 흥미를 삶의 본질과 의미의 이해로 고양하고, 경험과 세계의 유기체적 통일성에 대한 통찰력을 함양시켜야 한다(Whitehead, 1929).

이러한 Whitehead의 유기체적 교육론은 또한, 학습자가 '왜 공부하느냐?'에 대한 목적을 성적, 진학, 취업 등의 세부적인 목표 달성에 두는 것이 아니라, 자신의 삶과 더 나아가 세상의 전체적인 목적으로부터 성찰하며 '살아있는 교육'으로 만들 수 있도록 이끌 것이다. 아울러, Whitehead의 유기체적 교육관에 의하여, 인간과 생명체와 사물과 세계의 모든 존재의 유기체적 통일성과 전체성의 차원에서 바라보는 관점을 함양한다면, 환경오염, 생태계 파괴, 자원의 낭비, 각종 범죄와 테러, 폭력과 전쟁, 불평등과 사회부정의, 집단 이기주의와 갈등 등의 여러 문제를 극복할 수 있는 성숙한 시민성의 기반이 되리라 본다.

Whitehead(1929)의 관점에서, 무기력한 지식을 낳는 잘못된 교육관은, 학생의 생각을 도구로 보고 먼저 이를 예리하게 만들어 주고 그 후에 사용해야 한다는 것이다. 학생의 생각은 결코 수동적이지 않고 지속해서 활동하고 있으며 어떤 자극에 대해 심세하게 반응한다. 이러한 측면에서, 교육자는 학생의 생각을 예리하게 하기 전에 오히려 그 생각의 '생동력'을 활성화해야 한다. 즉, 어떤 교과든 우선적인 일은 학생이 배우는 지금, 여기에서 흥미를 불러일으키는 것이고, 어떠한 능력을 목표로 하든 학생의 학습 과정의 지금, 여기에서 그것이 발휘되도록 해야 한다. Whitehead가 보기에, 현대의 교육과정에서 문제점은, 교과 내용 간에 연결되지 않고 분절됨으로써 학습의 생동력을 잃게 하는 것이다. 교육에는 '삶'이라는 오직 하나의 주제 영역이 있다. 학생의 삶을 중심으로 수학, 과학, 역사, 문학, 언어 등 모든 교과가 생동력 있게 연결되어야 한다.

Whitehead(1929)에게 교육은 지식의 '활용' 기술을 습득하는 것이다. 이를 위해서 한편으로는 학습 과정에서 다양한 관념들을 경험과 논리에 의해 '검증'하는 활동이 필요하며, 다른 한편으로는 현재 문제의 해결 또는 삶의 질 향상을 위해 검증된 관념을 생활 속에 '적용'하는 활동이 필요하다. 지식을 활용한다는 것은, 학습자의 창조적 반응을 유도한다는 의미로 어떤 관념을 다른 관념이나 경험, 또는 삶의 주요 문제에 연결하는 능력의 생성이다. 이러한 연결과 적용의 능력을 키우기 위해서는, 학습 과정에서 다루는 다양한 주제들이 서로 유기적으로 연결되어 있어야 하며 학습자가 그 유기적 연결성을 이해할 수 있어야 한다. 왜냐하면, 삶과 지식을 연결하는 것이 중요하다면, 인간의 삶의 경험은 전체적으로 연결되어 있기 때문이다. 현대 교육과정의 교과 내용이 상호 단절되어 있다면, 유기적으로 연결된 학습자의 삶의 생동성을 죽이는 결과를 낳을 것이다(Whitehead, 1929).

이를 극복하기 위해서는 학습에서 구체성이 없는 추상적인 일반화 또는 지나친 부분적 이해의 두 가지 양극단의 해악을 회피하여야 한다. 학습자는 일반화가 어떻게 구체적 내용에 의해 이루어지며, 구체적 지식은 그것 자체보다는 다른 여러 지식과 어떻게 관련되며 어떻게 전체로서 유기적 의미를 지니는지를 이해해야 한다(오영환, 2003). 이렇게 Whitehead의 교육론은 그의 유기체 철학에 뿌리박고 있기에, 모든 교육내용의 부분들이 유기적으로 연결되어야 하며, 그 교육내용이 또한 학습자의 삶에 유기적으로 연결되어야 한다. 더 나아가, Whitehead의 유기체 철학에 근거한 교육방법은 뒤에 자세히 다루겠지만, 부분과 전체의 유기적 인식을 가르치는 교육방법 또한, 독립적이고 일방적인 소통과 활동 방식이 아니라, 그 교육내용에 상응하여 교육자와 학습자 간 또는 학습자 상호 간 '협력적이며 쌍방향적인 소통과 활동 방식'이 되어야 할 것이다.

Whitehead(1929)는 교육에서 일반교양과 전문지식을 엄격히 구분하지 말라고 지적한다. 학습자는 특별한 전문지식을 배움으로써 일반적 교양을 함양할 수 있고, 일반적 능력의 고양을 바탕으로 전문지식으로 나아가야 한다. 일반 교육과 전문 교육은 모두 하나로 연결되어 학생의 사고력과 미적 감각, 생각의 구조와 삶의 지혜를 함양하는 방향을 지향해야 할 것이다. 생각의 구조는 전문영역의 학습이 성숙한 정신적 능력과 연결됨을 의미한다. 특정한 전문영역만을 별도로 학습하고 이것이 폭넓은 관념의 형성과 연결되지 못하면, 교육이 삶에 대한 온전한 이해에 도움을 주지 못한다. 학생의 정신 계발은 추상적인 사고와 구체적인 사실의 분석이 쌍방향으로 함께 조화되어야 한다.

Whitehead에게 교육의 가장 중요한 목적은 필수 불가결한 전문성과 본질적인 일반성의 균형을 통한 삶의 지혜 함양이다. 그가 주장하는 교육목적에서의 균형은 전문적 지식의 능력과 사회에 대한 일반화된 이해가 조화된 상태를 의미한다. 이러한 조화된 상태에서 삶의 지혜가 형성되며 이는 지식 그 자체라기보다는 그 지식이 생성되는 방법에 관한 지혜이다. 즉, 많은 정보를 전달하는 것이 아니라, 학습자가 어떠한 맥락에서 어떠한 관계를 형성할 때 지식이 생성되는지의 방법을 아는 것이, 교육의 핵심적 목표이다. 이러한 지혜는 또한, 특정한 경험 그 자체가 아니라, 그 경험이 자신에게 어떠한 의미를 주는지에 대한 섬세한 지적 탐색이 수반됨으로써 형성된다. 학습자가 접하는 다양한 사실적이고 전문화된 지식과 경험이 삶의 실제적 문제들에 연관되어 해석될 때 비로소 폭넓은 통찰력을 주는 지혜를 창출할 수 있다. 삶과의 연결에 대한 통찰 없이 기술적 지식의 전수에만 초점을 둘 때 교육은 좁고 무기력한 결과를 낳을 것이다(Malcom, 1998).

Whitehead(1929)에 따르면, 모든 정신 능력 중에 가장 중요한 것은 미적 감각이다. 이것은 예정된 목적의 성취를 지향하는 감각이다. 예술, 문학, 과학, 논리, 실무 등 모든 방면에서의 스타일은 근본적으로 동일한 미적 성질, 즉 성취와 절제의 감각을 가진다. Whitehead는 인간의 삶과 배움에서 이러한 미적 감각 또는 스타일을 매우 중시하였다. 어떤 교과에 대한 내재적 동기는 그 교과에서 드러나는 스타일에 대한 사랑과 상통하는 것으로, 스타일은 교육받은 마음의 최종적인 성취이며 가장 유용한 것이다. 스타일은 모든 일을 할 때 더 나은 방향으로 하려는 도덕적 마음이다. 이것은 한편으로는 자신이 가진 힘을 절제하는 것과 다른 한편으로는 그 힘을 통해 원하는 목표를 성취하는 경험이 결부될 때 이루어진다. 스타일은 불필요한 일에 마음이 분산되게 하지 않고 목표에 집중시켜 성취하도록 이끄는 감각으로 전문적 학습을 통해 양성된다. 이를 위해 극복되어야 할 폐단은 교육에서 분명한 목표의 부족과 생동력을 말살하는 외부적 주입 방식이다. 학습자는 분명한 목표에 집중하여 노력하는 과정에서 자신의 주도적인 감각을 키워나갈 수 있도록 해야 할 것이다.

Whitehead의 유기체적 관점은 교육에 있어 개인과 공동체의 문제에도 중요한 통찰을 제시한다. 그의 관점에서, 모든 개인의 교육은 곧 공동체를 위한 것이고 또한, 공동체의 필요인 전문성과 일반적 능력은 곧 개인의 성장을 위한 교육이기도 하다. 교육과정은 사회의 발전을 위해 필요한 지식 중심으로 구성되어야 하는데 여기서 간과하지 말아야 할 것은 필수적 전문지식과 조화하여 폭넓은 일반 교육의 기초가 제공되어야 한다는 점이다. 그중에서도 특히 사고의 기술, 추론, 실제적인 논리의 활용, 다양한 가치에 대한 개방성, 가치판단에 대한 인식이 핵심적으로 강조되어야 하고 이것들은 학습자의 살아있는 경험과 연결된 사고의 능력으로 계발되어야 할 것이다. Whitehead 관점에서, 어떤 교육과정을 가르치느냐보다 더욱 중요한 것은, 그 교육과정이 생동력을 지녀야 하는데, 이를 위해선 학습자를 살아있는 존재로 보고, 교육내용을 접하고 교육 활동에 참여할 때, 그의 학습에 대한 맛, 열정, 모험심을 최대한도로 살려주고 경험하도록 유도하는 교육이 되어야 한다(Malcom, 1998).

요컨대, Whitehead가 지향하는 유기체적 교육은 균형 잡힌 교육을 통한 연속성과 동일성을 지닌 삶의 지혜 함양이다. 삶의 지혜는 형식적인 교육만으로는 부족하고 다양한 경험과 성찰을 바탕으로 한 사회적 지성을 습득해야 한다. 균형 잡힌 교육은 우리 주변의 환경에 대한 적극적인 지적 관찰, 그와 관련된 문제들에 대한 사상, 사물, 사건, 활동들의 복합적 성찰과 인식을 통해 성취된다. 이러한 교육은 타율적으로 주어지는 것이 아니라, 학습자 본인의 평생에 걸친 자율적인 노력으로 달성된다. 이를 위해 학습자 개인은 일반적 기초지식과 전문지식의 조화로운 습득, 다양한 실제적 사회문제에 관해 타인과의 공동 숙의를 통해 관점을 확장할 수 있게 할 체계적 학습 계획을 본인 스스로 설계할 수 있어야 한다. 또한, Whitehead(1929)에게 지혜란 '검증된 살아있는 지식'으로서, 모든 정보와 생각과 주장에 대하여 과거의 경험, 현재의 목적, 반론과 이견, 가정과 결과, 진실과 거짓 등을 치밀하고 합리적으로 검토하는 훈련이 필요하다.

5. 유기체 철학의 교육방법: 리듬의 단계와 파악

Whitehead(1929)는 교육에서 리듬이 특별히 중요한 요소라고 본다. 리듬은 강과 약의 조화가 있고 운율과 주기가 있듯이, Whitehead는 교육에서 조화와 주기를 강조한다. 먼저, 그가 볼 때, 교육에서 대립적 요소로 보이는 자유와 훈련의 조화 문제가 매우 중요하다. 학생의 마음은 성장하는 유기체이다. 이것은 외부의 관념으로 무분별하게 채워야 하는 상자가 아니지만, 동시에 성장하는 지성의 양분을 위해 체계적인 지식의 습득이 필요하다. 따라서 이상적 교육은 학생의 자발적이고 자유로운 선택에 기초하되, 체계적 교과 지식을 통해 학생의 잠재성을 고양시켜야 한다.

Whitehead에게 자유와 훈련의 두 원칙은 대립적인 것이 아니고, 학생의 삶에서 성장하는 인격에 맞추어 자연스러운 움직임으로 상호조율되어야 한다. 학생의 자연스러운 성장의 움직임에 맞춘 자유와 훈련의 적응이 바로 교육의 리듬이다. 과거 많은 교육의 실패는 이러한 교육의 리듬의 중요성을 무시한 결과이다. 교육의 시작과 끝에서 중심이 되어야 할 것은 자유이지만, 자유보다는 훈련이 강조되어야 하는 중간 단계가 있다. 학생의 모든 마음의 발달은 자유, 훈련, 자유의 삼 단계 주기를 거쳐 이루어진다. 자유의 첫 단계는 낭만의 단계이며 훈련의 중간 단계는 정확성의 단계이며 자유의 최종 단계는 일반화의 단계이다.

Whitehead(1929)는 교육이 낭만－정확성－일반화의 세 가지 특징을 지닌 주기적 과정을 통해 전개된다고 주장한다. 먼저, 낭만의 단계에서의 교육은 학생의 자유에 초점을 맞추어 스스로 관찰하고 스스로 활동하도록 해주는 방식을 지향해야 한다. 이 시기에 정확성의 교과 지식을 주입하려고 하면, 학생의 주도적 사고 활동을 막게 된다. 이 시기의 특성에 맞는 낭만과 자유를 무시한 교육을 강행한다면, 동기를 상실한 채 무기력한 지식을 채우거나 지식 자체에 대한 경멸감으로 무지한 상태로 될 위험이 있다. 낭만 단계에서 학습자는 마치 여행할 때 새로운 장면을 볼 때의 설렘처럼 대상을 바라보며 흥미를 느끼게 되는데, 이것이 매우 중요한 교육의 계기가 된다. 학습자는 여기서 자유로운 상상을 하게 되고 호기심을 가지고 탐구하면서 무언가를 발견하면서 본격적 인식을 시작하게 된다.

낭만의 단계에서 가장 중요한 것은, 호기심과 흥미이다. 인간 지성의 발달단계에서 초기에는 다양한 경험을 통해 궁금증이 생기고 그에 대한 답을 찾으며 새로운 시도를 해보고 그 결과를 알게 됨으로써 성장하게 되는데, 이러한 활동의 중심적 추진력은 호기심이다. 이러한 학생의 호기심과 경험을 통한 성장 과정을 더욱 활성화하려면 학생 개개인의 특색있는 필요에 상응한 학습 환경을 선택하여 제공해주는 것이 필요하다. 주의해야 할 것은, 우리가 음식을 먹고 체하듯이, 마치 상자에 이것저것 많은 물품을 채워 넣듯이 주입하려는 교육은 지성의 성장에 역효과를 준다 (Whitehead, 1929). 마음의 발달은 흥미가 없이는 이루어질 수 없다. 흥미는 주의와 이해의 조건이다. 교육에서 흥미와 함께 또한 기반이 되는 요소는 즐거움이다. 모든 살아있는 유기체가 적절한 자기 성장을 하도록 동기화되는 자연적 방식이 바로 즐거움이다. 먹는 것을 즐김에 의해 우리는 영양을 섭취하고 성장하며,

운동하고 활동하는 것을 즐기기에 자연스럽게 인체의 기관들이 건강하게 성장한다. 마찬가지로 호기심을 가지고 발견하는 것을 즐기므로 여러 지식을 쌓으며 정신적으로 성장한다. 이렇게 흥미와 즐거움에 맞추어 성장하도록 학습을 조율하는 것이 가장 자연스러운 방식이다. 신선함을 가진 생동력 있는 사고의 습관을 키우려면 아동기에 자유의 원리에 의해 성장하도록 해야 한다. 학생의 자율적인 마음의 활용이 없이 단지 머릿속에 강제로 채워진 지식은 무기력하며 학생의 마음을 둔화시킨다. 강제적으로 주입된 지식은 아동의 마음속에 확장성과 활동성의 동기를 봉쇄한다 (Whitehead, 1929).

낭만 단계의 교육이 성공적으로 수행된다면 그다음 필요한 것은, 정확성의 단계이다. 여기서는 사실과 이론의 기초가 되는 일반적 지식의 학습이 필요하다. 이 단계의 학습은 상식과 일상의 주요한 문제들을 교과 과정을 통해 정확히 이해하고 기억하는 훈련에 초점을 두어야 한다. 학생들은 삶에 필요한 구체적인 지식을 폭넓게 습득해야 하며 일반화의 방법을 알아야 하며 문학이든 건축이든 각 분야에 필요한 최선의 기술을 정확하게 익혀야 한다. 학습자는 정확성의 단계에서 학습 대상에 대해 분석하고 추상화하여 명확하고 체계적으로 그 의미를 해석하고 이해하게 된다(Whitehead, 1929).

Whitehead(1929)는 정확성의 단계에서 낭만은 배경의 요소로 존재한다고 지적한다. 이 시기에 학생들은 옳고 그름을 분별하며 반드시 알아야 할 분명한 진리들을 인식해야 한다. 그런데 이 단계에서도 낭만의 요소를 무시해서는 안 된다. 학생들이 많은 중요한 지식을 충분히 이해하려면 자신의 자유와 호기심을 통한 생동력에 근거해야 할 것이다. 자유와 훈련의 조화를 통해 학생의 지성 발달은 가장 이상적으로 이루어진다.

Whitehead(1929)의 관점에 따르면, 교육은 아동기 즉, 낭만의 단계에는 자유로운 탐구에 초점을 두고, 그 후 청소년기 즉, 정확성의 단계에는 중요한 과업 수행의 훈련에 초점을 두는 주기적 움직임이 되어야 한다고 주장한다. 앞 단계가 성공적으로 이뤄지면 학생은 스스로 학습하려는 자세, 곧 자기 규율(self-discipline)의 힘을 갖추게 된다. 그러나 교육에서 부과된 과제를 긍정적으로 수행하는 습관은 또한 이후의 삶을 위해 매우 중요하다. 이때의 학습과제는 학생의 발달단계에 상응해야 하고 잠재력을 최대한 발휘할 수 있도록 하며, 적절한 결과를 도출할 수 있어야 하며 학생의 자유의지가 개입될 수 있어야 한다.

Whitehead(1929)는 교육에서 정확한 지식의 영역은 적절한 수준으로 정해져야 한다고 지적한다. 만약 이것이 너무 커지면 학생의 흥미와 주도성을 막을 것이고, 반대로 너무 좁아지면 효과적인 학습을 어렵게 할 것이다. 따라서 모든 교과에서 깊이 있는 연구를 통하여 교육과정에서 가르칠 필수적인 정확한 지식을 정하는 일이 중요하다. 성공적인 교사는 학생이 정확한 방식으로 학습해야 할 지식을 분명히 알아야 한다.

Whitehead(1929)에 의하면, 교육의 최종 단계는 일반화의 단계이다. 이 단계의 학생은 분명하고 정확한 지식을 바탕으로 지적 감각을 획득하고 일반적 법칙과 구체적 예시들을 동시에 잘 이해한다. 여기서 학생들은 자신의 지적 능력을 생산적 차원에서 발휘하게 된다. 그들은 이제 삶에서 직면하는 문제들을 관련된 지식과 적절한 활동을 통해 대처하는 생동력 있는 지혜를 갖추게 된다. 잘 이해된 원칙들을 적극적으로 활용하는 습관이야말로 궁극적인 삶의 지혜이다. 정확성의 단계는 다양한 구체적인 지식의 습득을 통해 원칙들을 이해하여 나가는 단계이지만, 일반화의 단계는 원칙을 적극적으로 활용하는 데 초점을 둔다. 이 단계의 핵심은 타율적인 훈련으로부터 자율적인 적용으로 전환되는 것이다. 일반화의 단계에서 학습자는 학습 대상의 세부적 지식과 구조를 이해하고 이를 토대로 다른 대상들의 이해로 확장해 나간다. 여기서 학습자는 구체적인 대상의 지식을 바탕으로 추상적이고 일반적인 지식을 구성하며, 다시 일반적인 지식을 구체적인 대상에 적용하면서, 세상의 다양한 대상들에 대해 유기적이며 체계적으로 이해하는 지적 안목과 습관을 지니게 된다. Whitehead는 이를 삶의 지혜라고 보는데, 이러한 Whitehead의 관점은, 정보는 해석과정과 의미화를 통해 지식이 되며, 지식은 삶의 다양한 상황과 문제들에 적용됨으로써 지혜가 된다고 보는 인식의 발달단계에 관한 관점과 상통한다.

Whitehead(1929)는 교육의 전 과정은 이 세 단계의 주기적 움직임에 의해 이루어진다고 주장한다. 대체로 13세 또는 14세까지는 낭만의 시기이며, 18세까지는 정확성의 시기이며, 20세까지는 일반화의 시기이다. 그런데 이 시기는 학생마다 차이가 있을 것이고, 각 교과에 따라 또한 차이가 있을 것이다. 이 세 단계의 주기는 또한 매일의 교과 교육에서도 작은 범위로 적용될 수 있다. 즉, 학습 시작 단계에서는 해당 주제에 대해 개괄적으로 안내하고, 중간 단계에서는 주제와 관련된 구체적인 내용을 철저히 습득하게 하고, 최종 단계에서는 관련 지식을 종합적으로 적용하는 과정으로 진행하면 좋을 것이다. Whitehead 관점에서, 이 교육의 단계에서 또한 중요한 것은, 학생 자신의 흥미가 바탕이 되어야 하며, 핵심적 지식과 기술의 습득이 이뤄져야 하고, 이를 통해 보종의 성취 기쁨을 누려야 한다는 것이다. 이러한 세 가지 요소가 결여될 때 교육의 진전은 어렵게 되며 배움의 동기는 사라질 것이다.

그런데 여기서 주목해야 할 점은, 이 세 단계의 주기가 일회적으로 고정되어 있거나 각각이 배타적으로 정확히 구분되지 않는다는 것이다. 낭만, 정확성, 일반화의 과정은 율동적 연속성을 보이며 교육과정에서 일정한 주기를 이루며 반복될 수 있다. 이 세 단계는 상당 부분 중첩되며, 하나의 큰 주기 안에 작은 주기가 진행되기도 한다. 학습 과정에서 대상의 감지, 분석과 추상, 일반화는 복합적·중층적으로 작용한다. 학습자의 마음은 이러한 중층적 학습 과정을 통해 확장되고 심화된다(Whitehead, 1929; 김명숙, 2014).

Whitehead의 유기체적 교육의 방법은 리듬과 함께 '파악(prehension)'이라는 그의 독특한 개념에 근거한다. Whitehead(1978)는 현실적 존재가 세계와의 관계 속에서 세계를 인식하는 방식으로 '파악(prehension)'이라는 개념을 제시한다. 원래 'prehension'은 '붙잡힘'의 뜻을 지닌 라틴어의 'prehensionem'에서 유래한 것으로(etymonline.com, 2023), 국내의 Whitehead 연구들이 주로 이 개념을 '파악(把握: 잡아 쥠)'으로 번역한 것은 그 본래의 뜻을 잘 살린 것이라 본다. 주체는 가능태인 세계의 대상들을 자신의 내부로 수용하여 구체적이고 현실적인 것으로 포착하는데, 바로 이 과정이 '파악'으로 마치 '손에 붙잡는 것'과 같이 '구체적인 현실태로 포착한다'라는 의미라고 볼 수 있다. 이 개념은, 주체와 객체를 분리되고 고정된 것으로 보고, 현재 상황에서 주체가 객체를 감각지각과 주관적 사고에 의하여 인식한다는 전통적 인식론과는 달리, 현실적 존재와 세계가 과거-현재-미래의 시간적 연결성 속에서 인과적 효과에 의해 상호작용하면서 함께 생성되고 변화되며 창조되는 경험의 과정을 의미한다. 즉, Whitehead의 '파악'은 단순한 인식론적 개념이라기보다는 존재론적 관계와 생성의 과정을 포함한 개념이다(Whitehead, 1978; 정윤경, 2014).

Whitehead의 파악(prehension) 개념은 소화의 과정에 비유되어 유기체의 생존을 위한 외부 자료의 수용 및 사용의 관점에서 볼 수 있다. 즉, 배움의 과정에서 학습자는 자신의 성장을 위해 외부의 객관적 정보를 이해한다. 그런데 이러한 형이상학적 측면에서 파악(prehension)에 접근하는 것은, 외부로부터의 수집에만 초점을 둔다는 점에 문제가 있다. 그런데 Whitehead의 관점에서, 학습자들은 내부의 창조적 과정을 통해 외부로의 능동적 영향을 발휘하기도 한다. 즉, 학습자는 학습 내용을 비판적으로 인식하면서 다른 학습자와 교사의 배움에도 적극적으로 영향을 미치게 된다. 또한, 한 학습자의 파악 능력은 한계가 있다. 학습자는 모든 생명체와 마찬가지로, 고정적인 무한의 실체와는 달리, 유한한 존재로서 자기실현의 과정에 참여한다. 즉, 학생의 마음은 무한한 지식을 소유할 수 없고 한정된 내용만을 다룰 수 있으며, 이러한 이유로 학습에서 불가피한 선택의 과정이 필요하게 된다(Whitehead, 1948). 즉, 배움은 교사에 의해 전달된 지식을 그대로 받는 행위가 아니라, 학생의 주도적인 선택적 파악의 활동이다.

Whitehead(1929)는 선택적 혹은 부정적 차원의 파악과정이 학습의 주된 활동이며, 모든 유기체의 성장에서와 마찬가지로 교육에서의 성장 과정에서 본질적인 역할을 한다고 지적한다. 긍정적 차원의 파악은 객관적 정보를 학습자의 내부로 수용하는 것이라면, 부정적 차원의 파악은 어떠한 정보를 거부하고 배제하는 것이나. Whitehead에 의하면, 모든 긍정적인 파악은 부정적인 파악을 수반하며 이는 타당한 정보는 수용하되 타당하지 않은 정보는 배제하는 행위이다. 긍정적 차원의 통합과 부정적 차원의 배제를 적절히 조화시킴으로써 학습자는 객관적인 정보를 분별한다.

Whitehead의 교육에서의 '리듬의 단계'는 파악의 이론(theory of prehension)에서의 '파악의 단계'에 상응한다. 첫째, 낭만의 단계는 어떤 주제에 대해 마음에 흥미를 느끼는 단계이다. 여기서 학습자는 배움이라는 모험을 시작하면서 긍정적인 기대감과 설렘의 느낌을 안고 시작한다. 마찬가지로 이해의 과정에서 학습자는 초기에 주변 환경에 대해 폭넓은 신체적 느낌을 경험하면서 이해를 시작한다. 둘째, 정확성의 단계에서 학습자는 전문적 학습 영역의 원리를 비판적으로 인식한다. 여기서 학습자는 탐구영역에 대한 명확한 개념적 분별의 인식을 하게 된다. 마찬가지로 이해의 과정에서 신체적 느낌의 단계를 지나면, 의식의 단계로 들어가 부정과 판단의 개념적 행위를 통해 해당 정보를 해석하고 선택하게 된다. 셋째, 일반화의 단계에서 학습자는 전 단계의 전문화된 개념적 인식을 바탕으로 적용과 종합을 모색한다. 여기서 학습자는 참다운 만족감을 경험하면서 다시금 낭만의 단계를 경험한다. 마찬가지로 이해의 최종 단계에서 학습자는 학습 대상에 대한 높은 수준의, 풍성한 인식을 통해 다시금 내적으로 충만한 신체적 느낌을 경험하게 된다(Whitehead, 1929).

먼저, 낭만 단계의 파악에서는 학습자의 흥미와 자유로운 선택이 핵심적으로 작용한다. 학습자는 학습 과정에서 자신의 삶과 목적을 위해 적절하지 못한 것을 분별하고 배제해야 하는데, 여기에는 흥미를 끌지 못하며, 강요되며, 생동력이 없고, 죽어있으며, 쓸모없는 지식이나 정보가 포함된다. 특히 학습자의 관심은 주의집중과 이해의 핵심으로, 정신의 발달은 관심 혹은 흥미 없이는 이루어질 수 없기에 이 선택과정에서 흥미 요소는 매우 중요하다. 학습자 스스로 자신에게 흥미롭고 중요한 학습 내용을 분별하는 선택적 이해과정은 수동적이며 타율적인 학습이 아닌, 학습자 주도적인 학습을 가능하게 한다. 그리고 이것은 근본적으로 주체적인 학습 목적에 기초한 "자유로운 선택"의 자발적인 능력을 이끈다(Whitehead, 1929: 30).

다음으로, 정확성 단계의 파악에서는 객관적인 교과 내용에 대한 학습자의 비판과 판단능력이 핵심적으로 작용한다. 학습 과정에서 비판과 회의는 무엇을 지지해야 할지에 대한 학습자의 선택능력을 함양한다. Whitehead의 파악 이론에서, 부정적인 이해가 강렬해지는 의식적인 회의, 비판, 판단의 단계는 학습 경험이 고등 단계 즉, 정확성의 단계에 이르렀을 때 발생한다. Whitehead (1978: 267)는 "의식은 필수적 기반이 아닌 경험의 왕관이다."라고 주장하였다. 학습 과정에서 학습자의 의식이 적극적으로 작용할 때 부정적 이해와 선택은 가장 강렬하게 일어난다. 학습 과정의 고등 단계, 즉 정확성의 단계는 학습자의 신체적·개념적 느낌의 초기 경험단계를 기반으로 발달한다(Scarfe, 2005). 교사에 의해 제시된 객관적 정보는 학습자에 의해 선택적으로 수용된다. 학습자는 부정적 차원의 이해를 통해 선택적으로 수용된 개념적 정보를 평가하며 여기에 자신의 창조적인 수정을 첨가한다. 이 과정에서 학습자는 어떤 상황이나 주제에 대해 객관화하는 능력을 계발하며, 개념직 구분 및 판단능력을 함양한다. 동시에, 학습자는 이를 통해 부적절하거나 타당하지 않은 주장, 이념, 사실들에 대해 의심하고 숙의하며 비판하는 능력을 계발할 수 있다. Whitehead(1948: 87)는 “비판은 생각의 진전을 위한 동력”이라고 주장하였다.

Whitehead(1978)는 파악 이론에서 학습자가 경험으로부터 개념적 정보를 얻고 그것을 논리적인 탐구 주제에 연결한 후에, 학습자의 의식이 발생한다고 본다. 정확성의 단계에서 학습자의 의식은 학습 대상에 대한 긍정과 부정의 인식을 하게 된다. 이것은 또한, 그 대상이 실제적인지 아니면 잠재적인지에 대한 인식, 그리고 양자 중 무엇을 긍정적으로 수용하고 부정적으로 배제할 것인지에 대한 판단 과정을 포함한다. 현실주의적 관점의 학습자는 실제적인 것을 수용하고 잠재적인 것을 부정할 것이며, 반대로 이상주의적 관점의 학습자는 잠재적인 것을 수용하고 실제적인 것을 부정할 것이다.

마지막으로, 학습의 최종 단계인 일반화 단계의 파악에서는 종합적 사고능력이 핵심적으로 작용한다. 이 단계는 학습 대상의 '가능성'과 '현실성'에 대한 선택적 이해와 판단이 충분히 이루어진 만족과 종합의 단계로 볼 수 있다. 일반화의 단계에서 학습자는 현실성과 가능성, 현실주의적 관점과 이상주의적 관점을 종합한다. 즉, 학습자는 여기서 첫째, 지식을 경험적인 실재와 삶에 선택적으로 적용하며, 둘째, 획득한 지식에 따라 선택적으로 행동하며, 셋째, 관련 문제에 대해 지속하여 비판적으로 숙고하고, 넷째, 배운 지식과 관련된 논리적 대립점을 인식하게 된다(Scarfe, 2005). Whitehead(1978: 348)는 "대립하는 요소들은 상호 필수 요건이 된다."고 주장하였다. 학습의 최종 단계에서 학습자는 지적인 문제에서 대립하는 두 지점은 상호 연관되며, 상호 조건이 되며, 상호 비판될 수 있음을 종합적으로 인식할 수 있어야 한다. 학습자는 대립하는 양자를 모두 긍정적 혹은 부정적으로 평가할 수 있어야 하며, 이는 Whitehead 관점에서, 한쪽에 묶여 있는 편협한 관점을 극복하고 자유롭게 사고를 펼쳐나가는 낭만(romanticism) 단계의, 가장 근본적인 학습 목적과 다시 연결됨을 의미한다. 이러한 학습을 위해서는 교육자도 현실성과 가능성을 모두 고려하는 개방적 자세를 가지고 학습자와 함께 탐구하며 성장해 나간다는 관점으로 가르침에 임해야 할 것이다.

일반화의 단계에서 다시 낭만의 단계로 회귀해야 한다는 의미는, 지식을 쌓되 그것이 '무기력한 관념들(inert ideas)'이 되지 않고 삶과 연결되어 생동력 있게 활용되도록 해야 한다는 것이다. 이것은 현재 한국의 성적, 입시, 취업을 위한 단편적 지식 축적과 암기에 집중된 교육을 반성하게 한다. Whitehead(1929)는 학습

과정에는 활용이 반드시 포함되어야 하며 활용은 지식의 한 부분이라고 주장하였다. 그에게, 대상에 대한 지식은 그것 자체를 넘어서 다른 대상과의 연관성을 폭넓게 이해하는 것이기 때문이다. 물은 100도에서 끓고 1910년에 일제강점이 일어났다는 단편적 사실을 암기하는 것 자체를 넘어서, 온도 및 열의 작용과 사물의 변화, 일제강점의 배경과 사회적 영향력을 연관하여 확상적으로 이해하면서, 우리가 사는 세계와 삶의 문제들을 연결해서 생각할 때 무기력한 지식이 아닌, 살아있는 지식이 될 수 있다. 이를 위해서는 교과서와 강의 노트를 잃어버리고 시험에 대비해 암기한 것을 다 잊어버리더라도 우리 마음에 남는 '마음의 습관'을 키워야 한다(Whitehead, 1929). 이 마음의 습관은 곧 낭만－정확성－일반화의 학습 리듬의 과정이 유기적 전체로서 중첩적으로 작용하면서, 삶의 일상에서 직면하는 것들을 지속하여 탐구하며 새로운 것을 창조적으로 발견하고, 이를 삶에 적용하는 습관을 의미한다(김명숙, 2014).

이러한 Whitehead의 파악 개념에 근거할 때, 우리는 교육과 학습의 과정을 학습자와 학습 대상과 교육자 등 교육의 제반 요소들의 '관계 맺음의 과정'으로 이해할 수 있다. 이 과정은 외부 세계의 정보와 자료(자원)와 영향력, 학습자의 과거 기억과 현재의 느낌, 미래에 대한 기대와 의도 등이 복합적으로 연결되어 학습자의 마음과 몸을 생성·변화시키고, 또한 그 변화는 학습 대상과 교육자에게도 영향을 줄 수 있는 상호적 과정이다. 이는 지성과 감성, 정신적인 것과 물리적인 것, 주체와 객체를 이분화하고 특히 전자에 초점을 두는 전통적 인식론이나 교육론의 관점과 대조적이다. 그런데, 한국의 현실 교육을 볼 때, 이러한 교육에서의 관계 맺음과 상호작용, 지성과 감성의 균형과 조화의 교육은 여전히 부족하다. 교육내용은 학습자의 삶의 경험과 연결되기보다는 학력을 위한 습득의 대상일 뿐이며, 지적인 학습 외에 학습자의 체험적 활동이나 정서의 부분은 경시되고 있다(정윤경, 2014). 교과 교육이 어쩔 수 없이 이론적이고 지적인 부분에 중점을 둔다고 한다면, 학생들의 삶의 문제와 경험에 더 직접 관련되며 지성뿐 아니라 감성적이고 신체적인 능력을 두루 활용하고 계발할 수 있는 다양한 교과 외 학습활동을 많이 보완하고, 한국 교육의 특성상 이것들이 형식적 과정이 아닌 실질적인 힘을 발휘하도록 평가 및 선발에도 적극적으로 반영하도록 해야 할 것이다.

6. 결론 및 종합논의: 유기체적 교육의 방향

지금까지 전통철학 및 근대 철학에 대한 비판에 근거한 Whitehead의 유기체 철학의 기본적 특징과 교육과의 연관성, 삶에의 적용을 중심으로 한 유기체 철학의 교육목적, 유기적 연속성과 통일성을 지향하는 교육내용, 리듬과 파악을 중심으로 한 교육방법을 고찰하였다.

유기체 철학은 모든 부분이 상호 관련되며 또 전체적으로 연결되어 모든 변화가 서로 연결된다는 관점에 근거한다. 이는 존재가 공간적으로는 다양한 주변 환경의 영향을 받으며, 시간적으로는 과거－현재－미래의 변화 과정에 영향을 받는다는 철학이다. 이러한 유기체 철학에 근거할 때, 교육은 내적으로는 학습자의 과거 기억, 현재의 느낌, 미래의 희망에 영향을 받고 외적으로는 교육자, 학습자료, 학습 동료, 다양한 주변인, 자연, 사물, 사회적 환경의 영향을 받아 자기 삶의 지혜를 구성하는 행위라고 볼 수 있다.

모든 존재와 세계의 연결과 조화, 상호작용을 강조하는 Whitehead의 유기체 철학에 근거할 때, 교육은 학습자의 삶의 연속성과 통일성을 함양하여 조화로운 삶의 지혜를 배울 수 있도록 이끌어야 할 것이다. 학습자는 유기체적 교육을 통해 과거－현재－미래를 연결하며 자신의 주변의 사람들, 환경 및 세계와 공생·조화·협력하는 능력을 키워야 할 것이다. 이를 위해, 현실 교육에서 가장 중요한 문제는 단순한 무기력한 관념의 전달을 극복하는 것이다. 무기력한 관념이 아닌, 생동력 있는 지식을 배우려면, 학습자가 배우는 내용이 삶에 적용되고 활용되며 배우는 지식이 검증되도록 해야 한다. 그리고 모든 교과를 삶의 실제적 주제를 중심으로 연결하여 전문성을 위한 전문교과와 일반성을 위한 일반교양을 연결·조화하여 가르쳐야 할 것이다. 이를 통해 학습자는 현실성과 가능성을 종합하며 사고력과 미적 감각을 조화시키는 능력을 배워야 한다.

유기체적 교육은 자유와 훈련의 조화를 통한 리듬 있는 교육을 지향한다. 즉, 한편으로는 낭만과 호기심을, 다른 한편으로는 정확성과 체계적 지식을 조화롭게 학습해야 한다. 이를 위해서 특히 학습자의 주체적인 선택을 장려하는 한편, 교수자, 다른 학습자, 학습 대상과의 적극적인 상호작용을 통해 함께 발견하고 성장해나가는 '합생(concrescence)'의 교육을 지향해야 할 것이다.

유기체적 조화의 교육은 학습자가 대상에 대한 문제의식을 통해 반성적·비판적으로 학습 대상에 접근하며, 지적인 학습뿐만 아니라 체험적·정서적 학습이 병행되어야 가능하다.

유기체적 관점은 개인과 공동체의 연결을 지향하므로, 교육내용은 기본적으로 개인의 관심에 기초한 전문성과 사회에서 필요한 폭넓은 일반교양을 조화롭게 함양해야 할 것이다. Whitehead의 교육관은 지성과 감성이 균형 잡힌 교육을 지향하며, 검증된 살아있는 지식을 위해 모든 정보와 주장에 대한 다양한 기준의 합리적인 검토를 추구한다. 자유로운 탐색의 낭만기에 적합한 다양한 학습 소재들과 핵심적으로 필요한 정확한 지식을 위한 교과내용, 일반화 단계의 종합적 사고능력을 함양할 심화 및 응용 학습 내용을 조화롭게 단계적으로 구성해야 할 것이다. 교육내용 및 교육과정에서 가장 중요한 점은, 학습 과정에서 다루는 다양한 주제들이 서로 유기적으로 연결되고, 학습자가 그 연결성을 이해할 수 있어야 한다는 점이다. 교과 내용이 단절되면 전체적으로 연결된 삶의 문제와 경험에 활용되지 못하고 죽은 지식을 만들기 때문이다. 이를 위해 모든 교과의 구체적인 지식과 일반화(추상화)의 연결, 각각의 세부 내용이 다른 내용과 어떻게 서로 유기적으로 연관되는지(교과 내에서뿐만 아니라 교과 간에)를 이해하도록 교육내용 및 과정을 구성해야 할 것이다.

유기체적 교육방법에서 가장 중요한 것은 학습 주체가 스스로 호기심과 흥미를 지니고 세계를 탐구하고 세계와 교류하면서 주체적이며 역동적으로 지적 지평을 확장해 나가도록 해주어야 한다는 것이다. 이를 위해서 일방적이고 직선적인 교육방식을 극복하고 학습자를 중심으로 교육자와 학습자료와 동료 학습자가 역동적으로 소통하고 관계를 맺는 다방향의, 순환적인 교육방식을 추구해야 할 것이다. 정답 찾고 외우기 식의 교육이 아니라, 학습자의 자유로운 탐색과 선택을 장려하면서, 실수하고 틀리더라도 지속하여 탐구할 수 있는 '지적 모험'이 가능하도록 하여, 이것을 통해 학습의 맛과 열징을 느끼고, 스스로 창조하고 검증하며 자기 삶에 적용하는 살아있는 지식을 구성해가도록 해야 한다. 살아있는 지식을 위해선, 또한 학습자가 비판적인 숙고와 판단의 과정을 통해 학습 내용을 주체적으로 파악하는 학습활동을 장려하여야 할 것이다.

Whitehead의 유기체 철학에 근거한 유기체적 인식을 함양하는 교육은 인성 교육적 측면에서 '나' 중심적 사고가 아닌 '우리' 중심적 사고로 전환하게 하여 타인, 자연, 사물, 사회적 환경과 연대와 공존, 공동의 번영을 모색하는 태도를 키우게 하여 오늘날 쟁점이 되는 학교폭력, 교권실추, 아동학대, 각종 파괴와 낭비, 폭력, 차별, 테러, 마약, 살인, 자살 등의 사회문제를 극복하는 인격 형성의 기초가 될 것이다. 유기체는 존재의 근거가 다른 존재와의 유기적인 상생의 관계 형성이므로, 자신과는 다른 혹은 대립 되는 배경과 관점을 지닌 타자와도 교류하며 협력적 관계를 모색하는 조화의 인격을 함양해야 할 것이다. 또한, 유기체 철학은 과정 철학적 관점에서, 사태를 한 시점에서 결과 지향적으로 보는 것이 아니라, 과거와 현재와 미래, 가능성과 현실성의 연속성 속에서 과정 지향적으로 바라보는 열린 사유의 태도를 길러야 할 것이다.

참고문헌

김명숙(2014). 화이트헤드 형이상학에 비추어 본 지식교육의 의미. 교육철학연구, 36(4), 35-59.

오영환 (2003). 화이트헤드의 교육론과 유기체 철학. 화이트헤드 연구, 7, 9-24.

정윤경(2014). 화이트헤드 과정철학과 교육적 시사점: 파악 개념을 중심으로. 교육사상연구, 28(2), 67-92.

Cobbs, J. B., Jr. (1965). *A Christian natural theology*. London: The Westminster Press.

Hernes, T. (2008). *Understanding organization as process: Theory for a tangled world*. New York: Routledge.

Malcom, D. E. (1998). *Whitehead and Philosophy of Education*. Leiden: Brill Academic Publishers.

Merleau-Ponty, M. (1962). *Phenomenology of perception* (C. Smith, Trans.). London: Routledge & Kegan Paul.

Placid, T. (1959). *Bantu philosophy*. Paris: Presence Africaine.

Rifert, F. (Ed.). (2005). *Alfred North Whitefeld on learning and education: Theory and application*. Newcastle: Cambridge Scholars Press.

Scarfe, A.(2005). Selectivity in Learning: A Theme in the Application of Whitehead's Theory of Prehensions to Education. *Interchange, 36*(1), 9-22.

Sturm, D. (1988). *Community and alienation: Essays on process thought and public life*. Notre Dame, IN: University of Notre Dame Press.

Ugwuozor, F. O.(2019). Philosophical Education and Global Citizenship: Tapping into the Process Phiosophy of Alfred North Whitehead. *New Zealand Journal of Educational Studies, 54*, 179-194.

Whitehead, A. N. (1925). Science and the modern world. New York: Free Press.

Whitehead, A. N. (1929). *The Aims of Education*. New York: Free Press.

Whitehead, A. N. (1933). *Adventures of ideas*. New York: Free Press.

Whitehead, A.N. (1948). *Essays in science and philosophy*. New York: Philosophical Library.

Whitehead, A. N. (1978). *Process and Reality* (Corrected ed.). New York: Free Press.

어원사전 (2001.1.1.).어원. https://www.etymonline.com/ 에서 2023년 11월 20일 인출.

V 생태적 지속가능성의 교육철학[1)]

1. 들어가며

21세기를 맞으며 UN은 앞으로 세계의 나아갈 방향에 대하여 지속가능발전(sustainable development)의 목표를 제시하였고, 이에 따라 유네스코는 21세기 우리가 직면한 사회적, 경제적, 문화적, 환경적 문제들에 대처하기 위해 교육과 학습의 모든 영역에서 지속가능발전의 가치와 원칙, 실제를 추구할 것을 천명하였다. 이를 위한 지속가능교육(education for sustainability)은 현재와 미래의 문제해결을 위해 자신과 타인을 위해 현명한 판단 및 실천을 가능하게 하는 지식, 기술, 대도의 함양을 목표로 한다. 특별히, 오늘날 학생들은 지속 가능한 세계를 위협하는 다양한 문제들로 인한 변화하는 세계에 대처하는 새로운 지식과 이해가 필요하다(UNESCO, 2009).

이와 관련하여 세계 여러 나라는 특히 환경 교육의 중요성을 인식하고 이를 강화하기 시작하였다. 환경 교육에서는 우선 환경을 위한 교육의 개념과 방향 설정에 주목하고, 이것은 근본적으로 지속가능한 세계를 만들 수 있는 생활방식의 변화에 대한 비판적 성찰을 증진하는 것이라는 점에 합의하였다(Lewis, Mansfield & Baudains, 2008). 환경 교육은 환경적 가치의 인식을 기초로

1) 이 장의 내용은 저자(심승환)의 논문, "생태적 지속가능성을 지향하는 교육철학과 교육의 실제적 방향 모색"(교육사상연구, 2023)을 수정 · 보완하였음

생태계와 사회, 경제, 정치적 체계가 어떻게 복합적으로 작동하며, 현재와 미래 세대에 그러한 문제들을 대처하는 비판적 이해와 사고 및 적극적 수행능력을 함양하는 데 초점을 둔다는 점에서, 지속가능교육과 밀접히 연관된다.

환경 교육이든, 지속가능교육이든 근본적 질문은 어떻게 우리 인간이 인간 이외의 많은 존재와 더불어 이 세계를 생태적으로 조화롭게 형성해 나가느냐이다. 그리고 교육은 이러한 생태적 조화의 삶의 형성에 관련된 복잡한 문제들에 대처하는 판단력과 지혜를 함양하는 데 주력해야 한다는 것이다(Griffiths and Murray, 2017).

이 같은 관점은 아리스토텔레스 이래 근대 계몽주의 사상에 이르기까지, 인간의 독보적인 이성의 힘을 강조해왔던 서양의 전통적이고 주류적인 인간 중심적 접근에 도전하는 포스트휴머니즘(Posthumanism)의 입장과 연결된다. 인간의 배타적 성질로서 주장되는 지능, 언어, 의식, 인격과 같은 것들이, 물론 질적인 차이를 어느 정도 인정하더라도, 상당 부분은 다른 생물들에서도 나타난다는 경험적 연구들(Woolfson, 2010; Baron and Klein, 2016)은 인간 중심적 사고에 대한 중요한 도전이라고 볼 수 있다. 또한, 인간은 물질세계에 대한 독립적이고 지배적인 위치에 있다는 생각에 대해서도, 오히려 인간은 자연환경뿐 아니라, 인간이 만든 기술, 경제, 종교, 정치 등의 모든 물질적·정신적 체계에 의해 영향을 받는 존재라는 점은 인간 중심주의에 또 다른 강력한 도전을 제시한다(Latour, 2010). 이러한 도전은 인간 외의 자연과 물질세계에 대한 존중과 그들과의 상호의존성에 대한 인식의 필요성을 제기한다. 또한, 이러한 맥락에서 이성과 지식을 통해 환경을 효율적으로 이용·관리하는 능력을 기르는 교육에서, 자연 및 인공물 등 다양한 환경과의 조화와 공생, 공감 능력을 키우는 교육으로의 전환의 필요성이 제기되었다.

오늘날 한국의 교육 현실은, 후기 자본주의의 경쟁과 효율성, 성과주의의 영향 속에서, 입시와 취업에 몰입된 교육을 수행하고 있다. 이는 자아의 주변에 타인, 자연, 사물, 세계의 폭넓은 생태 환경이 연결되어 있다는 의식을 망각한 채, 자신의 성적과 성공에만 집착하게 하는 편협한 태도를 강화하는 문제를 초래하고 있다. 이러한 교육은 현재와 미래에 자신뿐 아니라 공동체가 함께 계속하여 공존·번영하는 지속 가능한 사회를 만들기 위해 환경과 적극적으로 상호작용하며 성장하고 협력하는 능력과 태도를 기르는 데 근본적 장애 요인이 된다.

이 글은 이러한 시대적·교육적 현실과 새로운 인식의 필요성에서 생태적 지속가능성이 교육철학의 관점에서 어떠한 연관성과 의미가 있는지를 고찰하고, 이에 근거하여 생태적 지속가능성의 구체적 교육 방향을 제시하고자 한다. 이를 위하여 이하 본문에서는 먼저, 생태적 지속가능성을 막는 요소로 인간과 자연의 분리, 인간 중심주의 및 자아중심성의 문제를 살펴보고, 다음으로 '지속가능성', '생태학', '생태사회적 도야', '생태사회적 교육철학', '지속가능성과 사회정의' 등 핵심 개념들의 어원과 의미를 규명하고, 이어서 생태적 지속가능성과 교육철학의 연관성과 의미를 주로 인간과 환경의 불가분적 연결성과 상호작용의 관점에서 고찰한 후, 이러한 논의를 바탕으로 우리 교육 현실에서 생태적 지속가능성을 실현하기 위한 구체적인 교육 방향에 대하여 자세히 제시하고자 한다.

2. 생태적 지속가능성을 막는 문제들

오랫동안, 인간은 고유한 가치를 지닌 존재로 이해되었다. 이 가치는 주로 합리성과 연결된 것으로, 인간의 배타적인 성향으로서 다른 생명체와 확연히 구분되는 우월한 능력으로 여겨졌고, 이는 다른 존재들을 우리의 의도로 사용할 수 있다는 인식과 연결되었다(Plumwood, 2002). 이러한 인식은 성경에 "바다의 물고기와 하늘의 새와 모든 생명체를 다스려라"(창세기 9:7)라는 구절의 해석과 연결되어 있다. 그러나 자연과 분리된 우월한 존재로서의 인간성 인식은 특히 근대의 역사적 맥락에서 나타났다. 근대 이전에는 산, 강, 바위, 동물 등이 충만한 생명체로 인식되었다. 지구는 살아있는 유기체로서 자원의 사용을 구속하는 문화적 제어장치로서의 '어머니'의 이미지로 이해되었다(Merchant, 1983). 그러나 근대 이후의 진보, 개발, 문명화를 통해, 우리는 유기체적 세계의 감각을 잃었고, 자연적 세계의 통합성을 보존하는 제어장치가 해체되기 시작했다. 유기체적 세계의 감각을 잃으면서 우리의 사회성에 대한 감각은 인간의 영역 안에 제한되었고 우리의 관점을 생태 사회적 측면에서 근시안적으로 축소했다. 이러한 인간과 환경 간의 '개념적 분리'는 생태적 부주의성의 문제에 가장 근본적이다.

인간의 이성과 자연 세계의 분리는 17세기 무렵부터 시작되었다. 데카르트는 "인간과 다른 동물 사이에 분명한 구분"이 존재한다고 보고 동물은 단지 "기계적인(mechanical)" 요소로 간주하였다(Descartes, 2008). 이러한 구분에 뒤이어, 칸트와 프로이트 등의 학자는 인간의 내면과 외부 세계를 구분하는 관점을 제시하였다. 칸트(Kant, 1998)는 내면의 사유를 중심적 근거로 보고 자연 세계는 범주들의 제한점 하에서만 의미가 있다고 보았다. 또한, 프로이트는 "건강한 자아"를 "외부 세계와 분명한 구분"을 유지할 수 있는 상태로 묘사하였다(Roszak, 1992: 39-47).

이러한 자아의 구분, 자아 중심성, 합리성은 현대 서양의 사상에서도 볼 수 있다. 자아 중심적이며 자아를 외부 세계와 분명히 구분 짓는 관점은 헤겔의 주인과 노예 개념이나 홉스의 자연상태의 인간관(만인의 만인에 대한 투쟁상태)과 상통한다. 이러한 관점에는 자칫하면 자아의 독립성에 대하여 다른 생명체들을 지배하는 주체로 잘못 인식하게 하는 위험이 존재한다. 자율적이고 독립적인 자아를 타자에 대하여 우선시하는 관점은 자칫 다른 생명체, 성, 인종, 세대 등의 차이를 무시하고 그들에 대한 지배적 자세를 정당화할 수 있는 여지가 있다(Gomes and Kanner, 1995). 이러한 측면에서 보면, 사회적 약자에 대한 지배와 부정의는 생태적 부정의와 밀접히 관련이 있으며, 사회적 부정의의 해결은 생태적 위기의 해결과도 관련이 있다.

자아 중심성과 함께 세계에 대한 인간 중심적인 이해는 인간 이외의 존재들의 삶을 무시한 채, 인간의 좋은 삶만을 추구하게 되는 결과를 가져왔다. 서구의 세계관은 자신의 고유한 견해를 최고로 여기는 합리적이고 자율적이며 독립적인 인간 자아의 관점에 기초하여 인간 중심적 편견을 갖게 한다. 인간 중심적 편견은 모든 다른 관점을 무시하고 인간의 지위를 특권화하는 사고방식이다. 교육에서 인간 이외의 생명체들을 인간을 위한 자원으로 개념화하고 우리의 책임감을 인간집단에만 한정하는 것은 도덕성과 사회성의 발달에 있어 문제가 된다.

특히, 오늘날 상업 자본주의의 영향으로 자연을 보는 인간의 태도는 지배와 조작의 방식으로 지극히 인간 중심적이다. 자연의 모든 것은 인간을 위한 효과적인 자원으로 본다. 자원으로서의 자연의 가치는 활용성과 효과성의 도구적 가치로 정해진다. 이것은 자연이든 인간이든 모든 것을 자본으로 보는 '상품화 경향'에 근거한다. 소비문화와 기술적 진보는 이러한 자연에 대한 지배적 태도를 점증시키며, 이러한 태도는 무분별한 생태계와 삼림의 파괴와 같은 심각한 사태의 배경이 된다.

인간 중심적 사고는 인간 이외의 세계와의 관계에서 우리를 이기적으로 만들고 생태적 연결망으로부터 우리를 분리되도록 한다. 그리고 이러한 태도는 심지어 시민적 행위에서도 연합적 성격을 갖는 타자에 대하여 비인간적이고 착취적인 행동방식을 유도한다. 교육과정에서도 개구리와 같은 동물 해부 실험은 인간의 과학지식을 위해 다른 생명체에 대한 인간의 파괴적인 실제를 강화하게 된다. 중요한 점은 개인이 취하는 견해와 우리가 사는 세계와의 관계이다. 즉, 핵심은 우리의 입장으로 세계를 볼 것인가, 아니면 생태적 실재에 우리의 입장을 적응시킬 것인가이다. 생태적 연결망을 무시하는 관점은 전자의 자세를 취하게 하고 그 결과는 공생의 환경을 무너뜨리는 원인이 될 것이다.

이러한 문제의 해결을 위한 생태 사회적 관점은 '생태'와 '사회'의 두 단어의 결합으로 이루어진다. 독일과 핀란드의 맥락에서 '사회적'이라 함은, 이미 그 안에 사회적 약자에 대한 배려의 의미가 포함되어 있고, 이를 좀 더 크게 보면 인간 외의 존재에 대한 배려까지 확장해 볼 수 있다(Pulkki et al., 2021).

3. 생태적 지속가능성과 교육철학

(1) 어원 및 관련 개념 고찰

'지속가능성(sustainability)'의 어근인 '지속하다(sustain)'는 구프랑스어 'sustenir'에서 왔는데 이것은 '존재를 지속하게 하다', 또는 '생명과 양분을 제공하다.', '영혼과 용기를 강화한다.'라는 뜻을 의미한다. 이러한 맥락에서 지속가능성은 우선, 현재의 삶의 필요를 충족시킴을 뜻한다(Sutton, 2009). 지속가능성과 관련하여 많이 다뤄지는 '생태학(ecology)'이라는 말은 고대 그리스어의 '집이나 가정'을 의미하는 'oikos'와 '이성 또는 담론'을 뜻하는 'logos'에서 온 것이다. 생태학은 기본적으로 유기체와 환경과의 상호작용을 연구하는 학문이다. 그런데 그 환경을 좀 더 큰 맥락에서 보면 인종, 계층, 성의 사회적 환경을 포함하며, 생태학은 어떻게 자아가 이러한 다양한 환경의 요소들과 함께 공존하며 살아가느냐의 핵심적 문제를 다룬다. 이러한 맥락에서, 호킨(Hawken, 2007: 172)은 "우리의 목적은 지구상의 가장 복잡한 두 체계인 인간 문화와 생태계 사이의 관계를 안정적이고 조화롭게 만드는 것"이라고 주장한다. 따라서 이와 같은 어원적 이해를 토대로 볼 때, 지속가능성은 존재를 지속하는 데 요구되는 필요들을 충족시키며 유기체와 환경의 상호작용 및 조화를 추구하는 것과 관련된 개념임을 알 수 있다.

생태적 지속가능성은 또한 '사회정의(social justice)'와 밀접한 관련이 있다. 사회정의의 핵심에는 자아와 타자의 공감과 배려(황금률)의 윤리와 생명의 고귀함이 있는데, 이는 모든 생명체와 인간, 사회 문화에 함께 적용되는 핵심 가치이다. 우리가 살아가는 지구와 생명체의 고통은 우리 인간 공동체의 고통과 연결된 것으로, 환경 보호 운동은 소외된 사람들의 권리 회복 운동과 함께 진행되어야 한다(Hawken, 2007). 생태적 지속가능성은 모든 존재가 자유롭고 평등한 가운데 소외되지 않는 권리를 보장받을 때 가능하다. 우리의 생존이 지속하고 번영하기 위해선 우리 삶을 지탱하는 환경 즉, 자연환경뿐만 아니라 사회적 환경을 건강하게 만들어야 하는데, 이를 위해선 근본적으로 우리 안에 있는 편견과 이기심을 반성하고 극복하여야 한다. 자연과 인간의 건강한 공생 노력이 인간 간의 조화로운 공생 노력과 연결될 때, 진정한 정의와 지속가능성이 실현될 수 있다.

생태적 관점, 지속가능성의 관점에서 또한 근래 많이 다뤄지는 "생태사회적(ecosocial)"이란 용어는 생태적 문제와 사회적 문제를 연결하여 "지속 가능한 사회"를 형성하는 데 초점을 둔다(Närhi, 2004: 15). 인간과 환경의 분리, 생태적 위기, 인간의 자기 중심성을 극복하는 교육을 위해, 풀키(Pulkki, 2020)는 들뢰즈의 관점에 근거하여 생태적 자아를 함양하는 '생태사회적 교육철학(ecosocial philosophy of education)'을 주장한다. 이것은 인간과 인간 외 세계에서 사회적·생태적 측면의 침해에 대한 문화적 근원을 탐구하고 정의를 추구하는 생태 정의 교육과 출발점이 같다. 이 교육철학은 사회적 관심을 인간 공동체에서 인간 이상의 더 큰 세계로 확장하자는 것이며, 생태 사회적 행위를 통해 인간 이상의 세계에 대한 '확장된 배려'를 추구한다. 생태 사회적으로 계몽된 행동의 전제조건은 바로 '생태 사회적 자아'를 인식하고 형성시키는 교육이다.

생태사회적 교육철학은 교육에서의 생태학적 전환을 반영한 핀란드의 핵심 교육과정에서 강조되는 '생태사회적 도야(Ecosocial Bildung)'의 개념에 기초한다. 전통적으로 도야(Bildung)의 개념은 인간 중심적이며 하나님의 모상으로서의 인간 개념에 담긴 신 중심적인 성격인 데 반해, 생태 사회적 도야 개념은 다원적이며 자가 재생적인 생태계와 인간의 존엄성을 보호하고 고양하는 삶의 방식과 문화를 창출하는 것을 의미한다(Pulkki et al., 2021). 생태사회적 도야는 지속가능성을 성취하기 위해 다학문적 접근을 모색한다. 생태사회적 관점에서, 인간은 생태계와 분리되지 않는 일부로서 다양한 삶의 형태들의 '상호연대'에 초점을 둔다. 이러한 맥락에서 교육은 인간의 생태 파괴적인 행위의 책임을 지며 생태적 공존과 연대를 고양하는 삶의 방식을 재형성하도록 노력하여야 힌다.

생태사회적 교육철학(ecosocial philosophy of education)은 "생물학적, 사회적, 정신적으로 인간 외의 존재들을 인간성의 심원한 차원에 포함"하는 확장된 관점에 근거한다(Morton, 2016: 159). 즉, 이러한 관점에서 참된 인간성은 인간 및 인간 외의 존재들과의 '연결과 공존'을 통해 구현된다고 볼 수 있다. 이 교육철학은 사회 개념을 모든 살아있는 존재들의 공동체로 확장하여 인식하며, 이는 기존의 개인주의적 자아 개념을 생태적 공동체 일부로서의 자아 개념으로 재인식하는 것에 기초한다. 생태적 자아 인식은 우선 자본주의 소비문화에 기초한 자기 이익에만 몰두하는 이기적 자세에 대해 비판적 관점을 취한다. 또한, 이것은 세상의 실재를 대상으로서 바라보고 우리 자신을 그것과 분리된 관찰자 및 자원의 관리자로 인식하는 과학주의 관점에 대해 비판한다(Bonnet, 2019). 문제는 이러한 자기중심적이며 세계와 분리된 관찰자적 자아 인식이 학습자의 학습 태도와도 긴밀하게 관련된다는 점이다. 자본주의와 과학주의에 기반한 서양 현대의 주류적 학습 태도는 학습자의 동기에 따라 세계를 대상으로서 바라본다. 이에 반해, 생태사회적 교육철학에서 학습자는 오히려 자신의 임의적인 마음을 비우고, 자아와 세계의 연속성과 상호 관련성을 이해하는 데 주목하며 세계의 일부로서의 자아 인식을 함양한다.

생태 사회적 교육철학은 두 가지 핵심 관점에 근거한다. 첫째는, 서구 사회에서 자아가 어떻게 이해됐는지에 대한 생태 사회적 관점이다. 이것은 인간 외의 세계와의 교류에서 나타나는 인간 중심적인 태도의 문화적 근원과 관련이 있다. 둘째는, 자아 내부의 관점으로서 자기중심적 자아가 아닌 인간 외의 세계에 관한 생태적 자아를 함양하는 사고이다. 이러한 핵심 관점에 근거하여, 생태 사회적 교육철학은 한편으로는 인간과 세계 간 분리의 태도 및 인간 중심적 인식의 문제점을 분명히 자각·반성하며, 다른 한편으로는 인간, 자연, 사물 등 폭넓은 생태적 세계 속에서 자아를 인식하며 공생하며 번영하는 지혜와 확장된 배려 의식을 키우는 방향을 모색한다.

이러한 개념들에 기초하여 생태적 지속가능성의 개념을 제시해보자면, 첫째, 인간의 참다운 존재와 삶은 인간 외의 존재들과의 공존과 연대 없이는 이루어질 수 없다는 것이다. 둘째, 이것은 사회정의의 실현을 포함하는 개념으로 인간과 환경, 인간 사회 내부의 각종 침해와 불평등의 문제를 비판적으로 인식하고 이를 극복하고 해결하는 것을 지향한다. 셋째, 이것은 개인적, 폐쇄적, 자기중심적, 고정적인 인식을 반성·극복하고, 다원적, 개방적, 관계적, 변혁적인 인식을 모색·함양한다는 측면에서 그 자체로 교육적 의미를 담고 있다.

(2) 생태적 지속가능성을 지향하는 교육철학

교육철학은 교육의 본질에 관한 사상과 실제를 탐구하는 학문이다. 교육철학의 주요 주제는 가르침, 배움, 교육과정, 교사와 학생 관계, 그리고 이 행위가 발생하는 교육기관에 관한 것이다. 그런데 이러한 구체적 주제들의 저변에는 진리, 지식, 이해의 본질, 도덕적, 사회적, 미적 가치의 본질과 타당성의 문제가 존재한다. 그리고 가장 근본적으로 교육철학은, 인간 주체성과 인격의 본질을 탐구하며 인간이 살아가는 더 큰 세계와의 관계를 탐구한다. 이러한 맥락에서 교육철학의 핵심적이고 근본적인 질문은 "인간의 실존과 잠재성"에 대한 것이다(Bonnet, 2017: 334).

이 핵심 질문은 인간의 의식이 세계 안에서 어떻게 작용하는가의 문제와 관련된다. 인간의 의식은 의도적으로 세계 내의 사물들을 향하여 관심을 둔다. 그런데 인간의 의식이 향하는 그 사물들은 의식 안에 포함된 것이 아니라, 우리의 의식 밖에 있다. 예를 들어, 우리가 새 옷을 바랄 때, 그것은 우리의 기존의 의식 안에 어떤 상상으로 있는 것이 아니라, 그 너머에 실제로 존재하는 것이다. 이 사물들은 우리와 공유하는 세계 내에 존재한다. 우리의 의식은 끊임없이 바깥의 사물들을 향하여 움직인다는 점에서 환경적인 성질을 가진다. 인간 의식은 이같이 환경과의 관계를 통해 과거의 행위가 미래의 행위에 영향을 주며 부단히 진화해 간다. 인간의 의식이 "환경과 밀접한 내적 연관성"을 가진다는 점은, 본래적인 인간성 및 교육철학의 방향을 이해할 때 "생태적 관심"에 주목해야 함을 의미한다(Bonnet, 2017: 335).

이러한 맥락에서, 인간의 의식이 향하는 세계 내의 사물들의 범위와 성질이 더욱 다양하고 방대할수록, 인간의 의식과 삶은 더욱 풍요롭게 된다고 볼 수 있다. 러셀(Russel, 1959)은 철학의 가치에 관하여 언급하면서 자아와 자아가 아닌 것의 결합을 통해 참다운 진리가 성취된다고 지적하였다. 그에 의하면 철학의 가치는 불확실성 및 지속적인 사변으로서 이것이 우리의 사유를 확장하며 관행의 구속으로부터 해방한다. 우리의 삶에서 사소하고 친근한 것들이 낯설게 느껴지고 그 의미가 확장될 때 이러한 사유의 확장이 일어난다. 우리가 사유하는 "사물들의 위대함"을 통해 그리고 이러한 사유를 통해 우리 자신의 좁은 생각의 틀을 벗어날 때 철학은 비로소 중대한 가치를 드러낸다. 이러한 "자아의 확장(enlargement of Self)"은 마주하는 대상의 성질에 대한 답을 정해놓은 학문을 통해서 일어나지 않고, 그 사물 안에서 자체적으로 드러나는 성질에 자아를 "적응"시킴으로써 일어난다. 깊은 사유에서 우리는 "자아가 아닌 것(the not-Self)"으로부터 출발하며, 그것의 위대함을 통해 자아의 경계는 확장된다. 즉, "세계의 무한함(the infinity of the universe)"을 통해 그것을 사유하는 우리의 정신은 그 무한함을 공유하며 성장한다(Russel. 1959: 91-92).

세계 안에서의 이러한 의식의 작용은 사물들을 있는 그대로 놔두는 태도를 통해 세계 안 사물들의 지속(sustaining)을 돕는다. 또한, 여기서 우리는 사물을 있는 그대로 이해함으로써 근원적인 진리의 감각을 익힌다. 그러나 이러한 의식 작용은 주체의 의식과 전적으로 분리된 객관적 실재를 뜻하는 것은 아니다. 이것은 세계 안의 실재와 주체의 상호 관계를 통해 발생한다. 주체와 대상(실재)은 의식의 양 축으로 서로 구별되지만, 상호적 기대(mutual anticipation)를 하고 만난다. 이러한 양자의 상호 기대는 땅 위를 걷는 보행자(땅과 보행자), 글을 읽는 독자(글과 독자)와 같이 우리의 일상 경험 속에서 다양한 형태로 나타난다. 이 기대는 오랜만에 보는 친구와의 만남이나 날씨 좋은 봄날 산책갈 때의 설렘과 같다(Bonnet, 2009). 우리의 의식은 구체적인 장소와 대상을 통해 세상 속의 실재에 참여하면서 그것이 제시하며 주장하는 것을 느끼며 경험한다. 예를 들어, 우리가 어떤 특별한 장소의 역사를 경험할 때 이는 우리가 누구이며 무엇을 하는지에 대해 깊은 성찰을 불러일으킨다. 우리는 유적지에 갈 때 어떤 새로운 앎과 경험의 기대를 하며, 또한, 그 역사적 장소는 과거의 삶과 사건에 대한 기억과 의미의 성찰을 우리에게 기대한다는 점에서 주체와 실재는 상호적 기대를 하며, 이 상호작용을 통해 의식을 확장시킨다.

세계 안의 자연은 인간의 도구적이고 경제적인 의도와는 상관없이 그 나름의 고유성을 가진다. 우리가 자연에 대해 생각할 때 이 점을 주목해야 한다. 물론 우리 인간은 여러 방식으로 자연에 영향을 미칠 수 있으나, 우리의 자연과의 교류에는 늘 우리를 넘어선 그들만의 타자성(otherness)이 존재한다는 점을 명심해야 한다(Bonnet, 2017). 우선 중요한 점은, 자연에 대해 묘사하는 인간의 언어는 사회적으로 형성된 개념으로서 자연의 대상들 그 자체와는 다른 것이다. 우리가 자연을 경험할 때, 우리는 그것을 보는 것이지 구성하는 것은 아니다. 우리는 우리 관점에서 자연을 생각하지 말고, 자연 그대로의 고유한 삶과 활동 양식을 지닌 존재로서 그것을 보고 수용해야 한다.

자연은 각자의 고유한 삶을 살지만, 동시에 다른 자연의 존재들과 아름답게 '공존하며 상호 보존'하는 관계(mutually sustaining relationships)를 형성한다. 바위, 시냇물, 나무, 햇빛, 구름, 동물들은 모두 각자의 고유한 현존을 통해 서로 상대의 현존에 참여하며 창조적인 상호작용(creative interplay)을 통해 자연의 공간을 함께 생성하며 보존한다. 인간이 이러한 자연과 교류할 때, 우리의 감각은 자연과 공명(共鳴)하며 생동감을 지니며 새로워진다. 스스로 고유하게 현존하는 자연[2)]을 순수히 경험하면서, 우리

2) 자연의 한자어는 '自然'으로 '스스로 그러한' 존재이다. 이것은 타자에 의해 움직이는 타율적 존재와 대비되는 개념이다. 여기에 좀 더 철학적 해석을 시

는 기존에 우리 자신을 습관적으로 구속하던 모든 선입관과 지식을 초월하는 '타자성(otherness)'의 의미를 알게 된다. 자연의 존재들은 기존에 우리가 경험하고 기대하던 것과는 다른, 각자의 고유한 모습과 역사와 미래를 가지고 있다. 현상학적 관점에서 볼 때, 우리가 자연을 접할 때 자연은 그 자체 내에 고유한 규범적 가치를 지니며 우리에게 현존한다(Bonnet, 2017).

이러한 맥락에서 자연을 통해 우리가 중요하게 성찰해야 할 점은, 첫째, 세상에 존재하는 타자를 대할 때, 그들의 고유한 가치를 지닌 존재로서 수용해야 한다는 점이다. 이는 자기중심적으로 타자를 보며 이용하려는 태도에 대한 경계를 의미한다. 이는 인간 간의 관계에서도 적용되는 것이지만, 자연과 인간의 관계에서 인간이 인간 중심적으로 자연을 보며 대해서는 안 된다는 점을 제시한다. 둘째, 자연의 존재들은 각자의 고유성을 가지고 서로의 현존에 참여하며 협력적 상호작용을 통해 상호 보존의 관계를 형성하고 유지해간다는 점이다. 이는 자기의 이익을 위해 상대를 활용하고 지배하려는 태도에 대한 반성적 시각을 우리에게 제시하며, 특히 환경파괴와 오염, 이상기후, 생태계 파괴, 자원고갈 등 환경 위기의 시대를 살아가는 오늘날에 인간의 자연에 대한

도해보자면, 존재의 목적 자체가 외부의 어떤 데서 오는 것이 아니라 '자족의 성격'을 지닌다는 점과 타자의 관습이나 시선을 좇거나 의식하지 않고 본연의 방식을 추구하는 '자율성'을 지닌다는 점을 생각해볼 수 있다. 자연을 통한 교육을 주장한 루소도 이와 유사한 관점을 보인다. 자연성과 반대되는 인위적 성향은 남의 시선을 의식하고 남과 비교하며 지배하려고 하면서 열등감 혹은 자만심에 빠지게 된다. 우리가 이러한 자연을 보며 자연과 교류하며 이러한 의미를 성찰한다면 우리의 생각의 지평을 확장하며 성숙할 수 있는 중요한 계기가 되리라 본다.

태도를 되돌아보게 한다.

지속가능성의 관점에서 반드시 극복하여야 할 것은, 근본적으로 세상을 기계적으로 보면서 각 부분이 전체와 분리되어 존재한다는 세계관이다. 이러한 '분리주의적 세계관'은 나(우리)와 너(그들)를 분리하여 보고, 개인적 이익에 주목하며, 인간이 환경을 통제할 수 있다(혹은 통제해야 한다)고 보며, 환경을 개발의 대상으로 본다. 또한, 이것은 주체성을 무시하며 통제와 예언, 확실성을 과신하며, 산출된 수량에 주목하며, 많은 문제를 이분법적 방법으로 접근하는 경향이 강하다. 이를 극복하는 지속가능성의 세계관은 세계를 살아있는, 분리되지 않은 전체로서 그 부분들이 상호 연결되고 의존하는 것으로 본다. 그리고 각 부분은 전체를 조화롭게 하며 지속시키기 위해 협력적 상호작용을 추구한다고 본다(Hawken, 2007). 지속가능성의 세계관은 '불확실성'과 '변화가능성'에 주목하며, 보편성과 획일성보다는 각 주체의 다양한 창의성과 감성을 수용하는 가운데 조화를 추구한다. 확실성과 불변성에 대한 믿음은, 오늘날 빠르게 변화하는 현실에 대처하지 못하며, 다원화 사회 속에서 획일성만 추구한다면 갈등과 분쟁을 효과적으로 대처하지 못할 것이다.

인간이 어떻게 세계의 환경과 조화로운 삶을 영위하느냐의 근본질문은 '우리'가 누구인가 하는 정체성에 대한 성찰과 관련된다. 우리의 자아는 본질상 수많은 타자와의 연결 속에서 이해해야 한다. 관계적 관점에서 '나'는 더 큰 '우리'의 조각이며 그 연결망 속에서 인생 전반에 걸쳐 끊임없이 재구성된다(Griffiths, 1995). 이 '우리'는 단지 다른 인간들뿐만 아니라 인간 이외의 존재들과의 관계를 포함한다. 우리는 우리가 거주하고 인식하는 폭넓은 환경에 의해 구성된다. 이 환경에는 아주 작은 미생물로부터 우리가 사용하는 기술, 우리가 거주하는 공간에 이르기까지 다양한 것들이 포함된다. 우리는 세계 내의 이 다양한 존재들과 관계하며 반응하면서 우리의 자아를 형성해가는데, 그 반응에는 사랑, 혐오, 기쁨, 존경, 공포 등의 정서가 작동하며 이것은 또한, 도덕적 판단과 연결된다. 우리는 이 관계에서의 상호 반응과 기대를 통해 타자들의 원하는 바를 이해하고 그에 따른 자신의 적절한 반응방식에 대해 배우게 되며 여기서 바로 사회적 정의 감각이 시작된다(Griffiths and Murray, 2017).

이러한 사회정의의 가치를 제대로 구현하기 위해 우리는 아이들이 성인으로 성장해갈 때, 공정한 분배, 상호적 인정, 개방적 연대와 같이 사회적 관계에서의 복합적인 윤리적 문제들을 잘 배우도록 교육하는 것이 필요하다. 우리는 아이들에게 지식과 이해를 바탕으로 중요한 문제들에 관해 올바르게 판단하도록 이끌어야 하며 특히 충돌하는 가치와 입장을 잘 심의할 수 있는 역량을 키워야 할 것이다. 그런데, 인간의 정체성이 인간뿐만 아니라 인간 외 존재와의 폭넓은 관계 속에 있다면, 이러한 인간관계의 윤리는 그대로 인간 외 존재와의 관계의 윤리에도 적용되어야 할 것이다. 인간관계에서 타자에게 피해를 주는 이기적이고 부정적인 행동은 인간 이외의 많은 존재와의 관계에서도 마찬가지로 적용되는 부당한 행동이다. 우리 자신은 곧 세계이며 동시에 세계를 성찰하는 존재이다(Merleau-Ponty, 1968). 조화로운 공생을 유지해가는 지속가능한 사회를 만들기 위해, 교육에서 인간의 행동이 어떻게 우리에게 중요한 사물들에게 영향을 미치는지에 대해 분명히 알고 이해하며 성찰하는 데 역점을 기울여야 할 것이다. 우리가 타자(인간과 인간 이외의 존재들)에게 행하는 행동은 곧 우리 자신에게 하는 것이라는 점을 인식해야 한다.

이상의 논의를 통해 보자면, 교육철학이 참다운 인간성이란 무엇이며 이를 함양하며 실현하는 인식 및 가치의 기본적 방향을 탐구하는 영역이라 할 때, 참다운 인간성은 오직 인간만의, 개인의 내적 차원만으로는 실현할 수 없으며, 인간과 자연, 인간과 사물, 인간과 인간의 유기체적 관계망 속에서 의식과 가치관이 확장됨으로써 가능하다는 것이 생태적 지속가능성의 교육철학이다. 또한, 이를 위해서는 반드시 타자(자연, 타인, 사물)의 고유한 가치를 이해하고 배려하는 동시에, 타자와 함께 공존・협력하면서 더불어 지속적으로 성장하는 태도를 함양해야 한다.

4. 생태적 지속가능성을 위한 교육의 방향

(1) 생태적 자아인식과 생태적 사고 교육

생태적 지속가능성을 실현하기 위한 교육을 하려면, 무엇보다도 먼저, 모든 학생이 자신을 둘러싼 인간-자연-사물의 큰 생태 환경의 연결망 속에서 자아를 인식할 수 있는 생태적 자아인식이 이루어져야 한다. 생태적 자아 인식을 위한 교육에서 성, 인종, 계층, 종 등의 차이를 인식하는 자아정체성의 함양은 매우 중요하다. 차이에 대한 인식 부족은 인간 이상의, 큰 생태적 세계에 대한 이해의 부족을 가져온다. 생태적 관점에서 정체성의 교육은 "특별한 환경"에서 살아가는 각각의 고유한 삶에 대한 "민감성"과 "주의력"을 키우는 데 주목하여야 한다(Ingold, 2002: 22, 25). 깊은 주의력과 이해는 생태적 자아정체성의 전제조건이며, 민감성을 키우는 배움은 타자에 대한 수용의 태도를 변화시킨다. 또한, 생태적 교육은 자신의 감각, 지각, 지성, 성찰을 통해 타자에 반응하는 능력을 배우는 것을 요구한다. 큰 생태적 세계와 자아의 연관적 인식을 위해선 고정 관념과 편견을 극복하고 차이와 특수성에 대한 민감한 주의력과 깊은 성찰을 통해 세계 및 타자와 열린 반응을 주고받을 수 있어야 한다.

생태적 자아는 지구와 지구의 생명체들의 요구에 민감하게 반응하며 자신의 관점을 반성하고 수정하면서 외부의 세계에 대해 적응적 견해(adaptive opinions)를 갖는다(Biesta, 2017). 이것은 자아의 범위에 대한 확장적 인식에 근거한다. 즉, 자아는 최초에 우리 자신과 우리의 관심에 한정되나 생태적 관점에서 이것은 점차 "가족과 집단", "공동체", "인간 사회", 그리고 궁극적으로는 "모든 생명체와 존재의 관계망"으로 확장된다(Macy and Johnstone, 2012: 79-81).

세계에 대한 열린 적응적 견해를 키우는 생태적 사고 교육은 무엇에 초점을 기울여야 하는가? 이 문제는 다음의 두 가지 핵심 질문에 대한 탐색을 요구한다. 첫째, 생태적 적응성을 함양하기 위해 자신의 고정적 견해를 뛰어넘기 위해 어떤 종류의 사고가 필요한가? 둘째, 이러한 사고를 함양하는 교육적 방법은 무엇인가?

이 문제에 대해 들뢰즈(Deleuze, 2014)의 서양 근대 철학에서의 사고에 대한 도그마적 이미지(dogmatic image of thought)의 비판적 분석은 우리에게 중요한 성찰을 제시한다. 그는 이 분석에서 사고가 어떠해야 할지에 대한 대안적 관점을 제시한다. 데카르트 코기토 명제에서 나타나는 도그마적 사고가 자아의 일체성(unity)에 근거하는 데 반하여, 들뢰즈가 제시하는 대안적 관점의 사고는 "세계의 무엇인가가 우리를 생각하도록" 만드는 것으로, 세계와의 긴밀한 만남에 근거한다. 이 무엇인가는 다양한 사물이 될 수 있으며 우리는 감각을 통하여 이것을 접한다(Deleuze, 2014: 183). 도그마적 사고에서는, 우리의 모든 감각 경험도 기존의 기억 및 생각과 결합하여 존재한다. 반면에, 생태적 관점의 세계와의 만남에서는, 우리가 기억하거나 인식하고 있던 것과 다른 성질의 새로운 것을 느낄 수 있다. 기존의 내 생각과 전혀 다른 차원의 것을 느끼며 이것은 내 생각을 뛰어넘는 것이라는 점을 인식하는 것, 바로 이 점이 대안적인 생태적 사고의 가능성을 열어준다.

이러한 생태적 사고는 개념들 사이의 경계를 대립적이고 엄격하게 고정해 놓지 않고, '상호 침투'하며 유동적인 방식으로 생각함으로써 가능하다. 이러한 사고를 함양하기 위해선, 각자의 마음속에 사물들의 개념의 정체성을 확고하게 고정해 놓기보다는 다양한 개념들 사이의 연결점과 차이에 주목하면서 변화의 가능성을 열어 놓아야 한다(Pulkki et al., 2021). 이는 또한 관계와 교류를 통한 사고의 중요성을 의미하기도 한다. 독립적인 사고는 변화와 확장을 유도하기 어렵다. 외부와의 적극적인 소통과 교류, 그리고 그것을 통한 기존 생각의 '수정, 보완, 확장'이 생태적 사고를 유도한다. 이를 위해 학습자들은 자아 역시 고정되지 않고 외부 세계와의 지속적인 교류를 통하여 적응하며 변화하고 확장된다는 의식이 바탕이 되어야 한다.

다음으로, 생태적 사고 교육은 기존의 주류적 교육과정과 평가방식에 도전한다. 기존의 교육에서는 문제에 대한 해결과 정답을 중시하며 그것을 효과적으로 수행하는 능력을 가르치는 데 주목한다. 여기서는 오류를 피하려고 하고, 이러한 태도는 다시 기존의 고정된 생각을 잘 지켜나가는 자세를 강화한다. 이러한 교육은 학생들의 감각과 관심에서 동떨어져 있다. 학습자가 세계와 만나며 자신을 확장해 나가는 의식을 함양하기 위해선, 정답을 미리 정해놓고 인위적인 문제를 제시하고 그것을 해결하도록 하며, 오류를 피하도록 하는 방식의 교육에서 탈피하여야 한다. 도그마적 사고에서 열린 사고로 전환하려면 "문제와 사례들이 실제 삶으로부터" 도출되어야 한다(Deleuze, 2014: 201). 정오를 가리기 위한 것이 아니라 실제 삶의 맥락에서 문제 자체를 고민하게 될 때, 학습자는 고정된 자아 일체성의 유지에서 벗어나 세계와 더불어 느끼는 생태적 자아로 나아가게 된다. 이를 위해 교육평가 방식도 문제의 답을 찾는 것이 아니라 문제 자체를 창출하는 과정을 평가하는 방식으로 전환하여야 할 것이다(Kelly, 2009). 생태적 사고 교육에서 중요한 것은, 배움의 결과가 아니라 배움의 시작점, 즉 세계를 향한 관심과 감각, 자아를 확장해 갈 수 있는 진실하고 심원한 문제의식이다.

생태적 사고를 위해선 또한 '인식론적 겸손'의 자세가 필요하다. 겸손을 의미하는 'humility'는 라틴어의 'humilitas, humilitis, humus'

에서 온 것으로 '낮은, 낮게, 땅'을 뜻한다. 즉, 겸손의 의미는 본래 '땅이나 흙'과 같은 성질을 뜻하는 것으로, 세상의 많은 존재와 생생한 조화를 추구하는 것이다.[3)] 이것은 자만이나 이기심, 종속과는 다른 것이다(Waks, 2018). 겸손의 자세는 실재와 자신에 대한 진지하고 깊은 성찰의 자세와 관련된다는 점에서 지식의 습득에서나 성숙한 인격의 함양에서 모두 근본적인 요소이다.

이러한 겸손의 자세는 나딩스(Noddings, 1986)가 지적한 배려윤리의 기본 요소로서의 '연결, 수용, 반응'의 자세와도 관련된다. 나딩스는 이러한 기본자세를 가지고 인간뿐만 아니라 동물, 식물, 사물들에 대한 배려를 키우는 교육을 주장하였다. 그런데 표준화된 시험과 평가, 경쟁과 순위, 가시적 성적에 몰입된 오늘날의 교육은 세상의 다른 존재들을 수용하고 반응하면서 생생한 조화와 교류를 수행하는 태도와 능력을 키우기 힘들게 한다. 지식을 습득함으로써 타인보다 더 높은 성적, 봉급, 지위와 권력을 획득하는 데 몰입하다 보면, 인식의 대상과 인식하는 주체인 우리의 관계성에 대한 깊은 질문과 성찰의 힘을 약화하며, 인간 이상

---

3) 겸손이 어원적으로 '땅' 혹은 '흙'의 의미와 연관된다는 것은 참으로 놀라운 통찰을 준다. 땅은 모든 식물과 동물이 그것을 디디고 생활하는 근거요 터전이다. 식물은 땅속에 뿌리를 박고 양분과 수분을 공급받고 많은 동물은 땅속에 거처나 은신처를 마련하고 동물들은 죽어 땅속의 양분이 되어 생태계를 풍요롭게 한다. 흙은 또한, 인간의 건축물의 중요한 자재가 되고 모든 건축물은 땅 밑에 튼튼히 기반을 다짐으로써 설립된다. 즉, 땅은 세상의 많은 존재와의 공존의 삶에서 한편으로는 그들을 '수용'하며 또 한편으로는 그들에게 생명력을 '공급'하면서 생생하게 조화·교류하는 것이다. 생태적 인간을 양성하는 교육에서도 이러한 땅의 겸손함을 지닌 인간을 키워야 할 것이다. 즉, 세상의 많은 인간, 자연, 사물들과 겸손하게 조화, 교류하면서 한편으로는 그들의 존재를 수용하고 또 한편으로 그들에게 생명력을 공급할 수 있는 태도와 능력을 키우는 교육이 되어야 할 것이다.

의 더 넓은 세계를 제대로 느끼며 사유하는 것을 막게 된다.

우리의 사유는 세계와의 만남의 결과이다. 세계와의 참된 만남을 통해 세계는 우리의 지식을 '질문'하며, 우리의 지식은 늘 열려 있게 된다. 여기서 질문은 반드시 더 다양한 지식의 습득을 위함이 아니고, 타자와의 관계에서의 '반응'과 '배려'의 태도 자체를 배우기 위함이다. 이것은 우리의 생각을 잠시 조용히 멈추고 침묵 속에서 깊이 숙고하는 자세와 연관된다. 우리의 생각은 기존의 우리의 고정 관념과 사회화된 견해 속에서 지배를 받는 경우가 많다. 인식론적 겸손을 배우는 것은, 우리의 문화적으로 형성된 견해가 어떻게 우리의 정당화와 정서로 기능하는가를 먼저 반성하는 것이다(Pulkki et al., 2021). 이런 측면에서, 인식론적 겸손은 자신의 기존 생각의 굴레와 사회화된 관념을 넘어서, 지속하여 더 넓은 타자 및 세계와 열린 소통을 가능하게 하며 자아의 경계가 확장되며 성장할 수 있는 기반이 된다.

지속 가능한 교육은 결국, 우리가 살아가는 세상의 구체적인 문제들에 주의 깊은 관심을 가지며, 그에 대한 사실적 지식을 더욱 정밀히 탐구하고, 기존의 반응과 가정을 비판적으로 질문한다. 또한, 이것은 정의와 사랑, 지속 가능한 삶에 관한 복합적인 의미들을 깊이 숙고하면서 궁극적으로 '우리가 이 세상에서 어떻게 잘 살아갈 수 있는가?'에 대한 핵심 문제를 다양한 관점에서 지속적으로 탐구하는 힘을 키워나가는 것이다. 교육에서 이러한 인식론적 겸손에 기초한 심원한 질문과 성찰의 태도를 키운다면, 이는 원자론적이며 일시적인 자아관과 세계관을 극복하게 하고, 관계적이며 연속적인 생태적 자아관과 세계관을 형성하도록 할 것이다.

이러한 맥락에서, 지속가능성을 위한 교육은 또한 '체계적 사고'를 요구한다. 카프라(Capra, 2003)에 따르면, 체계 이론은 모든 현상의 '상호 관련성 및 상호의존성'을 강조하는 관점이다. 이 관점에 의하면 개별 현상들을 바라볼 때 전체 체계의 관련성 속에서 사고하는 태도가 요구된다. 이러한 체계적 사고의 한 예를 보자면, 우리가 흔히 생각하는 경제적 성장은 단순히 경제개발 및 GDP를 증가시키는 것이 아니다. 이것은 양질의 상품과 서비스의 생산, 경제주체의 정신적, 신체적 건강, 무분별한 개발로 인한 자연파괴 및 오염으로 인한 피해의 극복 비용 등을 복합적이고 체계적으로 고려하여야 한다.

지속가능성을 추구하는 체계적 사고를 위해 교육에서 초점을 기울여야 할 점은, 주어진 문제해결 방법에만 주목하기보다는, 학생들이 '왜 그러한 문제가 발생하며 그것이 다른 문제들과 어떻게 연결되어 있는지'를 탐구하도록 이끄는 것이다. 이러한 탐구방식에서 학생들은 문제들을 다양한 원인, 변수들, 결과들, 관련된 문제들, 잠재적 대안들과 함께 폭넓은 체계 속에서 생각하게 된다(Oblinger and Verville, 1998).

5. 생태적 지속가능성을 함양하는 교수-학습의 방향

인간의 의식이 세계의 존재들—환경 및 자연—과의 상호적 관계를 통해 지속적으로 성장해간다는 점은 교육에 있어 중대한 함의를 제시한다. 교육은 학생들에게 계산적인 조작이 아닌 사랑의 동기에 의해 성숙한 인격 함양을 목적으로 한다. 이를 위해선 각 학생을 개성을 지닌 개별적 존재로 접근해야 하며, 교육과정의 내용도 환경과의 지속적 상호작용을 활성화할 수 있는 방향으로 편성됨으로써, 그 내용이 학생에게 스스로 주의를 끌 수 있도록 제시되어야 할 것이다. 교육자들은 학생들이 세계의 존재들의 고유한 특성과 움직임에 깊이 몰입하고 그 의미를 성찰할 수 있도록 안내해야 할 것이다. 또한, 학생들은 이 과정에서 자연에 대한 지배적 사고방식을 반성하고 도전할 수 있도록 해야 한다. 환경과의 상호작용을 활성화하는 교육을 위해선 우선 특정한 도구적 목적(외재적 가치)이 아닌 배움의 내재적 가치를 느끼도록 해야 하며, 미리 정해놓은 지식이나 기술의 습득이나 일방적 전달방식의 교수-학습을 극복하여야 한다. 미리 정해진 교육내용의 전달방식은 학생의 정서적 자아의 생동하는 감성을 통한 학습 참여를 막는다(Bonnet, 2017).

교육에서 매우 고정적으로 미리 정해진 학습 내용과 평가 기준 속에서, 학생의 반응과 성취에 대한 기대가 고정적이며 강력할 때, 환경에 대한 학생의 자유로운 참여와 반응은 봉쇄되며 학생은 배움의 공간에서 소외감을 느끼고 배우려는 마음은 닫히게 된다(Bonnet, 2009). 이럴 때, 학생은 오직 성적, 진학, 취업, 타인의 시선과 압박 등의 외부에서 부과되는 의무감에서 배움에 임하게 된다. 이것은 단기적으로 어떤 학습효과를 보일 수는 있으나, 학생이 세상의 폭넓은 지식에 대해 장기적이며 지속 가능한 탐구와 배움을 통해 성장할 수 있는 동력을 약화하며 심지어 소멸시키는 결과를 가져올 수 있다.

보넷(Bonnet, 2017)은 환경과 상호작용하는 지속 가능한 교육을 위한 기본적 방향을 다음과 같이 주장한다. 첫째, 추상적이고 분석적인 것보다는, 구체적이며 특수한 것에 주목하여야 할 것이다. 구체적이고 특수한 내용은 학생의 생동하는 감성을 더욱 활성화할 것이다. 둘째, 이것은 원자적이고 인식론적인 접근보다는 전체적이며 존재론적인 접근을 취하여야 할 것이다. 교육에서 인간과 환경의 유기체적인 관계를 올바로 성찰하는 것은 가장 근본적인 것으로 이를 위해선 전체적이고 존재론적인 접근이 필요하다.

셋째, 우리는 인간 중심을 넘어 폭넓은 우주 혹은 세계의 존재가치를 성찰하는 방향으로 나아가야 할 것이다. 특히, 인간의 도구적이며 상업적인 동기에서 벗어나 세상의 존재들에 대한 고유하며 내재적인 가치 및 관계성을 깊이 성찰하는 교육이 필요하다. 넷째, 우리는 추상적인 일반화보다는 직접적 경험을 통한 감수성을 함양하는 데 집중하여야 할 것이다. 이러한 교육이 자연환경 및 세상과 교류할 때 '체화된 지식(bodied knowledge)'과 공감 능력을 증진할 것이다. 이는 또한, 미리 정해진 것이 아닌, 지속적으로 창조되는 교육과정과 관련된다. 학생이 환경과의 친밀한 접촉을 통해 얻는 살아있는 삶의 지혜는 변화하는 생활세계에서 지속적으로 적응하여 창조될 수 있으나, 추상적이고 일반화된 지식은 다양하고 변화무쌍한 실제 삶과 세상에 유동적으로 적응하는 데 한계가 있다.

교육의 목적은 국가와 경제, 배움의 내재적 가치 등 복합적인 목적을 포함한다. 그러나 이 모든 목적은 올바르고 좋은 삶을 위한 교육의 본질적 목적에 부수적이라고 볼 수 있다. 그런데 여기서 주의해야 할 점은, 좋은 삶의 기준을 고정된 결론으로 학생에게 주입하려고 해서는 안 된다는 점이다. 지속 가능한 교육은 무엇이 좋은 삶이며 어떻게 살아야 하는가에 대한 다양한 가능성을 종합적으로 탐색하며 개별 학생 스스로가 그들 자신의 관점을 지속해서 재창조해나가는 능력을 키워주는 것이다.[4] 학생들은 현재와 미래에 가치 있는 삶을 영위하기 위해 이 세계를 변혁 또는 재창조하는 데 스스로 어떻게 이바지할 것인가를 지속해서 탐색하여야 할 것이다. 이를 위해서는 우선 이들이 세계와 그 안에서의 자신들의 위치를 잘 이해해야 한다. 교사들은 학생들이 세계와 연결된 존재로서의 자아 인식에 기초하여 좋은 세상을 창조하는 협력적 과업을 위한 지혜를 배우는 데 동기와 기쁨을 얻을 수 있도록 안내하여야 한다(Griffiths, 2012).

이러한 맥락에서 지속가능성을 위한 교육은 학생 본인이 자신이 살아가는 세계가 어떠하며 어떠해야 할지에 대해 가슴 깊이 우러나오는 성찰과 지속적인 재탐색을 요구한다. 기본적으로 학생들은 매 일상에서 경험하는 다양한 사례 속에서 더 나은 새로운 주변 환경을 창조하는 것에 대해 숙고하며 실천할 수 있어야 한다(Hogan, 2009). 이와 관련된 예는, 사소하게는 전기, 물, 가

4) 지속가능성 개념의 핵심은 세계 내의 다양한 존재들의 조화와 공생의 추구이다. 이를 위한 가치관을 키워주는 교육은 당연히 하나의 입장만이 정답이고 그것이 또한 미래에도 고정불변한 정답이 될 것이라는 편협한 사고방식을 해체하는 태도를 키워주는 것이다. 이는 달리 말하면, 다양한 존재, 다양한 입장과 가치를 폭넓게 수용하며 또한, 환경의 변화에 따라 열린 사고를 시도하는 능력과 태도를 함양하는 교육을 의미한다.

스, 석유 등의 에너지 소비를 줄이는 일, 재활용과 분리수거에 힘쓰는 일, 환경오염을 줄이는 일, 과도한 육식을 줄이는 일, 플라스틱이나 일회용품을 줄이는 일에서부터 좀 더 크게는 소외된 이웃을 돌보고 지원하는 일, 갈등, 분쟁, 테러 등을 대처・해결하는 일, 멸종 위기 동식물 구제에 힘쓰는 일, 기후위기의 원인 이해 및 해결방안을 모색하는 일, 신재생 에너지를 개발하는 일, 신종 전염병에 대처하는 일 등의 문제에 이르기까지 다양한 활동이 포함된다. 학생들이 이와 같은 일을 스스로 탐구하며 숙고하고 적극적이며 창조적으로 실천하도록 교육해야 할 것이다.

생태적 지속가능성의 교육은 또한, 학생이 가진 '자연적 잠재력'을 길러주는 데 초점을 기울여야 한다. 산업화와 경쟁의 시대적 배경 속에서 모든 것을 표준화된 기준과 목표에 상응한 효율적 수행의 논리로 판단하는 경향은 교육에서도 강하게 영향력을 미치고 있다. 생태적 지속가능성의 중요한 조건은 모든 생명체 본유의 개성과 잠재력을 보존하고 키워주는 데 있다(Sutton, 2009). 즉, 일반화된, 표준화된 목표와 기준을 일률적으로 모든 존재에 적용・통제하는 교육방식은 오히려 각 존재의 성장을 방해할 가능성이 크다. 학생 개개인의 자연적 잠재력을 이해하고 그것을 최대한 실현할 수 있도록 이끌고 지원하는 것이 필요하다.

자연 및 인간의 생태 환경은 미리 정해지고 고정되어 있지 않고 무궁한 변화 가능성을 가지고 있다. 미리 정해진 기준으로 이를 옭아맬 때 위대한 가능성을 창조하는 경험과 힘을 봉쇄한다. 따라서 생태적 배움은 오히려 표준화되고, 측량하기 힘든 '학생 개개인의 개성적 잠재력'을 키워주고 극대화하는 방향으로 나아가야 할 것이다. 이를 위해서는, 학습 내용과 방식이 다양한 학생의 다양한 개성적 잠재력을 충분히 발견하고 계발할 수 있도록 좀 더 학생 맞춤형으로 다변화되며 역동적으로 구성되어야 한다. 또한, 성취도 평가에서도 이러한 다양한 개성적 잠재력을 폭넓게 측정하여 긍정적 성취동기를 부여하며 좀 더 자세한 피드백을 통해 자율적 학습 계획을 세워나갈 수 있도록 개선하여야 한다. 아울러, 그 개성적 잠재력이 또한 생태적 지속가능성의 또 다른 중요한 가치인 '관계 및 상호작용의 능력'과 어우러져 함께 성장할 수 있도록 이끌어 주어야 할 것이다.

6. 생태적 지속가능성을 위한 교육적 관계형성

지속 가능한 교육을 위한 열린 교수-학습에서 가장 중요한 것은 교육적인 관계를 형성하는 것이다. 지속가능성을 위해선 고정되어 있지 않고, 환경과 조응하며 변화・성장해 가는 태도와 능력이 필요한데, 학생들이 이를 위해 먼저 교사와 학생 간, 학생 상호 간, 학생과 교과 간, 나아가 학생과 세계의 문제 간 관계를 형성하며 변화・성장해 가는 능력을 함양해야 할 것이다(Griffiths et al. 2014). 여기서 교육적 관계란 타자(사람 또는 사물)의 상황을 이해하며 그에 반응하면서 자신과 타자가 그 관계를 통해 변화되는 것을 의미한다. 이것은 미리 정해놓은 정보나 기술을 주입하는 교육과는 대조되는 것이다. 타자의 상황을 이해하는 것은 이성과 감성을 동시에 요구하며 인지적이며 동시에 정서적인 관계 형성을 요구한다. 타인과 세상의 문제를 이해하고 관계 맺는 것은, 윤리적인 영역으로 사랑과 정의가 함께 필요하다(Griffiths and Murray, 2017).

이러한 관계형성을 지향하는 지속가능교육의 예는 다양하겠지만, 우선 초등 교육 수준에서는, 이야기책을 활용하여 생각하며 자기 생각을 글로 적는 활동이 유용할 것이다. 여기서 초점을 기울여야 할 점은, 우선 학생이 그 이야기에 대해 '열린 생각으로 질문'하며 '주의 깊게 반응'하면서 생각을 심화시켜 나가는 태도와 능력을 길러주는 것이다. 더 구체적으로는 그 내용 속에서 인간과 동물, 기계와 인간의 삶, 자연과 문화의 개념적 구분에 대해 질문하며 숙고하는 법을 배우도록 하여야 할 것이다(Rautio and Winston, 2015).

중등 수준에서는 '현장 학습'을 적극적으로 활용하는 것도 좋은 방법이다. 예를 들어, 지리 교과에서 다양한 지형에 대한 지도, 사진, 표, 모형 등과 함께 해당 지역을 직접 방문하여 학생 각자가 그 지리적 장소와 생생하게 교감하며 자신만의 반응을 키워나갈 수 있도록 이끌어 주는 것이 필요하다. 이러한 현장 체험·관찰 학습은 중등의 심화 단계 및 고등교육 수준에서는, 해당 지역의 자연파괴, 생업 및 거주 실태, 갈등과 분쟁, 빈부의 격차와 불평등, 교통, 공업화 문제 등을 함께 숙고하며 논의하는 활동으로 심화시켜 나가면 좋을 것이다(Griffiths and Murray, 2017). 이러한 지역의 문제들에 대해 지리학, 생태학, 역사학, 경제학, 농·수산업, 예술 등의 다양한 관점을 종합적으로 고려하면서 학생 각자의 경험과 조응하여 확장된 이해를 키워준다면, 타인 및 세상과 인지적이며 동시에 정서적인 교육적 관계를 맺어나가는 지속 가능한 교육을 가능하게 할 것이다.

생태적 접근은 몬테소리(Montessori)의 교육이론에서도 발견된다. 몬테소리 교육에서는 교육과정, 교사교육, 교과교육, 학생지도 등 모든 교육 문제를 연결하여 전체적으로 조율하는 교육철학을 추구한다. 그것은 근본적으로 학생을 자신의 잠재력을 실현하는 전인적 인격체로 성숙시키기 위해, 학생 각자의 성장에 필요한 부분과 환경을 조화시키고, 부모, 타인, 세상과 잘 협조하도록 기르는 것이다(Sutton, 2009). 교육에서 '모든 것을 연결된, 상호작용하는 체계'로 접근하는 것은, 지속가능성이 '삶의 필요를 충족하고 환경과의 상호작용에 초점을 둔다.'라는 근본 개념과 상통한다. 이러한 교육은 우선 학생을 중심으로 학생의 현재와 미래의 지속적 필요를 핵심에 두고, 교사는 이 필요를 알고 지원하기 위해 특별히 학생을 주의 깊게 관찰하여야 하며, 그에 적합한 교육환경 및 학습자료들을 제공하며 학생이 그것들과 효과적으로 상호작용할 수 있도록 이끌어 주어야 한다. 여기서 어떠한 문제 또는 장애가 발생한다면, 그 학생만의 사소한 문제로 취급하지 않고 '학교의 전반적인 협력적 체계' 속에서 이 문제를 대처한다. 그 문제에 대해 교사와 다른 동료 학생들은 함께 원인을 찾고 지적 조언, 개인적·집단적 활동 등을 통해 협력적인 도움을 주어야 한다.

지속가능성을 위해서는 모든 것들 간의 상호관계성과 정의의 원칙에 기초하여 세상을 바라보는 관점을 키워야 한다(Hawken, 2007). 이러한 맥락에서 교육에서도 인지적, 신체적, 정서적, 영적 성장을 전체적인 관련성 속에서 접근하는 것이 필요하다. 또한, 교육내용 및 교육과정도 학생의 인생 주기의 시간적 과정에서의 실제적 삶의 필요를 중심으로 유아기에서부터 아동기, 청소년기, 청년기, 장년기, 노년기에 이르기까지 연속적인 관련성을 가지고 구성되어야 할 것이다.

7. 나오며

이 글은 생태적 지속가능성이 교육철학과 어떠한 연관성이 있으며 교육 철학적으로 어떠한 의미를 지니는지 고찰하고, 이에 근거하여 생태적 지속가능성을 실현하기 위한 교육적 방향을 제시하였다.

근대 이래로, 인간의 이성과 자연 세계의 분리를 강조하는 사상은 생태적 관점에 위협이 되었다. 자율적이고 독립적인 자아를 타자에 우선시하는 관점은 자연환경 및 다른 문화의 사람들에 대한 이해의 부족과 지배적 관점을 정당화하는 태도를 유도한다. 또한, 인간 중심적 사고는 상업 자본주의와 결합하여 환경을 인간을 위한 자원으로 보는 도구적 가치를 강화하며, 생태계와 자연의 파괴, 환경오염, 자원고갈 등의 원인을 제공한다.

이러한 문제를 극복하기 위해 대두된 '생태적 지속가능성'의 개념은 인간이 자신을 둘러싼 폭넓은 자연환경 및 사회 환경과 더불어 계속하여 안정적이며 조화롭게 공존・번영하는 데 요구되는 필요들을 충족시키며 열린 상호작용을 추구하는 것이다. 이에 근거한 생태사회적 교육철학은 생물학적, 사회적, 정신적으로 인간 외의 존재들을 인간성의 차원에 포함하는 관점으로, 사회 개념을 모든 살아있는 존재들의 공동체로 확장하여 인식하고, 개인주의적 자아 개념을 생태적 공동체 일부로서의 자아 개념으로 재인식하는 것에 기초한다.

교육철학은 교육의 본질에 관한 사상과 실제를 탐구하는 학문으로서, 근본적으로 인간 주체성과 인격의 본질을 탐구하며 인간이 살아가는 더 큰 세계와의 관계를 탐구한다. 이를 위해 교육철학은 인간의 의식이 세계 안에서 어떻게 작용하는가의 문제를 다룬다. 인간의 의식은 환경과의 관계를 통해 자신의 행위를 반성하고 앞으로의 방향을 창조해나가면서 부단히 성장해 간다. 이 점에서 인간 의식은 환경과 밀접한 내적 연관성을 가지며 인간성의 형성은 생태 환경적 차원에서 이해하여야 한다. 인간은 자기 밖의, 세계의 다르고 다양한 사물을 마주할 때, 사유의 확장과 자아의 확장을 경험하며 성장한다. 이것은 마주하는 대상의 성질을 미리 정해놓은 답으로 접근하는 것이 아니라, 그것의 있는 그대로의 고유함을 온전히 인정하고 이해할 때 가능하다. 또한, 인간은 세계 안의 실제와 상호적 기대 및 상호작용을 통해 자신의 정체성을 성찰하며 의식을 확장시킨다. 인간은 자연과 교류하며 자연으로부터 각자의 고유성의 존중 및 협력적 상호 보존 관계의 가치를 배움으로써 성숙한 생태 사회적 인격을 함양하여야 한다.

생태적 지속가능성의 교육철학은, '자아가 더 큰 우리의 조각이며 그 연결망 속에서 인생 전반에 걸쳐 끊임없이 재구성'된다는 의식이 바탕을 이룬다. 더 큰 '우리'는 인간, 사물, 자연, 기술,

문화 등을 포함한다. 이 교육철학은 불확실성과 변화 가능성에 주목하며 각 주체의 창의성과 감성을 수용하는 가운데 상호 간의 조화와 협력을 추구하는 인간성을 지향한다. 또한, 이것은 자신의 행동이 '우리'에게 어떠한 영향을 미치는지를 끊임없이 반성하며 타자에게 하는 행동이 결국, 자신에게 하는 것이라는 관계적 인식의 함양을 지향한다. 이러한 차원에서 생태적 지속가능성의 교육철학은 또한, 자연뿐만 아니라 사회적 존재들이 소외되거나 고통받지 않는 공생의 삶을 실현하기 위한 사회정의의 가치를 인식하고 실천하는 인간성을 함양하는 것과도 관련된다.

이러한 교육철학에 근거하여, 생태적 지속가능성을 위한 구체적인 교육의 방향은, 첫째 고정 관념, 편견, 이기심을 극복하고, 성, 인종, 계층, 종 등의 차이를 인식하며 타자의 요구에 민감하게 반응하면서 자신의 관점을 수정하며, 외부 세계에 대해 적응적 견해를 키워가는 자세를 함양하여야 할 것이다. 둘째, 생태적 지속가능성의 교육은 정답과 해결을 중시하는 기존의 방식에서 탈피하여, 실제 삶의 맥락에서 문제 자체를 고민하면서 세계와 더불어 느끼며 변화해나가는 사고방식을 키워주는 방향을 지향해야 한다. 문제의 답을 찾기보다는 문제 자체를 창출하며 과정을 통해 지속하여 갱신하는 능력을 평가해야 하며, 배움의 결과보다는 그 시작점, 문제의식을 키워주는 데 초점을 기울여야 한다. 미리 정해놓은 답에 몰입하는 교육은 학습 내용과의 생동하는 교류를 막는다. 여기서는 단기적인 학습효과는 보일 수 있으나, 학생이 세상의 폭넓은 지식에 장기적이며 지속 가능한 탐구와 배움을 통해 성장할 수 있는 동력을 약화·소멸시키는 결과를 가져온다.

셋째, 학생들은 매 일상에서 경험하는 다양한 사례에서 더 나은 환경을 창조하는 방법을 숙고하고 실천하도록 해야 한다. 이를 위해, 환경문제, 사회정의의 문제 등 자신이 살아가는 세계의 다양한 문제의 실태와 원인을 비판적으로 이해하고 그 해결을 위한 다양한 대안의 가능성과 기대효과를 심도 있게 검토하는 비판적 사고를 키워주어야 할 것이다.

넷째, 지속 가능한 교육은 무엇보다도 열린 교육적 관계를 형성하는 것이 바탕이 되어야 한다. 교사와 학생 간, 학생 상호 간, 학생과 교과 간, 나아가 학생과 자연 및 사회환경 간 관계를 적극적이며 친밀하게 형성하여야 하는데, 이를 위해서는 인지적인 측면의 이해와 정서적인 측면의 공감과 사랑이 함께 성숙해나가야 한다. 다섯째, 지속가능성을 실현하는 교육은 표준화된 척도로 측량하기 힘든 각 학생의 개성적 잠재력과 고유한 필요 및 문제를 중심으로 교육목표, 교육과정, 교육방법, 교과교육 및 교과 외 활동, 학생지도 및 상담을 유기적으로 연결하여 지원하는 방식을 추구하여야 한다. 우리는 교육에서도 모든 것을 연결된, 상호작용하는 체계로 인식하고 대처하는 생태적 지속가능성의 사고방식이 필요하다. 이를 위해선 시간상으로 해당 학생의 개성과 필요를 고려한 전 생애 주기의 장기적 교육계획의 큰 틀에 상응하여 각급 교육이 이루어져야 하며, 공간상으로 각 학생이 처한 가정, 학교와 교우 관계, 자연환경, 이웃과 지역사회 등의 특성과 영향력을 잘 파악하여 그에 상응한 교육 소재와 활동을 적용하여야 할 것이다.

생태적 지속가능성을 지향하는 교육은 결국 참 인간을 키우는 것이다. 참 인간은 두 존재가 서로 의지하면서 서로의 관계를 형성한다는 '人間'이란 한자어의 어원에서 보듯, 자신의 존재가 세상의 수많은 다른 존재와의 불가분의 연결과 교류 속에서 지속해 갈 수 있다는 인식을 지녀야 한다. 그러한 참 인간을 키우기 위해서는, 무엇보다도 다른 존재에 대한 깊은 이해와 공감을 바탕으로, 세상의 문제를 자신과 연결된 문제로 숙고하며, 현재만을 생각하지 않고 연결된 미래를 예상하여 지혜롭게 대처할 수 있는 능력을 함양하여야 할 것이다.

참고문헌

정윤경(2004). 지속가능한 개발을 위한 환경교육은 지속가능한가? 교육철학 32, 181-198.

황금중(2010). 지속가능한 미래를 위한 마음교육. 교육철학 49, 199-228.

Barron, A.B. and Klein, C. (2016). What Insects can Tell Us about the Origins of Conscousness. *PNAS, 113*(18), 4900-4908.

Biesta, G. (2017). *The Rediscovery of Teaching*. New York: Routledge.

Bonnet, M.(2009). Schools as Places of Unselving: an Educational Pathology? In *Exploring Education through Phenomenology: Diverse Approaches*, Ed. G. Dall'Alba. Oxford: Wiley-Blackwell.

Bonnet, M.(2019). Towards an Ecologization of Education, *The Journal of Environmental Education. 50(4-6)*, 251-258.

Capra, F. (2003). Deep Ecology: Educational Possibilities for the Twenty-first Century. *NAMTA Journal, 28*, 157-193.

Deleuze, Z.(2014). *Difference and Repetition*. London: Bloomsbury.

Descartes, R.(2008). *Meditations on first philosophy*. M. Moriarty (trans.). Oxford: Oxford University Press.

Gomes, M. and Kanner, A. (1995). The Rape of the Well-Maidens Feminist Psychology and the Environmental Crisis. In *Ecopsychology Restoring the Earth Healing the Mind*. T. Roszak et al. (ed.), 111-121. San Francisco: Sierra Club Books.

Griffiths, M. (1995). *Feminisms and the Self*. London: Routledge.

Griffiths, M. (2012). Why Joy in Education is an Issue for Socially Just Policies, Journal of Education Policy, Special issue, eds., Becky Francis and Martin Mills, *What would a Socially Just Education System Look Like?, 27*(5), 655-670.

Griffith, M., Hoveid, M.H., Todd, S., and Winter, C. eds. (2014). Re-imagining Relationships: Ethics, Politics, Practices. *Special Issue of Journal of Philosophy of Education. 48*(2), 1-30.

Griffiths, M. and Murray, R. (2017). Love and Social Justice in Learning for Sustainability. *Ethics and Education, 12*(1), 39-50.

Hawken, P. (2007). *Blessed Unrest: How the Largest Social Movement in History is Restoring Grace, Justice and Beauty to the World*. New York: Penguin Books.

Hogan, P. (2009). *The New Significance of Learning: Imagination's Heartwork*. London: Routledge.

Ingold, T. (2002). *The Perception of Environment: Essays on Livelihood dwelling and skill*. London: Routledge.

Kant, I. (1998). *Critique of Pure Reason*. P. Guyer & A. Wood (ed. & trans.). Cambridge: Cambridge University Press.

Kelly, V. (2009). *The Curriculum: Theory and Practice*, 6th ed. London: Sage.

Latour, B. (2010). *The Modern Cult of the Factish Gods*. Durham, NC: Duke University Press.

Lewis, E. Mansfield, C. & Baudains, C. (2008). Getting Down and Dirty: Values in Education for Sustainability. *Issues in Educational Research, 18*(2), 138-155.

Macy, J. and Johnstone, C. (2012). *Active hope: How to face the mess we are in without going crazy Novato*. California: New World Library.

Merleau-Ponty, M. (1968). *The Visible and the Invisible*. Evanston, IL.: Northwestern University Press.

Närhi, K. (2004). *The Eco-social approach in Social work and the Challenge of expertise of Social work*. Jyväskylä: University of Jyväskylä Press.

Noddings, N. (1986). *Caring A Feminine Approach to Ethics and Moral Education*. Berkely: University of California Press.

Oblinger, D. G. and Verville, A. L. (1998). What business wants from higher education. *American Council on Education, Series on Higher Education*. Phoenix, Arizona: Oryx Press.

Pulkki, J., Varpanen, J. and Mullen, J. (2021). Ecosocial Philosophy of Education: Ecologizing the Opinionated Self. *Studies in Philosophy and Education*, vol. 40, 347-364.

Rautio, P. and Winston, J. (2015). Things and Children in Play-Improvisation with Language and Matter. *Discourse: Studies in the Cultural Politics of Education, 36*, 15-26.

Roszak, T. (1992). *In the Voice of the Earth: An Exploration of Ecopsychology*. New York: Simon & Schuster.

Russel, B. (1959). *The Problems of Philosophy*. Oxford: Oxford University Press.

Sutton, A. (2009). Educating for Ecological Sustainability. *Montessori Life*, 2009, issue 4, 18-25.

UNESCO (2009). UNESCO World Conference on Education for Sustainable Development. Retrieved June 16, 2010 from www.esd-world-conference-2009.org/

Waks, L. (2018). Humility in Teaching. *Educational Theory, 68*(4-5), 427-442.

Wolfson, E. (2010). *Corvus: A Life with Birds*. London: Granta.

VI 인정 이론과 인성교육[1)]

1. 들어가며

오늘날 디지털 기술의 발전 및 코로나 펜데믹의 영향으로 학교교육에서의 친밀한 대면적 상호작용보다는 온라인이나 학습 매체를 사용한 개인적 학습이 왕성해지고 있다. 이는 기존의 입시와 취업에 집중된 한국교육 현실과 연결되어 어떻게 하면 개별 학습자가 '효율적으로' 주어진 학업성과를 성취하느냐에만 점점 더 몰입하게 한다. 개개인의 개성적인 역할과 협업 능력에 대한 질적인 평가보다는 주로 양적인 성적과 실적에 따라 진학, 취업, 보상이 이루어진다. 이러한 양적 평가의 경쟁에서 부정적 결과를 받을 때 개인은 자신과 공동체에 대한 부정적 관점을 갖게 된다.

또한, 근래에는 사회경제적·사회문화적으로 일인 가정이나 재택근무 등의 상황이 더욱 많아지고 있고, 이는 가정이나 일터에서의 활발하고 친근한 상호작용을 점점 더 감소시키는 원인이 된다. 더욱이, 후기 자본주의 사회의 상품 교환의 논리가 지속해서 강력한 사회문화적 영향력을 미치고 있어 교육 분야에서도, 가치와 규범보다는 개인적 이익과 효율성만을 추구하는 경향이 강해지고 있다. 이러한 환경은 인격적 상호작용의 경험을 통해

1) 이 장의 내용은 저자(심승환)의 논문, "호네트의 인정 이론에 기초한 긍정적 자아관 형성 및 인성교육의 방향 고찰"(학습자중심교과교육연구, 2023)을 수정·보완하였음

자연스럽게 상대를 존중하고 배려하는 성숙한 인격적 태도의 함양을 어렵게 한다. 학교폭력, 집단따돌림, 교권실추, 아동학대, 자살 등의 사회문제들은 근본적으로 긍정적이고 성숙한 대인관계 인성의 부족에 기인하며, 또한 부정적인 자아관을 통해 발생한 분노와 공격적 심리의 문제와도 맞물려 있다. 이러한 배경에서 학습자는 서로를 경쟁 상대로 여기게 되고, 자아와 타자에 대한 긍정적 관점을 발달시키며 성숙한 사회적 관계를 영위할 수 있는 인격적 태도를 함양하는 교육은 상대적으로 소홀해지게 된다.

호네트는 프랑크푸르트학파의 대표적 학자로 아리스토텔레스와 헤겔의 목적론적 윤리관에 근거하여 자본주의 사회의 문제점을 규범적으로 비판하고자 하였다. 그가 초점을 둔 것은 사회구조의 거시적 문제와 해방이 아니라, 인정과 무시의 인간관계이다. 호네트(Honneth, 1995)는 헤겔과 미드의 이론을 수용하여 자본주의 사회에서 형성되는 관계의 영역으로서 '인정(recognition)'이라는 개념을 제시한다. 그에 의하면, 인정은 무시에 반대되는 개념으로 사랑, 권리, 사회적 가치인정(연대)의 세 가지 영역으로 구분되며 사적인 관계 및 공적인 관계를 형성하는 데 영향을 미친다. 호네트가 보는 자아는 타자와 분리되어 있지 않고 타자와의 상호 관계 및 인정을 통해 형성되며 발달한다. 개인은 평등한 지위 속에서 각자의 개성을 인정받으며 상호작용하는 다양한 사회적 관계망을 통해 자아를 인식하고 실현한다. 개인은 자신의 행위에 대해 타자로부터 받는 동의와 격려를 통해 자신의 능력과 가치를 긍정적으로 인식함으로써 자신감과 자존감을 얻게 되며, 이는 개인적인 자아실현과 도덕적인 사회 구성의 기반이 된다

(Honneth, 1995).

이러한 호네트의 인정 이론은 성실, 인내, 책임감 등 모범적 덕목을 정해놓고 개별 학습자가 그것을 습득하도록 하는 기존 인성교육의 방식에 의문을 제기한다. 개인의 자아정체성과 인성이 관계적으로 형성되며, 또한, 상호 인정의 관계를 통해 배려와 존중의 상호주관적인 태도를 기를 때에 도덕적인 개인과 공동체를 구현할 수 있다면, 우리는 인성교육의 주된 방향을 새롭게 모색해 보아야 할 것이다. 특히, 입시와 취업의 과열된 경쟁 구조 속에서 수량적 목표 기준에 따라 개개인의 가치가 평가되고, 그에 따라 학습에서의 경쟁적 이기주의 및 상대적 점수에 따른 열등감이 형성되는 교육 현실에서, 이러한 상호 관계에서의 인정의 교육은 시기적으로 매우 중대한 의미가 있다고 본다.

이 글은 이와 같은 사회적 맥락과 교육 현실에서, 호네트(Honneth)의 '인정(recognition)' 이론을 통해 긍정적 자아관 함양 및 인성교육의 방향을 고찰하고자 한다. 이를 위해 이하 본론에서는 먼저 왜 인정 이론이 규범적·교육적으로 중요한지 그 의의를 이론적으로 규명하며, 이를 바탕으로 인간의 성장 단계에 상응하여 인정과 무시의 방식 및 자아관의 발달이 어떻게 이루어지는지 고찰하고, 마지막으로 그에 따라 바람직한 인성교육의 방향을 논의하고자 한다.

2. 인정 이론의 의의

(1) 규범적 의의

Honneth(1995)는 인정 개념을 규범적으로 정당화하기 위해 인정의 도덕과의 연관성을 주장한다. 그에 의하면, 두 개념의 관계는 우선 도덕적 침해 상황에 대한 '부당함'의 부정적 인식에 기초한다. 이러한 부당함의 상황이 단순한 '불운'과 다른 점은 인정받지 못하는, 즉 '무시'당하는 경험이 있다는 점이다. 인정은 마땅히 존중되어야 하는 인간의 존엄이 무시되는 부당한 상황에 대하여, 그 부당함을 도덕적으로 올바로 인식하고 그에 반한 정당한 대응을 해야 한다는 인식에 기초한다. 무시는 다양한 형식으로 발생하는데, 가장 기초적인 것은, 신체적 모욕 및 학대이다. 이러한 신체적 무시는 심리적 침해상태를 초래하며 개인의 자아관 발달을 방해한다.

다음 단계로, 사회적 무시는 개개인이 성숙한 주체로 인정받지 못하고 자유의지가 부인되며 오직 자극에 반응하는 대상으로 취급되는 형식이다. 이러한 상황은 개인의 도덕적 책임의식의 발달을 막는다. 마지막 무시의 형식은, 개인의 활동이 충분한 가치가 있음에도 불구하고 무시당하는 상태이다. 어떠한 일을 하든 오직 부정적인 평가를 받을 때, 개인의 존엄성은 무시되며 자존감이 떨어진다(Huttunen & Heikkinen, 2004). 이렇게 볼 때, 인간의 존엄성을 침해하며 인간다운 인격체로서의 성장을 막는 '무시'를 올바로 인식하고 '인정'을 실현하는 것은 인간으로서 마땅히 추구하여야 하는 도덕적 규범이다.

인정은 또한 목적론적으로 볼 때도 중요한 가치이다. 인간은 자기 삶의 목적을 스스로 선택하고 이를 성공적으로 실현할 때 좋은 삶을 영위할 수 있다. 그런데 Honneth(1992)가 볼 때 이를 위해 필수적으로 요구되는 것이 "긍정적 자아 관계"이며, 이것은 "타인과의 인성 관계"를 통해서 형성되고, 좋은 삶의 실현 조건이 된다(Honneth, 1992: 278).

호네트는 헤겔의 윤리적 삶의 체계 이론을 창조적으로 해석하며 '인성'의 개념을 중심으로 개인의 정체성 형성 및 도덕적 발달 과정의 이론을 제시하였다. 호네트는 헤겔의 '인륜성' 개념을 바탕으로 개별적 자아와 공동체적 삶의 조화로운 도덕성을 지향하는 인정 이론으로 발전시켰다. 그는 개인을 분리된 원자화된 존재가 아니라 타인 및 공동체와 불가분 연결된 존재라고 본다. 인간의 삶은 상호주관적 공동생활 양식을 통해 영위되며, 공동체의 보편적 가치와 개인의 개별적 가치가 변증법적으로 발전한다(이현재, 2019). 호네트는 사랑, 권리, 사회적 가치를 인정의 핵심 가치로 제시하면서, 각 개인이 자신의 권리와 가치를 지키는 동시에 타인과의 관계 및 공동체 생활에서의 도덕적 의무를 실천함으로써, 개인의 좋은 삶의 실현과 공동체의 공공 가치실현의 조화를 모색하였다.

개인은 타인과의 관계에서 인정을 받음으로써, 자신의 정체성을 형성시킨다. 자신의 특별한 능력을 인정받은 사람은 긍정적인 자아상을 형성시키기 시작한다. 이때 그는 자신의 능력과 자질을 인식하기 시작한다. 반면에 이러한 인정을 받지 못할 경우, "수치심, 분노, 공격성, 질투심 등의 부정적 정서"를 발달시키므로 인정은 인격 발달 과정에서 매우 중요하다(Honneth, 1995: 257).

호네트의 인정 이론은 좋은 삶의 실현과 인정이라는 목적론적 윤리관에 근거한다. 문제는 그 목적을 실현하기 위해 도덕적으로 부당한 행위가 가능하다는 점이다. 프레이저는 그 예로 백인 인종주의자가 유색인종에 대한 비하를 통해 자신의 자존감을 얻고자 하는 경우를 제시한다. 인정 요구에 대한 도덕적 정당성을 확보하지 않는 한, 호네트의 인정 이론은 분명한 문제점을 내포한다(Fraser, 2003). 그런데, 이러한 문제점은 호네트의 인정 이론을 의무론적 관점으로 볼 때 극복할 수 있다. 인간관계에서 상대 존재의 가치를 상호 인정하는 것은 다른 무엇을 위한 수단이 아니라 도덕적 의무이다. 호네트는 인정은 자의적인 것이 아니라 "상대의 가치에 대한 도덕적으로 합당한 응답"이라고 본다(Fraser & Honneth, 2003: 338). 즉, 인정의 행위는 어떠한 이익을 목적으로 하기 이전에 인간에게 도덕적으로 합당한 의무이다.

또한, 인정 이론은 사회적 갈등의 근원을 비판적으로 이해하고 정의로운 사회를 구성하기 위한 기초적 규범이 된다는 점에서 의의가 있다. 기존의 사회정의 이론은 주로 분배의 문제에 초점을 두어 분배만 제대로 이루어지면 사회 불평등과 부정의가 해결된다고 주장하였다. 그러나 호네트는 분배 문제 및 불평등의 근원이 되는 무시와 불인정의 요소를 분석함으로써 사회 정의에 대한 보다 근본적인 이론을 제시하였다. 호네트가 볼 때, 무시로 인한 갈등과 인정을 향한 분투(인정 투쟁)는 모든 사회적 갈등의 근원이다. 모든 다른 갈등들은 인정 투쟁에서 파생된 것이다. 그는

"분배의 갈등도 어떤 활동, 특성, 기여의 가치를 결정하는 사회문화적 성향의 타당성에 대한 상징적 갈등으로 볼 수 있으므로, 분배의 갈등도 인정의 갈등에 속해 있다."라고 주장한다(Fraser & Honneth, 2004, p.54). 더욱이, 그는 인정 이론이 넓은 사회적 부정의에 대한 감정의 원인과 규범적인 해방적 노력의 목표를 연결해 준다는 점에서, 사회정의를 위한 비판이론이 큰 틀에서 인정의 이론에 근거하여야 한다고 본다(Fraser & Honneth, 2004: 113).

호네트의 인정 이론은 부당하게 자신이 인정받지 못하는 상황에서 가만히 있지 않고, 개인적·집단적인 저항의 노력을 촉구하게 한다는 점에 또한 의의가 있다. 호네트에 의하면, 무시로 인해 상처받은 개인적 경험은 타인들과의 공감을 통해 집단적 저항의 토대가 된다. 이 공감은 개인적인 무시의 경험이 집단 전체에게도 닥칠 수 있다는 공감이다. 인정 이론은 공동체의 구성원들이 도덕적 이념과 규범적 관념을 기초로 인정 훼손의 실태와 근원을 분명하게 인식하고 이에 대처할 것을 요구한다. 이 과정에서 구성원들은 상호 인정 관계가 확장되며 저항의 과정에서 각자는 자신에 대한 새로운 긍정 관계를 획득한다. 또한, 이러한 긍정적 자아관을 통해 사회적 수치심을 극복하고 부당하게 무시된 자신의 사회적 가치와 능력을 확신하고 입증할 수 있게 된다. 더욱이, 구성원들은 부당하게 무시된 자신의 "사회적 가치"를 입증하기 위해 인정을 위한 적극적 행위(투쟁)가 필요하다는 것을 인식하고 그것을 습관화할 수 있다. 마지막으로 집단적 인정 투쟁은 구성원 간의 "자연스러운 연대감"을 함양하며 그것을 통해 인정을 경험하게 된다(Honneth, 1992: 263-264).

3. 교육적 의의

인간의 사회적 삶은 "구성적 활동"을 통하여 "자아" 개념을 습득함에 따라, 의식, 마음, 객관적 세계의 발달 과정을 위한 "본질적인 조건"이 된다(Blumer, 1970: 282). 개인의 정체성의 구성적 요소로서의 자아 개념은 사회문화적 맥락에서의 역동적 과정을 통해 발달한다고 볼 수 있다. 즉, 개인은 의미를 구성하는 주체로서 자신의 정체성을 사회문화적 맥락에서 발달시킨다. Taylor(1996)는 정체성이 문화 속에서의 공적인 인정 과정을 통해 개인이 자신을 인식함을 통해 발달한다고 본다. 즉, 각자 개인에게 중요한 타자에 의한 인정을 통해 개개인은 자아정체성을 기르며 자존감을 발달시킨다. 같은 맥락에서, 개개인의 행위도 타자와의 관계와 상호작용을 통해 의미를 얻게 된다(Martinez, 2012).[2)]

인간관계에서 타인이 자신에게 제시하는 인정, 불인정, 부정적 반응은 과거와 현재와 미래의 자신, 즉 자아 개념에 대한 이해에 중대한 영향을 미친다. 이러한 맥락에서, Honneth(1994)는 사회적 상호작용 안에서 개인의 도덕성 형성과 관련하여, 개인이 타

2) 자아정체성이 타자의 인정에 영향을 받는다는 것은 부인할 수 없는 사실이나, 실존주의 교육관에서 볼 때 그 영향력에 너무 의존하는 것은, 문제가 있다. 샤르트르나 니체와 같은 실존주의 철학자들에 의하면, 개인의 성향과 정체성은 자신의 의지를 통해 늘 새롭게 변화시키고 창조할 수 있다. 타인이 자신을 보는 관점에 의존하다 보면, 자율적 의지에 따라 스스로 자신을 창조하고 자기 삶을 주도해나가는 힘이 쇠락할 수 있다. 그런데 문제는, 정서적인 학대나 권리 침해의 경우, 이러한 자아 성찰과 자기 의지를 발휘할 힘조차 봉쇄된다는 점이다. 따라서, 바람직한 자아 형성과 인성의 교육을 위해서, 일단은 정서적·인지적으로 상호 인정하는 관계 위에서 자율적인 자아 성찰과 자기 창조의 노력이 조화롭게 이루어져야 할 것이다.

인과의 상호작용에서 받는 지속적인 긍정적 인정은 사적·공적인 영역 모두에서 가치 있는 삶을 영위할 수 있는 기반이 된다고 주장한다. 반면에, 불인정이나 지속적인 부정적 반응은 자신에 대한 부정적 인식을 내면화하도록 한다. 그리고 이러한 부정적 자아관은 가치 있는 삶의 비전을 이끌 수 없고, 자신이 속한 집단에 이바지할 수 없는 존재로 스스로 인식하게 만든다. 인정 이론은 자신과 타인에 대한 부정적 인식을 극복하고 긍정적 동기를 가지고 자아실현을 하며 타인을 존중하며 협력하는 인성을 키우도록 한다.

가정, 학교, 사회에서 벌어지는 다양한 형태의 무시는 기본적 생활과 학습과 일 모두에서 의욕을 잃게 한다. 특히, 오늘날 후기 자본주의의 생산성과 효율성을 강조하는 무한 경쟁 체제는 상대적 능력과 성과에 따라 많은 구성원에게 열등감과 패배감을 조장한다. Honneth(1995)는 인정이 부정될 때 혹은 무시당할 때 가만히 있지 않고 정당한 권리와 가치를 회복하도록 인정 투쟁을 할 것을 주장한다. 이러한 인정 투쟁을 통해 자신이 형편없고 하찮은 존재가 아닌 평등한 권리와 고유한 능력과 자질을 갖춘 존재라는 자신감과 자존감을 회복할 수 있고 이는 삶에 대한 열정과 성장의 중요한 계기가 된다. 아울러, 인정 이론은 타인을 상대적 능력에 따라 혹은 나와 다른 성격이나 행동방식을 한다고 무시하는 행위를 반성하게 하고, 소외되고 차별받는 사람들에 대한 존중과 배려의 의식을 함양하는 사회정의 교육의 기반이 된다. 자아실현과 사회생활의 근간은 자아와 타자에 대한 긍정적이며 도덕적인 의식인데, 인정은 이러한 의식의 형성과 성숙을 이끄는 핵심적인 교육적 가치로서, 개인적·사회적으로 좋은 삶을 실현하는 중요한 관건이다.

이러한 인정을 통한 자아관의 형성은 또한 도덕적 감성(moral emotions)의 문제와도 연관된다. 감성은 기존에 주로 수동적 감각에 의존한 것으로 보았기 때문에, 이를 도덕성과 관련해서는 이성만큼 주목하지는 않았다. 그러나 근래에 감성은 개인의 신념, 열망, 기타 주요한 태도들에 영향을 주는 중요한 내적 구성요소로 주목받기 시작했다. 이러한 이론적 배경은 또한 사회적 상황에서 모종의 감성을 적절한가 혹은 부적절한가의 평가 요소로 보며, 그것을 필요한 경우에 적절히 교육하고 관리하는 능력에 관한 관심과 연결된다. 다양한 감성 중에 도덕성과 관련되는 것들은, 사랑, 배려, 열정, 분노, 죄의식, 수치심과 같은 것으로, 이들은 인간 행동의 질적 방향, 곧 개인적·사회적 삶의 질에 영향을 준다. 그런데 이러한 도덕적 감성은 특별히 타인과의 상호작용에서의 인정의 태도와 밀접히 연결된다. 긍정적 혹은 부정적 인정의 태도는 그에 상응하여 긍정적 혹은 부정적 도덕적 감성에 영향을 주며, 역으로 긍정적 혹은 부정적 도덕적 감성은 그에 상응하여 긍정적 혹은 부정적 인정의 태도에 영향을 준다. 이러한 맥락에서, 개인적·사회적인 좋은 삶을 영위하기 위해 어릴 때부터 도덕적 감성을 올바로 키워주는 것이 중요하며, 또한, 그것은 적절한 인정의 태도 교육과 연관된다는 점을 인식하는 것이 중요하다.

인정 이론은 어울려 사는 인간 사회에서 가장 근본적인 태도인 인간의 존엄성과 가치에 대한 존중의 자세를 기르게 한다. Honneth

(2003)에 의하면, 존중이란 상대의 가치를 인식하고 그에 대해 응답하면서 자신의 이기심과 자기 중심성을 제한하는 자세이다. 상대의 가치는 모든 수량적 가치를 넘어서는 인간의 존엄성으로서 이를 인정함으로써 우리는 상대에게 함부로 무시해서는 안 되는 존재로서의 도덕적 권위를 부여하는 것을 배운다. 또한, 인정 이론은 학생들이 이기주의와 개인주의적 태도를 극복하고 협력과 상호의존의 가치를 배울 수 있도록 한다. 인정 이론에 따르면, 개인의 자존감은 타자의 자존감과 상호 연관되어 있고, 개인의 행복과 자아실현은 타자의 행복 및 공동체의 번영과 필연적으로 맞물려 있다. 이러한 개인과 공동체의 연결 및 의존관계를 인식함으로써 학생들은 성숙한 사회적 자아실현의 인격을 함양할 수 있다.

Goleman(1995)은 학교 교육에서 인지적 능력과 감성을 조화롭게 기르는 것이 중요하다고 지적한다. 교육은 타인과의 협업 및 갈등 해결 능력뿐만 아니라 자아에 대한 지식, 자기통제력, 공감, 경청의 기술과 같은 본질적인 인간의 태도들을 길러야 하는데, 이는 인지와 정서의 조화로운 함양이 필요하다. 호네트의 이론에 의하면, 교사와 학생, 학우 간의 상호작용에서의 타자로부터 받는 인정 및 그로 인한 자아에 대한 인정의 의식은, 이러한 인지와 정서의 조화로운 함양에 있어 필수적으로 영향을 미친다. Steiner & Perry(1998)는 정서교육에서 핵심적인 세 가지 능력으로서 “감정을 이해하는 능력, 자신을 충분히 표현하는 능력, 경청하며 공감하는 능력”을 제시한다(p. 27). 자신과 타인을 이해하며 공감하고 반응하는 정서적 태도를 기르려면 자신과 타인을 깊이 인정하는 능력이 필요하다. 그러므로, 인정의 능력은 개인의 자아 형성의 기초이자 사회적 존재인 인간이 길러야 할 본질적인 태도이며, 정서뿐만 아니라 인지의 조화로운 발달의 기초가 되는 교육의 핵심 요소라 볼 수 있다.

4. 인정의 방식과 실제적 자아 관계의 발달

인정은 가정에서의 "사랑(love)", 시민사회에서의 "권리(right)", 국가에서의 "연대(solidarity)"의 세 방식을 통해 발달하며, 이에 상응하여 "자신감(self-confidence)", "자기존중(self-respect)", "자존감(self-esteem)"[3]의 "실제적 자아 관계"의 세 단계가 발달한다(Honneth, 1995: 126). 호네트의 인정 이론의 관점에 근거할 때, 개인이 공동체 안에서 좋은 삶을 추구하는 데 필요한 인성교육은

3) 호네트의 'self-esteem'이란 용어를 학자들에 따라 '자부심'으로 번역하기도 하는데, 호네트의 이론에서 이 개념은 사회적 활동을 통해 자신이 지닌 고유한 가치를 확인하는 단계이다. 자부심이란 말은 일상언어의 맥락에서 보면 일종의 'pride'를 느끼는 것인데, 대개 높은 성적이나 성과를 냈을 때와 같은 비교적 우월감을 표시할 때 많이 쓰인다. 호네트의 인정 이론에서 매우 중요한 부분이 상대적인 가치가 아니라 모두가 평등하고 각자 고유한 가치를 지닌다는 점에서 서로를 존중하고 자신이 스스로 존귀하게 여기는 인식이다. 물론, '자부심'이라 해도 그런 상대적이고 비교적인 의미가 아닌 자신의 고유한 가치와 성취에 대한 인식일 수 있다. 그러나 학술용어도 보편적인 대중의 일상언어의 용례와 어감을 반영하고, 본래 이론의 취지를 최대한 살려 번역하는 것이 중요하기에 연구자는 '자부심' 대신에 '자존감'으로 번역한다. 그 전 단계인 '자기존중'(self- respect)이 스스로 하찮은 존재가 아닌 다른 구성원과 동등한 참여의 권리를 지닌 존재로 존중하는 점을 의미한다면, '자존감'은 자신도 사회에서 자신이 지닌 고유한 능력으로 가치를 실현할 수 있는 존재로 여긴다는 점에서 구분된다.

발달단계에 상응하여 자아에 대한 상호주관적 관점(inter-subjective view)과 인성의 관계적 속성을 지향하여 세계 또는 공동체에 주체적으로 참가하는 능력을 키우는 것이다(Honneth, 1995; Sennet, 2003). 이 관점을 설명하기 위해선 먼저 개인의 관계적 속성에 대한 이해가 필요하다. Honneth(2008)는 개인은 상호의존적인 존재로서 개인의 정체성은 상호주관적인 관계를 통해 발달한다고 주장한다. 상호의존성에 의해 우리 일상의 상호작용은 주어진 상황에서 자아 중심적이지 않고, 가능한 타인과 조화로운 방식을 추구한다. 우리는 일상에서 세계의 의미와 가치를 경험하면서 세계에서의 정서적 참여를 경험하는데, 이것은 거리를 둔 인지적 활동 방식보다 우선되는 것이다. 우리는 이 정서적 참여 활동에서 사람들과 사물들 그 자체에 내재한 가치를 적극적으로 인정하게 된다.

(1) 정서적 배려와 자신감

개인의 발달은 인정 활동, 곧 사람과 사물에 내재한 의미와 가치에 기초한 사회적 상호작용에 근거한다. Honneth(1995)는 아동이 "심리적으로 건강한 인격"으로 성장하려면 개인의 욕구가 아닌 "상호작용을 통한 변화"를 추구하여야 한다고 주장한다(p. 99). 아동 초기에 인간의 삶이 시작되며 전개되는 방식을 통해, 아동은 사람들이 그 자체로서 존중받고 사랑받는 상호 의존성의 감각과 상호적 관계의 필요성을 알게 된다. 아동의 긍정적인 자기 관계 혹은 기초적 자신감은 버림받지 않고 돌봄을 받는다는 감정으로부터 자라난다(Winnicott, 1965). 유아기와 아동기는 정서적 배려를 받는 인정의 최초 단계로서 심리적·사회적으로 건강한 발달을 하기 위한 중대한 시기이다. 상호주관적인 "정서적 지원의 관계"에서 비롯된 "기초적 자신감"은 자신의 "필요와 감정"을 표현하는 능력을 길러주고 "자기존중의 태도"를 발달시키는 전제조건이 된다(Honneth, 1995: 107).

가정에서 길러지는 사랑은 인정의 가장 우선적이며 근본적인 형식이다. 여기서 개인은 각자의 개성을 가진 존재로서 인정을 얻게 된다. 이 근본적 인정의 형식은 가족 및 친밀한 사람들과의 관계를 통해 발달한다. 아이들은 부모와의 관계에서 신뢰를 발달시키며 자신의 요구를 자연스럽게 표현할 수 있게 된다. 아이들은 부모 및 친밀한 사람들로부터 "정서적인 인정"을 받음으로써 자신에 대한 "긍정적 관점"을 발달시킨다. 이러한 사랑과 배려의 경험을 통해 형성된 "자신감(self-confidence)"은 개인의 정체성과 자기존중, 자존감 발달의 전제조건이 된다(Honneth, 1995: 253).

엄마와 자식 간의 "헌신적인 애정"과 돌봄은 장래 사회생활에서 "강한 감정적 결속"으로 이루어진 친밀한 사랑의 관계를 형성할 수 있는 기반이 된다(Honneth, 1992: 188). 아이와 엄마는 마치 한 몸처럼 공생의 관계에 있다. 아이는 엄마의 돌봄에 절대적으로 의존해 있고 엄마는 아이를 자신의 몸처럼 돌보면서 원초적인 상호의존성을 보이는데 이것이 사랑의 가장 기본적인 모델이 된다. 아이는 엄마에게 자신의 욕구를 표현하며, 이때 엄마는 그것을 수용하고 돌보아 준다. 이 수용의 경험을 통해 아이는 긍정의 믿음을 형성하며 자기 자신에 대한 믿음을 발달시킨다. 그러나 반대로 이러한 요구가 무시되거나 나아가 학대나 폭행과 같이 직접 신체적 자주성이 훼손될 때 아이의 자신에 대한 믿음은 손상된다.

호네트의 발달에 대한 상호주관적인 관점은 개인을 독립적이고 자기충족적이며 자기 주도적인 존재로 보는 긍정심리학의 관점에 의문을 제기한다. 긍정심리학은 인간의 약함과 취약성을 무시하고 인간은 강점과 성과를 통해 인정을 받는다고 본다. 그리고 그러한 인정을 위해 긍정적인 마음으로 성실할 것을 강조하는 교육관을 주장한다. 여기서 인간의 약점은 인정받지 못하게 하는 요인이나. 그러나 약점은 인간이면 누구나 가지고 있고 특히 발달 과정에 있는 아이들에게는 당연한 부분이다. 부모나 양육자는 아이들의 취약성과 불충분함을 인정해주고, 그들의 필요를 정서적으로 지원해주는 과정에서 아이들은 이후의 성장에 든든한 밑거름이 될 건강한 자신감이 자라날 수 있다.

(2) 인지적 존중과 자기존중

인정의 두 번째 단계에서, 개인은 자기존중(self-respect)의 자아관을 발달시킨다. 자기존중은 개인이 공동체에서 권리의 존중을 경험하면서 법적으로, 도덕적으로 성숙한 인격체로서 인정받음으로써 형성된다. 이는 헤겔이 언급한 권리의 공동체로서의 시민사회와 상통한다. 이 단계에서 개인은 기본적인 법적 권리를 인정받으며 시민사회의 중요한 문제들을 협의할 자율적 존재로서 인정받는다. 여기서 개개인은 평등한 인격체로서 각자 "동등한 도덕적 의사결정"의 권리를 존중받는다(Honneth, 1997: 30). 이는 각 개인에게 자신의 행동에 대한 책임을 부여하는 것이다.

이와 반대되는 상황은 개인의 자유의지와 자율권을 통제하고 독립적 주체로서 행위할 수 있는 권리를 부인하는 것이다. 권리의 공동체로서의 시민사회에서 자율적 책임 권한을 존중받을 때 개인은 자기존중을 기를 수 있다.

이 단계는 개개인의 권리를 인지적으로 존중해주면서 스스로 도덕적 책임감을 기르도록 인도한다. 그러나 그 권리가 배제되거나 무시될 때, 개인은 "다른 사람들과 동등하게 소통하고 협의할 수 있는 존재"로서의 자아 존중감을 잃게 되고, 그 결과는 "도덕적 판단"과 책임감의 중요한 인격 형성을 막게 된다(Honneth, 1995: 133-134). 이러한 무시는 또한 후에 민주시민으로서의 주체적인 정치적 참여를 어렵게 만든다(Bates, 2019).

근래 상품 교환적 가치가 사회의 지배적 가치로 영향력을 미치고 또한, 교육에도 강력하게 작용하고 있는 현상은 이 두 번째 단계의 인정과 자기존중의 발달을 어렵게 한다(Bates, 2019). 즉, 학생들을 소비자 혹은 자본으로 보고, 학교와 교사를 공급자 혹은 또 다른 자본으로 보면서 오직 '돈이 되느냐?'의 논리에서 수용 혹은 배제하게 되는 각박한 현실은 자아 존중감과 도덕적 책임의식의 성숙을 막는다. 돈이 많은 학생은 여건이 좋은 학교와 교사를 자유롭게 선택할 수 있지만, 돈이 없는 학생은 원하는 교육을 받을 수 있는 권리가 실질적으로 부인되는 것이다. 또한, 전술하였듯이 평가와 선발이 주로 인지적 측면, 더 좁게는 암기능력에 집중되다 보니 그와 다른 능력과 자질, 적성을 가진 학생들이 진학과 취업에서 상당 부분 제한되는 경우가 많다. 또한, 교사가 좀 더 자율권을 가지고 자유롭고 정서적인 교육 활동을 모색하려고 해도, 명문대 진학에 얼마나 효율적으로 대비시키느냐에 몰입된 학교상황에서는 그러한 권리가 제한된다.

이렇게 학생과 교사가 상품 교환의 효율의 논리 속에 종속되어 자율적 권리를 침해 혹은 배제당할 때, 호네트가 주장하는 인정을 통한 건강하고 올바른 인성의 함양은 어렵게 된다. Honneth(2008)는 인정을 불가능하게 하는 "상품 교환"의 문화를 신랄하게 비판한다. "상품 교환"의 문화 속에서 주체는 "이익을 주는 대상"에만 집착하고, 서로를 오직 "이익을 줄 수 있느냐"로 판단하며, 자신의 능력을 오직 "손익계산에서 유용한 자원"이 되느냐로 판단한다(p. 97). 따라서, 구성원들을 자율적 존재로서 인정하려면, 이러한 상품 교환의 문화를 극복하고 각자의 고유한 내재적 가치를 볼 수 있어야 한다.

(3) 사회적 가치 부여와 자존감

인정의 세 번째 단계에서, 개인은 '자존감(self-esteem)'을 발달시킨다. 자존감은 자신이 수행한 일에 대하여 받는 존중을 통해 형성된다. 여기서 중요한 것은 각자 자신을 표현하는 작업 활동을 통해 인정을 받는다는 점이다. 세 번째 단계의 인정을 위해서는 두 가지 중요한 요건이 필요하다. 첫째, 개인은 오직 자기 주도적이며 자율적인 작업 활동을 통해서만 자신의 자유의지를 수행할 수 있다. 둘째, 개인의 자유의지는 공동체의 '공동선(common good)'을 지향할 때만 공동체 안에서 존중받을 수 있다. 개인은 자신의 활동이 "공동체 형성의 구성적 가치"가 되어, 공동체에 기여한다는 점에서 자기능력을 확인할 때 자존감을 발달시킬 수 있다(Honneth, 1997: 27). 즉, 호네트의 관점에 근거할 때, 학교의 학습활동이나 사회의 작업 활동에서, 개인은 우선 각자의 개성을 살린 '자율적 권한'을 가지고 과업을 수행할 수 있어야 하며, 다음으로 그것이 '학습공동체 또는 국가(지역사회)'에 긍정적으로 이바지하고 이를 서로 인정해주어야 한다. 이때 개인은 자존감을 발달시키며 이것은 또한 개인과 공동체의 올바르고 좋은 삶의 기반이 된다는 측면에서 바람직한 교육적 가치로 볼 수 있다.

아동기 이후 자신감을 바탕으로 발달하는 "자존감(self-esteem)"은 학교생활이나 사회생활을 통해 경험하는데, 이것의 핵심은 "각자 고유한 특성을 가진 인격체"로 인정받음을 통해 형성된다는 것이다(Honneth, 1995: 112). 개인을 하나의 고유한 인격체로 인정하는 것은 일반적이고 수량적인 기준에 의해 평가하지 않고, 그 나름의 성향과 능력을 인정하는 것이다. 이러한 인정의 방식은 자기통제, 성실, 인내 등 모범적인 학습자의 기준을 일반적으로 정해놓고 이에 따라 평가하는 교육시스템에서는 거의 불가능하다. 이러한 시스템은 인정보다는 인지를 우위에 두고, 정서적인 교육 관계를 기술적 활동으로 대체한다. 즉, 여기서는 표준화된 목표와 전략을 정해놓고 정규 시험을 통해 학업 성취를 평가함으로써 학생들을 기술적으로 평가한다. 이러한 기술적 활동은 학생들을 단지 "무감각한 대상으로 인식"하도록 만든다(Honneth, 2008: 129).

현재 한국교육에서는 성적과 학력이 지나친 우월감과 열등감을 조장하며 인간으로서 평등하게 존중받아야 할 권리의 근거로까지 작용하는 경향이 있다. 물론 국가와 사회에 공헌한 능력과 성과에 따라 적절한 사회적 보상이 제공되어야 하겠으나, 문제는 그 평가와 보상의 척도가 학업과 성적에 집중되어, 호네트가 주장하는 사회의 다양한 가치를 수용하지 못한다는 점이다(곽덕주, 2019). 더욱이 학력 평가에서도 학생들의 다양한 자질과 능력을 다양한 기준과 방법으로 평가하지 못하고 주로 인지적인 측면, 더 좁게 보면 주로 암기능력에 집중되이 일괄적으로 서열화하는 경향이 다분하다. 이러한 협소한 기준에 의한 위계적 평가의 결과, 많은 학생은 자존감에 큰 상처를 받게 되며, 성적이 좋은 학생일지라도 상대적 잣대에 의해 늘 불안한 상태에 놓이게 된다. 따라서 한국의 교육 현실에서 학생들의 무너진 자존감을 회복하고 건강하게 길러주기 위해서는 우선 교육평가에서 차이와 다양성의 요소를 더욱 적극적으로 고려해야 할 것이다.

이러한 기술적이고 표준화된 교육시스템에서는 또한 학생들 간의 혹은 교사와 학생 간의 정서적인 상호작용을 통한 '관계의 능력'을 기르는 데도 문제가 생긴다. 이러한 시스템은 오직 학생들을 "객관적으로 측정 가능한 대상"으로 볼 뿐, 그들의 정서적, 감정적 요구와 표현을 수용하고 교류할 여지를 막아 버린다(Honneth, 1995: 129). 이를 극복하기 위해 무엇보다도 필요한 것은, 획일화된 능력과 행동 유형만이 정답이고 그와 다른 것들은 모두 무시하는 교육문화와 제도를 혁신해야 한다. 타인의 권리를 침해하지 않는 한, 다양한 배경, 다양한 생각, 다양한 행동 유형을 가진 학생들의 고유한 가치를 인정해주고 또한, 그들 스스로 그러한 상호주관적인 열린 인정의 태도를 형성할 수 있도록 인도해주어야 건강하고 올바른 정체성과 인격을 함양할 수 있다.

인정의 세 번째 단계에서 공동체의 구성원은 공동체에 공헌할 수 있는 각자의 독특한 활동과 능력을 "상호 인정"함으로써 "강력한 연대감(solidarity)"을 창조한다. 이러한 공동체는 역으로 각 구성원 개인에게 "강력한 동기와 일에 대한 흥미"를 고취한다(Huttunen & Heikkinen, 2004: 164). 호네트의 관점에서, 개인은 가치의 공동체의 다른 구성원들과 연대감을 느끼며, 다른 사람들의 역할을 정직하게 인정하는 동시에 자신의 역할을 인정받을 때, 건전한 자존감을 바탕으로 한 성숙한 도덕적 태도가 발달한다(Huttnen, 2012).

인정의 세 번째 단계에서 공동체 구성원들은 첫 번째 단계의 '사랑'의 정서적 배려와 두 번째 단계의 '권리'의 인지적 형식을 종합적으로 공유한다. 개인은 공동체 속에서 자신의 개성과 능력을 인정받으면서 함께 하는 즐거움과 보람을 얻게 된다. 여기서 중요한 점은 각자의 역할이 양적으로 단순히 비교되지 않으며 각자의 개성이 평등하게 존중된다는 것이다. 이러한 공동체는 타인의 능력이 그에게만이 아니라 나와 공동체에도 중요하다는 성숙한 상호인식의 문화가 뒷받침된다(Honneth, 1992; 박문범 · 김회용, 2020). 즉, 인정의 공동체 문화에서는 시험성적이나 실적점수의 단순한 양적 척도에 따라 경쟁적으로 서열이 정해지고, 그에 따라 구성원의 존엄성이 무시되지 않는다는 점이다. 개인은 자신의 역할이 인정받지 못할 때 학업이나 과업에서 의욕을 잃으며 부정적 자아관을 갖게 되며, 이는 또한 공동체와 타인에 대한 부정적 관점으로 연결된다. 반대로, 인정의 공동체는 개개인이 가지는 독특한 속성과 능력을 질적으로 상호 인정하고자 노력하며, 이를 통해 자존감과 공동체에 대한 적극적인 동기를 고취한다. 교육적 관점에서 중요한 점은, 특히 민감한 감수성을 가진 아동·청소년들이 본격적으로 왕성한 사회적 상호작용을 하는 학교에서, 각 학생의 고유한 성향과 능력에 서로 '열린 마음'으로 관심을 가지며 존중해주며, 그것이 더욱 긍정적이며 바람직한 방향으로 자라나며 타자와 조화되도록 교사와 학생이 함께 노력하여야 한다는 점이다. 이를 위해서는 차이와 다양성이 더욱 풍성하고 성숙한 공동체를 만든다는 가치관의 함양이 필요하다.

5. 인정 이론에 근거한 인성교육의 방향

호네트의 인정 이론은 가정, 사회, 국가에서 전개되는 인간의 상호주관적인 경험의 근원적 구조 안에서 인격의 형성을 이해하는 데 중요한 틀을 제공한다. 제3세대 비판이론가로서 호네트는 인정과 무시의 실제적인 관계의 경험을 중심으로 자신의 이론을 전개함으로써, 제2세대 비판이론의 보편적이고 추상적인 도덕성의 원칙을 회피하며, 타자의 인정을 통한 실제적인 도덕성의 형성을 통한 사회적 갈등의 극복 방향을 제시한다.

호네트의 인정 이론에 근거할 때, 인성교육은 인정과 무시의 현상이 일어나는 더 넓은 사회적 맥락 안에서 고려되어야 한다. 인성교육은 바람직한 성향들에 대해 가르치기보다는 인성이 형성되는 맥락인 인간 상호 간의 관계에 주목하여야 한다. 학교 교육은 성실과 책임을 강조하며 완료된 제품을 생산하는 산업 시대의 모습을 극복하여, 표준화된 교육과정, 교실과 학교 공간을 넘어서 열린 사유를 펼쳐나가도록 안내해 주어야 한다. 특별히, 신자본주의의 사회적 맥락에서 상품 교환의 손익계산, 효율성의 논리에 의해 왜곡된 교육에서의 관계가 정서적인 배려와 평등한 참여의 권리를 보장하는 인정의 관계로 혁신되어야만 그러한 환경 속에서 바람직한 인성교육이 제대로 기능할 수 있을 것이다.

인정의 교육이 제대로 이루어지기 위해서는 무엇보다도 '차이'와 '다양성'을 수용하는 교육문화를 발전시켜야 한다. 성, 인종, 종교, 장애, 지역 등 다양한 배경의 학생들이 모두 나름의 고유한 가치를 지닌 존재로서 동등하게 존중받아야 한다(박문범・김회용, 2020). 나아가, 학생들의 다양한 적성, 능력, 자질을 적극적으로 발견하고, 획일적인 교육과정과 학력 평가의 잣대가 아니라, 다양한 교육과정과 활동, 다양한 방식의 교육평가를 통해, 그들의 개성을 충분히 살리고 각자 자신감을 가지고 더욱 그것을 발전시킬 수 있도록 유도하여야 한다. 어떠한 이유로든 무시되거나 소외된 경험은 해당 학생의 자신감과 자존감의 발달에 심각한 부정적 영향을 미치게 되고, 이는 차후 건강하고 적극적인 사회적 상호작용과 민주시민으로서의 참여를 어렵게 만들 뿐 아니라, 다시 타인을 무시하고 타인의 권리를 침해하는 악순환을 가져올 가능성이 있다.

우리가 학교 현장에서 흔히 볼 수 있는 부정적인 예가 바로 학교폭력이나 따돌림의 피해자가 나중에 오히려 가해자가 되는 경우이다. 자라나는 아동, 청소년에게 무서운 것은, 부정적인 환경이 은연중 부정적인 학습이 되어 부정적 행동 특성을 가져온다는 점이다. 표준적 모범 또는 '정상'의 기준을 정해놓고 그와 다른 특성을 보이면 열등하고 비정상인 것으로 낙인 짓고 차별하는 교육문화를 시급히 극복하여야 한다. 교사 또는 학부모가 학생들의 개성을 인정하는 노력이 필요함은 물론이고, 나아가 학생들이 서로의 차이와 다양성을 인정하는 성숙한 태도를 기를 수 있도록 하는 교육내용과 활동, 학교와 가정의 문화를 적극적으로 개발·적용하여야 할 것이다. 또한, 차이를 인정하는 교육문화를 형성하는 것도 중요하지만 또한 공감대와 공동의 가치를 찾고 소통하는 '어울림의 문화'를 형성하는 것도 매우 중요하다. '너와 나는 다르니 너는 너대로 나는 나대로 살자'라는 사고방식은 분리적 개인주의를 낳고 소통과 관계를 어렵게 한다.

호네트의 관점에서, 인성은 관계 안에서 형성되며, 복잡한 문제의 환경 속에서 진지하게 열린 질문, 비판, 논의의 과정을 통해서 성장한다(Bates, 2019). 이러한 인성교육은 충돌하는 가치에 대한 민주주의적 심의의 자세 및 비판적이고 자율적인 참여와 행동을 통해 가능하다. 오늘날 직면한 많은 위기는 상당 부분 급진적인 해결 방향을 요구하는데, 그에 대한 대안들을 놓고 열린 논의에 참여할 때 바람직한 인성이 형성될 수 있다(Suissa, 2015). 불평등, 빈곤, 획일적 통제의 사회적 문제 상황 속에서, 자라나는 세대들은 그들 자신과 타인의 권리 인정이 어떻게 왜곡되며 어떻게 극복할 수 있을지를 숙고하는 능력을 배워야 한다. 인정의 태도는 정서적인 부분과 인지적인 부분이 연결되어 있다. 서로 간의 차이를 섬세히 느끼며 배려하는 감수성과, 조화롭게 어울리는 공감대를 키우는 것은, 편견과 속단을 지양하고 다양한 이견들을 경청·수렴하며, 긴 호흡으로 충분히 종합적으로 숙고하는 자세를 함양하는 것과 밀접히 연관된다.

인정 이론에 근거할 때, 교육에서 주목해야 할 점은, 정의가 상호주관적인 인정에 근거해 있다는 점을 인식하며, 상호 인정과 자기 인정을 할 수 있는 태도와 능력을 키워주고, 또한 불인정 또는 무시의 상황에서는 정당하게 인정의 요구, 인정의 투쟁을 할 수 있도록 해야 한다.[4] 이를 위해, 우리 자신, 집단, 사회의 행동방식이 정서적 배려, 권리의 존중, 사회적 가치 부여를 통한 연대의 3가지 인정 방식에 맞게 실천되고 있는지 점검하며 그러한 방식이 지속해서 확장되어 나갈 수 있도록 노력하여야 할 것이다(고미숙, 2021).

Honneth(2018)는 인간이 자신의 고유성을 실현할 수 있는 도덕적 근거를 두 가지 차원에서 접근한다. 첫째는, 현대 사회의 자유경쟁 체제에서 사회적 지위나 명예를 얻어 성공하는 삶을 사는 것이다. 이것은 지위와 명예를 통해 자신의 능력과 업적을 인정받는다는 점에서 개인적으로 볼 때 자아실현의 계기가 된다. 그러나, 문제는 이러한 인정은 비교의 기준 혹은 상대적 기준에 의존하기에 끊임없이 상대와 비교하여 우월해져야 한다는 압박감에 시달리며 기대 수준에 미흡할 때는 열등감에 빠지는 한계를

4) Honneth(1992)는 상호주관적 인정이 부정되거나 훼손될 때, 우리는 "도덕적 격앙(義憤)"을 일으킨다고 지적한다(p.260). 이 의분은 개인적으로는 자존감을, 공동체적으로는 정의를 회복할 저항의 동기가 된다. 이를 위해서 우리는 먼저 불의한 상황에 대한 연대적 관심을 가지고 공동으로 저항하는 노력이 필요하다. 문제는 성실과 순종을 통한 성공지상주의의 현실에서 자신과 집단의 불의한 현실을 인식하지도, 그에 대해 저항하지도 못한다는 점이다(조나영, 2021).

가진다. 둘째는, 인간으로서 합당한 권리를 동등하게 공유하고 공공의 가치를 함께 실현하기 위해 연대하는 노력을 통해 사회적 자아실현을 추구하는 것이다. 호네트의 관점에서, 바로 이러한 공적 연대의 노력을 통해, 사회적 부정의와 불평등, 소외의 문제를 극복하고 모두가 함께 자아실현을 누릴 수 있는 기반이 형성된다(Fraser & Honneth. 2004; 조나영 2021).

그런데 이러한 사회적 자아실현의 성숙한 가치관을 가지려면, 어릴 때부터 자유뿐만이 아니라 평등과 정의의 공동체적 가치와, 더불어 누리는 행복의 관점을 배워야 한다. 루소의 〈에밀〉에 나타난 교육관을 종합적으로 보면 결국, 자연스러운 감성과 이성적인 사유의 성숙을 통해, '자기에 대한 사랑(amour de soi)'이 사회 공공의 선 혹은 '일반의지'와 합일되는 성숙한 시민의식을 키워주려는 것임을 우리는 기억할 필요가 있다(Roussou, 1762).

한국의 치열한 입시전쟁의 교육 현실에서 아이들은 동료 학생들을 친구가 아닌, 경쟁 상대로 생각하고 자신이 상대보다 더 높은 성적을 얻어야 행복하다고 생각한다. 명문대를 들어가면 불행 끝 행복 시작인 것으로 착각하며, 원하는 대학에 들어가지 못하면 마치 인생이 끝난 것처럼 여긴다. 직장도 주로 연봉 순으로 더 높은 곳에 들어가면, 성공한 인생으로 여겨진다. 학력, 직장, 집, 차, 의복의 종류가 인간의 등급을 매기는 척도로 여겨져 본인이 그러한 의식 속에 사로잡혀 우월감과 열등감을 가질 뿐만 아니라 상대를 그 기준으로 보며 은연중 무시하거나 멸시하게 된다. 이러한 현상은 호네트의 관점에서 볼 때, 왜곡된 자존감이며, 자기와 타인의 인정에 모두 부정적인 영향을 미친다. 그는 정체성(자존감)－자율성－상호 인정－자아실현－좋은 삶－인간 번영의 문제가 긴밀하게 연결된다고 보았다. 다른 사람이 자율적 삶을 살지 못한다면 자신도 자율적 삶을 살지 못한다. 한 개인의 자존감과 자율성은 상호작용하는 타자의 자존감과 자율성에 연결되며 그것에 의존한다(Honneth, 2004; 고미숙, 2021). 우리는 상호 인정을 통해 자율적으로 자아실현을 모색할 수 있고, 이를 기반으로 개인의 좋은 삶과 공동체의 번영을 추구할 수 있다.

현재 한국 사회에서 교육 문제, 입시 문제, 사회적 의식의 문제는 사회 구조적인 불평등 및 부정의의 문제와 맞물려 있다. 직업 간의 임금 및 근로조건의 격차가 지나치게 심하며 또한, 그것이 여전히 학력과 밀접히 연결되어 있으며, 그 학력은 직업 현장의 지식, 기술, 팀워크 등의 실질적 능력을 평가하기보다는 암기 위주의 시험용 지식을 주로 평가함으로써, 집안 배경의 경제력에 의한 사교육의 힘과 개별적 노력에 의존하게 된다. 이러한 상황 속에서 학부모, 학교, 교사, 학생은 마치 전쟁을 치르듯, 상대를 이기고 고득점, 고학력을 얻기 위해 분투하는 것이다(심승환, 2021).

따라서, 이러한 문제를 근본적으로 그리고 종합적으로 대처하기 위해선 시민 모두가 협력하여 사회 구조적 문제를 비판적으로 인식하고 최대한 정의롭고 모두가 행복할 수 있는 방향으로 혁신할 수 있어야 한다. 또한, 그러기 위해서는 어렸을 때부터 공동의 문제에 함께 관심을 가지고 비판적으로 협의하고 최적의 방향을 모색하는 심의 민주주의(deliberate democracy)의 태도를 배워야 한다. 교과적 활동이든 비 교과적 활동이든 이렇게 협력적으로 함께 숙고할 수 있는 교육 활동을 개발・장려하여야 할 것이고,

교육평가 역시 팀 활동의 결과물만 평가하는 것이 아니라, 그 팀 활동에서 팀원들이 얼마나 협력적으로 과제를 수행하였는지의 역할과 과정에 초점을 두는 방향으로 혁신되어야 할 것이다. 각 학생의 개성과 독특한 자질을 최대한 살리는 한편, 또한 그것을 공동의 과제 활동에서 조화롭고 창의적으로 이바지하며 발현시길 수 있도록 해야 한다. 또한, 팀 간에도 서로 경쟁에 초점을 두는 것이 아니라 상호 교류하면서 서로의 아이디어를 존중, 수렴하고 비판적으로 질의하면서 문제를 보완하고 더 나은 방향을 함께 모색하는 전체 연합학습 활동 또한 적극적으로 개발·적용해야 할 것이다. 우리 아이들이 함께하는 활동 자체가 즐겁고, 다른 구성원에게 도움을 주며 함께 무엇인가를 성취하는 데서 보람과 만족을 얻고, 문제점이 있으면 함께 해결하여 더 나은 공동체를 만들어나가는 데서 자존감과 행복감을 느끼는 성숙한 태도를 어릴 때부터 가정과 학교에서 적극적으로 키워줘야 할 것이다.

또 한편으로, 학교 인성교육에서 적용해야 할 중요한 것은, 무시를 당한 경험이 있는 학생이 그 이야기를 때로는 공개적으로, 때로는 은밀하게 표현하고 나누는 것이다. 자신의 경험을 이야기함으로써 학생은 문제의 실상과 근원, 자신의 상태를 인식하게 되고 나아가 극복 방향까지 생각하게 되는 계기가 된다. 가장 기본적으로 자신이 그런 형편없는 사람이 아니라는 점을 아는 것이, 중요하다. 그 무시가 자신이 가치가 없는 존재기에 그런 취급을 받은 것이 아니라, 가해 상대들이 부당한 행위를 했다는 점을 인식해야 한다. 인정에서 부당한 무시와 불인정의 행위를 명확히 인식하는 것이, 가장 근본적이다. 공개적인 표현과 나눔의 경우에는 일단 해당 학생이 솔직히 무시의 경험을 나눌 수 있도록, 성숙한 경청의 자세와 충분한 신뢰의 분위기를 형성해 주는 것이 우선 필요하다. 이를 위해 담임교사와 상담 교사가 사전에 충분히 학급 학생들에게 해당 부분을 충분히 교육해야 할 것이고, 학교의 모든 교과와 비교과 활동에서 이미 그러한 열린 성숙한 경청, 배려, 나눔의 태도를 습관적으로 배워야 할 것이다. 해당 학생이 자신의 무시 경험을 이야기했을 때, 다른 학우들은 자신들도 그러한 피해를 볼 수 있다는 점에서 공감하며 연대감을 형성하는 것이, 일차적으로 중요하며, 그것이 왜 잘못되었는지의 부당함을 인식하고 올바른 극복을 위해 함께 대처해나가는 실천적 노력을 하는 것이, 다음으로 필요하다. 상황에 따라서는 무시의 가해 학생들도 여기에 동참하도록 하여 반성의 장으로 활용하는 것도 필요하다. 학생들은 이를 통해 비판적 의식과 도덕적 판단력을 키우는 한편, 도덕적 감성과 배려, 연대감을 키울 수 있다. 다만, 피해 학생이 힘들어할 때는, 우선 담임 교사나 상담 교사, 학부모와 가까운 학우들 위주로 먼저 나눌 수 있게 하는 것이 좋다. 때로는 만나서 말로 하기조차 힘들 때는 먼저 은밀하게 글로 써 그 무시의 상황을 표현할 수 있도록 해주는 것도 필요하다.

6. 나오며

이 글은 친밀한 인간관계와 상호작용이 약해지고, 개인적인 경쟁과 효율적 성과가 강조되는 가운데 상호 존중과 공감의 문화가 쇠락해지는 사회적 맥락에서, 인정을 통해 긍정적 자아관을 형성하고 상대를 배려하는 바람직한 인성교육의 방향을 고찰하고자 하였다.

호네트는 아리스토텔레스, 헤겔, 미드의 이론에 근거하여 자본주의 사회의 문제를 인정과 무시의 두 가지 범주에 의해 비판적으로 접근하였다. 인정은 무시에 반대되는 개념으로 사랑(배려), 권리, 사회적 가치인정(연대)의 세 가지 인정의 양식을 포함한다. 인정은 인간의 존엄이 무시되는 부당한 상황을 인식하고 그것을 극복할 정당한 대응을 한다는 점에 규범적인 의의가 있다. 인정은 또한, 긍정적인 자아 관계를 형성함으로써 자신감과 자존감을 가지고 자기 삶의 목적을 스스로 선택하고 자아실현을 통해 좋은 삶을 영위할 수 있는 발판이 된다는 점에서 목적론적으로 가치가 있다.

개인은 타인과의 관계에서 인정을 받음으로써 정체성을 형성하며 자신의 능력과 자질을 인식한다. 반대로 인정이 부정될 때, 수치심, 분노 등의 부정적 정서를 발달시키기 때문에, 인정은 인격 발달에 매우 중요하다. 인정 이론은 사회 갈등과 부정의의 실태와 원인을 비판적으로 이해하고 정의로운 사회를 구현하기 위한 기초적 규범이 된다. 또한, 인정 이론은 부당한 무시에 대해 개인적·집단적 저항의 노력을 촉구한다는 점에 의의가 있다. 인정 훼손의 실태와 원인에 대한 집단적 인식은 공감과 연대의식을 확산하며 구성원 간의 상호 인정 관계를 확장한다. 인정 투쟁을 통해 개개인은 자신의 훼손된 가치를 재인식하며 부당한 무시에 대한 적극적 저항 행위를 습관화할 수 있다.

인간은 사회적 상호작용을 통해 구성적으로 자아를 습득한다. 개인은 문화 속에서 공적인 인정 과정을 통해 자신의 정체성을 인식하고 발달시킨다. 인간관계에서 타인이 제시하는 인정, 불인정, 부정적 반응은 자아 개념의 형성에 큰 영향을 미친다. 불인정을 통한 부정적 자아관은 가치 있는 삶의 비전을 만들고 사회적 기여를 위한 자신감을 형성하는 데 부정적 영향을 준다. 반면에, 지속적인 긍정적 인정은 사적인 영역과 공적인 영역에서 가치 있는 삶을 추구하고자 하는 의지를 함양한다는 점에서 교육적으로 중대한 의의가 있다. 인정은 또한, 사랑, 배려, 열정, 분노, 죄의식, 수치심과 같은 도덕적 감성과 밀접히 연결되는데, 이들은 개인적, 사회적 삶의 질에 영향을 준다. 인정의 자세를 통해 개인은 상대를 수량화할 수 없는 존엄한 가치를 지닌 존재로 존중하는 성숙한 인격을 기를 수 있다. 인정의 태도는 자신과 타인을 이해하고 표현하며 공감하고 배려하면서 자아 형성과 사회성 형성의 기초가 되므로, 인지적이며 동시에 정서적인 능력을 함양하는 전인교육을 위한 핵심 요소이다.

인정은 가정에서의 사랑, 시민사회에서의 권리, 국가에서의 연대의 양식을 통해 전개되며, 이에 상응하여 자신감, 자기존중, 자존감의 자아관이 발달한다. 먼저, 아동기에는 가정에서의 정서적 지원과 돌봄에 의해 자신감을 얻게 되며 이는 신뢰, 자기표현능력, 자기존중의 기반이 된다. 다음으로, 개인은 공동체에서 권리의 존중을 경험하면서 법적 차원에서 성숙한 존재로 인정을 받는다. 각 개인은 이 단계에서 평등하게 의사결정을 할 수 있는 권리를 보장받는다. 이를 통해 구성원은 인지적으로 존중받게 되고 도덕적 판단과 책임감을 키우게 된다. 마지막으로, 개인은 주도적인 활동을 통해 공동체에 이바지함으로써 사회적 가치를 인정받고 이를 통해 자존감을 얻게 된다. 이 단계에서 구성원들은 협력 활동을 통해 각자의 개성과 능력을 상호 인정하고 연대감을 느끼며 이는 다시 개인에게 동기와 흥미를 고취한다. 그런데 여기서 관건은, 교육 분야에서 획일화된 능력과 행동 유형만을 정답으로 정해놓고 기술적으로 그것에 맞추려고 하는 왜곡된 인식과 제도를 혁신하고, 학생의 다양성과 고유한 가치를 인정하는 문화를 조성하여야만 호네트가 구상하는 학생의 자존감을 제내로 키워줄 수 있다는 점이다.

호네트의 인정 이론은 인간의 상호주관적인 경험의 구조 안에서 인격 형성을 이해한다. 인정 이론에 근거할 때, 인성교육은 성실과 책임감과 같은 바람직한 도덕 성향을 가르치기보다는 인간 상호 간의 관계에 주목하여야 한다. 특히, 상품 교환의 손익계산 논리로 입시와 취업에서의 효율적 경쟁에 획일적으로 몰입하는 왜곡된 교육에서의 관계가 정서적 배려와 평등한 참여의 권리를 보장하는 인정의 관계로 혁신되어야 한다.

이러한 인정의 관계를 기반으로, 우리 교육은 첫째, 차이와 다양성을 수용하면서 동시에 연대와 어울림을 장려하는 교육문화와 제도를 발전시켜야 한다. 다양한 학생들의 고유한 가치를 동등하게 존중하고 인정하여야 한다. 학생들의 다양한 적성과 능력을 발견하고 다양한 교육과정과 교육평가를 통해 각자의 개성을 살리고 자신감을 통해 주도적으로 발전해가도록 교육제도와 시스템을 혁신하여야 할 것이다. 인성교육에서 차이를 인정하는 것과 함께 공감대와 공동의 가치를 찾고 소통하는 어울림의 문화를 형성하는 것도 중요하다. 학생들이 각자의 개성을 살려 평등하게 참여하면서, 함께 탐구하며 논의하면서 배우는 협력 학습의 방법을 더욱 적극적으로 개발·적용하여야 할 것이다.

둘째, 인성교육은 충돌하는 가치와 복잡한 문제에 대하여 열린 질문, 비판, 논의의 심의 민주주의의 자세를 키워주어야 한다. 다양한 사회적 부정의와 문제 상황 속에서 자신과 타인의 권리 인정의 왜곡 실태와 근원을 비판적으로 함께 숙고하며 그 대안을 심의할 때 바람직한 인성이 형성된다. 가정과 학교에서 학생들이 어렸을 때부터 공동의 문제에 함께 관심을 가지고 협의하는 태도를 키워야 한다.

셋째, 인성교육은 근본적으로 상호 인정과 자기 인정을 할 수 있는 태도와 능력을 키워주어야 하며, 이를 위해 가정, 학교, 사회에서 정서적 배려, 권리의 존중, 사회적 가치 부여가 제대로 이루어지도록, 안 되는 부분을 확인하고, 지속해서 발전·확장되어 나갈 수 있도록 해야 한다. 특히, 인정이 부정되거나 무시될 때, 그냥 넘어가지 말고 그 문제의 실상과 원인을 인식하고 다시금 훼손된 자존감을 회복시키기 위한 개인적·집단적인 노력이 필요하다. 학생들은 그 무시의 경험을 표현하고 나눔으로써 부당한 무시와 불인정의 행위를 명확히 인식하고, 그 극복을 위해 함께 노력하면서 공감과 연대감, 비판적 의식과 도덕적 판단력을 기르도록 해야 한다.

넷째, 학생들이 입시 경쟁 속에서의 우월감과 열등감을 극복하고 공공의 가치를 위해 함께 노력하며 사회적 자아실현을 추구하도록 해야 한다. 자신의 자존감과 행복이 타인 및 공동체의 자존감과 행복과 연결되어 있다는 사실을 인식하는 성숙한 가치관을 키워주어야 한다. 성적, 학력, 연봉, 지위와 같은 상대적 기준에 의해 인간의 가치가 정해지는 것이 아니라, 인간은 누구나 그 자체로서 존엄하며 각자 고유한 가치를 지닌 존재로 존중받아야 함을 어렸을 때부터 인식하고 어렸을 때부터 상호 인정하고 존중하는 자세를 키워주어야 할 것이다. 이를 위해, 아이들이 가정과 학교에서 가족 구성원, 학급 동료들을 정서적으로 배려하는 동시에, 인지적으로 권리를 존중해주고, 각자의 역할의 가치를 인정해주는 자세를 자연스럽게 습득해 나갈 수 있도록 해주어야 할 것이다.

참고문헌

고미숙(2021). 호네트의 인정이론적 정의관과 도덕교육. 도덕윤리과교육, 70, 291-322.

곽덕주(2019). 민주 시민성의 조건으로서 성숙한 자기관계: 타자 인정에의 욕구의 교육적 지위를 중심으로, 교육철학연구, 41(3), 1-22.

박문범 · 김회용(2020). 호네트의 인정이론에 나타난 '연대' 개념과 교육적 의의. 교육사상연구, 34(2), 43-66.

심승환(2021). 로자의 울림 이론을 통한 현대사회의 비판적 분석과 교육적 방향 고찰, 교육사상연구, 35(4), 69-104.

이현재(2019).악셀 호네트. 서울: 커뮤니케이션북스.

조나영(2021). 인간 향상의 문제와 인간 존중을 위한 교육: 인정에 관한 호네트와 후쿠야마의 논의 비교를 중심으로. 교육철학연구, 43(4), 165-189.

Bates, A. (2019). Character Education and the 'Priority of Recognition', *Cambridge Journal of Education, 49*(6), 695-710.

Blumer, H. (1970). Sociological Implication of the Thought of G. H. Mead. In G. P. Stone & H. A. Faberman (eds.) *The Social Psychology through Symbolic Interaction*. Wathman, Mass.: Xerox College Publishing.

Fraser, N. & Honneth, A. (2003). *Umverteilung oder Anerkennung? Eine Politisch-Philosophische Kontroverse*. Frankfurt am Main: Suhrkamp. 김원식 · 문성훈 역(2014), 분배냐, 인정이냐? 고양: 사월의 책.

Fraser, N. & Honneth, A. (2004). *Redistribution or Recognition? A Political-Philosophical Exchange*. New York, NY: Verso, 2004.

Goleman, D. (1995). *Emotional Intelligence*. New York, NY: Bantam books.

Honneth, A. (1992). *Kampf um Anerkennung mit einem neunen Nachwort*. Frankfurt am Main: Suhrkamp. 문성훈 · 이현재 역, 인정투쟁. 고양: 사월의 책.

Honneth, A. (1994). *Kampf um Anerkennung Zur Moralischen Grammatik*

Soziales Konflikte. Frankfurt am Main: Shurkamp.

Honneth, A. (1995). *The Struggle for Recognition: The Moral Grammar of Social Conflicts*, J. Anderson, trans. Cambridge, Mass.: MIT Press.

Honneth, A. (1997). Recognition and Moral Obligation. *Social Research, 64*(1), 16-35.

Honneth, A. (2003). Unsichtbarkeit. Uber die Moralische Epistemologie von Anerkennung, *Unsichtbarkeit*, Frankfurt am Main: Shurkamp.

Honneth, A. (2008). *Reification*. Oxford: Oxford University Press.

Honneth, A. (2018). *Anerkennung: Eine europaische Ideengeschichte*. 강병호 역(2021). 인정: 하나의 유럽 사상사. 파주: 나남.

Huttunen, R. & Heikkinen, H. L. T. (2004). Teaching and the Dialectic of Recognition. *Pedagogy, Culture and Society, 12*(2), 163-173.

Huttnen, R. (2012). Hegelians Axel Honneth and Robert Williams on the Development of Human Morality. *Studies in Philosophy and Education. 31*, 339-355.

Martinez, J. (2012). Recognition and Emotions. A Critical Approach on Education, *Procedia: Social and Behavioral Sciences, 46*, 3925-3930.

Rousseau, J. J. (1762). *Emile*. 권응호 역(1987). 에밀. 서울: 홍신문화사.

Sennet, R. (2003). *Respect in a World of Inequality*. New York, NY: W.W. Norton & Company, Inc.

Steiner, V. and Perry, R. (1998). *La Educacion Emocional*. Buenos Aires: Javier Vergara Editor.

Winnicott, D. W. (1965). *The Muturational Process and the Facilitating Environment: Studies in the Theory of Emotional Development*. London: Hongarth Press and the Institute of Psychoanalysis.

VII 한국 민주시민교육의 방향: 자율성과 공공성[1)]

1. 들어가며

시민교육 또는 민주시민교육은 근현대 사회에 시민계층 및 국가 공동체의 이념의 발전과 함께 시민의 권리와 의무를 함께 모색하는 차원에서 주목되어 왔다. 계몽사상을 근간으로 시민운동과 시민혁명을 거치며, 시민들이 사상, 표현, 결사, 언론의 자유를 획득하고, 성, 인종, 계층에 대한 불합리한 차별과 불평등을 철폐하기 위한 일련의 민권운동 및 그에 관한 법적, 제도적 보장, 선거를 통한 참여 민주주의 및 의회 민주주의가 상당 기간의 역사를 거치며 발전하였던 유럽 및 북미권의 경우와 달리, 한국의 경우 시민계층 및 시민의식의 형성, 자유와 평등의 보장, 참여 민주주의의 경험들이 비교적 짧고 충분하지 못하다고 볼 수 있다. 그러나 한국의 역사에서도 이미 조선 후기 다산(茶山: 1762-1836)은 신분을 뛰어넘는 인민의 보편적 자주성 및 평등성과 이를 위한 제도적, 교육적 개혁 방향을 주장하였다.③ 그리고 19세기말에는 부패한 권력의 착취에 대항해 나라를 바로잡고 백성의 권리를 보장하려는 주체적인 민중운동인 동학농민운동과 함께, 독립협회를 중심으로 한 〈독립신문〉의 간행 및 〈만민공동회〉의 개최 등

1) 이 장의 내용은 저자(심승환)의 논문, "한국의 민주시민교육의 방향에 관한 교육철학적 고찰: 자율성과 공공성의 조화"(교육사상연구, 2019)를 수정 · 보완하였음

은 일제강점기 항일운동 및 교육운동으로 이어지며 국민주권과 자유와 평등의 의식을 발전시킨 중요한 초석이라고 본다.④

해방 후 한국은 서구의 의회제도, 법치주의, 정당정치 등의 모델을 도입하여 나름대로 정치적 발전을 모색하였으나 그 역사는 제도적, 실질적, 의식적 측면에서 모두 '民主主義'와는 거리가 먼 부패한 독재적 권위주의가 득세하는 형국이었다. 이승만-박정희-군부 정권으로 이어지는 한국 현대정치사는 불합리하고 강력한 독재와 맞선 힘겨운 민주화 노력의 역사였다. 한국은 1987년 6월 시민항쟁과 6.29선언으로 직선제개헌이 이루어지고 일단은 제도적으로 중요한 민주화의 기반을 마련하게 되었다. 그러나 그 이후에도 한국 사회는 여전히 만연한 부패와 권위주의, 정치에 대한 불신과 외면, 보수와 진보 간, 여당과 야당 간, 대통령(정부)과 의회 간의 첨예한 갈등과 혼란이 존재하였고, 이러한 실태는 제삼자적 시각의 외국 학자의 눈에 "한국은 제도적 수준에서는 민주주의의 요소들을 갖추었을지 모르나, 실질적 의식 수준에서는 여전히 권위주의"로 간주되었다(Steinberg, 1998: 81-82). 1987년 이후 한국의 정치 현실에 대해 정진영(2010: 148-149)은 다음과 같이 서술한다.

> 역대 대통령들은 한결같이 실패한 대통령으로 인식되고 있고, 국회의원들에 대한 국민의 신뢰는 거의 바닥이다. 여야관계는 사사건건 극한적인 대립의 모습을 보여주는 '적대적 정치'를 방불케 하고, 국회에서 벌어지는 의원들 간의 몸싸움은 세계인의 조롱거리가 되곤 한다. 정당들의 등장과 소멸이 여전히 빈번하고 정치

> 인들의 이합집산이 선거 때만 되면 반복된다. 정치안정, 생산적인 정치, 예측 가능한 정치에 대한 말들은 많지만, 실제 한국 정치가 어떻게 될지를 예측하기는 매우 어렵고 생산적인 정치에 대한 국민의 기대는 어김없이 실망으로 나타난다.

급변하는 세계정세 속에서 민생의 산적한 문제들을 해결하기 위해 지혜를 모아 협치를 모색하여야 함에도, 최근 대통령들의 잇따른 탄핵과 구속, 상호 비방과 폭력이 난무하는 시민들의 극단적 대립은 한국 정치 현실의 어두운 모습을 여실히 보여준다. 이러한 문제의 근원은 어디에 있는가? 이것이 정치권 안에서 만의 문제인가? 가장 밑바닥에는 인간의 근원적 욕망이 있겠고, 그것은 권력과 부에 대한 집착, 또 그에 따른 개인과 집단의 다양한 이해관계의 충돌, 때에 따라서는 이것이 문화적 생활양식, 이념 및 가치관의 차이와 연결됨에 따라 복잡한 갈등의 양상을 표출하게 된다.

문제는 갈등 그 자체가 아니라 그 갈등을 어떻게 현명하게 극복하며, 나아가서 개인과 공동체의 더 나은 삶을 위해 도움이 되는 방향으로 합의를 도출하고 조정해 나가느냐 하는 점인데, 한국의 현주소는 그러한 성숙한 의사소통과 협의의 문화가 존재하지 못하고 대체로 권력 쟁취를 위한 갈등, 자기(집단)의 이해관계 및 신념을 관철하기 위한 갈등, 갈등을 위한 갈등에 머무는 경향이 다분하다. 이는 한국의 정치 문화가 여전히 제도적 차원의 민주주의의 근저인 '의식적 차원의 민주주의', '삶의 양식으로서의 성숙한 민주주의'로 발전하지 못하였음을 보여준다고 할 수 있다.[5]

의식적 민주주의, 삶의 양식으로서의 민주주의를 이루는 데 필요한 것은 무엇인가? 그것은 단기적인 정책이나 제도를 통해 이룰 수 있는 것은 아니고, 또한 그렇다고 자연스럽게 저절로 사회의 문화가 변화되기를 막연히 바랄 수도 없는 것이다. 삶의 모든 국면에서 다양한 가치와 입장을 진지하게 고려하며 이견과 반론을 수용하면서 더 나은 방향을 공동체 구성원이 깊이 있게 함께 논의하며 모색하는 태도를 '민주시민성'이라 한다면 이는 교육을 통해 길러질 수 있다. 이 글은 한국 정치 문화의 현실에서 삶의 양식으로서의 성숙한 민주주의가 필요하다는 문제의식에서, 이를 구현하기 위한 민주시민 교육의 방향을 '자율성'과 '공공성'의 조화의 시각에서 고찰하고자 한다.

기존에 자율성과 공공성은 자유주의와 공동체주의, 교육목적론, 시민교육론 등에서 주로 대립적인 관점에서 논의되어 왔다. 칸트, 롤즈, 피터스 등의 일련의 학자들은 사회의 중요한 가치이자 교육의 목적으로서 자율성을 주장하였다. 칸트는 누구도 타인에게 특정 관점을 강요해서는 안 되며 개개인은 자신의 자율적 판단에 따라 행복을 추구해야 한다고 주장하였다(Kant, 1970: 74). 롤즈는 '공정으로서의 정의'를 강조하며 개인이 어떠한 고정 관념에 구속되지 않고 다양한 가치 중에 자유롭게 판단하고 수정하는 중립적 자율성을 주장하였다(Mullhall & Swift, 2001: 33-36). 피터스(1966: 45)는 교육은 교육받은 사람을 양성하는 것으로서 지식과 이해, 폭넓은 지적 안목을 길러주는 것이며 이는 교육받는 자의 자율적 배움에 의해 실현된다고 지적하였다. 즉, 이 부류의 초점은 공동의 가치가 아니라, 개인의 자율적이고 합리적인 판단력의 함양이며, 공동의 가치를 강조하고 교육하려고 할 때 오히려 자율성과 비판적 안목이 저해될 수 있다고 본다.

반면, 공동체주의, 배려 윤리, 시민의 책임을 강조하는 관점에서는 개인의 자율적 판단과 개인적 가치에 우선하여 공동의 가치와 공공의 책무성을 중시하였다. 포크(Faulks, 2000: 13-14)는 사회는 시민들의 공적 책임의식과 역할에 의해 지지가 되며 이것이 이상적 통치의 기초라고 보았다. 또한 샌들(1982: 20-21)은 자유주의적 관점을 비판하며 개인은 홀로 떨어진 '무연고적 자아'가 아니라 사회적 맥락 속에서 구성되는 '구성적 자아'라고 주장하였다. 맥킨타이어(MacIntyre, 1981)는 현대의 개인주의적・상대주의적 가치관에 대한 비판의 관점에서 사회적 관행과 전통의 배움을 통해 사회 공동의 목적과 역할에 입각한 도덕성의 회복을 제시하였다.

듀이(1984/2014: 147-153)는 민주주의 사회는 공동의 의미에 대해 소통하고 함께 노력함으로써 구현되며, 이러한 공동의 의미에 대한 상호적 이해는, 공동체의 전통, 사고방식, 관심을 배움으로써 성취된다고 보았다. 즉, 이러한 관점에 따르면 사익보다는 공익, 개인의 권리보다는 공적 책무성, 개인적 판단보다는 사회적 합의, 자율적 학습보다는 공동체의 전통과 가치에 대한 지식교육이 강조된다. 그렇다면 이 대립적인 양자 중, 어느 한쪽만을 강조하였을 때 과연 좋은 민주주의 사회와 이를 위한 민주시민교육을 실현할 수 있는가? 만약 자율성과 공공성이 상호의존적이며 상호 보완하는 관계이며 중요한 요소들을 공유하고 있다면, 어느 한쪽만을 강조하여서는 안 될 것이다. 포크(Faulks, 2000: 19-20)는 포괄적인 시민성을 실현하기 위해서는, 권리와 책임, 사익과 공익의 상호보완, 능동성과 좋은 삶의 토대가 되는 공동체, 개별성과 공공성의 상호의존과 종합, 시민적 덕성을 기반으로 한 자유를 전제로 한다고 본다. 만약 이렇듯 양자가 조화되어야 한다면, 우선 양자의 구체적인 하위 요소와 쟁점들은 무엇이고, 양자는 어떠한 관계에 있으며, 어떤 지점에서 조화를 추구할 수 있겠는가? 이 글은 이러한 핵심적 문제에 관하여 본론과 결론에서 상세히 고찰하고자 한다.

지금까지 민주시민교육의 이론과 실제는 한편에서는 비판적 사고 교육, 토론능력 등 합리주의의 전통을 계승한 비판적 자율성의 능력 고양의 측면만을 강조하거나, 다른 한편으로는 공공의 가치 인식, 배려, 존중, 협력의식 등 공동체 시민으로서의 미덕만을 강조하였다. 이와는 달리, 이 글은 민주시민교육의 양대 축이자 상호 필수 보완적인 요소인 자율성과 공공성의 핵심적 개념 및 주장과 쟁점들을 종합적으로 고찰하며 양자가 조화된 민주시민교육의 방향을 논의하고자 한다.

2. 자율성과 민주시민교육

(1) 자율성의 개념 및 의의

자율성(autonomy)은 모든 시민이 각자 추구하는 가치에 따른 삶을 살 수 있는 공정한 권리를 보장한다는 측면에서 자유 민주주의 사회의 정의 실현의 기본 조건이다(Taylor, 2014: 304). 자율성은 기본적으로 사회 내 각 개인의 '자아'와 '선택'에 근거한다. 자아는 개인이 성장함에 따라 소유하는 성향, 자질, 믿음, 능력

등으로 구성되며, 그 저변에 개인이 추구하는 선(the good)에 대한 가치관과 연결된다. 자율성은 주로 자유주의적 전통에서 발달한 개념으로 개인적 지식과 가치관을 바탕으로 삶의 중요한 문제를 판단할 수 있는 토대가 된다. 자율성에서 중요한 것은 모종의 선 관념에 대한 충분한 지식과 가치를 교육받았느냐 하는 점이 아니라, 선 관념에 대해 '비판적 합리성(critical rationality)'을 가지고 충분히 사유하며 여러 대안을 고려할 수 있느냐 하는 점이다. 합리성은, 칸트적 관점에서 볼 때, 욕망의 영향력에서 벗어나 규범적 수준에서 최고의 목적을 선택할 수 있는 자아에 기초한다. 교육적 관점에서 이러한 합리성은 선천적인 능력이 아닌, 후천적으로 길러지는 능력이다(Winch, 2006: 71).

자율성은 사회적으로 가부장주의, 교회, 정치적 권력으로부터 개인의 자유로운 도덕적 의지를 지키고자 하는 역사적 맥락에서 시작되었다. 서양 사상에서 자율성 및 자유 개념의 뿌리는 참된 이성의 모색과 연관된다. 플라톤 사상에서 동굴 속 죄수는 지성을 사용하여 실재를 올바로 인식할 때 해방을 얻는다. 이러한 생각은, 칸트 사상의 영향을 통해, 자유가 단지 어떠한 구속으로부터의 해방인 소극적 자유가 아니라, 적극적으로 판단하여 선택하는 적극적 자유로서, 그 판단 및 선택과 관련하여 '이성 능력'의 함양을 강조하는 합리주의적 관점으로 발전하였다(Smith, 1997: 128-129). 그러나 이러한 근대의 보편적 이성관은 개인이 역사 사회적 맥락 속에서 형성되는 구성적이고 주관적인 존재임을 주장하는 공동체주의나 포스트모더니즘의 비판을 받게 되었고, 결과적으로 자율성의 의미에도 새로운 영향을 미치게 되었다. 이에 따라, 현대 사회에서 자율성의 의의는 공동체의 영향력과 가치를 인정하면서도, 각 개인이 단지 가족, 공동체의 삶의 방식에 숙달되는 것을 넘어서 대안적인 가치와 삶의 방식까지도 고려할 수 있는 태도와 능력으로 초점이 변화하였다. 이러한 주장은 오직 공동체로부터 모종의 가치가 부여될 때, 그 구성원인 개인이 그와는 다른 가치를 추구하며 자율적으로 열린 미래를 모색하기 힘들다는 비판적 관점에 근거한다(Wringe, 1997: 120).

현대 사회에서 다국적 기업과 시장의 영향력, 대중매체와 광고의 힘은 개인이 여러 대안을 깊이, 주체적으로 고려하기보다는, 특정한 삶의 방식을 무반성적으로 따르도록 유도한다. 이는 자율성의 의미를 상기한 이성에 입각한 규범적 판단이 아닌, 그저 약한 선호도의 평가로 축소되고 변질되도록 한다(Smith, 1997: 128). 또한, 현대 사회에서는 경제체계와 정치체계의 발달로 인해 이익을 추구하는 교환방식과 효율성을 추구하는 관료제의 권력적 통제방식의 지배가 허위의식(false consciousness)을 조성한다는 하버마스의 지적은 여전히 설득력이 있다(Habermas, 1987: 154, 307-308).

더욱이, 다원화, 다문화, 국제화 사회 속에서 개인의 가치관과 삶의 방식은 자신의 특정한 배경을 넘어 다양한 인종, 문화, 전통, 종교에 복합적으로 영향을 받게 되었다(Wringe, 1997: 122-123). 한 개인에게 문화 간의 상이한 전통, 종교적 신념, 관습, 생활방식, 취향 등이 충돌하며 작용할 때, 때로는 심각한 가치관의 혼란이 야기된다. 이러한 강력한 외부적 영향력과 가치 충돌의 상황에서 개개인이 자신의 주체성을 잃지 않고 합리적인 판단을 하는 것은 개인적으로나 사회적으로 매우 중요하다는 점에서 자율성의 시대적 의의를 찾을 수 있다.

자율성은 우선적으로 개개인이 자기 삶의 목적에 관하여 실천적으로 추론함을 통해 가능하며, 이에 기초하여 자율적 동기에 의해 행위의 방향을 모색함을 통해 구현된다. 여기서 중요한 점은, 어떻게 합리적 사유가 자율적인 행위의 동기로 연결될 수 있느냐 하는 점이다. 때로는 합리적 판단 또는 보편타당한 판단이라 하더라도 개인의 동기와 맞지 않을 수 있다. 따라서 자율성은 사유와 판단 자체만이 합리적이라는 것에서 더 나아가 그것이 개인의 동기 혹은 열망으로 연결될 수 있는, '합리적으로 숙고된 열망(rationally informed desire)'이 되어야 한다. 이를 위해선 목적과 가치를 평가하는 성향인 비판적 정신의 함양이 필요하다. 이것은 어떠한 목적이 과연 가치가 있는가, 그것이 자신에게 적용될 때 적합한가를 지속적으로 평가하는 교육을 통해 길러질 수 있다.

그런데 이러한 교육은 일반적인 비판적 사고 기술의 습득이라기보다는, 특정한 맥락에서 수용된 가치와 믿음에 대한 비판적인 참여와 이 비판적 참여를 가능하게 하는 배경 지식의 습득을 통해 가능하다. 자신에게 무엇이 합당한가를 아는 것은 자신의 성격, 관심, 능력, 기질에 대한 지식 곧 자아에 대한 지식에 기초하며, 또한 자아에 대한 지식은 자신이 속한 사회의 중요한 특징과 관련된 사회에 대한 지식에 기초한다. 무엇이 가치 있고 행복한 삶인가 하는 판단은 한 사회의 삶의 방식 혹은 문화의 영향을 받는다. 따라서 자율성을 실현하는 합리적으로 숙고된 열망은, 우선 개인이 속한 사회에서 무엇이 바람직하고 가능한지를 숙고하며, 다음으로 특별한 개인으로서 자신에게 무엇이 바람직하고 가능한지를 숙고함을 통해 형성된 열망을 의미한다(Winch, 2006: 74, 79).

자율성은 교육의 정치적 목표와 관련하여서 주로 자유주의 학자들이 민주시민교육을 위한 핵심적 요소로 강조하였던 개념이다. 자유 민주주의에서는 개인적 자기 결정권, 제한적인 정부, 권력 보다는 이성의 작용에 기초한 정치의 가치를 지지한다. 이러한 가치는 국가주의 혹은 민족주의에서 강조하는 국가 정체성 혹은 민족성의 가치와 대치된다. 자유주의적 관점에 입각할 때, 민족성(nationality)은 하나의 조작된 산물일 수 있으며 하나의 국가적 공동체를 형성하려는 가치는 민주시민교육을 위해 요구되는 자율성의 함양과 충돌할 수 있다(Enslin, 1994: 29-30). 자율성은 개인의 신념이 합당한 근거에 의해 지지되며 근거가 불충분할 때 수정할 수 있는 합리적인 방식에 따라 성립되는 개념이다. 이는 아이들이 단순히 국가의 과거에 대한 신화를 믿고 따르게 하는 방식과는 조화하기 힘들다. 민주주의적 삶의 방식을 위한 교육은 아이들에게 정치적이며 상업적인 기구들이 고수하려는 잘못된 믿음, 신화를 비판적으로 인식할 수 있도록 가르쳐야 한다(Enslin 1994: 32). 물론 국가적(민족적) 정체성은 개인의 정체성의 뿌리이며 공동체의식을 키우는 데 중요할 수 있다. 그러나 국가주의(민족주의)가 비합리적인, 신화적 수준으로 작용하여—나치즘이나 제국주의 일본 등—국수주의, 외국인 혐오, 군국주의, 테러 등과 연결된다면 민주시민성에 심각한 위협을 줄 수 있다.⑥

오늘날 세계는 국가와 민족의 경계를 넘어 다양한 차원으로 교류가 이루어지고 있으며, 이러한 동향은 세계시민주의 및 세계시민성의 덕목을 요구하고 있다. 이와 관련하여 이미 근대에 칸트는 〈영구평화론 *Zum ewign Frieden*, 1795〉에서 '세계시민적 이상'을 주장하며, 국가 간의 대립과 전쟁을 자연의 합목적성(섭리)을 바탕으로 해결하고자 하였다. 그는 국가 간의 평화를 위해서는 이성에 입각한 법적 통치가 이루어져 일국이 자국의 이권을 위해 타국을 압제하지 않도록 하며, 국가 간 평화연맹을 통해 상호 타국의 자유를 보장해주어야 함을 주장하였다. 그는 또한 계몽된 인민이 연맹의 구심점이 되어 연맹체의 모든 국가의 자유상태와 평등한 권리를 보장하며, 상호 우호적 관계에서 이방인을 혐오하거나 적대시하지 않고 우대하며 자유롭게 거주하며 왕래할 수 있도록 해야 한다고 지적하였다. 국가 간 평화적 관계는 정치와 도덕의 조화를 추구해야 하며, 이는 근본적으로 인간애와 인간의 권리에 대한 존중이라는 절대적이고 의무적인 명령을 준행함에 기초한다(Kant, 1796/2008).

민주주의의 근간이 자유롭고 평등한 인간의 권리에 대한 존중 및 상호 교류에 있다면, 민주시민성에서 국가 간, 인종(민족) 간의 차별과 억압, 전체주의는 근본적인 위협요인이다. 국제연맹이라는 큰 틀에서 한 국가의 시민을 넘어, 세계시민으로서 타국, 타민족의 자유와 평등의 권리를 최대한 존중하고 보장하며 상호 협력·교류하고자 하는 세계시민성은 신화적 선민의식이나 전체주의, 자민족중심주의를 극복하는 것을 요구한다. 그리고 이러한 태도는 근본적으로 특정한 권위, 관습, 지시를 무분별하게 수용하지 않고, 합리적이고 비판적인 사고로 바람직한 방향을 모색하

는 이성에 입각한 자율적 시민의식에 기초한다.[2)]

아렌트는 칸트의 세계 시민성에 관한 관점에 기초하여 '공정성(impartiality)을 지닌 관찰자(observer)'라는 개념을 제시한다. 아렌트에 의하면, 사태의 일부에 속해 있으며 타인의 평가에 민감한 행위자와는 달리, 관찰자는 전체 구조를 보며 타인의 시각이 아닌 내면의 자율적 기준에 따라 행위한다(Arendt, 1992/2002: 112-114). 아렌트는 전체주의 권력을 비판하는 관점에서 인간의 자유와 평화를 주장하며, 인간은 한 공동체의 일원이지만 동시에 세계공동체의 일원임을 지적한다(Arendt, 1992/2002: 145). 그녀는 인간이 판단하며 정치적 문제에 대처할 때 반드시 자신이 세계시민이며 세계관찰자(Weltbetrachter)라는 의식을 가지라고 주장한다.

〈예루살렘의 아히히만〉에서 그녀는 '악의 평범성'의 전형인 나치 관료 아히히만을 소개한다. 나치 정부의 명령을 단순하게 수행한 아히히만의 손에 의해 수많은 유대인이 학살당하였다. 아히히만은 자신의 조국, 조직의 명령을 아무 생각 없이 준행하였으나 유대인의 관점에서는 전혀 생각하지 못하였다(Arendt, 1964/

---

2) 칸트가 제안한 국제연맹이 후에 실제로 조직되어 국제평화와 상호협조를 위해 상당한 기여를 한 것은 사실이나, '난민문제'와 같은 심각한 분쟁의 문제들에 있어서는 여러 가지 한계가 있다. 제도는 사회정의나 사회복지를 위해 좀 더 나은 상황을 모색하기 위한 것이고, 더 중요한 것은 사람들의 의식과 문화에 있다. 법과 제도가 아무리 정교하고 세세하게 고안되었다 한들, 인간 사회의 복잡하고 심각한 문제들을 모두 해결할 수는 없다. 그래서 칸트의 사상을 잘 들여다보면, 무엇보다 이성과 양심의 소리에 따른 합리적이고 자율적인 판단과 행동이 근간을 이루어야 함을 알 수 있으며, 민주시민성의 구현에 있어서도 어떠한 제도, 정책의 도입과 실행보다 그 근간인 시민 개개인의 합리적인 의식, 타인, 타집단, 타국(타민족)을 배려하는 정신이 성숙되어야 할 것이다.

2006). 세계시민성은 타방의 관점에서 비판적으로 사유할 수 있는 능력을 바탕으로 한다. 또한, 자존적인 신이 아닌 이상, 인간은 함께 대화하며 사유하고 행위하는 공론의 장에서 자신의 참다운 존재의 의미를 확인할 수 있다. 개인과 공동체 모두에게 하나의 가치, 하나의 이념이 어떠한 비판 없이 압제할 때 이것이 인간의 권리, 자유, 평등, 평화 등의 기본적 가치를 얼마나 심각하게 위협하는지, 또한 교육적으로 볼 때 인간의 지속적인 성장을 얼마나 가로막는지 우리는 역사와 현실을 통해 알 수 있다.

칸트와 아렌트의 이 같은 주장은, 민주시민성을 키우는 교육에서 합리성과 상호주관성의 의식을 함양하는 데 노력해야 함을 시사한다. 이러한 의식은 특정 집단이나 개인의 이익 또는 신념, 권위에 종속되지 않고, 인간의 권리와 자유, 정의의 도덕적 가치를 기준으로 합리적으로 평가하며, 자신과 다른 타자의 입장과 주장을 존중하며 조율할 줄 아는 자율적이며 비판적인 사고와 협의의 능력을 지속적으로 키워줄 때 가능하다.

자율성이 주로 이성 중심의 자유주의 및 합리주의적 전통에서 논의되고 발전되어 왔으나, 더욱 심원하고 폭넓은 자율성은 실존주의의 '본래성(authenticity)'을 수반한 실존적 의지와 선택의 문제를 수반한다. 자율성과 본래성은 모두 인간 개인의 '자유'에 초점을 맞춘 철학적 개념으로, 어떠한 대상에 대해 외부의 관점에 좌우되기보다는, 스스로의 판단에 의존하는 태도라는 점에서 상통한다. 그러나 자율성은 주로 이성에 근거하여 객관적・중립적 평가에 따른 사유를 강조하는 데 비해, 본래성은 주로 개개인의 주관적 의지에 따른 선택과 실천을 강조한다. 자율성은 합리적으로 타당한 판단을 하는 데 중점이 있고, 본래성은 일상적 추종에서 벗어나 참다운 자아를 찾는 데 중점이 있다. 자율성은 지식의 형식과 비판적으로 사고하는 능력을 습득함으로써 키울 수 있으나, 본래성은 그것보다는 삶의 심각한 문제들에 직면하여 상황의 의미와 고유한 자신만의 길을 탐색하는 것을 통해 함양할 수 있다.[3] 교육철학적으로 볼 때, 자율성이나 본래성이나 '인간의 참다운 자유'를 실현하기 위한 개념이라면, 이 실현은 소극적 자유인 구속으로부터의 해방과 함께 적극적 자유인 인간의 온전한 정체성의 실현을 함께 모색하여야만 할 것이다.

참다운 의미의 자유 실현이 상기한 양자를 필연적으로 동반하여야만 하며, 한쪽의 온전한 의미는 다른 쪽을 수반하여야만 한다면, 구속(특정한 가치에 속박)으로부터의 해방을 위한 객관적·비판적 안목(협의의 자율성)은 자신의 고유한 상황과 정체성을 찾는 주관적·실존적 안목(본래성)을 수반하여야만 할 것이다(심승환, 2014: 252-253). 즉, 교육적 이상, 민주시민교육의 이념으로서의 포괄적 의미의 자유를 실현하는 자율성은, 보다 적극적으로 고유한 자아를 실현하는 실존적인 본래성을 수렴한 확장된 개

3) 자신의 정체성을 인식하고 고유의 실존적 삶을 모색하는 것은, 후술하는 공공의 가치를 인식하고 타인과 협력하는 공공성과 일면 충돌한다고 볼 수 있다. 그런데 찰스 테일러(C. Taylor)와 같은 학자는 이러한 문제에 대해, 정체성이나 의미는 개개인 혼자만의 생각이 아니라 공동체의 역사, 전통, 환경, 중요한 타자들과의 관계 안에서 생성됨을 주장한다. 즉, 자신의 고유한 정체성을 모색하되 그 정체성이 공동체의 역사와 전통, 공동체의 가치 및 문제들과 중요하게 얽혀 있다는 인식이 필요하다. 실존주의 내에서도 타자와의 진실한 관계를 실존의 매우 중요한 요건으로 보는데, 그 타자를 단 한 사람에 국한하는 것이 아니라 좀 더 넓은 사회공동체로 연장해 본다면 본래성과 공공성은 충분히 조화될 수 있다고 본다.

념이어야 한다.

페미니즘 및 공동체주의에서는 자율성이 주장하는 독자적 결정에 따른 합리성, 사회적 영향력에 대한 경시를 비판하여 왔다. 그러나 자기 결정으로서의 자율성이 사회적 의미의 지평을 수용하여 진실한 자기(집단)를 찾는 보다 적극적인 자율성이 된다면 이는 중요한 교육적 이상이 될 수 있다. 또 이와 관련하여 참다운 자아의 실현을 이루기 위한 교육은, 자제와 의지력의 자유주의적 가치와 배려와 헌신의 공동체주의의 가치를 함께 수반하여야만 한다(Blake et al., 2003/2009: 281).

본래성을 수반한 보다 심원하고 확장된 의미의 자율성은, 특히 다양한 문화와 종교적 영향력이 충돌하는 가운데 개인의 정체성을 모색하여야 하는 현대 사회에서 더욱 중요한 의의를 갖는다. 예를 들어, 현재 한국 사회에 많은 다문화가정의 경우, 동남아 문화권의 전통과 생활방식을 가진 아내가 한국 문화 속에서 겪게 되는 갈등, 또한 그 자녀가 엄마의 문화적 영향과 한국 문화의 이중적 영향 속에서 겪는 갈등은 자율성이 단순히 다양한 가치를 객관적으로 검토하고 판단하는 사고 작용에 그쳐서는 한계가 있음을 보여준다. 유교적 관습과 의례를 엄격히 지키는 가정 속에서 자란 아이가 나중에 개인적으로 기독교적 신념을 갖게 되고, 제사 의식을 위해 절을 해야 할 때, 겪게 되는 갈등 상황도 유사한 실존적 선택을 요구한다(심승환, 2014: 250-251).[4] 개인과 집

4) 이 문제와 관련하여 학교교육뿐만 아니라 가정교육과 사회교육에서 자기와 다른 생각, 행동방식을 지닌 타자를 이해하는 태도와, 개방적으로 상호작용하는 방식을 배우는 것이 무엇보다 중요하다. 갈등은 서로 간의 이해의 부족에

단이 각기 다른 다양한 가치와 문화를 가지고 함께 살아가는 오늘날의 사회에서 이러한 심원한 자율성은, 자신뿐만이 아닌 집단과 공동체가 수많은 선택과 의사결정의 상황에서 한편으로는 객관적으로 여러 입장을 검토하면서도, 다른 한편으로는 나와 타인, 공동체의 자아와 정체성을 최대한 잘 실현하는 방향으로 판단하게 하는 중요한 시민성의 자질이다.

요컨대, 자율성은 시민 각자가 자신의 가치관에 따라 공정한 권리를 누리며 살 수 있는 자유 민주주의 사회의 기본요소이다. 자율성은 각 개인이 삶과 사회의 중요한 문제에 있어 주체적이고 합리적인 사고와 판단을 할 수 있는 능력과 태도에 의해 실현할 수 있다. 그런데 자율적 능력과 태도는, 현대 다원화 사회의 특성 및 영향력을 고려하여, 탄력적이고 주체적으로 대처할 수 있음을 의미한다. 즉, 현대 다원화 사회에서는 다양한 방면의 지식과 다양한 입장에 대한 깊은 고려가 필요한 동시에, 국가권력, 지배적 이념, 광고나 홍보(선전), 거대 자본 및 기업의 영향력 등의 강력한 외부적 힘에 무비판적으로 좌우되지 않고 합리적인 주체성을 가지고 판단할 수 있는 능력 또한 필요하다. 이를 위해서는 사회와 자아, 문화에 대한 풍성한 배경 지식을 바탕으로 다양한 가치

서 비롯되며 이해의 부족은 편견과 비관용, 소통의 실패로 이어진다. 학교교육과정이나 평생교육센터 등에서 두 가지 이상 상이한 문화에 대한 차이의 인식과, 그 차이를 대화와 행동방식에서 어떻게 조화할 수 있는지 생각하고 실천해보는 다양한 연습을 통해 몸에 체화된 상호이해와 소통의 자세를 익히는 것이 필요할 것이다. 때로는 어떤 절충이 아닌 두 가지 중 어느 한쪽을 선택하여야 하는 매우 힘든 상황에 있어서도, 상대의 문화적 배경, 입장을 충분히 인식·배려할 수 있을 때 갈등, 고통, 절망이 아닌 이해와 관용의 길을 모색할 수 있을 것이다.

를 합리적으로 평가하며 이를 통해 형성된 자율적 동기를 지닌 '합리적으로 숙고된 열망'이 필요하다. 또한, 국제화・세계화 시대의 요구에 부응하여 자율성은 타방의 관점에서 생각하는 태도를 바탕으로, 전체주의, 선민의식, 자민족 중심주의를 극복하고, 국가 간의 평화적 공존과 협력, 교류의 가치를 증진하는 세계시민주의를 추구하여야 한다. 또한, 자율성은 참다운 의미의 자유와 자아정체성을 실현하는 것으로 외부의 영향력에 의한 단순한 순응이 아닌, 자신의 주체적이고 실존적인 선택을 수행할 수 있어야 한다. 바로 이러한 취지에서 자율성은 합리성, 지적 안목, 주체적 판단 등의 요소 중 어느 하나의 협소한 능력이 아닌 '종합적 능력이자 태도'로 볼 수 있다.

(2) 자율성을 함양하는 민주시민교육

앞에서 무엇이 좋은 것인지에 대한 자율적인 판단능력과 관련되는 자율성은 사회와 개인에 대한 지식 및 비판적 사고능력을 바탕으로 한다는 점을 살펴보았다. 그렇다면 교육, 특히 학교교육에서 자율성을 함양하는 데 필요한 지식의 내용은 무엇인가? 학생들은 무엇보다도 좋은 삶을 실현하기 위해 선택할 수 있는 선택지와 조건을 고려하는 능력이 필요하다. 이것은 우선 학생들이 속한 사회에서 무엇이 가치 있는 삶의 방식이며 무엇이 그렇지 않은 것인지를 아는 사회적 규범에 대한 인식을 전제로 하며 이는 주로 '명제적 지식'(propositional knowledge)의 형식을 갖는다. 다음으로 필요한 것은, 그러한 가치를 실현하는 데 적합한 개인적 선택, 자기 자신의 '선(善)'에 도움을 줄 수 있는 것의 선택, 그것을 최선으로 실현하기 위한 방식의 선택과 관련된 '개인적 지식'(personal knowledge)이다. 마지막으로 필요한 것은, 하나의 행위를 추구하는 데 있어 장점 및 단점을 적절히 평가할 수 있는 능력과 관련된 지식이며 이는 '실천적 합리성'(practical rationality)의 형식을 갖는다. 따라서 자율성을 온전히 실현하기 위해서는 다양한 지식의 형식이 복합적으로 요구된다(Winch, 2006: 112).

민주주의 사회, 특히 삶의 방식으로서의 광의의 민주주의와 연관된 자율성은 무엇보다도 기존 방식의 '재평가'(re-evaluation)의 능력을 필요로 한다. 이를 위해 예비시민들은 현재 긍정적으로 적용되는 개인적, 사회적 가치들에 대해 비판적으로 검토하는 태도와 능력의 함양이 이루어져야 한다. 예를 들어, 민주시민은 전통적으로 좋은 여성의 삶의 방식에 대해서 변화하는 가치관을 고려하여 재평가가 이루어져야 할 것이다. 이는 기존 가치를 넘어서, 지속적으로 열린 새로운 가치에 대해 사유할 수 있는 능력을 수반해야 할 것이다(Winch, 2006: 113).

자율성의 실현을 위해선, 합당한 삶의 목적을 비판적으로 사유하는 능력뿐만이 아니라, 자율성 자체를 발휘하고자 스스로 동기화하는 태도 혹은 의식의 함양이 매우 중요하다. 수단적 능력으로서의 자율성은 이를 발휘하게 하는 태도(동기)로서의 자율성이 없이는 실현되지 못한다. 특히, 잘 삶을 단지 무분별한 소비문화와 등치 시키는 사회적 인식, 자기 집단의 소속감을 타 집단에 대한 배척으로 여기는 태도, 특정 종교 및 전통에 대한 무조건적 신봉 등 개개인이 자율성을 발휘하는 것을 막는 다양한 사회적 장벽 속에서도 자율성을 지키고 행할 수 있는 '굳건한 동기'가 필요하다(Callan, 2002: 122). 이러한 동기는 모종의 지속적 성향 혹은 미덕의 함양을 요구하며 특히 지적인 미덕으로서 '개방성'(open-mindedness)과 관련된다. 개방성은 정당한 반론이 있을 때 기존에 가졌던 입장을 수정하거나 거부할 수 있는 성향이다. 이를 위해선 특히 정당한 근거를 가진 다른 관점의 장점을 신지하게 고려할 수 있는 자세가 중요하며, 타인과의 적극적인 상호작용과 협력적 성찰이 필요하다. 자율적이고 개방적인 학습자는 타인이나 타 집단과의 교류를 통해 제시되는 주장과 근거들을 숙고하여 자신의 기존 선 관념을 수정한다. 이러한 개방적 성찰의 과정에는 반드시 이성에 입각한 합리적 고찰의 방식만이 아니라, 고유한 경험과 감정에 대한 공유와 공감의 방식도 포함된다(Taylor, 2014: 302).

성숙한 자율성을 이루기 위해선, 자신의 이해 깊이와 폭을 지속적으로 심화・확장 시키고자 하는 의지가 필요하며, 자신의 정체성이 다양한 행위와 목적들의 연결망 속에서 이루어져 있음을 인식하고, 하나의 목적 또는 행위가 다른 목적(행위)과 어떻게 관련되는지를 깊이 이해하는 것이 필요하다. 이것은 '지적인 겸손함, 지적 용기, 지적 근면성'과 같은 복합적인 지적 미덕을 요구한다(Taylor, 2014: 303-304).

자율성의 교육에서 합리적 지식, 본래성, 태도의 함양 등의 요소들은 어찌 보면 상호 무관한 범주 같으나, 자율성이 현대 사회의 특징과 학습자의 지적・의지적 차원이 연결된 복합적인 능력이라고 본다면 필연적인 연관성을 가진다. 즉, 자율성의 핵심은 합리적 판단력인데, 그것은 다원적이고 융·복합적인 현대 사회에 필요한 내용적·방법적 지식을 토대로, 주체적 판단을 방해하는 현대 사회의 다양한 영향력에 타율적으로 종속되지 않는 개인의 실존적 정체성(개인적 지식과 연관)과 결단(본래성)이 수반되어야 하며, 그러한 지적 능력뿐만이 아니라 그것을 가능케 하는 자율적·개방적 성찰과 노력을 하고자 하는 의지(태도)를 포함하기에, 자율성은 지적 능력과 의지, 태도의 조화로운 교육으로 달성할 수 있다.

SNS의 활용도가 높은 한국의 현실에서 댓글 문화는 상호 의견을 나누는 좋은 수단이 될 수 있는 반면, 여러 경우에 익명성을 악용하여 즉흥적인 주관적 감정의 표출에 그쳐, 심도 있는 논의가 되지 못하고 얄팍한 포퓰리즘의 유도, 상대방에 대한 감정적 공격 등의 폐단도 존재하는 실정이다. 이에 대한 근본대책과 관련하여, 상기한 명제적 지식 및 개인적·사회적 지식, 합리적 사고를 위한 방법적 지식이 유기적으로 연합된 교육이 기초가 되어야 한다고 본다. 성숙한 비판적 사고와 논의는 학문 영역의 핵심적 개념과 주장들, 접근방법, 검증의 방법 등에 대한 충분한 지식을 바탕으로 하여야 한다. 아울러 이러한 지식들이 합리적인 삶의 방향에 대한 주체적인 판단능력으로 성장하려면 자아에 대한 지식 및 사회에 대한 지식과 유기적으로 연결되어야 한다(Winch, 2006: 75). 이를 위해, 교과의 핵심 개념들에 대한 이해가 시험문제 풀이용 지식이 아니라, 개인적 문제 및 사회적 문제에 적용하여 비판적으로 숙고하고 논의할 수 있도록 모든 교육과정이 치밀하게 개편되어야 할 것이다. 교과지식 그 자체가 중요한 것이 아니라, 깊고 풍성한 교과 지식이 개인과 공동체의 삶에서 합리적인 판단력을 기르는 방향과 연결되도록 개혁되어야 한다.

무엇이 행복한 삶인지에 대한 성숙한 성찰을 위해서는 문화에 대한 깊은 이해가 필요하다. 학생들이 문화 속에 담긴 다양한 삶의 양식을 폭넓고 깊이 이해할 수 있도록 해주고 그중에 무엇이 가치 있는지, 특히 자신의 진로 및 관심사와 관련하여 성찰할 수 있도록 안내해 주는 것이 필요하다. 이러한 문화에 대한 이해는 한편으로는 감상 및 평가 활동을 통하여, 또 한편으로는 직접적인 참여 활동을 통하여 가능하다. 예술작품은 가치 판단 능력을 고양할 수 있는 매우 훌륭한 교육 자료이다. 문학, 미술, 음악 작품에 담긴 작가의 의도와 그것을 완성하기까지의 노력과 성취의 과정을 깊이 있게 읽는 것을 통해 학생들은 미적 가치를 인식할 수 있다. 아울러 학생들이 어떠한 작품을 직접 창작해보는 경험을 통해 도전의식, 의욕, 성취감을 맛볼 수 있고 이러한 경험은 더 깊은 감상능력을 고양시킨다(Winch, 2006: 77).

자율성이란 좋은 삶이란 무엇인가를 스스로 사유하고 선택할 수 있는 능력으로서, 행복이란 무엇인가에 대한 지식과 판단력을 기초로 하며, 이는 곧 미적 가치의 인식능력과 연관된다. 이 미적 가치 인식은 다양한 삶의 양식으로서의 문화에 대한 폭넓고 깊은 이해를 기반으로 하며, 이를 위한 좋은 교육이 바로 문학과 예술의 깊이 있는 감상과 체험활동이다. 문제는 한국의 교육 현실에서, 예술작품마저 시험을 위해 정해진 협소한 틀과 기준 안에서 감상과 창작이 이루어지기에 상기한 깊은 미적 가치 인식을 고양하는 교육으로 연결되기는 거의 불가능하다는 점이다. 문학과 예술 교육과정이 미적 감수성의 함양에 기초한 자율적인 가치판단 능력으로 심화될 수 있도록 선발제도, 교육과정, 교수학습방법 등의 모든 측면에서 지속적이고 동반적인 개혁이 필요하다.

평가의 공정성의 문제 때문에 쉽지는 않지만, 교육평가와 선발의 기준에서 어떤 틀에 박힌 모범답안을 요구하기보다는, 학생 개개인의 깊이 있고 창의적인 사고와 표현의 성취를 더욱 중시하며, 수행평가나 학생부 종합, 대외입상경력 등 형식적으로만 과정을 중시하는 것이 아니라 정말로 내실 있게 과정 자체를 정밀하게 평가하는 방향의 개혁이 좀 더 체계적으로 개발되어 시행되어야 할 것이다. 교육과정도 틀에 박힌 정보의 암기와 흑백논리를 강화하는 교과서 위주의 전달식 교육 후에 객관식위주의 중간/기말 평가를 보는 방식을 지양하고, 인간의 삶과 세계에 대해 잘 묘사한 작품들을 학교 또는 교사의 자율적 선택에 따라 선정하여 작품의 감상 및 그것과 연관된 학생 개인의 창작활동을 중심으로 구성하는 것이 좋을 것이다.

수업에서는 교사가 작품에 대한 배경을 짤막하게 안내한 후에는, 다양한 질문 제시, 관련된 작품 및 자료 소개, 학생 상호 간의 자유로운 토의를 통해 학생들이 자유로운 해석을 펼쳐가도록 도와주는 수업 활동이 좋을 것이다. 때로는 교사가 질문을 제시하기보다는, 작품을 보고(듣고) 생각나는 질문을 학생 스스로 만들어 보게 하고, 그것을 토대로 자신과 학우들이 함께 탐구하고 때로는 조사하고 토의해본 후, 이와 연관하여 자기 생각을 글쓰기나 음악·미술 창작으로 표현한 후, 학우들의 작품을 놓고 또한 이야기해보는 활동 등은 자율적인 미적 가치 판단력을 키우는 좋은 활동이 될 것이다.

자율성을 학교 교육에서 길러주고자 할 때, 근본적으로 가장 중요한 점은, 상이한 가치관을 포용하여 공정하게 중립적으로 비교 검토할 수 있는 능력의 함양이다. 롤즈(J. Rawls)는 완전한 공정성을 추구하는 '무지의 장막'으로 상징되는 비연고적 자아관에 입각한 초기의 관점을 수정하여, 후기의 '정치적 자유주의'에서는 다양한 문화적 정체성, 신념들의 존재를 인정하고 이를 어떻게 수용하여 합의에 이를 것인가의 문제에 주목하였다. 정치적 자유주의는 식관이나 형이상학적 논쟁보다는 공정한 절차에 따라 합당한 관점들 사이에 합의점을 찾는 "중첩적 합의"(overlapping consensus)를 모색한다. 합의의 요건은 첫째, 인간의 기본권을 위협하지 않을 것, 둘째, 다양한 관점들을 지속적으로 포섭하며 특정한 신념이나 형이상학적 입장만을 옹호하지 않을 것, 셋째, 힘이나 경제적 이해관계에 의존한 잠정적 균형이 아닌, 도덕적 근거에 의한 안정적 합의를 추구한다는 것이다(Rawls, 1993: 179-185).

학교 교육은 이러한 중첩적 합의를 연습하는 공간이 되어야 한다. 먼저 학생들은 각각의 신념이나 입장이 정당화될 수 있는 근거는 무엇인지, 그 이면에 어떠한 정치적·도덕적 원칙들이 있으며 공통으로 연관되는 원칙들이 있는지를 검토하면서 함께 논의하며 탐색한다. 학생들은 공동의 탐색 과정을 통하여 상이한 신념이 공동의 원칙으로 수렴될 가능성을 찾고, 그러한 정치적·도덕적 원칙에 근거하여 중첩적 합의의 가능성을 모색하여야 할 것이다. 이러한 과정에서 학생들은 공적 근거에 입각한 사고와 판단, 자신과는 다른 입장에 대한 이해와 수용, 깊고 끈질긴 사고

와 수정의 노력 등의 능력과 태도를 함양하게 된다(Reidy, 1996: 41).⑦

3. 공공성과 민주시민교육

(1) 공공성의 개념과 의의

시민성은 시민의 자유와 평등의 권리를 보장한다는 측면에서 발전되어 온 개념이지만, 또 한편으로는 시민의 사회적·공적 책무성을 포함하는 상호적이며 양면적인 개념이다. 시민의 권리는 개인의 일방적인 요구로써 실현되는 것이 아니라 교육기관, 사법기관, 입법기관 등의 사회 제도가 필요하며 이를 유지하기 위한 시민들의 충실한 참여와 역할이 바탕을 이루어야 한다. 공동체가 도덕적으로 성숙한 통치를 이루기 위해서는 폭력이 아닌 심의, 타협, 분배를 통한 합의의 과정을 거쳐야 하는데, 이러한 통치 과정의 근간은 시민들의 공적 책무에 대한 인식이다. 권리와 의무의 조화적 인식을 바탕으로 한 편익과 부담의 공유, 자원의 공정한 분배가 이루어질 때 공동체는 합법적 정체성을 실현할 수 있다(Faulks, 2000: 13-14).

공공성이 무엇을 의미하느냐는 문제를 살펴보기 위해서는, 먼저 '사적인 것'과 다른 '공적인 것'의 특성을 이해하는 것이 필요하다. 첫째, 공적인 것은 타인에게 가시적으로 열려있는 영역으로 타인의 시선으로부터 숨겨져야 할 사적인 영역과 구별된다(Weintraub & Kumar, 1997: 5). 공적 영역은 사회성의 공간으로 관례나 관습에 의해 익명의 타자들이 상호 교섭하는 공간이다. 둘째, 공적 영역은 모든 사람에게 접근이 개방되지만, 사적 영역은 소수에게만 접근이 제한되어 있다. 정치를 단순한 통치의 개념이 아니라, 다양한 문화적 배경을 지닌 사람들이 함께 참여하여 토론과 심의, 집단적 의사결정을 하는 영역으로 볼 때 이것은 바로 이러한 개방적 공공성의 영역을 의미한다(Weintraub & Kumar, 1997: 11-12). 셋째, 공적 영역은 행위자의 '지위'(position)가 자신이나 직접적 이해 당사자뿐만 아니라 공동체나 국가에 폭넓게 영향을 미치는 경우로서 관식이나 행정, 정부 기관 등을 의미한다. 넷째, 공적인 것은 집단이나 전체의 이익과 관련된 것으로 환경문제와 같이 공동체 구성원 전체뿐만 아니라 미래 세대까지 영향을 주는 '공익 또는 공공선'을 의미한다.

상기한 네 가지 공공성의 개념을 달리 표현한다면, 절차로서의 공공성, 주체로서의 공공성, 내용으로서의 공공성의 세 차원이 복합적으로 연관된 개념이라고 할 수 있다. 첫째, 절차로서의 공공성은 모든 구성원이 자유롭고 평등하게 접근하고 참여할 수 있는 개방성과 투명성을 의미한다. 둘째, 내용으로서의 공공성은 개인이나 일부가 아닌 공동의 이익을 모색하는 가치를 담고 있어야 함을 의미한다. 셋째, 주체로서의 공공성은 절차적 정당성에 근거하여 내용적 공공성을 실현할 수 있는 주체로서 국가, NGO, UN 등을 의미한다.

그런데, 이 세차원은 갈등과 보완의 관계에 있다. 절차로서의 공공성은 우리가 앞 장에서 살펴본 개인의 자유와 권리를 강조하는 '자율성'과 관련된 것인데, 이것은 공적 주체에 정당성을 부여하며, 내용으로서의 공익의 가치는 활동 주체의 행위를 견제하고 구성원의 참여 범위를 제한한다. 문제는 개인의 자유와 자율성—절차적 공공성—을 지나치게 강조할 때, 공익의 가치—내용적 공공성—를 축소할 수 있는 위험이 있으며, 역으로 공적 결속, 공공의 가치를 지나치게 강조할 때, 개인의 자율성 및 절차적 공공성이 위험해질 수 있다(Bell, 1998; Riley, 2005; 정재영, 2001). 따라서, 공공의 가치를 지향하되 그것이 개인의 권리를 침해하지 않도록 하며, 개인의 자유로운 권리를 존중하되, '시민으로서의 미덕'에 기초하여 사회적 약자의 배려 등 공공의 가치를 위한 헌신을 할 수 있는 다차원적 공공성의 조화를 모색하여야 할 것이다(박영신 · 이승훈, 2010: 25-29).

듀이는 〈공공성과 그 문제들 *The Public and its Problem,* 1984〉에서 공공성, 공공의 가치를 구현하는 데 있어 어떻게 개인과 집단들이 연합할 수 있는가의 문제를 상세하게 고찰하였다. 듀이에게 '공중'(the public)이란 공적 행위의 결과에 영향을 받는 사람들이자 자신들의 이익이 보호되도록 그 결과를 감독하는 집단을 의미한다. 역사적으로 개인 간, 집단 간에는 다양한 형태의 갈등과 분쟁이 존재하였고 공중은 이를 폭력이 아닌 가능한 타협과 평화적 수단을 통해 극복하여 상호 이익을 보장하려는 필요에서 '연합'(association)을 발전시켰다. 이 연합에서 중요한 점은 자기(집단)의 행위가 타자에 미치는 결과와 타자가 자기에게 미치는 결과를 상호적으로 '반성'한다는 것이며 이것이 바로 인간 공동체의 특징을 나타낸다. 공적 행위의 결과에 대한 반성은 자라나는 후속 세대로 하여금 신념, 관념, 감성, 목적의 의식을 심어주게

된다(Dewey, 1984/2014: 15-25).[5)]

사회 내에는 다양한 종류의 연합들이 모종의 연합행동을 만드는데, 그 결과가 지성적·감성적으로 인식되면서 관심의 공유와 협력적 행동이 발전한다. 공공성의 특징은, 이러한 연합행동이 확산적이고 지속적인 결과를 낳으면서 폭넓은 사람들에게 파급력을 발생시키고, 또한 이 파급력에 대한 사유와 감정이 연합의 조건을 지속적으로 재구성한다는 점이다(Dewey, 1984/2014: 27). 이러한 듀이 관점은, 공동체 내의 다양한 이해관계를 지닌 개인이나 집단들이 어떠한 공적 행동이 자기 집단의 이익뿐만 아니라 다른 집단에게도 다양하고 중요한 영향을 준다는 사실을 깊이 인식할 때, 바람직한 공공성이 구현될 수 있음을 제시한다. 그런데, 다양한 집단의 상호작용은, 불가피하게 이해관계의 충돌이 발생할 수 있으며, 이때 국가권력의 중재가 필요한데, 문제는 국가권력이 다양한 파급력과 결과에 대한 정당성을 깊이 고려하여 대처하기보다는, 지배 권력의 획득과 유지에만 집착한다는 점이다. 이때 공중은 진보적 의식을 통해 사태를 흐리게 하고 혼란하게 만드는 부적절한 상황을 개혁하도록 행동하는 것이 필요하다 (Dewey, 1984/2014: 28-30).

5) 공공성 개념의 핵심 요소는, 절차적으로 모든 시민이 의사결정과정에 참여하고 민주주의적으로 '협의'한다는 점과, 내용적으로 권력이나 부정부패 등의 장애를 극복하여 '공익'을 추구한다는 점인데, 듀이는 이러한 민주주의적 협의 과정과 공익의 추구를 위한 방법적 노력에 대한 논의를 치밀하게 다루고 있으며, 이러한 부분은 협의의 문화가 부족하고 권력과 부정부패, 사익의 추구로 인한 공익, 공공선의 실현에 난점을 지닌 한국 현대사회에 여전히 중요한 논의라고 본다. 특히, 이 글에서는 듀이의 과학적 탐구 방법이나 민주주의가 공공성의 시민의식 함양과 구체적으로 어떻게 연관되는지 살펴보고자 한다.

한국 사회에서 공공성의 문제를 고려할 경우, 상기한 듀이의 지적은 특별히 중요하다. 한국 근대사에서 민주주의의 최대의 적은 권력과 연계된 부패였다. 권력 유지를 위한 정치인들의 이기적인 태도가 기업인, 금융인의 부패와 유착으로 첩첩이 연결되었고 무원칙적이고 공약을 지키지 않는 정치는 불신과 퇴보를 가져왔다(Eoh, 1999: 252). 이러한 정치 현실로 대통령과 국회의원에 대한 국민 신뢰는 매우 낮았고, 여야 간의 정당정치는 합리적인 방향에 대한 모색이 아닌, 정권획득과 유지를 위한 극한 대립 및 정치인들의 이합집산의 실상을 나타냈고 이에 따라 생산성과 예측성이 매우 낮은 후진적 정치를 보여주었다. 정당정치는 상대당과의 정치적 타협의 능력에 의존하는데, 유럽과 달리 한국처럼 타협의 전통이 미약할 때 정치파국의 위험도 크다.

문제는 이러한 극한 대립, 타협이 없는 대립을 위한 대립이 시민사회의 공론장까지도 지배한다는 점이다. 다양한 단체와 언론이 특정한 정당과 연결되어 진보 대 보수로 대립하게 된다. 기존의 전통적 언론매체를 통한 문예 공론장과 함께 근래에는 사이버 공론장을 통해 다양한 비판적 소통이 이루어지는 계기가 되었으나, 한편으로는 상기한 권력과 연계된 보수 대 진보의 대립을 위한 대립의 수단으로서, 심도 있는 합리적 분석보다는 얄팍한 포퓰리즘을 야기하는 문제 또한 안고 있다(김주성, 2011: 113-120).

이와 관련하여 하버마스가 비판한 현대 사회의 '조작적인 공개성'의 개념은 중요한 의의를 지닌다. 현대 사회의 대중은 특권적 이해와 관련된 대중매체와 문화산업의 영향 속에서 공공의 진지한 논의가 힘을 잃게 된다. 심의회, 자문위원회 등의 정치기구들은 '합의의 공학'으로 결정을 내리고 시민들은 논의에서 제외된 채 공개성은 조작된다. 이러한 왜곡된 공공성의 극복을 위해선, 우선적으로 권력의 의존상태를 극복하고 공공의 공간에서 함께 사고를 자극하고 자율적 지성을 함께 육성해 나가야 한다. 공공성은 복수의 구성원이 자기 집단이나 사회적 입장에 구속받지 않고 자유롭게 의견을 교류함을 통해 구현된다. 국가권력이나 시장의 영향력을 넘어선 담론의 장을 펼칠 때 시민사회는 참다운 공공권을 행사할 수 있다. 시민포럼, 시민운동, 비영리단체, 자원봉사단체 등을 통한 자율적 공공권의 행사는 공공적 활동에 대한 비판적 감시와 토의를 통한 정치적 의사 형성을 목적으로 한다 (Saito, 2000/2009: 45-53).

듀이의 관점에서, 공공성을 구현하는 민주주의는 공공의 영역에서 사익이 아닌 공익을 추구하도록 권력의 불합리성을 감시하고 통제하는 기능을 의미한다. 이런 맥락에서 민주주의는 어떤 관념이라기보다는 사회적 반응이며, 역사적 운동과 사유이다 (Dewey, 1984/2014: 82-86). 듀이가 볼 때 현대의 공공성은 단지 공무원의 행동을 지원하는 것에 초점을 두고 시민들이 공공성에 관한 권리와 의무를 의식하고 실천하기보다는 정치적 불신과 무관심의 경향이 강하다. 시민들은 공공 정책에 관심을 가지기보다는 주택공급, 세금조정, 도시계획 등 단지 행정적 문제를 전문적으로 관리하는 데 관심을 둔다. 그러나 사실 공공성은 전문적이고 기술적인 행정행위이기 이전에 조정되고 해결되어야 할 근본적인 힘을 의미한다. 듀이는 이것을 가족, 학교, 산업, 종교 등 모든 양태의 인간 연합에 영향을 미치는 근본적이고 포괄적인 민주주의의 정신이라 본다(Dewey, 1984/2014: 117-125, 142).

듀이는 민주주의를 공공의 검증 과정에서 발휘하는 '과학적인 태도'로 본다. 모든 새로운 생각과 이론은 비판적 평가를 위해 과학적 공동체의 검증을 받아야 한다. 변혁을 가능하게 하는 힘은 실험적 탐구와 지속적 검증을 통한 지식과 사고의 지속적인 수정 과정에 의해 생성된다. 이러한 태도가 구성원 개개인의 마음속에 새겨지고, 새로운 생각이 지속적인 발견과 옛 신념에 대한 비판으로 무장될 때, 기존의 강고한 도그마와 관습의 압제를 극복할 수 있다. 듀이는 인간사회의 문제에 대처하는 과학적 태도를 보편적으로 적용하기 위해, 대중교육이 사회 전체에 이러한 태도를 보급하는 데 앞장서야 한다고 본다(Dewey, 1993: 83). 여기서 과학은 특수한 전문지식의 분야가 아니라 민주주의 실현을 위한 태도로, 선전에 의한 오도를 막을 수 있고 당면한 사회문제들을 충분한 지적 안목으로 함께 논의하고 해결할 수 있는 기초가 된다(Dewey, 1939: 148-149; Shapiro, 2003: 206).

과학의 접근은 어떠한 문제에 대해 가설을 설정하고 그것을 검증(실험)하여 결론에 이르는 과정을 핵심으로 하며, 그 결론은 완결된 것이라기보다는 또 다른 가설과 검증에 열려있다. 과학의 역사는 바로 기존의 결론을 뒤집는 새로운 발견의 연속이었고, 그것을 가능하게 한 힘은 열린 검증의 과학적 태도라 볼 수 있다. 듀이 관점에서, 의식으로서의 공공성을 함양하기 위해서는 모든 공교육의 과정이 이러한 열린 검증의 능력과 태도를 키우는 데 주력하여야 할 것이다.

공중이 민주적으로 기능하기 위해서는, 구성원 개개인이 자신이 속한 집단을 이끌기 위해 능력에 따라 책임 있게 참여하며 각 구성원의 잠재력이 공통 관심 및 공동선과 조화를 이루면서 실현되는 것이 필요하다. 민주적 구성원의 성장은 상이한 집단들이 다른 집단들과 융통성 있게 충분히 상호작용할 때 일어난다. 민주시민은 가족생활, 산업, 과학적이고 예술적인 다양한 연합에 참여하는 것을 통해 정치 집단 구성원으로서의 풍성한 자질을 함양할 수 있다. 구성원들은 집단 간에 서로 이끌어 주고 반응하는 상호작용을 통해 서로 보강되고 상호의 가치가 조화되는 과정을 통해 통합된 인격제의 충만함을 성취할 수 있다(Dewey, 1984/2014: 147). 듀이는 학교뿐만 아니라 가족, 생산 활동, 학문, 예술 등 삶의 모든 영역이 서로 조화롭게 교류함을 통해 공적인 정치를 담당하는 성숙한 민주시민으로의 성장이 가능하다고 본 것이다. 듀이 관점에서, 사회는 성숙한 공공성의 의식을 키우는 거대한 학교이며 여기서 구성원들은 적극적인 상호작용을 통해 공공의 가치와 조화된 능력을 함양하며, 이렇게 성장한 다양한 구성원의 능력이 다양한 분야에서 발휘될 때, 사회는 최선의 상태를 실현할 수 있을 것이다.

듀이 관점에서 민주주의란 공동체적인 삶 자체에 관한 관념이며 이상(理想)으로 나아가는 운동이다. 공동체의 관념 혹은 이상은 방해 요소들을 극복한, 연합된 삶의 현실적 국면으로서 이상은 구성원들에게 공유되며 의욕을 자극하고 공동체의 존속을 이끈다. 공동체가 성립하기 위해 가장 근본적인 전제조건은 구성원들 간의 의사소통으로서, 이는 결합된 경험의 결과를 고려하여 공동의 이해관계 및 공동노력과 연관된 공동의 의미, 곧 일반의지와 사회의식을 생성한다. 공동체 구성원은 상호작용을 통해 의미들을 상호 평가하고 모종의 힘의 질서를 구성한다. 이러한 공동체의 의미에 대한 상호적 이해와 이것에 의한 규제는, 단번에 성취되지 않고 교육을 통해 공동체의 전통, 사고방식, 관심을 습득함으로써 성취된다(Dewey, 1984/2014: 147-153).

공공성은 단순히 사회적 제도도 아니고, 개인적 특성도 아니다. 이것은 공동체 구성원들의 공동의 의식적 노력을 통해 '함께' 구현할 수 있는 가치이자 이상이다. 모든 개인은 자신의 이익과 권리를 추구하나, 더불어 사는 사회에서 함께 좋은 삶과 행복을 구현하기 위해서는 '공공의 가치'에 대한 인식과 공공의 문제를 함께 풀어나갈 수 있는 협력적・배려적 태도가 필요하다. 아울러, 개인의 이익과 권리도 공동체의 안정, 존속, 번영과 불가분의 연관이 있다는 측면에서 공공성은 사회적 삶에 중요한 태도이자 가치이며 지향해야 할 이상이다. 이러한 태도이자 가치인 공공성의 달성, 실현의 과정은 홀로 이룰 수 없고 지적・인격적 상호작용을 통해 가능하기에 학교 교육뿐 아니라 보다 폭넓은 사회교육의 장에서 함양될 수 있다.

(2) 공공성을 함양하는 민주시민교육

우리는 앞서 공공성의 개념을 고찰하며, 공공성은 공공의 가치를 지향하며, 다양한 구성원이 개방적・주체적・반성적으로 참여하고 소통함으로써 이루어짐을 확인하였다.

우선, 공공성의 핵심내용인 공공의 가치인식을 함양하는 민주시민교육은 무엇을 어떻게 하여야 할 것인가? 이를 위해선 먼저,

예비시민인 학생들이 공동체의 역사적 맥락 속에서 자신의 정체성과 삶의 방향을 숙고하는 태도를 기르는 것이 바탕이 되어야 한다. 맥킨타이어는 삶의 목적과 가치에 대한 진지한 성찰이 결여된 채, 개인의 즉흥적 선호에 따라 사는 주정주의(emotivism)를 극복하기 위해 삶을 서사적 맥락(narrative) 속에서 인식하여야 함을 수장하였다. 개인의 삶은 일련의 행위들의 연합이며 이것은 삶의 전체적 배경과 연결된 서사적 구조에 놓여 있다. 개인의 의도는 공동체 내의 인간관계 및 과거-현재-미래의 서사적 맥락 속에서 무엇을 해야 하는지, 무엇이 가능하며 불가능한지를 검토하여 설계되어야 하며, 이렇게 설계된 공유된 미래는 현재 삶의 방향을 제시하는 목적이 되어야 한다(MacIntyre, 1981; 2007: 208-216). 학생들이 자신의 학습 목표 인식 및 진로 설계에 있어, 단순한 개인적 만족과 성공을 넘어, 자신의 삶이 시・공간적으로 공동체의 삶과 불가분 연결되어 있음을 인식하고 이러한 사회적 연대의식과 책무성을 성찰할 수 있도록 교과교육내용 및 진로상담교육을 구성해야 할 것이다.

개인은 누군가의 자녀, 지역공동체의 주민, 단체의 구성원, 민족의 일원이다. 좋은 삶의 의미는 역사적, 사회적 맥락 속 공동체 구성원으로서의 역할과 관련되며, 이것은 공동체의 전통과 기대에 근거한다. 개인의 삶의 이야기는 공동체의 이야기 속에 있고 좋은 삶의 기준은 '살아있는 전통'으로 역사적으로 이어지고 체화된다. 개인이 경험하는 현재의 사회적 실제들은 장구한 역사 속에서 발전되고 검증된 것이며, 이것은 구성원들의 지성, 정의, 진실, 용기 등의 미덕과 역사적 가치 인식을 통해 계승될 수 있다.

개인의 현재 삶은 “미완성된, 살아있는 과거의 전통, 곧 가능성”이며, 이는 또한 미래로 계승·발전되어야 한다(MacIntyre, 1981; 2007: 220-223). 한국은 긴 역사 속에서 세계의 어느 민족사에서도 찾아보기 힘든, 수많은 전란과 외세의 압력을 극복하여 왔고, 훌륭한 정신적·물질적 문화를 계승·발전시켜 왔다. 한국의 역사와 문화는 “미완성된, 살아있는 가능성의 전통”으로서 한국인의 ‘기대’와 ‘이상’이 담긴 것으로, 한편으로 잘 계승하여야 하며, 다른 한편, 더욱 발전적으로 창조해나가야 한다(심승환, 2018: 219). 가정교육, 학교교육, 사회교육의 모든 민주시민교육의 장에서는, 개인적 자아실현이 한국인으로서의 역사적 책임의식과 연결되어 있음을 인식하게 하고, 이러한 의식 속에서 자기계발과 공동체 활동을 수행할 수 있는 방향을 모색하여야 할 것이다.

오늘날 한국 사회는 맥킨타이어가 ‘주정주의’, ‘덕의 상실’로 언급한 것과 관련하여, ‘가족공동체의 붕괴’, ‘나홀로 문화’ 등 극단적 개인주의가 팽배하여 있는 것이 현실이다. 그것은 경제 상황, 취업상황 등 사회 구조적인 원인도 있고 1인 가구의 증가 등 가족 구조의 해체와 ‘혼밥’, ‘혼술’ 같은 용어에서 보이는 개인주의 문화 같은 문화적 원인도 있다. 그러나 근래 ‘태안 유조선 침몰 사건’이나 ‘세월호 침몰 사건’에서 보여주었듯이 어려운 일을 당하였을 때 한국 시민들은 놀라울 정도로 응집력을 보이며 자발적으로 여러 방식의 지원을 하는 모습을 보면, 공동체의식이 약하다고만 단면적으로 쉽게 평가할 수는 없다.

맥킨타이어의 서사적 의식의 핵심은 나의 삶이 공동체의 삶과 연결되어 있다는 것인데, 문화적 흐름이 어떤 방식으로 진행된다고 해서 한국 시민들에게 이러한 의식이 있거나 혹은 없다고 흑백 논리적으로 진단해서는 안 될 것이다. 그보다는, 나아가야 할 방향을 분명히 하고 다양한 형식적·비형식적 교육의 장을 통해 이 의식을 함양하도록 모색하는 것이 중요할 것이다. 혼자 산다고 하여 사람 간의 교류 자체에 무관심하다고 볼 수는 없다. 외국의 도서관이나 시민 카페 같은 곳을 보면, 그곳에서 마을 주민들이 아이부터 노인까지 함께 모여 독서 토론, 시사문제 토론 등을 자유롭게 하며 개인적 문제나 사회적 문제에 대해 활발히 의견을 나누는 모습을 볼 수 있다. 서사적 의식은 도덕이나 역사의 어떤 내용을 주입식으로 넣는다고 생성되는 것이 아니라, 본인이 자발적인 관심과 동기를 바탕으로 타인과 서로의 생각을 나누고 사회적 문제들을 함께 생각하며 모종의 공동 활동을 하면서 자연스럽게 성장한다. 따라서 어려서부터 자연스럽게 타인과 생각을 교류하는 습관, 사회적 문제들을 함께 생각해보는 습관, 여러 사람과 어울려 무엇인가를 협력적으로 해보는 습관을 체화하는 것이 중요하다. 그리고 이때, 특히 학교 교육의 내용에, 공동체의 역사와 윤리적 문제를 그 활동 속에 하나의 소재로 자연스럽게 연결해 준다면 상기한 맥킨타이어의 서사적 의식이 함양될 수 있으리라 본다.

공공성의 핵심이 개인의 자유를 넘어서 공공의 가치, 사회적 연대, 책무성을 인식하는 것이라면, 이러한 성숙한 공동체의식을 함양하기 위해서는 공동의 문제를 함께 생각하고 논의하는 경험을 쌓는 것이 중요하다. 이러한 측면에서 '심의 민주주의(deliberative democracy)'와 심의의 능력은 공공성을 실현할 수 있는 핵심적인 요소이다. 심의 민주주의는 실제적이며 포괄적인 시민성의 개념과 연관되며 민주주의적 시민성을 실현하기 위한 열린 공간의 창출에 중요한 의의를 지닌다. 이것은 고대 그리스의 공공 집회에서 공공의 문제에 대해 시민들이 연설하며 논의하는 방식을 현대에 맞게 재창조한 개념으로, 자유롭고 평등한 시민들의 심도 있는 논의를 기본 조건으로 한다. 심의 민주주의에서는 주요한 의제들에 대해 다른 구성원들이 충분히 수용할 수 있도록 합당한 근거를 제시하면서 정당화와 설득의 과정을 거쳐 구성원 모두가 집단적인 의사결정에 참여한다(Thompson, 1999: 120). 현대 사회의 심의 민주주의는 의회뿐만 아니라 정당, 시민단체, 자원 활동 연합, 노조, 교육기관, 언론기관 등 다양한 공간에서 행하여진다. 이는 학교교육뿐만 아니라 다양한 삶의 공간에서 자유롭고 평등한 심의의 경험을 통하여 시민들이 심의의 능력과 태도를 함양할 수 있음을 의미한다.

심의 민주주의에서 중요한 특징은, 특정한 권위에 대한 의존보다는 폭넓은 공적 참여와 민주적 권위에 의존하여, 항상 판단을 보류하고 기존의 권위에 도전할 가능성을 가진다는 점이다(Blake et al.,2003: 118). 심의는 자신의 문제를 넘어서 공동의 문제를 생각함으로써 사회적 책무성을 인식하게 하며, 주관적인 판단을 넘어서 공론과 협의의 과정에 참여함으로써 연대의식과 협력적 태도를 함양시키는 중요한 계기이다. 심의 민주주의는 무엇보다 자신이나 자기 집단의 주장과는 다른, 타인 및 타 집단의 주장을 경청하고, 서로 다른 관점을 깊이 있게 검토하며 조율하여 공적인 의사결정을 모색하는 성숙한 시민의식을 이끈다는 점에 의의

가 있다.

아동기는 특별히 이러한 심의의 자질과 습관을 효과적으로 키울 수 있는 매우 중요한 시기이다. 아동기에 적용할 수 있는 방식은 첫째, 성인의 모범과 규칙을 통한 학습과 둘째, 비판적인 사고의 훈련이다. 특히 후자를 위하여, 비판하기, 합리적으로 논증하기, 논리적 사고를 통한 의사결정, 일관적이며 공정하게 주장하기, 결론을 내리기 전 적절한 대안에 대한 고려 등을 배우고 연습하는 것이 필요하다. 이러한 과정에서 학생들은 대립하는 의견들에 대하여 이해하며 상호 소통하고 합의에 이르는 방법을 배우게 된다. 학생들은 상호 소통과 이해의 과정을 통해, 반론에 대한 관용과 상이한 삶의 방식 및 소수의견에 대한 존중의 태도를 배운다. 이를 바탕으로 궁극적으로 학생들은 '합리적 심의의 능력'을 함양할 필요가 있다. 이는 관습과 권위가 분명하거나 일관적인 안내를 제공하지 않는 상황에서 무엇이 좋은 방향인지를 찾는 어려운 선택의 능력이다.

심의의 능력을 위한 교육은, '도덕적 품성'과 '논리적 사고능력'을 함께 필요로 한다. 학생들이 오직 논리성만 갖춘다면 목적, 도덕적 필요, 삶의 문제에 대한 고민 없이 무엇이든 합리화하려 할 것이고, 반대로 도덕적 품성만 갖춘다면 자칫 습관과 권위에만 지배될 위험이 있다. 교과교육은 이러한 양대 요건의 함양을 위해 훌륭한 기초를 제공한다. 과학과 수학은 논리적 사고능력을 계발하기 위한 좋은 기초이며, 역사와 문학은 다양한 삶의 방식에 대한 해석과 이해의 능력을 함양한다(Gutmann, 1999: 50-51). 또한, 교실 안에서의 예절과 질서의 훈련, 다양한 문화와 개성을 지닌 동료들과 폭넓게 교제하기, 자신의 책임에 대한 성실, 규칙 준수, 다른 학생 돕기, 함께 청소하기 등의 다양한 비교과적 교육과정은 민주적 심의 능력의 바탕인 도덕성의 함양을 위해 좋은 교육활동이다(Gutmann, 1999: 53).

가정교육, 학교교육, 사회교육에서의 민주시민교육은 거시적 차원에서는 민주시민으로서의 인성과 능력을 키우는 연결된 큰 교육의 장이다. 비판적 사고능력과 협력적 문제해결능력 및 의사소통능력, 심의의 능력, 공동의 가치를 중시하고 타인을 존중하고 배려하며 공감하며 협력하는 인성은 가정에서, 학교에서, 사회에서 폭넓게 길러진다. 가정에서 부모님과 형제자매와의 대화와 상호작용의 방식을 통하여 이러한 능력과 인성이 함양되며, 학교에서 교과 교육 속에서 더욱 체계적인 지식을 바탕으로 사고하고 탐구하고 소통하면서, 또한 교사·학우들과의 토론, 봉사활동, 학생 자치활동 등 다양한 비교과 활동 속에서 민주시민으로서의 인성과 능력이 길러지며, 사회에서 직장 생활의 협력적 문제해결과정을 통해서나 선거나 지역 시민자치활동, 언론활동, 봉사활동, 다양한 시민단체 활동 등을 통하여 민주시민의 의식과 능력이 지속적으로 고양될 수 있다.

학교교육에서의 민주시민교육의 성격은 비교적 형식적·의도적·체계적이라 할 수 있고, 가정교육이나 사회교육에서의 성격은 비형식적·잠재적·비체계적이라 할 수 있다. 그런데, 학교의 교과교육이 시험대비용으로 암기와 정답 찾기의 방식으로만 이루어진다면 상기한 민주시민으로서의 능력과 인성을 키우는 것은 불가능할 것이다. 이와 달리, 지식을 바탕으로 함께 탐구하고 협력적으로 문제를 해결하며 이견과 반론을 존중・협의해나가는 공동탐구, 공동 숙의의 장으로 활용되고, 역사와 도덕과목 등은 단편적 정보를 암기하는 것이 아니라 진정으로 공동체의 역사의식 및 가치 인식, 공공의 문제 인식, 상호배려와 존중의 인성을 함양하는 장이 된다면 좋은 민주시민교육이 될 수 있으리라 본다.

심의는 개인적으로 사려 깊은 성찰과 판단을 통해, 제도적으로 정책 결정을 위한 찬반양론의 심도 있는 검토를 통해 실현된다. 심의하는 시민들은 상호 존중과 배려 등 민주주의 공동체의 삶에 필요한 좋은 습관을 배우고 지키는 동시에 민주주의의 이상을 침해하는 것을 비판한다. 심의 민주주의는 한편으로는 이기적 이해를 넘어 공적인 법질서를 존중하며, 또한 때에 따라서 그 법체계가 민주주의적 원칙을 침해하는 경우에는 구성원의 양심에 기초하여 이를 개혁하고자 노력한다(Gutmann, 1999: 52). 공적 절차와 질서를 준수하며 동시에 올바른 방향을 지속적으로 숙고하여 불합리한 기존 틀을 개혁하고자 노력하는 것이 심의 민주주의의 핵심이며 (예비) 시민들은 가정, 학교, 사회생활 등 다양한 삶의 공간에서 이를 함양할 필요가 있다.

심의 민주주의가 제대로 실현되기 위해서는 구성원들의 의사소통능력과 사고력이 기반이 되어야 한다. 공공성을 구현하는 의사소통은 단순히 자신의 사적 욕망과 권력을 위한 수단이 아니라, 공동의 의미를 소통함으로써 상호의존적 행위의 결과를 성찰하며 공유된 관심과 욕망과 노력을 형성시키며 이를 통해 행위를 지도한다. 듀이에 의하면, 이러한 의사소통은 바로 지성과 교육을 통한 도덕적인 문제이다(Dewey, 1984/2014: 154-155).

지식은 사회적으로 전달, 발전되는 것으로 공동체의 연합과 의사소통을 통해 이루어진다. 사회의 문화적 영향 속에서 습득한 습관을 통해 구성원은 효과적으로 관찰하며, 반성하고, 무엇인가를 추구한다. 습관의 영향력은 개인과 사회를 기존 방식으로 유지하도록 하나, 그럼에도 변화는 발생하며 축적된다. 지식이 계속 축적되고 기술과 수단이 발전됨으로써 변화의 추진력이 생기며 인식된 결과에 비추어 변화를 관찰하는 것을 통해 반성, 발견, 실험이 이루어진다(Dewey, 1984/2014: 157-160).

사회변화와 발전의 근간인 지식은, 듀이의 관점에서, 일상적 의미의 지식이 아닌 '과학'이다. 과학의 본질은 어떠한 결론 그 자체가 아닌, 결론에 도달하게 하는 방법과 과정이다. 따라서 이 방법과 과정을 이해하는 능력이 과학과 지식의 기초요 사회변화의 근간인데, 이러한 능력의 습득은 큰 노력이 필요하다(Dewey, 1984/2014: 161). 민주적인 공중이 갖추어야 할 일차적 조건은 과학의 정신과 방법이며 이것은 사회적 탐구의 자유와 결론의 공유가 바탕이 되어야 한다. 지식은 한 개인의 정신 속에서 완결되는 것이 아님을 인식하고, 공적인 사안에 대하여 충분한 공개와 공유가 이루어져야 한다. 사회적 탐구의 방법은 표현의 자유를 바탕으로 개발된다. 방법은 실제 문제를 관찰하고, 보고하며, 조직하는 데 적용될 때에 고안되고 완성되며 이러한 적용은 자유롭고 체계적인 의사소통을 거쳐 발생한다.

문제는 광고, 선전, 언론을 통한 여론의 선동이나 고립된 학문 분야로 도망치는 스콜라주의, 확립된 제도에 대한 종교적 숭배 등으로 인해 지적인 자유가 억압되고 피상성과 타성에 젖게 되어 사회적 탐구가 제대로 이루어지지 못한다는 점이다. 불평, 무력한 방황, 일탈, 보수적 맹신, 낙관주의, 이견에 대한 협박과 같은 사회적 탐구를 막는 사회 병리를 극복하지 못한다면, 우리의 사고 자체가 억압되고 말살될 수밖에 없다(Dewey, 1984/2014: 165-168).

이러한 듀이 관점에서, 성숙한 공적 시빈성을 키우려면 시민사회에 '과학적 탐구의 정신'이 자리 잡아야 한다. 이 정신은 유행이나 여론, 주관적 취향이나 신념에 의존하지 않고, 진지하고 심도 있게 문제의 근원과 실상을 객관적으로 탐구하며, 쉽게 기존의 것을 따르는 것이 아니라 실험정신을 가지고 진취적으로 새로운 가능성을 지속적으로 탐색하는 노력으로 성취된다. 이것은 또한, 한편으로는 학문의 자유 및 표현의 자유가 보장되어 다양한 관심 분야에 대하여 자유롭고 창의적으로 탐구하며 표현하면서, 동시에 그 탐구된 지식과 창의적 표현을 널리 시민들과 공유하면서 공적 문제에 적용하는 집단지성을 키워나가는 정신이다. 학교교육에서 이러한 정신을 키우기 위해 주력하여야 하며, 또한 시민사회가 하나의 큰 학교로서 이 정신을 함께 성숙시키는 장이 되어야 할 것이다. 무엇보다 기성 사회가 이러한 공적인 반성과 탐구의 문화적 습관을 모범적으로 자라나는 세대에 보여서 자연스럽게 배우도록 해야 할 것이다.

과학(학문)은 사회적 삶 속에 적용되어야 한다. 적용되지 못할 때 학문은 단절되고 맹목적이며 왜곡된 것이 되며 분열된 지식에 머물게 된다. 과학이 삶 속에서 응용된다는 것은 과학이 대중 속에 흡수되고 배포되어 공통의 이해 및 의사소통의 수단이 되어 궁극적으로 참되고 효율적인 공중이 형성됨을 의미한다. 17세기 과학혁명과 18~19세기 산업혁명 시기의 혼란과 문제들은, 순수 학문과 생활세계의 분리로 인해 기술이 가져올 결과의 가치를 고려하지 못하고 수단이 주인공이 된 형국으로, 인간이 자신을 이해하고 통제할 능력을 갖추지 못하고 기술과 기계의 지배를 받음으로써 가난, 착취, 폭력 등의 문제를 야기한 것으로 볼 수 있다 (Dewey, 1984/2014: 172-173). 사회를 합리적 방향으로 이끄는 참지식을 갖춘 시민이 되기 위해 학교에서 학생들은 각 교과를 연결하여 삶에 적용할 수 있는 지식을 함양해야 한다. 모든 교육과정 자체가 이론을 바탕으로 삶의 실제 문제에 적용하여 생각할 수 있는 능력을 키우는 방향으로 전면 개편되어야 한다. 이렇게 되어야만 장래 사회에 진출하여 사회의 다양한 문제에 대해 배운 지식을 적절히 적용하여 합리적 방향을 모색할 수 있다. 기술적인 개선만을 추구하는 것이 아니라 가치를 함께 숙고할 수 있는 시민 역량이 필요하다.[6)]

---

6) 학문과 삶의 분리는 자율성과 교육, 공공성과 교육 양쪽 분야에서 모두 현실적으로 심각한 문제이다. 한국 교육현실에서 아동, 청소년들이 학교에서 배우고 공부하는 주된 이유는 성적과 입시이다. 그러다 보니 부모, 교사, 성적 등의 수동적 동기에 의해 공부를 하게 되며 자신이 왜 배워야 하는지와, 배움과 자신의 인생 목적, 사회공동체의 가치와의 연결 등은 거의 이루어지지 못한다. 또한, 학습 과정 자체가 다른 학생을 제치고 경쟁에서 이겨야만 하는 형국으로 협동심, 배려, 상호작용, 공동선의 추구와 같은 공공적 가치는 무시된다. 이러한 현상은 배움의 과정 자체를 매우 괴롭고 외롭고 자존감에 상처를 입는 불행한 것으로 만들며, 배움이 오직 입시와 취업의 수단으로만 작용하기에 사회생활에 유기적으로 연결되지 못하는 결과를 낳게 된다. 성적은 우수하나 자살 · 우울증 같은 것을 겪게 되거나, 공동체 생활 및 공동체적 과업에 잘 적응하지 못하는 현상이 빈번하게 나타난다. 배움의 내용, 방법, 과정 자체가 자율적인 성찰을 심화시키고 사회적 삶에서의 합리적인 판단과 공공의 상호작용

지식은 이해일 뿐 아니라 소통으로서 출판, 공유, 사회적 접근 등 기록과 소통은 지식에서 필수불가결하다. 사회 현상에 대한 지식은 특별히 유포와 공유를 통해 습득되고 검증된다. 지식의 사회적 유포는 단지 널리 퍼트리는 것이 아니라 공중 속에서 뿌리를 내리고 성장함을 의미한다. 사회적 탐구의 결과에 대한 소통은 합리적 여론을 형성시킨다. 공중은 소통을 통해 여론을 형성하고 수용하면서 공적인 사안을 판단하기에, 소통은 정치적 민주주의의 성장 속에서 체계화된 최초의 관념이자 충족되어야 할 최후의 관념이기도 하다. 공공성과 관련된 여론과 신념은 효과적이며 조직된 탐구를 전제한다. 이것은 현실의 상황, 배경, 영향력을 인식하고 상호작용을 통해 다양한 요소 간의 관계들 및 결과에 대해 예측한다. 상호작용을 통해 지속적인 탐구와 검증을 거치지 않은 여론은 참된 여론이 아닌 의견에 불과하며, 사실에 관한 착오, 유해한 영향력을 미친다. 그릇된 신념에 다수가 동참할 때 그릇된 행위를 하게 하는 힘도 증대한다. 올바른 여론의 관건은, 순간적인 문제 상황에 대한 긴급한 대처 보다는, 문제의 실상과 그 근본 원인을 지속적으로 조사하고 탐구하는 것이다(Dewey, 1984/2014: 174-175).

오늘날 한국 사회에서 소위 댓글 문화, 포퓰리즘은 누구나 무엇이든지 말하나 문제의 실상과 그 근본 원인에 대한 지속적이며 깊이 있는 조사, 공동탐구, 공동 심의의 결여나 부족으로 인해, 사실의 왜곡, 그릇된 신념의 확산을 야기하며, 결과적으로 정책

및 공공의 가치실현과 긴밀하게 연결되어야만 이러한 문제들을 해결할 수 있을 것이다.

과 제도에까지 그릇된 영향력을 미치는 문제가 있다. 참다운 민주주의를 이루기 위해서는 모든 시민이 깊이 있게 문제의 실상과 근본 원인, 올바른 방향에 대하여 지속적으로 함께 탐구하며 검증하는 심의 민주주의의 문화를 만들어야 하며, 이것은 곧 "교육철학"을 학교뿐만이 아니라, 모든 시민의 일상 속으로 들여올 필요성과 연관된다.

이 점에 대하여 우선, 듀이의 관점에서 '철학과 교육의 관계'를 살펴보는 것이 필요하다. 듀이에 의하면, 철학은 사회적 실제의 어려운 문제들과 그 해결방안에 대한 갈등을 다룬다. 그리고 교육은 철학적 논의에 내재된 인간적 의의, 곧 철학적 문제에 상응하는 인간의 정신적 성향 및 교육의 실제를 다룬다. 교육은 철학적 문제의 원인 및 철학적 관점의 수용으로 인한 실제의 변화를 인식하게 함으로써 철학이 다루는 구체적인 삶의 사태를 제시한다. 아울러, 교육은 자연과 인간에 대한 지적, 정서적 측면의 근본적 성향을 형성하는 과정으로서 이를 위해서 철학은 교육의 일반이론이 된다(Dewey, 1916/2007: 469). 철학은 과거의 경험을 사정하고 미래의 가치실현을 위한 계획을 제안한다. 이러한 철학의 과업이 구체적인 결과로 나타나기 위해서는 대중의 선동, 선전, 입법적, 행정적 조치보다는 근본적으로 "교육"을 통하여 인간의 지적, 도덕적 태도에 영향을 줌으로써 가능하다. 철학은 현재 과학의 발달 정도에 비추어 사회적 목적과 가치를 검토하며, 과학의 결과를 미래 사회의 방향 설정과 관련하여 해석한다. 그리고 철학은 교육활동을 통하여 삶에서 구체화되고 검증됨으로써 활용하는 방법을 만든다(Dewey, 1916/2007: 470-471).

철학을 통해 모색한 사회적 이상의 실현은, 가장 근본적으로 다양한 사회적 문제에 관한 지속적 탐구와 이를 통한 지적, 도덕적 성장의 과정, 곧 교육으로 가능하다는 점에서 이러한 듀이의 관점은 합당하다. 이 관점에 의할 때, 바람직한 사회의 발전과 개혁은 그 주체인 시민의 인식과 성장의 과정과 밀접하다.

철학과 교육의 관계에 대한 듀이의 관점은 "교육철학"에 대한 개념 정의와 연결된다. 듀이에 의하면, "교육철학은 현대 사회생활의 다양한 문제들을 고려하여 올바른 지적, 도덕적 습관을 형성하는 데에 관련된 문제들을 명백히 체계화하는 것이다." 사회적 이상과 그 실현방법의 재구성은 곧 철학의 재구성 및 교육의 재구성과 동시에 진행되는 것이다. 과학기술의 발달 및 민주주의의 발달 등에 수반되는 사회생활의 변화는 예전과는 다른, 그에 합당한 사회적 이상의 재구성을 요구하며 또한 그에 상응한 교육의 재구성을 요구한다(Dewey, 1916/2007: 473).

이러한 듀이의 관점에 의하면, 교육철학은 교육학의 하나의 분과학문 또는 교직을 위한 학문이 아닌, 모든 시민 구성원이 사회적 환경과 문제들을 숙고하고 개인과 사회의 성장을 모색하는 폭넓은 시민의 교양이 된다. 사회는 변화하며 그에 따라 다양한 새로운 문제들을 야기한다. 오늘날 한국 사회에서 무엇보다 필요한 것은 변화하는 현실 속에서 배태되는 문제들의 원인, 실상, 극복방향에 대한 깊은 통찰과 이를 바탕으로 한 개인과 집단의 주체적 변화이다. 이를 위해선 제도가 아닌, 사회적 탐구 방법으로서의 민주주의가 의식과 문화로 자리 잡아야 하며, '교육철학'이 학교뿐만이 아니라 모든 시민의 일상 속으로 들어와야 한다.

한국의 민주시민은 우선 '철학하는 공동체'로서 과거의 경험과 미래의 방향, 현실의 문제를 깊이 숙고하여 사회의 이상을 함께 제시할 수 있어야 하고, 또한 '교육하는 공동체'로서 그 설정된 이상을 현실에 적용하여 함께 탐구하고 검증하면서 지속적으로 재구성하며, 이 과정에서 공동체와 구성원의 지적, 도덕적 성장을 모색하여야 할 것이다.

철학하는 공동체와 교육하는 공동체를 실현하기 위해 중요한 것은, 학교와 사회에서 '공론의 장'을 활성화하고 '성숙한 공론'을 모색하는 것이다. 듀이는 탐구의 결과가 읽히지 않는다면, 공중의 사고와 행위에 영향을 미치기 힘들다고 지적한다. 소수의 지식인뿐 아니라 지식이 일반 대중 사이에서 널리 공유되기 위해서는 현재의 사회문제를 탐구하는 것과 관련하여 뉴스에 대한 해석이 중요하다. 여기서 선정적이고 센세이션을 야기하는 것에 집착하지 말고 당면한 문제를 다루는 뉴스에 대한 '해석'을 통해 사건의 의미와 결과를 지속적으로 탐구하며 공적인 판단의 조건이 되는 중요한 지식을 형성해 나가는 것이 필요하다. 또한, 탐구결과가 널리 대중에게 공유되기 위해서는 표현방식이 중요하며 문학과 예술은 인간 삶의 심층 수준을 다루면서 관습화되고 틀에 박힌 의식을 극복하는 좋은 계기가 된다. 자유롭고 심도 있는 사회적 탐구와 섬세하고 풍부하며 감동적인 예술(문학)이 조화를 이룰 때 끊임없이 연합이 확장되며 자유롭고 풍성한 교류가 있는 참된 민주주의를 실현할 수 있다(Dewey, 1984/2014: 179-180).

이 같은 듀이의 생각은 문예비평으로부터 발전한 공론장의 역사와 관련된다. 하버마스에 따르면 시민사회의 정치 공론장은 17

세기 문예 공론장에서 진화한 것이다. 문예 공론장은 지식인들 중심으로 예술작품과 문학작품을 읽고 토론하며 비평하는 모임이었는데 이것이 점차 18세기에 커피하우스, 살롱, 만찬회로 발전하면서 정치비판의 중심이 되었고 신문과 잡지의 출간에 영향을 주었다. 이 같은 모임은 신문기사를 토론대상으로 삼고 절대적 지배를 비판하며 여론을 주체적인 힘으로 발전시키며 입법에 영향을 주었으며 시위, 탄원, 언론운동, 각종 권리운동으로 발전시켰다. 현대사회에 공론장은 문예비평적이고 문해(literacy)를 특징으로 하는 전통적 공론장과 정보 교환적이고 구술(orality)을 특징으로 하는 사이버 공론장으로 발전하였다. 글에 바탕을 둔 전통적 공론장은 시공간을 넘어 의식을 재구조화하고 정신을 분석적이고 논리적으로 형성함으로써 풍부한 이성을 함양하고 공론장을 지성적으로 만든다. 이에 비해 사이버 공론장은 쌍방향적이고 행동적인 특징으로 인해 집합적, 논쟁적, 감정 이입적, 참여적, 상황 의존적인 공론을 이끈다. 깊은 사유와 풍부한 감성, 이성과 실천의 조화를 이루는 성숙한 공론 민주주의를 위해선 전통적 공론장과 사이버 공론장의 방식이 균형을 이루어야 한다. 그렇지 못하고 한 극단으로 나갈 때 지적 권위주의나 포퓰리즘으로 흐를 수 있다(김주성, 2011: 111; 120-121).

이러한 지성과 감성을 조화롭게 형성하는 공론장은 시민사회 전반적으로 실천되고 발전되어야 하지만, 그 출발점으로서 학교교육에서 다양한 방식으로 경험해 보는 것이 필요하다. 학생들이 중요한 사건과 사회문제에 대한 자료 및 언론기사들을 참조하여 '학급 저널 만들기' 활동을 하고 또 이에 대해 타 학급과 교류, 토론한다면 학교 내에서 공론장을 체험할 좋은 기회가 될 것이다. 이 저널에는 시사 문제와 관련된 시, 소설 같은 문학작품을 포함하여 시사 칼럼과 같은 비문학 논평을 실어서 사회문제에 대한 분석적인 사고력을 심화시키는 한편, 풍부한 감수성을 바탕으로 주관적이고 비판적인 해석력을 함양함으로써 장차 성숙한 공론을 이끌 자질을 키울 수 있을 것이다. 또한, 학교 내 '사이버 토론장'을 활성화하여 학교 내의 중요한 문제 및 청소년 문제, 나아가 사회문제에 이르기까지 폭넓게 학생들이 자신의 의견을 진술하고 다른 의견을 경청하며 필요한 때 논박과 합의의 과정을 경험해 보는 것도 공론 민주주의를 배울 좋은 기회가 될 것이다. 단 여기서 주의해야 할 점은, 얄팍한 포퓰리즘이나 감정적 대응을 자제하고, 사실관계와 정책적 방향에 대한 깊이 있는 조사와 탐구, 반론과 이견에 대한 경청과 존중이 수반될 수 있도록 교사의 적절한 지도와 안내, 사이버 토론장의 규칙 운영 등이 함께 필요하다. 무엇보다 현실적인 것은, 이러한 민주시민성을 키우는 교육활동이 시험 준비에 밀려 무시되지 않도록 제도적인 개선의 노력도 수반되어야 할 것이다.

4. 종합논의: 자율성과 공공성의 조화를 통한 한국 민주시민교육의 방향

서론에서 한국 민주주의는 제도적 수준만이 아닌, 실질적이고 의식적인 수준으로 성숙하지 못하였음을 지적하였다. 또 이 같은 현상은 정치에 대한 불신, 참여의 부족, 성숙한 공론과 타협 및 협치의 부족, 갈등 해결 능력의 부족, 지나친 이해관계와 권력에 대한 집착 및 부패, 불투명하고 예측 불가능한 정치 등의 문제가 복합적으로 연관되어 있다고 보았다.

의식적 민주주의, 삶의 양식으로서의 민주주의를 구현하기 위해 시민들이 갖추어야 할, 길러야 할 자질은 무엇이며 이를 어떻게 함양할 수 있는가? 먼저, 본론의 논의를 바탕으로 자율성과 공공성이 삶의 양식으로서의 민주시민교육으로서 어떤 의미가 있는지 살펴보고, 이후 양자의 관계에 대하여 논하고자 한다.

첫째, 민주주의가 삶의 양식으로 체화되기 위해서는 무엇보다도 각각의 시민이 무엇이 올바르고 선한 가치인지를 스스로 분별하고 추구할 수 있어야 하며, 국가는 개개인이 자유롭고 평등하게 각자의 가치관을 추구할 수 있도록 보장하고 지원하여야 한다. 이것이 바로 '자율성'의 요건이다. 이를 위해 중요한 자질은 열린 마음과 비판적 합리성을 가지고 다양한 가치와 대안들을 객관적으로 형량하며 최선의 방향을 숙고하고 판단할 수 있는 능력과 태도이다. 이것은 또한 특정한 권력, 권위, 이념, 관습 등 외부로부터의 압제와, 욕망과 독선과 같은 내부적 구속으로부터 자유로워야 함을 의미한다. 자율성은 국수주의, 전체주의, 외국인 혐오, 군국주의, 테러리즘, 시장과 광고의 무분별한 영향력 등을 극복하는 것을 필요로 한다. 자율성이 실제 힘을 발휘하기 위해서는, 합리적인 사유와 이를 바탕으로 한 열망이 연결되어, '합리적으로 숙고된 열망'이 되어야 한다. 이러한 열망은 자아에 대한 지식과 사회에 대한 지식을 바탕으로 개인과 사회에 있어 어떤 가치가 바람직하고 가능한지를 숙고하는 비판적 정신을 함양함을 통해 형성된다.

자율성은 또한 오늘날 국제화·다문화 사회에서 자민족중심주의를 극복하고 타민족·타문화를 존중·수용하고 평등한 권리를 보장하며 적극적으로 상호 협력·교류하는 세계시민성을 필요로 한다. 세계시민성은 타방의 관점에서 비판적으로 사유하는 능력을 바탕으로 하며, 일방이 압제하지 않고 다양한 가치와 문화가 상호 소통함으로써 자유·평등·평화의 민주주의를 실현하며 참다운 개인과 공동체의 성장을 도모할 수 있음을 의미한다. 그런데 다양한 가치와 문화가 혼재되고 강력한 영향력을 미치는 오늘날의 사회에서는, 개개인이 가치관의 혼란과 갈등을 극복하고 자신의 고유한 정체성을 발견하고 모색하는 실존적인 태도 또한 중요하다.

자율성을 함양하기 위해서는 먼저 지식적 차원에서, 사회적 규범에 대한 인식과 관련된 명제적 지식, 개인적 가치와 행위 방식의 선택과 관련된 개인적 지식, 장·단점을 적절히 평가하는 능력과 관련된 실천적 합리성을 복합적으로 길러야 한다. 삶의 방식으로서의 민주주의를 실현하는 자율성은 기존 방식에 대한 지속적인 재평가의 능력을 전제로 한다. 이는 현재의 가치들을 비판적으로 검토하며 새로운 가치를 사유하는 능력을 의미한다. 자율성의 능력을 위해선 타인과의 교류를 통해 주장과 근거들을 숙고하고 근거가 합당할 때 기존의 관점을 수정할 수 있는 합리적 고찰능력뿐 아니라, 타인의 경험과 감정에 대한 공유와 공감 능력을 포함한 개방성, 지적 겸손, 용기, 성실성의 태도를 복합적으로 길러야 한다. 자율성을 실현하는 성숙한 판단과 논의를 위해선 다양한 학문 영역에 대한 깊이 있는 내용적 지식이 개인과 사회의 바람직한 삶을 위한 방법적 지식과 긴밀하게 연결될 수 있어야 한다. 또한 문학, 미술, 음악 등 예술의 감상과 창작을 통한 문화에 대한 깊은 이해와 미적 가치인식은 성숙한 자율적 가치판단을 위해 매우 중요한 교육활동이다.

둘째, 삶의 양식으로서의 민주주의는 시민의 사회적, 공적 책무성을 바탕으로 한 충실한 참여와 역할, 공동의 심의, 타협, 분배를 통한 합의의 과정을 모색하여야 하는데, 바로 이 요긴이 공공성이다. 공공성은 절차적으로 모든 구성원이 자유롭고 평등하게 접근하고 참여할 수 있어야 하며, 내용적으로 공동의 가치를 모색하여야 한다.

공공성은 사회 내의 다양한 개인과 집단들이 갈등을 지성적·감성적인 관심의 공유를 기반으로, 평화적 수단인 타협을 통해 극복하면서 상호 이익을 보장하며, 연합행동의 파급력에 대한 사유를 바탕으로 공공의 연합을 지속적으로 재구성하는 과정을 통해 구현된다. 공공성에 있어서 권력과 연계된 부패는 내용적·절차적 공공성을 구현하는 데 심각한 장벽으로서, 이로 인해 대중의 참여와 공론은 힘을 잃고 '조작적 공개성', '합의의 공학'으로 변질된다. 따라서 시민들은 시민포럼, 시민운동, 언론활동 등 다양한 공론장을 통해 부당하고 부패한 국가권력에 대해 비판적이고 진보적인 감시와 토론을 행사할 수 있어야 한다. 사익이 아닌 공익을 추구하도록 권력의 불합리성을 감시·비판·통제하는 민주주의는 하나의 관념이 아닌, 사회적 반응이며 역사적 운동과 사유이다.

공공성은 모든 형태의 인간 연합에 영향을 미치는 근본적이고 포괄적인 민주주의 정신으로 공동체의 비판적 평가와 검증을 전제로 한다. 이를 위해선 충분한 지적안목을 통한 당면한 사회문제에 대한 공동의 논의, 선전에 의한 오도의 극복, 옛 신념의 비판과 새로운 생각의 지속적 발견을 모색하는 실험적 탐구와 검증, 수정을 통한 변혁이 필요하며 이 같은 태도를 사회 전체에 보급하는 대중교육이 필연적으로 요구된다. 민주적 시민의 성장은 학교뿐만 아니라 가정, 생산 활동, 학문, 예술 등 다양한 영역과 집단에서 풍성한 상호작용을 거쳐 상호 보강되고, 개개인의 잠재력이 공동 관심 및 공동선과 조화를 이루면서 통합된 인격체로 성숙함에 따라 실현된다. 공공성의 실현은 구성원들 간의 의사소통을 통해 공동의 의미, 곧 일반의지와 사회의식을 형성함으로써 가능하다. 공공의 의사소통은 공동체의 이상과 그에 대한 방해요소들의 극복 방향에 관한 논의로서, 구성원들의 의욕을 자극하고 공동체의 존속을 이끈다. 공동체의 이상과 의미에 대한 이해는 교육을 통해 공동체의 전통, 사고방식, 관심을 습득함으로써 달성된다.

공공성의 핵심내용인 공공의 가치 인식을 위해선 공동체의 역사적 맥락 속에서 자신의 정체성을 숙고하는 태도를 함양해야 한다. 시민들이 공동체의 과거-현재-미래의 서사적 맥락 속에서 삶의 방향을 설계하며 목적의식을 갖추어야 한다. 한국 시민은 한국의 긴 고난의 역사, 훌륭한 정신적·물질적 문화유산을 성찰하며 미완성된, 살아있는 가능성의 전통을 창조적으로 계승할 책무를 지니고 있음을 인식하여야 할 것이다. 학생들이 개인적 자아실현은 한국인으로서의 역사적 책임과 연결되어 있음을 인식할 수 있는 교육을 모색하여야 한다.

절차적 공공성을 위해 중요한 자질은 시민 구성원들이 개방적이며 합리적인 방식으로 공동 문제를 논의할 수 있는 심의의 능력이다. 이를 위해선 민주적 권위에 의존하고 판단을 보류할 수 있는 태도, 비판적인 사고와 논증, 적절한 대안의 고려, 반론과 소수의견에 대한 존중, 공정하고 합리적인 합의의 모색 등의 태도와 방법적 지식을 습득할 필요가 있다. 합리적 심의는 올바른 가치를 지향하는 도덕적 품성과, 권위의 지배가 아닌 합리적 절차와 근거를 추구하는 논리적 사고능력의 조화가 요구된다.

심의의 능력은 의사소통능력과 사회적 지성을 기반으로 하며, 또 이것의 바탕은 과학적 탐구이다. 지식은 공적인 사안에 대하여 충분한 공개와 공유가 이루어지고, 실제 문제를 관찰하고 해결방향을 공동으로 모색하는 과정에서 발전한다. 사회적 지성을 일깨우기 위해서는 얄팍하고 왜곡된 여론의 선동이나 학문 자체에 고립되는 스콜라주의를 타파하고 깊은 학문이 실제 생활세계의 문제에 적극적이고 긴밀하게 연결·적용되어야 한다. 이를 위해 학교에서 학생들은 각 교과내용의 지식을 연결하여 삶의 실제 문제에 적용할 수 있는 지식을 함양하여야 한다. 모든 교육과정이 이론을 바탕으로 삶의 문제를 공동으로 성찰할 수 있는 능력을 키우는 방향으로 전면 개편되어야 한다.

심의 민주주의는 시민들이 사회문제에 직면하여 과거의 경험, 현재의 변화, 미래의 가치실현을 연결하여 바람직한 방향을 함께 숙고하는 '철학하는 공동체'가 되는 동시에, 이러한 성찰을 삶에 적용하여 구성원들의 바람직한 지적, 도덕적 태도를 함양하는 '교육하는 공동체'가 될 때 온전히 실현될 수 있다. 이러한 의미에서 현대 사회의 다양한 문제들을 고려하여 올바른 지적, 도덕적 습관을 형성하기 위한 반성적 노력으로서의 교육철학은 하나의 분과학문이 아닌, 의식으로서의 민주주의를 위한 시민의 폭넓은 교양이 되어야 한다. 또한 이를 위해선 지적 권위주의나 포퓰리즘을 극복하고 객관적이고 이성적인 공론과 주관적이고 감성적인 공론이 조화되어 공적 문제의 탐구가 널리 공유되고 공중의 사고와 행위에 중대한 파급효과를 주어야 한다. 학교교육은 학급저널 만들기, 토론활동, 사이버토론장 등을 적극 활용하여 공론민주주의를 연습하는 장이 되어야 한다.

그렇다면, 자율성과 공공성 양자는 어떠한 관계인가? 개인의 권리와 자유로운 판단에 초점을 둔 자율성과 공공의 가치와 책무성을 추구하는 공공성은 일면 대립적 측면을 내포하고 있다. 만약 양자 중 한쪽만이 지나치게 부각되고 다른 한쪽이 무시될 때는 온전한 조화로운 민주주의를 구현하기는 힘들 것이다. 자율성으로 치우친다면, 개인 또는 개별 집단의 입장, 이익, 권리만을 지나치게 주장하게 하면서 공공 가치, 공적 책무성, 공적 연대는 상대적으로 소홀히 여겨질 것이며, 반면 공공성에 치우친다면 개인과 개별 집단의 고유한 가치, 권리와 이익, 자유를 소홀히 여길 수 있는 위험이 존재한다. 한국의 정치 문화에서 걸핏하면 국가안보, 경제발전의 모토를 내세우면서 근래에까지 있었던 독재적, 권위적 풍조는 후자의 극단 혹은 왜곡된 공공성이요, 최근 정치에 대한 극단적 불신과 무관심 및 극단적 개인주의, 쾌락적 소비문화, 상대주의의 풍조는 전자의 극단 혹은 왜곡된 자율성의 예로 볼 수 있다.[7] 이 문제를 좀 더 깊이 고찰해 본다면, 이러한 이분법적 접근이 아니라, 개인의 정체성이 공동체의 역사적, 문화적 맥락 속에서 형성되며 좋은 삶을 위한 현명한 판단과 실현과정 역시 공동체적 영향과 상호작용 속에서 이루어진다고 보면 온전한 의미의 자율성을 이루기 위해서는 반드시 공공성에 대한 인식을 전제로 하여야 한다는 점을 볼 수 있다. 또한 공동체의 가치 실현과 번영은 개별 구성원의 합리적인 가치 판단과 고유한 자아의 실현, 자유롭고 행복한 삶, 다양한 가치의 조화와 상호보완 속에서 실현된다는 점에서, 온전한 의미의 공공성은 필연적으로 자율성을 전제로 한다는 점을 볼 수 있다. 포크(Faulks)는 엷은 시민성이 아니라 포괄적인 시민성을 실현하기 위해서는, 권리와 책무, 사익과 공익의 조화를 추구하여야 함을 지적한다. 포괄적 시민성은 권리와 책임의 상호보완, 능동성, 좋은 삶의 토대가 되는 공동체, 개별성과 공공성의 상호의존과 종합, 시민적 덕성

7) 쾌락적 소비문화는 공공의 윤리적 문제를 도외시하고 수요자 개인의 선택의 자유를 강조하며 어떠한 형태의 소비든 정당화시키려는 문제를 초래한다. 예를 들어, 자신과 타인에게 부정적인 영향을 미치는 지나친 음주나 흡연, 물·석유 등 공공자원의 낭비, 과도한 음식주문과 음식물 쓰레기 배출에서부터, 불법적인 포르노, 도박, 성매매까지 개인의 자율선택권이라는 명목으로 모든 소비를 합리화하는 문제가 이에 해당된다. 상대주의 풍조는 정도의 차이는 있으나 이것이 심화되면 개개인이 어떤 생각, 어떤 주장을 하든지 옳고 그름, 좋고 나쁨이 없다는 인식을 확산시켜 공공의 가치 자체를 무시하게 할 수 있다. 자율성은 다양한 사회적 가치들을 폭넓게 생각하고 합리적으로 판단하는 과정을 거쳐야 하는데, 쾌락적 소비문화와 상대주의 풍조는 사회적 가치에 대한 숙고와 판단의 과정 자체가 결여 또는 부족하기에 참다운 의미의 자율성이라고 할 수 없다.

을 기반으로 한 자유를 전제로 한다(Faulks, 2000: 19-20).[8)]

그렇다면, 자율성과 공공성이 '조화'되는 시민성의 핵심은 무엇이며 이를 어떻게 함양할 수 있는가? 이것은 양자의 공통적 속성으로부터 도출할 수 있겠고 본론에서 고찰하였던 제도가 아닌 삶의 양식으로서의 민주주의의 특징이 된다. 첫째, 양자의 공통점으로부터 수렴한 조화적 민주시민성은, 합리적인 사유를 통한 공동의 논의와 합의로서의 '심의 민주주의'이다. 심의를 위해선 우선적으로 개개인이 다양한 가치를 스스로 깊이 있게, 공정하게 숙고하며 무엇이 올바르고 무엇이 문제가 있는지를 비판적으로 검증하는 자율적 사고력이 전제되어야 하며, 아울러 이것은 개인의 편견에 사로잡히지 않고 공공의 가치를 성찰하며 다른 구성원들과 협력적으로 공동 숙의하는 내용적 공공성과 절차적 공공성이 수반되어야 한다. 이를 위해 시민교육에서는 깊이 있는 내용적·방법적 지식에 근거한 비판적·합리적 사고력과 함께, 쉬운 결론을 지양하고 대안과 반론, 이견들을 지속적으로 수렴, 검증할 수 있는 개방성과 관용, 인내력 있는 탐구의 태도, 협력적 의사소통능력 등을 함양하여야 할 것이다.

둘째, 자율성과 공공성의 종합적 차원의 민주시민성은 '삶의

---

8) 한국사회는 자율성의 측면이나 공공성의 측면이나 여러 방면에서 개선되고 강화되어야 할 부분이 많다고 본다. 그런데 연구자가 볼 때, 현재 한국사회가 성숙한 민주주의 사회로 가기 위해 무엇보다 시급하고 중요한 문제는 타인(타집단)의 입장과 견해를 깊이 존중하고 이해하며 협의하며 함께 공동의 합당한(적절한) 방향을 모색할 수 있는 태도와 능력이다. 이 부분은 자율성도 관련이 되지만 공공성의 측면이 보다 크게 관련된다고 보며 어렸을 때부터 가정, 학교, 사회 등 모든 삶의 터전에서 이러한 민주주의적 공공성을 전략적으로 함양해주는 데 역점을 기울여야 할 것이다.

방식으로서의 교육철학'을 모색하는 자세이다. 이것은 가정, 학교, 사회, 정치, 경제, 문화, 예술 등 모든 삶의 국면에서 개인적인 문제를 사회 전반적인 문제, 역사적인 문제와 연관하여 깊이 성찰하며, 아울러 그러한 문제를 해결하기 위한 지적, 도덕적 변화의 방향을 모색하고 노력하는 태도를 의미한다. 또한, 이것은 시민 개개인이 홀로 추구하는 것이 아니라 구성원들과 함께 문제의 실상, 변화의 흐름, 원인, 해결방향에 대하여 객관적이고 냉철한 이성적 분석 및 탐구와 더불어, 깊이 있고 풍부한 감성적 해석과 실천의 노력을 추구하는 공론의 장을 발전시킴으로써 성취할 수 있을 것이다.

여기서 민주시민성과 관련하여 제시하는 '교육철학'은 단순히 교육학 분과학문 또는 교직과목의 하나이기보다는, 좀 더 큰 의미에서 '삶의 문제와 사회의 문제를 공동으로 깊이 성찰하며 개인적 성장과 사회적 성장을 모색하는 탐구 활동'이다. 교육학 전공자나 교사만이 아니라, 모든 시민이 개인적·사회적 문제에 대해 철학적으로 깊이 있게 숙고하며, 이견과 반론을 수용하여, 더욱 합리적인 방향을 지속적으로 탐구·협의하는 자세가 필요하다. 특히, 정치적·경제적 권력에 의해 합리적 절차와 협의의 과정이 무시되는 경우가 많거나, 개인적이고 즉흥적인 욕구와 입장에 의해 깊이 있고 다양한 관점의 숙고와 협의가 부족한 한국 현대 사회의 문제를 놓고 볼 때, 이러한 의미의 '교육철학'은 더욱 필요하리라 본다.

이 글에서 고찰한 자율성의 핵심적 개념 요건은 다양한 관점에서 삶의 문제를 스스로 비판적으로 숙고하여 합당한 방향을 찾고 개인적 성장과 행복을 추구하는 것이다. 한편, 공공성의 핵심적 개념 요건은 사회 공동의 가치와 목적을 숙고하고 사회의 문제들을 공동의 협의 과정을 통해 합리적인 방향을 모색하여 사회적 성장과 번영을 추구하는 것으로 보았다. 참된 민주시민성은, 이와 같은 '개인적 가치지향의 자율성과 사회적 가치지향의 공공성이 연결·조화되어 개인과 공동체의 삶과 활동에서 의식적 노력으로 참된 민주주의를 구현하는 것'이라 본다. 이 개념을 바탕으로, 한국의 민주시민교육은 가정과 학교와 사회에서 자율성과 공공성을 조화하는 광의의 교육철학을 실현해갈 수 있는 지식과 태도를 함양해야 할 것이다.

이러한 측면에서 시민의 삶의 모든 국면이 훌륭한 민주시민교육의 장이 될 수 있다. 그리고 학교교육은 특별히 심의 민주주의와 삶의 방식으로서의 교육철학을 배우고 실습하는 중요한 공간으로서 모든 교과교육과 비교과적 교육활동을 이 두 가지 핵심적인 민주시민성의 성취를 위해 내용적, 방법적으로 개선·계발하여야 할 것이고, 입시제도 등도 이를 위해 도움이 될 수 있는 방향으로 조정되어야 할 것이다.

참고문헌

김주성(2011). 대의민주주의와 공론정치. 동양정치사상사, 10(1). 105-126.

박영신 · 이승훈(2010). 한국의 시민과 시민사회. 서울: 북코리아.

심승환(2014). 자율성에 대한 비판적 검토를 통한 교육적 이상으로서의 의미 고찰. 교육사상연구 28(1), 247-273.

심승환(2015). 다산 사상에 나타난 공자 교육관의 창조적 계승. 한국교육학연구 21(3), 29-52.

심승환(2018). 개별성과 공공성의 종합으로서의 시민성 교육. 교육문제연구, 31(4), 203-242.

정재영(2001) 한국 교회 소집단 운동의 공동체성에 대한 연구, 연세대학교 대학원 사회학과 박사학위논문.

정진영(2010). 개헌과 정치제도 개혁의 방향과 전략. 시대정신. 2010년 여름호. 148-149.

Aredt, H. (1989). *Lectures on Kant's Political Philosophy*. 칸트 정치철학 강의. 김선욱 역(2002). 서울: 푸른 숲.

Aredt, H. (1964). *Eichmann in Jerusalem*. 김선욱 역(2006). 예루살렘의 아히히만. 파주: 한길사.

Bell, D. (1998). "Residential Community Associations: Social Capital and Participation in Urban Neighborhoods", *American Behavioral Scientist, 40*(5). 1-20.

Blake et al. (2003). "Autonomy and Authenticity in Education", *The Blackwell Guide to the Philosophy of Education*, 강선보 외 역(2009). 현대교육철학의 다양한 흐름 II. 서울: 학지사.

Callan, E. (2002). "Autonomy, Child-Rearing and Good Lives", *The Moral and Political Status of Children: New Essays*. Oxford: Oxford University Press.

Dewey, J. (1939). *Freedom and Culture*. New York: G.P. Putnam's Sons.

Dewey, J. (1984). *The Public and its Problem*. IL.: Southern Illinois University. 정창호 · 이유선 역(2014). 공공성과 그 문제들. 서울: 한국문

화사.

Dewey, J. (1993). Individuality in Our Day, in Debra Morris and Ian Shapiro(Ed.), *The Political Writings*. Indianapolis: Hackett.

Enslin, P. (1994). "Should Nation-building be an Aim of Education?", *Journal of Education, 19*(1). 20-40.

Eoh, M. (1999). Democratic Citizenship Education in Korea, *Social Studies, 90*(6). 250-252.

Faulks, K. (2000). *Citizenship*. 이병천 외 역(2005). 시티즌십. 서울: 아르케.

Gutmann, A. (1999). *Democratic Education*. New Jersey: Princeton University.

Kant, I. (1970). On the Common Saying: This may be true in theory, but is does not apply in practice, in Hans Reiss (ed.) (trans. H.B. Nisbet), *Kant's Political Writings*, London: Cambridge University Press.

Kant, I. (1796). *Zum ewign Frieden*. 이한구역(2008). 영구평화론. 파주: 서광사.

MacIntyre, A. (1981; 2007). *After Virtue: A Study in Moral Theory*. Notre Dame, IN: University of Notre Dame Press.

Mulhall, S. and Swift, A. (1992). *Liberals and Communitarians*. 김해성 · 조영달 역(2001). 서울: 한울아카데미.

Peters, R.S. (1966). *Ethics and Education*. London: George Allen & Unwin Ltd. 이홍우 · 조영태 역(2003). 윤리학과 교육. 서울: 교육과학사.

Rawls, J. (1993). *Political Liberalism*. New York: Columbia University Press. 장동진 역(1998). 정치적 자유주의. 파주: 동명사.

Riley, D. (2005). "Civic Associations and Authoritarian Regimes in Interwar Europe: Italy and Spain in Comparative Perspective", *American Sociological Review, 70*(2). 288-310.

Saito, J. (2000). *Publicness*. 윤대석 외 역(2009). 민주적 공공성. 서울: 이음출판사.

Shapiro, I. (2003). *The Moral Foundations of Politics*. New Haven: Yale University Press.

Smith, R. (1997). "The Education of Autonomous Citizens", in D. Bridges(ed.), *Education, Autonomy and Democratic Citizenship*.

New York: Routledge.

Steinberg, D. I. (1998). Korea: Triumph amid turmoil, *Journal of Democracy, 9*(April). 76-90.

Taylor, R. (2014). "Education for Autonomy and Open-Mindedness in Diverse Society", ***Philosophy of Education 2014 Yearbook***.

Thompson, P. (1999). Democratic Theory and Global Society, *Journal of Political Philosophy, 7*. 111-125.

Weintraub, J. & Kumar, K. (1997). *Public and Private in Thought and Practice*. Chicago: The University of Chicago Press.

Winch, C. (2006). *Education, Autonomy and Critical Thinking*. New York: Routledge.

Wringe, C. (1997). "In Defense of Rational Autonomy as an Educational Goal", in D. Bridges(ed.), *Education, Autonomy and Democratic Citizenship*. New York: Routledge.

VIII 삶과 죽음, 존재와 관계의 실존적 자각[1)]

1. 들어가며

인간은 영원히 살 수 없는 유한한 존재이다. 그러나 모든 인간은 죽을 수밖에 없다는 필연적 사실에도 불구하고 많은 사람은 일상에서 자기 죽음을 실제적으로 인식하지 못하고 살고 있다. 죽음은 객관적으로 일어나는 사실이나, 우리의 일상적 삶 속에서는 이에 대해 진지하고 적극적인 성찰과 논의를 하기 보다는 우울하고 부정적인 것으로 금기시하는 경향이 더 많다. 니일(Neale)의 분석에 따르면, 현대인들은 주로 세 가지 방식으로 죽음을 부정한다. 첫째, 죽음을 '비호감'을 일으키는 대상으로 여겨 대중매체나 영업활동에서 잘 사용하지 않는다. 둘째, 죽음의 가혹한 느낌을 줄이기 위해 죽음 대신 다른 용어를 사용한다. 셋째, 사회적으로 금기시함에 따라 반작용으로서 죽음을 다룬 TV, 뉴스, 영화 등의 대중매체들에 오히려 더 몰두하게 된다(Neal, 1973: 111).

디켄(Deeken)에 의하면, 이러한 죽음에 대한 금기의 관점의 배경에는, 현대의 두 번에 걸친 세계대전으로 인한 대량학살의 경험이 크게 작용하였고, 과학기술과 의학의 발전으로 '죽음'은 단지 병원이 다루어야 할 것으로 축소화되었다(Deeken, 2008: 35).

1) 이 장의 내용은 저자(심승환)의 논문, "키에르케고어와 하이데거 사상에 나타난 죽음의 교육적 의미와 죽음교육의 방향 고찰"(교육철학연구, 2019)을 수정 · 보완하였음

고대나 중세 시대에는, 무속 신앙이나 종교를 통해 죽음이나 사후세계를 삶과 불가분의 연결 선상에서 인식하고 일상의 중요한 관심사로 다루었다. 과거에는 주로 종교를 통해 죽음에 관한 교육이 행하여졌고 죽음을 대비하며 또 죽음 이후를 생각하며 삶을 어떻게 살 것인지를 가르쳤다. 또한, 전통사회에서는 가족 안에 연로한 (조) 부모와 함께 생활하며 임종을 경험하고 상례와 제례를 중요한 의식으로 치르면서 죽음에 대해 성찰할 기회가 더 많았다.

그러나 종교적 영향력도 약화되고 전통적 가족제도나 상례/장례의식도 축소화됨에 따라 죽음은 일상 현실 속에서는 점점 더 관심이 멀어지게 되었다. 노인들이 병들고 죽어 가면 병원으로 옮겨지고 아이들은 이들과 함께하는 경험이 없어지며, 죽음은 TV나 게임의 가상 속의 상황으로 인식된다. 현대 학교에서 수학, 과학, 언어에 대한 교육은 매우 강조되고 있으나, 사람을 사랑하고 잃게 되고 죽음을 맞이할 때와 같은 삶의 중요한 순간에 어떻게 느끼고 생각하며 행동해야 하는지에 대한 교육은 부실하다. 이러한 죽음에 대한 의식, 가족적 연대의 의식 등의 약화와 관련하여, 현대 사회는 전통사회보다 살인과 자살이 증가하였다(Becker, 2004: 3~4).

죽음을 금기시하는 관점은 또 한편으로는 근대의 자본주의 물질문명의 영향력과도 연관된다. 여기서 모든 기준은 성공과 실패의 이원론적 시각에서 성립된다. 아이들은 경쟁과 효율을 지상의 목표로 삼고 어떻게 하면 성공하느냐에 집착하도록 교육받는다. 성공은 곧 삶이요, 실패는 곧 죽음이란 의식이 은연중 아이들에게 심어지게 되고, 아이들은 실패나 죽음에 대해서는 두려워하며 생각하기도 싫은 대상으로 인식하게 된다. 이러한 인식의 배경에는 삶과 죽음을 이원화하며, 죽음을 패배와 소멸로 보는 근대적 관점이 존재한다. 여기에는 과거에 있었던 죽음을 통한 성스러움의 도약의 가능성은 존재하지 않는다(김소희, 2002: 210-212).

인간이 나이가 들면서 성장하고 늙듯이 인간에게 삶과 죽음은 연결되어 있다. 그리고 인류와 생명체의 거대한 생태계의 전체적이고 지속적인 삶을 성찰할 때, 죽음은 또 다른 생명의 중요한 기반이 된다. 생명체가 죽어 흙으로 돌아갈 때 그 양분은 또 다른 생명체들의 삶을 풍요롭게 하며, 사람의 생애에 중요한 정신적 유산과 업적은 후세들의 삶에 이어져 그 삶을 풍요롭게 한다. 삶과 죽음을 분리해 보고, 마치 죽음은 끝인 것처럼 생각한다면, 우리의 인생은 어느 순간 우울할 수밖에 없다. 그러나 죽음을 삶과 연결된 것으로 인식하고 그 의미를 실존적으로 더 진실하게 성찰할 때, 우리의 삶과 주변과의 관계는 더욱 진실하며 생동력을 지닐 것이다. 이 글은 삶과 죽음, 존재와 관계를 어울림의 관점에서 실존적으로 자각하며 성찰하는 것의 의미를 살펴보고자 한다.

근현대의 죽음에 대한 금기의 관점에도 불구하고, 죽음에 대한 대중적·학문적 관심은 꾸준히 증가·발전하였다. 로플랜드(Lofland)의 분석에 따르면, 높은 의료기술, 병의 조기발견, 죽음에 관한 학문적 연구, 유행병의 높은 사망률, 사망 관련 사고의 감소, 생명 기간 연장 등의 다양한 추세와 관련하여 죽음에 관한 관심이 높아졌으며, 이러한 관심은 죽음을 어떻게 맞이할 것인가와 연관하여 죽음 교육과 보살핌, 상담, 제도적 변화 등에 대한 "행복한 죽음 운동"으로 발전하였다(Lofland, 1978). 한편, 죽음에 대한 학문적, 전문적 측면의 발전은 '죽음학' 및 죽음교육의 발전으로 나타났다. '죽음학(thantalogy)'은 메치니코프(Metchnikoff)가 1903년 『인간의 본성』(*The Nature of Man*)에서 제안하면서 등장하였고 페이펠(Feifel)이 『죽음의 의미』(*The Meanig of Death*)에서 죽음학은 인류학, 예술, 문학, 의학, 철학, 생리학, 심리 분석, 정신의학 및 종교학의 종합적 영역에서 학제적으로 죽음현상을 탐구해야 함을 주장하면서 본격적으로 발전하게 되었다.[2)] 이후 주로 미국을 중심으로 볼 때, 1963년 미네소타 대학에서 죽음교육 정규과정이 개설되었고 1965년 죽음교육 전문학술지 *Omega*가 간행되고 죽음학재단이 창립되었으며, 1973년 고등교육기관에 600여 개 이상의 죽음교육 강좌가 개설되고 1974년에 1,100개의 중등학교에 죽음교육 강좌가 개설되었으며, 1976년에 죽음교육 및 상담협회가 설립되었다(林綺雲 외, 2007: 48-51).

그러나 문제는, 죽음에 대해 일반적인 관심이나 지식, 형식적인 대처 기법이 향상되었다고 하여도, 죽음을 인생의 매 순간에, 각자 '자기의' 실제적 문제로서 인식하고 자기만의 고유하고 심도 있는 성찰과 삶의 변화를 이끄는 것은, 여전히 부족하다는 점이

2) 죽음학의 주된 관심사는 호스피스, 죽음교육 및 죽음과 연관된 현상들의 연구에 머물러 '삶의 차원'이 결핍되었다는 반성에서, 푸에이신(博偉勳) 교수가 1993년 종교의 죽음에 대한 관심 및 임종정신의학을 결합하여 삶의 차원을 포함하는 죽음학 연구를 해야 한다고 주장하면서 '생사학(生死學; Life and Death Studies)이라는 용어를 사용하기 시작하면서 지금까지 많은 연구가 이루어지고 있다(林綺雲 외, 2007: 39).

다. 더욱이, 죽음교육이 체계적으로 발전하여 온 미국이나 여타 국가들과는 달리, 아직 한국은 고등교육이나 특별한 기관에서 드물게 있는 경우를 제외하고는, 초・중등교육에서는 죽음교육이 거의 행하여지지 못하고 있는 형편이다.

이 글은 이러한 배경에서, 죽음에 대한 일반 지식이나 형식적 대처 기법의 교육과 구별되는, '실존적인 죽음교육'으로서, 각 개인이 죽음을 어떻게 인식하고 죽음과 관련하여 삶을 어떻게 살아가야 할 것인지에 대한 교육철학적 방향을 제시하고자 한다. 이러한 목적을 위하여 실존주의 철학자 키에르케고어와 하이데거의 죽음과 관련된 사상을 중심으로 종합하여 고찰하고자 한다.

이 글은 죽음을 금기시하거나 일반적으로 인식하면서 개개인이 정신적・실존적으로 죽음을 준비하지 못한 상태에서 맞이함으로써 초래되는 다양한 문제들을 극복하기 위한 교육 현실적 필요성과, 키에르케고어와 하이데거 사상에 담긴 죽음과 관련된 주요한 개념과 관점들을 비교・종합하여 교육철학적 방향을 제시하고자 한다. 실존적 죽음관을 함양하는 교육을 통해 학습자들은 더욱 건강한 자아정체성과 인생관 및 세계관을 길러 나갈 것으로 기대한다.

이하 본론에서는, 상기한 연구 목적 및 필요성에 근거하여, 첫째, 키에르케고어 사상의 핵심적 개념인 '역설'과 '절망' 등에 담긴 죽음관은 무엇인지 논구하고, 둘째, 하이데거 사상의 핵심적 개념인 '본래성'과 '불안' 등에 담긴 죽음관은 무엇인지 고찰하며, 셋째, 양자의 죽음관의 특징을 비교・종합하고, 넷째, 양자의 종합적 죽음관에 기초한 죽음의 '교육적' 의미는 무엇이며 '죽음교육

의 방향'은 무엇인지를 구체적으로 논의하겠다.[3)]

2. 키에르케고어의 '역설'과 '절망'의 죽음관

(1) '역설'에 담긴 죽음의 의미

키에르케고어의 죽음관을 고찰하기 위해선, 먼저 이와 관련된 그의 사상의 배경과 특징을 간략히 살펴보는 것이 필요하다. 그는 헤겔의 객관적이고 합리적인 지성의 관점에 대해 반대하였다. 그는 인간의 성장이 모종의 '변증법적' 단계와 과정을 통해 이루어진다는 헤겔의 관점을 수용하였으나, 이러한 과정이 합리적·객관적으로 이루어진다는 관점에는 반대하였다. 키에르케고어에 의하면, 성장은 '실존적인 심화'의 과정으로서 이는 개인의 자아 전체의 재구성에 의해 이루어진다. 이 재구성 과정은 논리적이고 객관적인 단계에 걸쳐 일어나는 것이 아니라, 각 개인의 비논리적이고 주관적인 사건, 곧 실존적 결의의 순간에 의한 도약을 통해 발생한다.

인간에게 중요한 순간 중에서, 죽음 역시 보편적인 현상이 아닌, 주관적인 경험이다. 키에르케고어는 "죽음은 삶 속에서 일어나는 사건으로, 오직 각각의 개별의 경험으로써만 가능하나 또한 영원

3) 이 글의 논리적 구성은 키에르케고어와 하이데거의 죽음에 대한 주요 개념을 논구하는 과정을 바탕으로, IV장에서 양자의 죽음관을 비교·종합하며, 또한 이를 바탕으로 V장에서 죽음의 교육적 의미 및 죽음교육의 방향을 논의하기 때문에, IV장과 V장은 매우 중요한 부분이므로 끝까지 정독해주시기를 바라며, 그 종합 및 적용의 논의를 위해 앞부분의 충분한 개념분석과 설명의 과정은 필연적임을 독자들에게 양해를 구한다.

함에 대한 경험이 될 수 있는 것"임을 주장하였다(Kierkegaard, 1941: 151). 헤겔 철학은 개개인의 삶과 죽음, 경험과 성장 등의 문제들도 인류 역사의 합리적이고 보편적인 체계의 전개 관점에서 본다. 그러나 기독교적 실존주의자였던 키에르케고어는 참된 신앙은 객관적 진리 또는 보편적 이성으로 매개되는 것이 아닌, '주관적인 역설'임을 지적한다. 그는 존재를 완전한 체계로 만들고자 한 헤겔에 반하여, 내면과 외면, 유한성과 무한성 등 모순적이고 역설적인 문제에 대해 개별적으로 반성하고 선택하는 실존적 주체를 주장한다(Blanc, 2004: 143-145).

키에르케고어는 기존의 사상과 관행에 역행하여, 보편적 이성의 관점에서 이해하기 힘든 '역설'을 그의 사상의 중심에 위치시켰기에 '죽음' 역시 이 역설의 관점에서 접근할 수 있다. 그는 보편과 개별, 영원과 시간, 존재와 비존재, 직접과 간접 등의 역설을 제시하였는데, 이 역설은 단순한 모순적 개념의 병치가 아닌, 하나의 가치는 그와 상반되는 개념을 수반하며 함께 작용하여야만 실현된다는 의미이다(심승환, 2016: 259).

키에르케고어는 '단독자'의 개념을 강조하였는데 이는 '단 한 사람'이면서 동시에 '누구나'를 의미한다. 그는 "단독의 개인이 온 세계를 놓고도 꼼짝도 않을 만한 확고한 윤리적 태도를 획득한 다음에라야 비로소 진정한 하나가 될 수 있다."고 주장하였다(S. V., VIII: 114[4]). 그가 보기에, 자유와 정의의 공동체를 구현하는

---

4) Soren Kierkegaard's Samlede Vorker(『키에르케고어전집』) 中 「나의 저작 활동의 관점」: 참고문헌 표기에서 APA방식으로 하지만, 철학문헌의 특성상, 원전의 이해를 위해 본문 밑의 각주에 책 제목 표시

문제는, 보편적 윤리와 체제에 의존해 있는 것이 아니라 각 개인의 모진 결의와 행동에 달려 있었다. 그는 이러한 입장을 설명하기 위해 그의 대표적 저작 〈두려움과 떨림〉에서 아브라함이 자신의 아들, 이삭을 죽여 하나님께 번제로 바치는 행위를 예로 든다. 자기 아들을 죽이라는 하나님의 명령은, 보편적인 윤리 기준이나 개인의 기존 상식적 관점에서는 절대 수용할 수 없는 두려운 일이었다. 그러나 아브라함은 이 이해할 수 없는 상황에서 아들을 바치는 순종의 길을 선택하였다. 키에르케고어 관점에서 이 사건은 하나의 상징적 의미를 제시한다. 아브라함의 이 죽임의 행위는 보편적 윤리를 초월한 개별적 실존의 행위이며, 단독의 개인이 믿음으로 절대자인 하나님과 순전한 개별적 관계를 맺는 행위이다(S.V.III[5]: 119; 122-123).

키에르케고어가 볼 때, 실존은 목숨을 건 싸움을 통하여 일체의 개념적 사고를 물리치고 개별적인 자기를 찾는 과정이다. 이 실존의 과정은 유한적인 것의 고뇌와 불안, 절망과 좌절을 통해서 자기 자신에게 관계하는 행위이다. 이것은 헤겔의 양적 변증법과 구별되는 질적 변증법의 과정으로서, 여기에서는 추상적인 사고에서 나타나는 이것도 저것도 다 수용하는 사변적 모순 해결이 아닌, 이것이냐 저것이냐의 결단이 촉구된다. 이 결단은 위의 아브라함과 이삭의 예처럼 매우 혹독한 것이고, 절망과 좌절을 뛰어넘는 '죽음의 비약'(saltus mortalis)이 존재한다. 그리고 이 비약을 통해 한편으로는 죄의식과 함께 기존의 확고한 입장의 붕

5) 『키에르케고어전집』 中 「두려움과 떨림」

괴를 경험하며, 다른 한편으로는 보편적 이성으로 절대 이해할 수 없는 역설, 유한한 개별적 존재와 영원하고 무한한 존재의 만남을, 믿음을 통해 경험함으로써 참다운 실존을 이루어 갈 수 있다(표재명, 1995: 21; 97)

키에르케고어에 의하면, 가장 이해할 수 없으며 동시에 가장 중요한 역설은 신이 인간의 몸이 된 성육신의 사건이다. 신은 영원한 존재인데 한시적 시간 속에 인간으로 나타났다는 것은 인간이 이해할 수 없는 절대적인 역설이다(S.V. VII[6]: 203; S.V. IV[7]: 225). 이 역설 안에서 유한한 비진리의 존재인 인간과 영원한 진리인 신의 만남이 이루어진다. 이 만남의 계기는 신의 무한한 사랑과 인간의 죄에 대한 각성이며, 각 개인의 실존적 결단을 통해 이것은 현실화된다. 키에르케고어에 따르면, 이 순간은 '가장 정열적인 내면화'로서 개별자가 자신의 죄를 자각하고 성육신한 예수 그리스도를 믿음을 통해 수용하는 것이다(S.V. VII: 200; S.V.IV: 244). 이 순간을 통해 영원한 신이 한시적인 인간에게 오게 되고, 한시적인 인간이 영원한 신에게로 향하여 영원한 진리인 신과 더불어 살게 된다(S.V. IV: 254).

사도 바울은 "내가 그리스도와 함께 십자가에 못 박혔나니 이제는 내가 산 것이 아니요 오직 내 안에 그리스도께서 사신 것이라 이제 내가 육체 가운데 사는 것은 나를 사랑하사 나를 위하여 자기 몸을 버리신 하나님의 아들을 믿는 믿음 안에서 사는 것이라"(갈 2:20)고 기술하였다. 기독교적 관점에서 죽음은 곧 죄에

6) 『키에르케고어전집』 中 「철학적 단편 후서」
7) 『키에르케고어전집』 中 「철학적 단편」

속한 자기의 이전의 삶을 완전히 벗어버리고, 예수 그리스도를 통한 하나님의 사랑과 구원을 믿고 하나님과 동행하는 삶을 새롭게 시작함을 의미한다.[8] 이러한 기독교적 맥락과 연관하여, 키에르케고어에게 죽음은 참다운 자기의 삶을 살도록 하는 방식을 결정하도록 하는 계기이다. 죽음은 두 가지 모순적이고 역설적인 의미를 내포하고 있다. 첫째, 심미적·윤리적 단계의 비진리의 개인에게는 죽음이 존재의 끝, 종국적 절망, 소멸을 의미한다. 이에 반해 둘째, 하나님을 향한 '믿음의 도약'을 경험한 종교적 단계의 개인에게는 죽음이 영원함, 천국에 도달하는 계기가 되며 곧 참다운 삶(생명)이며 기쁨을 의미한다(Canine, 1983: 65-66).

키에르케고어가 보는 인간 실존은 삶(무한성, 영원, 신성)과 죽음(유한성, 시간, 죄성)의 변증법적 대립과 종합의 과정이며, 죽음은, 상실인 동시에 소망이요, 가장 확실한 것이면서 가장 불확실한 것이다. 그는 실존적 개인은 끊임없이 '생성의 과정'에 있다

8) 자아가 그리스도와 함께 십자가에 못 박혀 죽었다가 그리스도 안에서 다시 산다는 의미는, 키에르케고어의 관점에서 볼 때, 죄악으로 팽배한 세상에서 인간의 몸으로 고난받고 분투하며 진리를 증거하며 사랑을 실천하는 그리스도를 본받는 새로운 삶이다. 키에르케고어는 기존 관행을 평안히 지키고 삶의 쾌락을 설교하는 당시 교회를 비판하며, 비진리의 세계(시간성)에서 진리의 세계(영원성)를 지향하며 심각한 문제와 한계에 대항해 고난당하며 분투하는 자세를 주장한다. 이는 신 앞에서 자신을 철저히 반성하며 자신의 한계와 하나님의 은혜를 자각하는 행위이며, 하나님 앞에서 자기에게 더욱 성실해지며 이웃을 사랑하는 것이다(S.V.XII: 85-87). 그리스도가 병자, 귀신들린 자, 장애우, 죄인 등을 돌본 것처럼 그리스도인은 현실에서 특히 사회적 약자들을 힘써 사랑하여야 한다. 개인은 현실에서의 이웃사랑(십자가 횡축의 상징)을 통해 영원한 하나님에 대한 사랑(십자가 종축의 상징)을 또한 실현할 수 있고, 영원한 존재이자 인간의 시간 속에서 인간의 몸으로 산 예수 그리스도의 역설을 본받아 실존적 삶을 구현할 수 있다(심승환, 2016: 266).

고 본다. 주체적으로 사유하는 개인은 그의 생각 안에서 실존적 상황을 끊임없이 재생산하며, 그의 생각을 과정 안에서 해석한다(CUP[9], 79). 개개인은 대립되는 두 측면에 대한 끊임없는 실존적 사유의 과정인 실존적 역설 안에서 성장한다. 개인은 한편으로는 자신의 가치에 초연하여야 하며, 다른 한편으로는 이것에 열정적이어야 한다. 각자는 현실의 주어진 시간과 상황 안에서 자기의 방식대로 열정적인 삶을 추구하여야 하나, 동시에 그것을 '초월'하여—죽음의 상징적 의미—무한한 새로운 '창조의 가능성'을 바라보아야 한다. 관계적 차원에서 보면 실존하는 개인은, 타인을 깊이 고려하고 사랑하여야 하지만, 동시에 홀로 결단해야 하는 고립된 주체이다. 죽음은 특히 관계적 차원에서 깊은 상실의 슬픔이나, 단순한 삶의 소멸이 아닌, 기독교적 관점에서의 새로운 삶과 소망의 차원에서 보면, 또한 기쁨일 수 있다(Canine, 1983: 71-73).

이러한 역설적 실존의 측면에서 볼 때, 죽음은 실존적 개인이 직면해야 할 '불확실성'을 의미한다. 키에르케고어는 죽음이란 전 생애에 걸친 이해하기 힘든 문제로서, 거듭 반복하여 생각해보아야 하며 책과 같은 안내서를 통해 일목요연하게 정리될 수 없는 것임을 지적한다(CUP: 152). '불확실성'으로서의 죽음은, 삶의 모든 국면을 관통하는 현상으로서 끊임없이 매 순간마다 이를 극복하려는 노력이 필요하다(CUP: 149). 죽음은 단번에 보편적 용어로 결론지을 수 없는 현상이다. 각각의 실존적 주체가 매 순간에

9) Kierkegaard(1941), *Concluding Unscientific Postscript*

그 불확실함에 대하여 지속하여 고민할 때, 역으로 불확실성을 상징하는 죽음은 삶에 가치 있는 기여를 할 수 있다. 이 때 개인은 죽음뿐 아니라 삶의 매 순간이 '불확실함'을 자각하게 되고 주체적 사고자로서 삶에 대해 진정 심각하고 진지한 태도를 가질 수 있다. 여기서 개인은 삶이 확실한 완결된 것이 아닌, 끊임없이 불확실한 '되어감(becoming)'의 현상임을 자각할 수 있다.

키에르케고어의 '역설' 개념에서 인간은 한편으로는 현실성이며 존재이지만, 다른 한편으로는 가능성이고 비존재이다. 마치 애벌레가 변하여 나비가 되듯이, 인간은 잠재적이고 가능한 상태에서 현실의 정해진 상태로 생성된다. 그러나 그 현실의 존재는 또 다시 하나의 잠재적 가능태로 또 다른 생성의 계기가 된다. 인간의 현실은 정해지지 않은 다양한 가능성과 선택의 여지, 그로 인한 불확실하고 부정적인 예상 때문에 늘 불안하다(Blanc, 2004: 107-109). 이런 불안의 극치는 바로 소멸(죽음)이다. 키에르케고어가 볼 때, 전통철학의 형이상학적 관점은 현실에 이상적 관념성을 도입하여 인간의 변화 가능성을 무력하게 한다(Kierkegaard, 1996: 16, 19).

그러나 인간은 이와 반대로 존재와 비존재의 '사이의 존재'로서 현실의 삶과 소멸의 가능성(죽음) 사이에서 불안해하는 존재이다. 이러한 불안은 개인이 자아정체성과 존재의 의미에 대해 심도 있는 관심을 가지게 하는 계기가 된다(하일선, 2016: 155). 불안은 자신과 인간의 문제와 한계를 성찰하게 하고 미적, 윤리적 단계의 인간을 종교적 단계로 상승시키는 실존적 도약의 계기이다. 존재와 비존재 사이의 존재로서의 개인은 '존재화의 과정'을 경험한다. 개인은 정해진 상황 속에 존재하지만 지속적으로 참다운 것을 사고하면서, 존재와 사고의 일치를 추구하나, 이는 결코 종결될 수 없는 끝없는 존재화의 과정이다. 개인이 추구하는 진리는 확정될 수 없고 다만 근사치일 뿐이다(CUP: 169). 이는 헤겔의 변증법처럼 정-반-합을 거쳐 종합적으로 절대정신이 실현・완결되는 것이 아니다. 현실의 실존적 삶(존재) 속에서 각자는 실존적 사유를 통해 가능성(비존재)을 바라본다. 가능성은 어느 순간 현실이 될 수 있고, 현실은 또 다른 가능성을 바라본다. 관심의 영어표현인 'interest'의 어원이 사이(inter)에 있다(esse)인 것처럼, 현실과 가능성의 사이에서 '어떻게 살 것인가'의 실존의 관심이 생긴다. 주체적으로 실존하는 개인은 실존적 관심 속에서 지속적으로 자기의 실존 상황을 재생산하며 존재화의 과정을 모색한다(CUP: 79; 279-280).

이렇게 볼 때, 키에르케고어의 존재와 비존재의 역설 속에서, 죽음의 의미는 고정적인 것, 확실한 것에 대한 반발로서, 기존의 고정된 틀을 넘어 끊임없이 새로운 삶을 모색하는 실존적 관심과 노력을 상징한다고 해석할 수 있다.

키에르케고어의 관점에서, 인간의 삶(존재, 현실)은 죽음(비존재, 가능성)과 역설적으로 연결되어 있다. 인간은 자신이 삶의 불안한 현실에 직면하여 치열한 실존적 고뇌와 결의를 통해 열정적으로 살아갈 때, 여기서 기존에는 볼 수 없었던 참다운 새로운 가능성이 생겨나며, 역으로 자신의 유한한 한계(죽음)를 깊이 자각할 때 현실에서 진실한 실존의 삶을 찾아 나갈 수 있는 것이다. 참다운 삶은 참다운 죽음을 이끌며, 참다운 죽음은 참다운 삶을 낳는다. 이렇게, 삶과 죽음의 역설적 자각은 현실성과 가능성, 존재와 비존재, 절망과 소망의 어울림으로 인간의 참된 실존을 이끈다. 이러한 통찰은 단지 철학적인 것만은 아니고, 역사와 현실에서도 볼 수 있다. 고귀한 목숨을 건 희생으로 인하여 수많은 생명이 사는 사건들을 우리는 역사적으로 많이 찾아볼 수 있고, 오늘날 의료기술의 발달과 함께 헌혈과 장기기증으로 수많은 생명이 살아가고 있다. 모든 것을 버릴 수 있는 결단 속에서 고귀한 생명과 희망이 싹틀 수 있다.

(2) '절망'에 담긴 죽음의 의미

키에르케고어의 주저인 〈죽음에 이르는 병〉의 또 다른 제목이 〈절망에 관한 개론서〉인 것처럼, 절망은 키에르케고어 철학에 있어 매우 중요한 개념이다. 인간에게 있어 가장 강한 공포는 자신의 소멸, 곧 죽음이다. 키에르케고어에 의하면, 개인이 윤리적 단계의 최후의 순간에 직면하면 윤리적 자기모순의 상태인 '무한한 체념'에 도달하게 된다. 아브라함이 자기 아들, 이삭을 죽여야 할 때, 윤리적인 사고는 멈출 수밖에 없고 무한한 체념 상태, 절망에 빠진다(표재명, 1995: 77).

이 상태는 더 정확히 보면, 이러지도 저러지도 못하는, 살지도 죽지도 못하는, 심지어는 죽고 싶지만 죽지도 못하는 극한의 절망을 의미한다. 아브라함의 입장에서 늙어서 어렵게 얻은 독자를 죽이는 일은, 차라리 자기가 죽는 것이 더 낫다고 여길 수 있다. 그러나 하나님에 대한 순종과 믿음은, 자기 목숨을 포기하고 그 일을 회피하는 것조차 용납하지 못한다. 생각할 수 있는 모든 가능성, 모든 희망, 선택지가 없을 때의 이 상황이 바로 '절망'이며, 이것이 곧 '죽음에 이르는 병'(sickness unto death)의 상태이다. 절망은 신체적 죽음으로 끝나는 상태가 아닌, '죽음으로 끝낼 수 없는 고통'을 의미한다(Kierkegaard, 1941(FT/SD): 150).

키에르케고어의 관점에서 불안은 '가능성'으로 인해 처해지는 상황으로서, 세상 속에서 어떤 사건이나 인간관계나 행위에서 각 개인이 느끼는 상황이다. 이에 비하여, 절망은 어떤 외부 상황과의 관계에서 발생하는 것이 아닌, 자아가 스스로 내면에서 자신과의 사이에서 발생하는 상황으로 자아가 '내적 불화'를 이루는 상태이다. 절망은 근본적으로 유한성과 무한성의 괴리에서 느껴지는 이러지도 저러지도 못하는, 불가능성을 특징으로 한다. 이것은 자유를 추구하는 자아와, 필연을 수용해야 하는 자아 사이에서 발생한다. 이는 진정한 자아를 찾아가는 과정에서 부딪히는데, 삶의 의미, 신의 존재, 자아정체성에 대한 문제들에 관하여 생각할 때 생각의 한계에 봉착한 상태이다.[10] 여기에서 사람들은

10) 키에르케고어는 인식 및 자아의 '통합성'을 비판적으로 보았다. 칸트는 자아를 인지의 대상이자 사고의 주체로서, 일체의 표상에 수반되는 것으로 보았다. 그에게 자아는 곧 자신에 대한 인식, 모든 표상의 동반자로서의 역할에 대한 인식, 타인에 대한 인식이 통합된 주체이다. 또한, 낭만주의자들은 개념에 의미를 부여하는 자아의 능력을 절대화하여, 모든 것을 스스로 찾는 무한한 자기 인식의 주체로서 보았다. 한편, 헤겔은 전체적 체계와 '절대지식'의 차원에서 자아와 비자아, 주체와 객체를 통합적으로 이해하였다. 이러한 사조들은 자아를 '추상적'으로 이해하고 인식 및 자아의 '통일성'을 안정적으로 간주하였다. 그에 반해, 키에르케고어는 통일성으로서의 자아를 무한과 유한, 일시와 영원, 자유와 필연 사이의 '관계로서의 자아'로 내지시키며, 그 관계의 특징을 변화하며 붕괴될 수 있는 '불안정성'으로 보았다. 관계로서의 자아는 불안과 죽음에 예속되어 있는 불안정한 형성물이다(Blanc, 2004: 98).

두 가지 경향을 보인다. 첫째는, 그러한 근본문제에 대해 외면하고 도피하는 것이며, 둘째는 오직 필연만을 생각하고 결정론적·운명론적 시각에서 염세주의에 빠지게 된다(Blanc, 2004: 97-102).

키에르케고어에 의하면, 실존적 개인은 우선 '절망'의 상황을 '도피'하는 것이 아니라, 치열하게 직면하여야 하며 거기서 끝나는 것이 아니라, 그것을 넘어 인간 실존의 궁극의 단계인 종교적 단계로 이행하여야 한다. 바로 이 때 죽음과 같은, 죽음보다 더 심한 극한의 한계 상황인 절망은 참 실존의 계기가 되지만, 절망이 도피나 포기로서, 그 자체로 끝나면 죄이자 병이며, 파멸일 뿐인 것이다.

키에르케고어는 죽음에서 인간의 유한성과 무한성, 필연성과 가능성의 모순이 가장 첨예하게 드러난다고 본다. 인간은 죽음에 직면하여 유한성과 필연성을 느끼는 한편, 무한성과 영원의 가능성을 희망하기에 이 모순적 상황에서 고뇌하게 된다. 죽음으로 끝나는 유한한 몸에 무한성과 영원성을 구현해야 하는 불가능한 역설적 과제 속에서, 인간은 유한성으로부터 단순 도피하거나, 유한성 속에 빠져 절망하거나, 무한성에로 도피한다.[11)]

첫 번째 유형은 자신이 유한하다는 것, 죽는다는 것을 망각하

11) 키에르케고어는 〈죽음에 이르는 병〉에서 절망의 여러 형태에 대해 설명한다. 절망은 인간에게 모순적이고 역설적인 두 가지 측면 중 한 쪽이 결핍되어 양자를 종합하는 것에 실패한 것을 의미한다. 그의 용어에 의한 절망의 형태는, 유한성과 무한성의 차원에서 볼 때는, 유한성이 결핍된 무한성의 절망(공상적 자아), 무한성이 결핍된 유한성의 절망(세속적 자아)이 있고, 가능성과 필연성의 차원에서는, 필연성이 결핍된 가능성의 절망(추상적 자아), 가능성이 결핍된 필연성의 절망(운명론적 자아) 등이 있다(Kierkegaard, 1989: 197-214).

고 삶이 영원히 지속될 것처럼 보는 것이다. 이 유형의 사람들은 안정과 성공에만 몰두하며, 탄생에서 죽음에 이르는 삶의 전체를 통찰하는 정신이 없는 '무정신성'을 특징으로 한다. 두 번째 유형은 삶의 유한성을 자각하고 무한성과 영원성을 바라기는 하지만, 결국 영원성은 불가능하다고 절망하고 삶은 오직 죽음으로 끝날 뿐이라고 생각하고 허무주의적 염세주의에 빠지는 경우이다. 세 번째 유형은 서양의 철학과 종교를 지배해 온 이원론과 연관되는데 무한성만을 참된 것으로 인정하고, 삶의 구체적인 현실세계는 단지 가상적인 것으로 보는 경우이다.

키에르케고어는 유한성과 필연성만을 인정할 때 우울증의 병이, 무한성과 가능성만을 인정할 때 정신분열증의 병이 온다고 본다. 이러한 병, 절망을 극복하는 길은, 신에 대한 신앙을 통한 유한성과 무한성의 종합이다. 죽음의 진정한 극복은 사멸할 육체와 유한성 안에 무한성과 영원성을 구현함으로써 가능하다. 인간은 무한하고 영원한 존재인 신에 대한 신앙을 통해 유한성과 죽음마저도 수용하는 강한 정신을 가질 수 있다. 이러한 정신은 유한한 세상의 어떠한 불행에서도 흔들리지 않는 평온한 기쁨을 유지하는 마음의 상태이다. 이것은 자기 죽음과 유한성을 인정하면서 무한하고 영원한 존재인 신을 신뢰함으로써 가능하다. 그리고 그 출발점은 자신의 일상적 집착에 대한 불안을 통해 영원한 것을 의식하고 그것을 바로 이 현실에서 실현하려는 의지이다(박찬국, 2016: 184-185).

키에르케고어의 절망 개념에서 중요한 것은, 첫째 절망은 외부 대상과 무관한 자기 자신에 관한 것이라는 점, 둘째 절망은 인간의 죄악의 성질을 담고 있는 병이라는 점이다. 키에르케고어에게 절망은 예컨대, 사랑하는 사람을 잃은 그 자체가 아니고, 그 상실의 사건 속에서 그 자신이 느끼는 실존적 감정이다. 그 감정은 바로 '자신의 삶의 공허함'과 '희망 없음'에 대한 철저한 자각이다. 이러한 자각은 무한성과 영원성에 대한 요구를 깨닫게 하는 기초이며, 유한함 속에서 영원함을 가지고 사는 참된 자아를 찾는 계기가 된다(FT/SD: 154). 키에르케고어는 기독교적 맥락에서 인간을 본래 죄성을 지닌 존재로 이 때문에 두려움과 절망이 온다고 본다. 인간은 자신의 죄성을 인식할 때에야 비로소 신을 알 수 있다.

키에르케고어는 인간의 원죄와 관련된 〈창세기〉의 '선악과 사건'을, 인간이 초월성을 무시하고 오직 피조물로서의 현실, 유한성만을 인식한 결과라고 해석한다. 그러나 각 개인이 불안과 절망 속에서 다시금 (피조물로서) 한계적 존재이지만, 동시에 (신의 형상 및 은혜를 통해) 자기초월이 가능한 존재임을 자각할 때, 불안과 절망은 궁극적 교육을 제공하는 학교이자, 실재(reality)보다 더 훌륭한 스승이 될 수 있다. 실재는 통제되고, 축소되고, 왜곡될 수 있으나 실존적 불안은 속일 수 없다. 인간 조건의 참 모습인 절망에 직면할 때, 개인은 실존의 새로운 가능성과 참 자유를 찾을 수 있으며, 이 가능성은 영원한 존재인 하나님과의 관계 안에서 이루어진다(Canine, 1983: 60-61; 80-81).

키에르케고어가 볼 때, 하나님을 향한 믿음의 도약이 없이는, 절망을 극복하려는 모든 시도는 실패한다. 이 믿음이 없을 때 인간은 무한성과 가능성에 대한 인식이 불가능하며 대중 속에, 세상에,

운명에 자신을 맡기고 방치하거나 포기하게 된다. 반면에, 불안과 절망이, 하나님을 향한 믿음과 동반될 때, 실존적 개인은 모든 유한한 세상의 목표들의 기만성을 깨닫게 됨으로써 참다운 '자유'의 가능성을 찾게 된다(Kierkegaard, 1944: 139). 베커(Becker)에 의하면, 키에르케고어의 죽음, 절망, 자유 등의 개념에 대한 논의의 종국적 지점은 '믿음'이다. 각 개인이 믿음에 이르면 자신의 생명을 창조주와의 관계에서 보게 되고, 자신의 연약함, 한계, 죽음에도 불구하고, 자신의 실존이 창조주의 창조적 힘으로 계획된 영원하고 무한한 세계 속에서 생성되며 유지되는 의미를 지각하게 된다(Becker, 1973: 90).

키에르케고어가 보는 자유로운 존재는, 세상과 운명에 자신을 내맡긴 방치 상태에서 벗어나, 자신이 어떠한 존재가 되어야 할지를 '결의할 수 있는' 사람이다. 불안, 절망, 그것의 극복의 일련의 과정은 결의할 수 있는, '가능성의 존재'로서의 본래적인 자아를 일깨운다. 그 결의의 가능성은 극한적 절망의 상황에서 영원한 하나님에 대한 믿음을 통해 매개된다. 키에르케고어가 종교적 실존 단계로의 도약의 과정으로 예시한 아브라함과 이삭의 사건은 단순한 반인륜적인 행위가 아니다. 아브라함은 절대적 권능의 창조주이자 주재자인 신의 은혜에 대한 확고한 믿음, 자신과 후손의 번창을 약속한 신의 선의와 능력에 대한 강한 믿음에 뿌리박고 그 결단을 감행하였다고 볼 수 있다. 만약 이러한 믿음이 없었다면, 그는 결코 그 이해 불가능한 행위를 할 수 없었을 것이다. 그 이야기는 사실 거기서 끝나지 않고, 하나님은 번제물로서 대신 숫양을 보내줌으로써 아들을 죽이려는 아브라함을 저지한다. 이성으로 이해하기 힘든 상황, 곧 죽음과 절망 속에서 필요한 것은 믿음이며, 이 '믿음에 근거한 결단'만이 참다운 실존적 도약을 가능케 하는 것으로서 키에르케고어 실존철학의 핵심이며 특징적인 요소라 할 수 있다.

3. 하이데거의 '본래성'과 '불안'의 죽음관

(1) '본래성'에 담긴 죽음의 의미

하이데거도 키에르케고어와 유사하게, 서양사상의 주류적 전통인 합리주의적 관점에 대해 비판적이었다. 그는 후설의 현상학으로부터 영향을 받아, 있는 그대로의 세계와 인간을 탐구하는 데 주력하였다. 그는 아리스토텔레스나 헤겔처럼 존재를 논리적 범주에 의해 규정하려는 시도를 반박하며, 존재란 정의될 수 없으며 '물음'의 대상으로서 먼저 존재자 스스로가 자신의 있는 그대로의 모습에 접근할 수 있어야 한다고 주장하였다(Heidegger, 1992: 12; 16). 전통적 형이상학이나 합리주의적 시각의 '인간(man)' 개념 대신에 하이데거는 '현존재(Dasein)'라는 개념을 제시하면서, 지금, 여기의 존재 양식을 스스로 묻는 주체이자 객체인 실존적 존재를 모색하였다. 하이데거에게 '죽음'은 현존재에게 '항상 현존하는' 문제로서 실존의 핵심적인 개념이다. 그는 이성에 의해 죽음을 객관적으로 분석하는 것이 아니라, 현존재가 죽음을 각자 자신의 주관적인 사건으로 자각함에 초점을 두었다(Canine, 1983: 24).

하이데거의 관점에서, 인간 개인은 소중한 존재이자 죽음 앞에서 무력한 존재이다. 그는 자신의 '소중함'과 '무력함'을 동시에 의식하는 인간 존재의 성격을 실존이라고 보았다. 이것은 곧 죽음, 소멸의 현실 앞에서 '어떻게 살아야 하는가'의 문제이다(박찬국, 2016: 164). 하이데거는 현존재가 어떻게 살아야 할 것인가의 실존적 물음에 대해 본래적인 삶과 비 본래적인 삶을 대조하여 고찰한다. 비 본래성은 뿌리에서 떨어진 파생적이며, 허위적이며, 종속된 것으로 타방에 의해 부차적, 간접적으로 온 성질인데 반해, 본래성은 뿌리에서 온, 진실하고, 주체적인 성질을 의미한다(심승환, 2012: 98).

하이데거가 볼 때, 현존재의 퇴락인 비 본래성은 주로 세 가지 요소를 통해 비롯된다. 첫 번째 요소는 '잡담 혹은 빈말'(Gerede)로서, 현존재가 대중의 일상적인 이야기 전달에 의해 지배당함으로써 '평균적인 이해' 방식을 갖게 됨을 의미한다. 잡담에 의해 현존재는 어떤 대상이나 문제에 대해 스스로 깊이 있게 살피지 못하고 타인에 의해 전달된 것을 피상적, 상식적으로 수용하게 된다. 잡담은 세상의 존재자들과 현존재의 고유성을 침식시키고 평균화시키며 진정성을 상실시킨다(Heidegger, 1992: 214-217).

두 번째 요소는 '호기심'(die Neugier)으로서, 현존재가 기분전환을 위해 계속 새로운 것을 찾는 현상을 의미한다. 호기심은 현존재로 하여금 존재자들을 시간을 두고 진지하게 대면할 수 없게끔 만든다. 현존재는 자기에게 익숙하고 친근한 관심사들을 계속해서 이것저것 떠돌면서, 친근한 것에서 더 나아가지 못할 뿐만 아니라, 자기가 현재 처한 여기를 포착하여 뿌리내리는 것도 불가능하게 한다. 대중적인 관심사를 끄는 잡담은 호기심을 유발시키며, 호기심은 잡담의 화제를 제공하면서, 현존재를 비 본래적으로 만드는 데 상호작용한다(Heidegger, 1992: 218-220).

세 번째 요소는 '애매성'(Zweideutigkeit)으로서 일상적 관심과 피상적 전달에 의해 진실한 것이 무엇인지 알 수 없게 되는 현상을 의미한다. 여기서 사람들은 소문에 의존하고 기대치를 중시하여 누구나 무엇이든 쉽게 말하고 수용함으로써 진정한 이해를 어렵게 한다. 애매성은 쉽게 상식선에서 예감한 선에 머물게 함으로써, 눈앞에는 없지만 진정 중요하고 근본적인 가능성을 무력화시키며, 현존재가 자신을 책임 있게 찾고 실현하지 못하게 막는다. 빈말과 호기심에 의해 대중적 예감 자체가 마치 진실한 것으로 되며, 고유하고 새로운 창조를 무력화시킨다. 애매성 속에서 세계내의 존재들은 서로 가식으로 대하며 감시하게 된다(Heidegger, 1992: 221-223).

하이데거는 이러한 현존재의 비 본래적인 모습을 극복하고, 자기 자신의 고유한 가능성에 몰입할 수 있는 계기를 '죽음'으로 본다. 죽음은 눈앞에 닥쳐오는 것인데, 폭풍우, 집 공사, 친구의 도착, 여행, 타인과의 대결 등과 같이 객체적이고 도구적이며 타인과의 공존과 연관된 일들과 달리, 현존재가 항상 '스스로 떠맡아야' 하는 존재가능성이다. 죽음에 직면한 현존재가 자신을 볼 때, 여기서는 다른 현존재와 교류할 여지가 완전히 없어지며, 무엇에도 얽매이지 않는 가장 고유하고, 몰교섭적이며, 능가할 수 없는 가능성이 나타난다(Heidegger, 1992: 320-321).

첫째, 죽음이 고유하다는 의미는, 죽음은 '나의 것'으로서 오직 자신하고만 관련된 것으로 그 누구도 대리해 줄 수 없으며, 세인들이 이해하는 보편적인 죽음이 아닌 자기의 고유한 존재를 문제 삼게 된다는 것이다(신교남 · 이병승, 2013: 228). 하이데거의 존재론적 관점에 의하면, 죽음은 객관적으로 파악되거나, 타인의 죽음에 의해 이해될 수 있는 것이 아니다. 그 누구도 자신의 죽음을 타인이 대신해줄 수 없기에, 죽음은 스스로 죽을 수밖에 없고 자기의 존재가 절대적으로 문제가 된다. 죽음의 순간, 부자가 되는 것, 안정된 지위, 남보다 앞서게 보이려는 것 등 모든 세간의 가치들, 세상 사람들이 세뇌시킨 신념들은 허망한 것으로 느껴짐으로써 세상과 절연하여 자기의 고유한 존재에 직면하게 된다(박찬국, 2016: 169-173).

둘째, 죽음이 몰교섭적이라는 의미는, 현존재가 죽음 앞에서 자신의 고유한 존재를 오직 홀로 능동적으로 떠맡아야 한다는 것이다. 죽음의 순간 우리가 외부적으로 마음 쓰는 어떤 것, 타인과 공존한다는 것 등은 아무 소용이 없어지며, 고독한 존재로서 자신의 현재 상황을 직시할 수 있게 된다. 현존재는 외부에 얽매이거나 교류할 마음이 사라지고 전적으로 자기 자신에게만 마음 쓰고 몰입한다. 현존재의 실존적인 죽음에서는, 세인들에 의해 죽음을 하나의 추상적 사건이나 사례의 소재로 나누거나, 위로하는 말로 은폐하려는 시도는 사라진다. 이 때 무엇을 위해 존재한다는 기능적이고 도구적인 관점 또한 사라진다(Heidegger, 1992: 321-325; 335; 338). 죽음 앞에서 현존재는 재산이나 성공을 위한, 누구를 위한, 조직을 위한 삶이나, 누구의 지시나 권고나 위로에 의해 좌우되는 삶으로부터 진짜 자기, 홀로 진실로 자기를 성찰하고 행동하는 자기로 돌아 올 수 있게 된다.

셋째, 능가할 수 없는 가능성(unsurpassable possibility)이란 의미는, 현존재가 회피할 수 없는, 반드시 겪어야 할 가능성이라는 것이다. 죽음은 현존재가 자기 존재의 과거를 살펴보면서 알게 되는 것이 아니라 이미 처음부터 그 가능성 안으로 '내던져진' 것이다. 이는 곧 자기를 포기해야 하지만 도피할 수 없는, 근원적인 불안에 직면할 수밖에 없는 상태이다(Heidegger, 1992: 321; 338). 이러한 계기에 의해 현존재는 자신에게 무한한 시간이 주어져 있지 않다는 것-삶의 유한성-을 깨닫게 되고 자신이 집착해서는 안 될 허망한 것들을 분명히 알게 된다.

하이데거가 보는 죽음은 단순한 생명체의 절명과 구별된다. 생명체의 절명은 단순히 생명이 끝나는 것으로 자신의 죽음 및 그와 연관된 삶에 대한 통찰이 결여된 반면, 현존재의 존재론적 죽음은 죽음에 임하여 세상 속에 자신의 존재를 성찰하는 행위가 동반된다. 그렇기에 죽음의 실존론적 해석은 인간의 죽음에 대한 근원적 관점으로 생물학, 심리학, 역사학적 죽음론의 토대가 된다(Heidegger, 1992: 317). 인간이 죽음을 실존적으로 볼 때, 근원적이며, 진실하며, 주체적인 의미를 지닌, '본래성'(本來性; authenticity)을 회복할 수 있는 계기가 된다. 이것은 죽음을 수동적으로 당하는 것이 아니라, 스스로 '미리 달려가 봄'으로써 비본래적인 삶으로부터 본래적인 삶으로의 전환을 가능하게 하는 실존의 계기이다.

전술하였듯이, 인간은 잡담, 호기심, 애매성을 통해 세간의 평균적인 인식 속에 지배당함으로써 자기의 고유하고 근원적이며 진실한 본래성을 망각하고 상실한 채로 살아간다. 하이데거에게,

죽음은 자기의 본래적 존재에 대해 다시금 진지하게 물을 수 있는 계기가 된다. 여기서 현존재는 자기가 소속된 사회가 요구하는 틀에 따라 살았던 자신의 삶을 반성하게 된다. 죽음 앞에서 각자는 사회적으로 승인된 사고방식과 생활방식에 따라 살며 자신의 고유한 삶을 잃어버렸던 자신을 성찰하게 된다. 또한 현존재는 죽음에서 자기와 인간들을 포함한 모든 존재자가 어떤 목적에 적합한가의 여부에 따라 '도구적으로' 간주되었음을 인식하게 된다. 자기를 포함한 사람들은 이러한 도구적 인식 속에서, 각자의 고유한 가치를 망각(무시)한 체, 서로를 목표달성을 위한 도구 또는 방해물로 대한다. 죽음은 이러한 도구적 인식을 극복하게 한다. 죽음을 통해 각자는 자신이 그 누구도 대신할 수 없는 고유한 존재로서의 역사와 의미를 지님을 자각한다. 죽음을 통해 현존재는 자신이 누군가의 기준으로 신봉했던 타율적인 가치체계가 더 이상 의미가 없음을 깨닫게 된다. 언제 어느 순간이든 닥칠 수 있는 가장 확실한 사건인 죽음을 회피하지 않고 직면하면서, 현존재는 자신의 고유한 삶을 다시 시작할 동기를 갖게 된다. 죽음은 기존의 비 본래적인 삶을 뒤흔들면서, 일상적인 가능성에 계속 집착할 것인지, 아니면 자신의 본래적인 가능성을 택할 것인지 결단하도록 촉구한다(구인회, 2015: 237-238).

톨스토이의 작품 〈이반 일리치의 죽음〉에는 이러한 하이데거의 실존적 죽음관의 성찰이 잘 드러나 있다. 하이데거는 〈존재와 시간〉에서 죽음을 분석하면서 〈이반 일리치의 죽음〉에서는 죽음에 의해서 야기되는 동요와 불안이 잘 묘사되어 있다고 설명하였다. 이반 일리치는 유능하고 인기 있는 판사였는데 어느 날 불치

병에 걸린다. 죽음을 알게 된 후 그는 자신이 왜 죽어야 하는지 이해할 수 없었고 절망에 빠지게 된다. 그는 인간은 누구나 죽는다는 것을 객관적으로는 알고 있었으나 자신이 죽는다는 것을 진지하게 생각해 본 적이 없었던 것이다. 죽음에 대한 공포와 즐겁게 살아가는 다른 사람들에 대한 강한 질투와 분노로 괴로워하는 일리치와 대조적으로, 일리치의 집사인 농부 게라심은 항상 명랑하고 평온한 표정으로 성심을 다해 일리치를 돌보았다. 게라심은 그 자신에게도 죽음이 올 것을 알고 있음에도, 기쁨으로 일리치에게 봉사하고 있었으며 일리치는 이 모습에 자극을 받게 된다.

일리치는 죽음에 직면해서 자신의 삶을 돌아보며 마침내 자신의 삶이 올바르지 못했다는 것을 자각한다. 그는 자신의 공직 생활, 삶 전체, 추종했던 상류층의 관습과 사고방식이 모두 잘못이었음을 깨닫는다. 그는 인생 내내 올라가려고 애쓰고 있었지만 실은 미끄러져 내려가고 있었음을 고백한다. 그는 자신의 삶을 참회하며 아내와 가족들을 불쌍히 여기게 되고 그들의 고통을 덜어주려고 노력한다. 이 같은 자각과 노력 속에 죽음에 대한 공포는 사라지게 된다. 일리치의 죽음 후, 그의 직장 동료들은 그의 죽음을 자신과 연관하여 의식하지 않고, 단지 그의 빈자리로 있게 될 승진과 봉급의 변화 등에만 집착한다.

일리치의 삶과 죽음에 직면하여 얻게 된 깨달음은 비 본래적 상태에서 본래적 실존으로 변화하는 하이데거의 관점이 잘 나타나 있다. 사회적으로 승인된 사고방식과 생활방식에 따른 삶, 지배적 가치관과 관행에 따른 삶, 상류층에 오르려는 야욕 등은 자신의 고유한 삶을 살지 못하고 세상이 시키는 대로 사는 일리치의 기존의 삶은 비본래적 상태를 나타낸다. 비본래적 삶에서는 모든 것이 목적과 수단의 연관을 갖게 된다. 일리치가 추구했던 '승진과 높은 보수'라는 삶의 목표는, 만나는 사람들이나 관계하는 모든 것들을 다 이 목표에 대한 방해 또는 도움의 도구로 생각하게 만든다. 일리치와 같은 일상의 사람들은 이러한 삶이 당연하고 확실한 것으로 여기며, 예수나 부처와 같은 삶은 이해가 되지 않는다. 이러한 비본래적 삶에서는 주변의 자연의 아름다움이나 진정한 인격체로서의 타인도 존재하지 않고, 오직 나의 승진과 향락에 도움이나 해가 되는 수단만 존재한다.

일리치는 죽음이라는 한계 상황에 직면하여 자신의 기존의 삶이 비본래적이며 공허한 것이었음을 자각한다. 그는 죽음에서 세간의 모든 가치들—높은 관직과 보수 등—이 의미를 상실하게 됨을 알게 되며, 자신에게 진정 근원적이고 고유한 삶이 무엇인지를 통찰하게 된다. 그는 재산이나 명성은 삶의 부차적인 것에 지나지 않으며, 자신을 비롯한 모든 존재자에 대한 진정한 사랑과 관계가 근원적인 것임을 깨닫게 된다(정동호 외, 2012: 196-200).

이러한 하이데거의 관점을 통해 볼 때, 죽음의 실존적 통찰은 삶을 진정한 '나의, 현재의, 살아있는' 삶으로 만든다. 오늘날에 특히 사람들은 성공한 삶에 대한 일반적인 기준을 정해놓고 그것에 좀 더 부합해가려고 열심히 경주한다. 그런데 나의 죽음 앞에 절박하게 직면할 때, 내 통장의 잔액과 지위는 아무런 의미가 없어진다. 죽음의 자각에서, '남들에게 보이는 나'가 아닌 '내가 보는 나'가 되고, '미래를 위해 달리는 나'가 아닌 '지금·여기를 열정적으로 사는 나'가 되며, 어떤 의미나 의식 없이 다람쥐 쳇바퀴 돌리듯 죽은 듯이 사는 인생에서, 삶의 순간순간 의미를 정열적으로 생생하게 의식하는 인생으로 바뀌게 된다.

(2) 불안에 담긴 죽음의 의미

하이데거는 불안(angst)에 의해 비본래적 상황에서 벗어날 수 있다고 본다. 불안은 단순한 공포와 구별된다. 공포는 특정한 대상(목표물)에 의해 야기되며, 진정한 자기에게서 벗어나 자기 자신을 위장하여 세간과 대중의 행위 체계를 추종하는 것과 관련된다. 불안은 이와 대조적으로, 특정화되지 않은, 합리적이지 않은 염려의 감정이다. 불안은 세 가지 요소에 의해 현존재를 고유한 것으로 자각하게 한다. 첫째, 불안은 '내던져짐'(피투성; geworfenheit; thrownness)과 연관된다. 이는 자신의 어떤 의도나 계획 또는 어떤 가치체계, 어떤 특정한 목표와 관계없이, 현존재가 그냥 이미 세상 속에 내던져져 있음을 의미한다. 여기서 현존재는 특정한 무엇—재산이나 지위 등—을 위한, 도구적 존재가 아닌 순전히 고유한 자아를 찾을 가능성을 발견할 수 있다.

둘째, 불안은 '죽음을 향한 존재'(being toward death)와 연관된다. 현존재의 실존은 항상 '비존재 혹은 無'를 상징하는 죽음에 직면하여 있고 이에 대한 두려움을 안고 있다(Canine, 1983: 77). 하이데거에게 '無'는 항상 존재하는 것으로 어떤 대상에 대한 우리의 집착을 뒤흔드는 요소이다. 無에 대한 불안은 충격적이고 절망적이지만 동시에 창조적인 것으로, 급진적인 불안정성을 상기시키며 마치 호흡처럼 생애의 매 순간에 자아와 동반되는 자신의 실존 그 자체이다(Barret, 1963: 226-227). 불안 속에서 현존재는 다가 올 無(죽음)를 향해 자신을 끊임없이 투사함으로써 자신의 유한함을 깊이 자각한다. 여기서 존재는 無 안에 있게 되며, 실존과 죽음이 함께 연결된다. 셋째, 불안은 각자가 선택하고 결단하는 자유와 연관된다. 비본래적 삶, 죽음과 무관한 삶에서 자아는 자신을 잃고 세간의 가치와 풍습에 종속되나, 죽음이 자신의 실존을 관통하고 있음을 이해하고 수용하는 불안 속에서, 자아는 자신의 존재의 고유한 근간을 찾게 되고, 스스로 자유롭게 선택할 가능성을 얻는다. 불안은 현존재에게 스스로의 고유한 결의를 촉발하며 이는 삶과 죽음에 대해 피동적이었던 기존의 비본래적 삶으로부터, 삶과 죽음에 대해 주체적인 본래적 삶으로 전환하게 한다(Canine, 1983: 78).

현존재에게 불안은 늘 있지만, 그 불안을 절실하게 해주는 계기가 죽음이다. 잠자고 있던 불안은, 죽음을 '나의 죽음'으로 회피하지 않고 직면할 때, 유한함에 대한 깨달음과 함께 자신의 본래적 가능성을 일깨우게 된다(이정렬, 2018: 76-77). 죽음에 대한 불안으로 현존재는 자신의 독자적인, 몰교섭적인, 능가할 수 없는 가능성을 이해하게 된다. 불안은 기존에 세상과의 관계 속에서 집착했던 것들의 무의미함을 깨닫게 하며, 자신이 아무런 이유 없이 존재함을 자각하게 한다. 이유 없는 존재, 無에 대한 자각을 통해 현존재는 자신의 존재를 근원적으로 문제 삼기 시작할 수 있다. 여기서 각자는 이유 없이 주어진 인생이지만 자신이 스스로 이를 떠맡아야만 한다는 의식에서 자신이 어떻게 살아야 하는지를 진정 고뇌할 수밖에 없다.

불안의 기분이 인간의 근저에 항상 잠복하고 엄습한다는 것을 통해, 각자는 죽음이 언제든지 우리에게 닥쳐올 수 있는 '가장 확실한 가능성'이라는 것을 깨달을 수 있다. 이러한 맥락에서 하이데거는 불안의 기분을 인간의 근원적 존재양식으로 보았고, 불안을 통해 인간은 단독적인 자기가 되며 본래적인 가능성을 회복할 수 있다고 본다. 이러한 단독적 자기화는 오직 자기만을 생각하는 고립된 자아관이 아니라, 인간을 근원적 세계에 직면하게 하여 세상의 모든 존재자의 고유함과 경이로움을 찾을 수 있게 하는 계기가 된다(박찬국, 2016: 176-178).⑧

죽음에 임하는 존재로서의 현존재의 불안은 세상의 일상적 가치 속에 지배당했던 자기의 상실을 폭로하며, 수단적인 추구에서 벗어나도록 한다. 이 때 자아는 "세인의 온갖 환상으로부터 벗어난, 정열적이고 사실적이며 스스로를 확실히 깨닫고 있는, 불안 앞에 노출되어 있는 죽음에 임하는 자유의 존재"로서의 자신을 자각한다(Heidegger, 1992: 341-342). 죽음의 불안 속에서, 현존재는 본래성을 회복하며, 이 본래성은 참다운 자유를 이끈다. 이 자유는 특정 목표를 위한 수단적 이유, 고정된 삶의 방식의 없음 곧, 無에 대한 자각과 연관된다. 그동안 자신을 구속하였던 어떤 고정된 틀에서 벗어나, 현존재는 죽음 앞에서 자기 자신과 세계를 새롭게 보며 창조할 수 있게 된다. 실존적 불안이 없이, 기존 체계의 뒤흔듦 없이, 일상성의 안정만을 지속하여 추구하였던 자아는 결코 이러한 자유와 창조를 경험할 수 없다. 죽음의 실존적 불안 속에서 현존재는 진정 중요한 것이 무엇인가를 새롭게 생각하게 된다.

현존재는 불안 속에서 탄생에서 죽음에 이르는 삶 전체와 세계 전체에 대해 의문을 갖게 된다. 여기서 그동안 자명했던 것은 뒤흔들리며, 모든 일상적인 의미는 사라지고 낯설게 느껴진다. 그러나 일상적인, 비 본래적인 인간은 죽음으로부터 도피함으로써, 즉, 일반적인 죽음이 아닌 자기의 실존적 죽음의 사건으로 직면하지 못함으로써, 불안을 대두되지 못하게 억누른다. 일상적 인간은 불안한 사건, 심지어 자신의 죽음을 처음으로 통보받게 되더라도, 그것을 부인하려 하고 다시금 일상 속에 몰두하려 한다. 앞서 예시했던 이반 일리치도 죽음에 대한 불안에서 도피하려고 법정에 나가서 일하는 등 기존의 일상을 유지하려 하였다. 그러나 죽음에 대한 불안에서 도피하지 않고 직면할 때, 인간은 기존의 삶의 기만성을 깨닫고 자신과 세계의 새로운 의미 발견의 기쁨을 경험할 수 있다. 이것은 고통의 과정이며 새롭게 태어나는 과정이다.

불안의 계기에 의한 실존적 각성을 통해 자아는 자신의 진정한 존재가 은폐되었었음을 알게 되고 일상적 가치로 환원할 수 없는 신비로움과 깊이를 지니고 있음을 깨닫게 된다. 불안은 자신과 세계에 의문을 던지게 하며 새로운 가능성으로 '열린 감각'을 갖게 한다. 이러한 전환의 과정에서 가장 중요한 것은 죽음의 불안을 '도피하지 않고' 적극적으로 수용하는 자세이다. 자기 죽음을 '용기 있게 미리 가봄'으로써 자아는 본래적 실존으로 비약할 수 있으며 불안은 기쁨으로 전환할 수 있다. 그 기쁨은 곧 자신과 모든 존재자의, 기존에 보지 못했던 근원적이고, 고유한 모습을 보고 경험하는 것이다. 이반 일리치는 이러한 경험을 통해 자신의 딸과 아내를 고유한 목적을 갖는 인격적 존재로서 새롭게 인식하게 되고 그들에게 용서를 빈다(정동호 외 2012: 203-207).

4. 키에르케고어와 하이데거의 죽음관 종합

(1) 개별성

키에르케고어와 하이데거가, 죽음에 대한 관점에서, '공통적으로' 강조한 가장 중요한 요소는 '개별성'이다.[12] 양자 모두 실존철학의 입장에서, 죽음은 보편적인 것이 아닌, 개별자가 자기의 고유한 죽음에 대하여 단독적으로 자각하는 것임을 강조하였다. 먼저, 키에르케고어는 죽음이 인간에게 일반적으로 일어나는 현상이 아닌, 개별적인 경험임을 주장하였다. 그는 죽음도 인간의 중요한 실존적 삶의 단계 중 하나인데, 이것은 합리적・객관적인 과정으로 일어나는 것이 아닌, 비합리적・주관적 사건임을 지적한다. 그는 '단독자'의 개념을 특별히 강조하면서 보편적 윤리와 체제를 벗어난 각 개인의 치열한 결의의 필요성을 주장한다. 실존의 필연적 과정인 죽음은 단독자의 결의가 여실하게 드러나는 순간이다.

그가 예시한 '아브라함과 이삭의 번제 사건'은 사회의, 또 기존에 가졌던, 모든 보편적 윤리체계를 뛰어넘어, 목숨을 건 실존적 자기화를 상징한다. 죽음은 보편적 이성으로 이해 불가능한 역설

12) Canine(1983: 34-35)은 키에르케고어와 하이데거의 죽음관의 공통점을, 주관성(subjectivity) 및 삶과 죽음의 연관의 측면에서 논의하였다. 그런데 양자의 실존적 죽음관에서는, 객관적이고 보편적인 인식 체계와는 대조적으로, 한 개인이 주관적으로 직면해야 할 죽음의 중요성도 있지만, 주관적 인식에서도 낱낱의 개별적 상황에 따라 달리 모색되어지며, 개별자의 고유한 존재 가치 자체가 중요해진다는 의미에서 본 연구에서는 '개별성'으로 표현하였다.

의 세계—유한한 개별자와 영원한 신과의 만남 및 이에 관한 믿음—를 여는 계기이다. 그는 '성육신의 사건'이 영원한 존재인 신과 한시적 존재인 인간의 역설적 만남이며, 이 순간은 죄에 대한 각성과 신의 무한한 사랑이 실존적으로 현실화되는 계기임을 주장한다. 이 사건에 대한 믿음은, 곧 개별자가 자기의 죄와 한계를 깨닫고, 기존 사회적 관행의 문제점을 각성하면서, 그리스도를 본받아 그러한 죄와 문제에 맞서 분투하며 '사랑'을 적극적으로 실천하며 하나님과 동행하는 '새로운 삶'의 시작을 의미한다.

키에르케고어에게 죽음은, 실존적 개인의 끊임없는 생성의 과정을 촉발하는 계기이다. 이것은 곧, 모든 것이 일회적으로 결정되고 그것에 지속적으로 따르는 논리적인 것이 아니라, 낱낱의 순간에 새로운 결단과 창조의 가능성을 모색하는 것을 의미한다. 죽음은 삶의 매순간에 존재하는 '불확실성'을 상징하며, 이는 개인으로 하여금 자아정체성과 존재의 의미에 대하여, 하나의 가능태 또는 되어감의 과정으로서, 끊임없이 재성찰하며 존재를 재생산하는 동기가 된다.

하이데거 역시 죽음을 실존하는 개개인이 스스로 자기 존재를 물을 수 있는 계기로 본다. 그는 지금, 여기의 존재양식을 스스로 묻는 '현존재'에게 죽음은 항상 현존하는 실존의 문제로서, 이성에 의한 객관적 분석으로 접근 불가능하며, 오직 현존재가 각자 자신의 죽음을 주관적인 사건으로 깨달아야만 한다고 보았다. 죽음은 파생적이고 허위적인 비본래성으로부터 주체적이고 진실한 본래성으로 전환하는 계기이다. 죽음을 직면함으로써 현존재는 잡담, 호기심, 애매성으로 인하여 일상적이고 평균적인 이해 방식에 지배당하여 자신의 고유성이 상실되었음을 자각하며, 자기 자신의 고유한 가능성에 몰입할 수 있는 계기를 찾는다. 죽음은 객체적이고 도구적이며 타인과 연관된 일들과 달리, 현존재가 항상 각자 스스로 떠맡아야 한다.

죽음은 가장 고유하고, 몰교섭적이며, 능가할 수 없는 가능성이다. 즉, 죽음은 누구도 대신해줄 수 없으며 세인들의 이해방식과 무관하고, 모든 외적 관심과 타인에 대한 의식에서 벗어나 전적으로 자기에게 몰입하게 하며, 자신의 한계(유한성)에 필연적으로 직면하도록 한다. 죽음에 대한 실존적 성찰을 통해, 현존재는 외부에서 주어진 보편적 목적을 위해 어떻게 도구적으로 기능하느냐에 의해 자신과 존재자들을 보았던 의식으로부터 벗어나, 자신과 개별 존재들의 '고유한 가치'를 인식하게 된다.

키에르케고어와 하이데거 모두 죽음의 개별성을 주장하나, 세부적인 논의에 있어서는 차이가 있다. 키에르케고어는 '신 앞에 선 단독자'의 개념을 강조하는 입장에서, 죽음의 인식이 신과 영원성의 개념과 동반된다고 본 데 비해, 하이데거는 그것이 신이나 종교와 무관한 인간의 직접적인 문제라고 보았다(Canine, 1983: 35). 키에르케고어에게 있어 죽음은 개별적인 각성의 계기이기도 하지만, 영원하고 무한한 세계 또는 존재와의 만남의 계기이기도 하다.

그러나 하이데거에게 죽음은 그러한 영원성이나 무한성을 성찰하는 계기 또는 신과의 만남의 계기가 아니라, 지금, 여기의 자신의 현 상황을 그 누구—심지어 신이나 어떤 초월자—와의 교섭도 없이 스스로 직면하는 것이다. 죽음을 통한 가장 고유한 가능성을, 키에르케고어는 '신에 대한 믿음'으로써 가능하다고 보았던 것에 비해, 하이데거는 신이 아닌 자신이 직접 실현해야 할 가능성이며 그러한 정신능력도 우리 내에 주어져 있다고 본다(박찬국, 2016: 186). 양자 모두 죽음이 보편적인 사회적 가치체계의 맹목적 순종에서 탈피한 개별적 실존의 회복을 의미하지만, 키에르케고어에게 이러한 각성이 온전하려면 신에 대한 믿음이 필연적으로 동반되어야 하는데 비해, 하이데거에게는 그것과 무관하게 자신의 힘으로 자기의 고유함에 몰두함으로써 가능하다.

(2) 한계 상황(불안/절망)을 통한 자각

키에르케고어와 하이데거 모두 죽음에 직면함을 통해 일종의 실존적 한계 상황인, '불안' 혹은 '절망'을 겪으며, 이것이 참다운 실존의 계기가 된다고 보았다. 먼저, 키에르케고어는 죽음이 인간에게 가장 큰 두려움이자, 윤리적 자기모순의 상태인 '무한 체념'에 도달하게 한다고 주장하였다. 이것은 자아가 스스로 자신과의 사이에서 발생하는 내적 불화의 상태로서, 이러지도 저러지도 못하는 '죽음에 이르는 병'이다(FT/SD: 150). 죽음 앞에서 인간은 유한한 필연적 현실 속에서 무한한 삶의 가능성을 희망하기에, 유한성과 무한성, 필연성과 가능성의 모순이 가장 첨예하게 드러난다. 이러한 절망적 상황에서 한 쪽으로 도피하는 데 그치면 죄이자 파멸이나, 이를 극복하고 신에 대한 믿음을 통해 양자를 종합할 때, 곧 종교적 실존 단계로 이행할 때 참다운 실존을 이룰 수 있다. 절망을 극복한 실존의 단계에서 개인은 유한한 세상의 어떠한 불행에서도 흔들리지 않는 평온한 기쁨을 유지할 수 있게 된다.

하이데거도 키에르케고어와 유사하게, 개인은 '죽음을 향한 존재'로서 항상 '비존재 혹은 無'를 상징하는 죽음에 직면하여 이에 대한 '불안'을 안고 있으며 이것은 실존적 각성의 계기가 된다고 보았다. 불안 속에서 현존재는 다가올 죽음을 미리 가봄으로써 자신의 유한함을 자각하고, 세간의 가치와 풍습에 평온히 안주한 자신의 삶을 반성하며 자신의 고유한 주체성을 결의하는 계기를 찾는다. 죽음이 일반적인 것이 아닌, '나의 실존적 죽음'으로 다가올 때, 잠자고 있던 불안을 절실하게 깨우며, 無에 대한 자각을 통해 자신의 존재를 근원적으로 문제 삼기 시작한다. 죽음에 대한 불안은 그간 자명했던 것을 뒤흔들고 모든 일상적인 것에 의문을 던지게 한다.

죽음이 언제든지 닥칠 수 있는 가장 확실한 가능성이라는 인식을 통해, 각 자아는 자신이 어떻게 살아야 할지를 깊이 고민하게 된다. 동시에 이러한 죽음에 대한 불안의 인식은, 기존의 틀을 단순 추종하던 피동성에서 벗어나 자신의 삶을 자유롭게 선택하는 자유와 새롭게 창조할 수 있는 계기를 마련한다. 여기서 관건은, 키에르케고어와 유사하게 죽음의 불안을 '도피하지 않고' 직면하는 것이다. 죽음을 나의 죽음으로 절실하게 받아들이지 않고, 일반적이고 일상적인 것으로 여길 때 그것은 실존의 계기가 되지 못한다. 죽음의 불안을 나의 죽음으로 직면할 때, 기존의 삶의 기만성이 드러나며 은폐되었던 고유하고 진실한 자기가 나타나며, 근원적 세계에 대한 열린 감각이 생김으로써 불안은 참 실존을 찾는 기쁨으로 전환될 수 있다.

그런데 죽음과 관련된 불안의 개념에 있어, 하이데거는 이것이 無에 대한 현존재의 두려움에 근거하는 데 비해, 키에르케고어는 이것이 근본적으로 인간의 죄성(sinfulness) 및 신과의 관계에 기인한다(Canine, 1983, 80). 기독교적 배경에서 키에르케고어는 불안의 근원을 에덴동산의 아담과 이브의 선악과 사건에서의 원죄로 본다. 그에게 인간존재는 유한한, 죄성을 지닌 피조물인 동시에 무한한, 신성(하나님의 형상)을 닮은 모순적·역설적 존재이다. 죽음은 피조물로서의 한계를 가장 극단적으로 드러내는 사건이자, 마지막이자 가장 근원적인 희망인 무한한 창조주에 대한 믿음(의지)의 통로이다. 불안의 속박으로부터의 자유를 얻는 것은, 자신의 죄에 대한 철저한 자각과 함께 신에 대한 믿음의 실존적 도약을 통해 가능하다.

이에 반해, 하이데거는 불안의 근원이 죄가 아니라, 현존재가 '죽음' 앞에서 스스로의 삶이 아무런 목적도 이유도 없이 세상에 내던져졌으며 그것을 자기 스스로 떠맡아야 한다는 현실에 대한 자각과 관련된다. 하이데거는 비존재, 無에 대한 두려움이 본래적 자아를 찾는 계기가 되며 이것이 참 자유를 이끈다고 보았다. 현존재는 죽음 앞에서 '극단적 한계 상황'을 인식하며 이것은 곧, '나의 실존'의 자각을 이끈다. 자아는 자신의 모든 인생이 소멸되는 가능성에 직면하여서 일상의 기만성을 깨닫고 본래적인 자기를 찾으며 진실한 미래를 창조할 수 있다(Grene, 1948: 53).[13] 죽

13) 하이데거는 인생에 어떠한 목적이 주어져 있다는 것 자체를 부정적·비판적으로 본다. 이는 니체나 샤르트르 등 무신론적 실존주의에서 無에 대한 자각 자체를 기존 틀을 벗어난, 실존적 자유와 창조의 중요한 계기로 보는 맥락과

음의 극단적 불안 앞에서, 양자 모두 실존적 선택이 요구되는데, 키에르케고어는 절망이냐 신이냐의 선택이, 하이데거는 일상성에의 순응이냐 본래적 자기의 모색이냐이다.

(3) 삶과 관계성에 대한 결의

키에르케고어와 하이데거 모두 죽음에 대한 실존적 통찰을 통해 개인은, 자신의 삶을 변혁시키며 주변 사람 또는 모든 존재들과의 관계를 새롭게 하는 계기가 된다고 보았다. 키에르케고어는 죽음에 직면함을 통해 종교적 실존 단계로 도약한 개별자가 영원한 책임을 의식함은, 영예로운 소명(honorable calling)으로서, 곧 삶의 관계들에서 마땅히 하여야 할 바를 분명히 알고 노력하는 의식을 의미한다고 보았다(Kierkegaard, 1938: 197). 죽음 앞에서 결단하는 실존적 주체는 새로운 삶의 가능성을 창조하고자 하며, 그리스도를 본받아 이웃을 향한 열정적인 사랑을 실천하고자 한다. 실존적 주체는 단번에 경험한 것이 아닌, 언제 어떻게 오는지 알 수 없는 '죽음의 불확실성'을 삶의 매순간 상기하는 속

유사하다. 그러나 기독교적 배경의 실존철학을 주장한 키에르케고어에게는, 인생의 목적 자체가 없는 것은 아니라, 근원적으로 하나님의 뜻, 섭리에 근거한다. 그리스도의 십자가의 죽음과 그것을 믿음으로 인한 신자의 영생은 인간을 향한 하나님의 목적과 뜻에 근거한다. 그리스도의 십자가 죽음, 나아가 성만찬을 통한 신자들의 동참은, 죄로부터 용서받고 하나님과의 관계 회복(화해)으로 나아가는, 또한 그로 인해 기쁨, 평화, 인내 등 삶에서의 '성령의 열매들'을 경험할 수 있게 하는 하나님의 목적과 은혜에 기인한다. 물론 그에 대해 개개인은 수용 혹은 거부할 수 있다(Bowker, 2005: 164-165). 키에르케고어가 최종적 실존 단계로서 제시한 종교적 실존은 바로 이러한 하나님의 목적과 은혜에 대한 개개인의 믿음을 의미하기에, 하이데거의 무신론적 실존주의 관점과는 근본적인 지점에서 상이하다.

에서, 삶을 결정된 것이 아닌, 지속적인 '되어감'의 과정으로 보며 지속적으로 자아와 세계의 변화를 모색해간다.

키에르케고어는 '일요일에서 월요일에로'라는 모토를 주장하며 교회의 복음 선포가 일요일 교회 예배 내에서만 형식적 · 교리적인 것으로 전해지는 것이 아니라, 일상의 공동생활에 있어서의 사랑의 실천, 특히 소외된 자들을 향한 적극적 사랑의 실천으로 옮겨져야 함을 역설하였다. 그는 모든 사회 · 정치적 변혁이 근본적으로 인간관계의 변혁을 뜻하는 것이라고 할 때, 인간과 인간을 맺어주는 사랑의 변혁이야말로 진정한 의미의 혁명이라고 주장한다. 그리고 그리스도인에게 이 사랑의 실천은, 신이 인간을 사랑하여 인간의 몸으로 와서 인간과 함께하며, 특히 소외된 자를 돌보며, 십자가에 달려 죽은, 전적인 자기희생 · 자기증여의 사랑의 모범에 대한 응답이며 의무라고 본다(표재명, 1995: 202-205). 키에르케고어가 실존의 최고 단계에서 예시한, 아브라함의 사건에서 보이는 이성으로 이해할 수 없는 자기 아들을 바치는(죽이는) 행위는, 곧 전적인 자기희생의 사랑을 상징한다고 볼 수 있다. 그가 보는 참 실존은, 이성이 아닌 극한적 상황에서의 열정적인 고뇌와 결단이요, 이것은 믿음인 동시에 자기희생의 사랑이다.[9]

하이데거도 키에르케고어와 유사하게, 죽음을 개인의 기존 삶을 반성하고 '어떻게 살아야 할 것인가'의 물음과 결의를 가능하게 하는 계기로 본다. 현존재는 죽음을 미리 가봄으로써 사회적으로 승인된 가치관과 방식의 추종이 허망한 것임을 깨닫고, 자기와 모든 존재자의 참다운, 고유한 가치를 깨달을 수 있게 된다. 이것은 곧 타율적인 가치체계의 순종에서 벗어나 주체적인 삶을 실현하는 것이며, 또한 새로운 인간관계를 모색하는 시작이다. 하이데거는 현존재는 본래적으로 서로 연결되어 있으며 각자 자신의 자유를 추구하면서 타인을 자유롭게 한다고 본다(Heidegger, 1962: 159). 이반 일리치가 죽음을 앞두고 자신을 돌보던 농부 게라심이 항상 명랑하고 평온한 표정으로 성심을 다해 봉사하는 모습에 충격을 받았던 것처럼, 죽음 앞에서 현존재는 새로운 삶에 대한 '충격적인 양심의 호소'를 듣게 된다.[14)]

여기서 현존재는 더 이상 주변의 사람 - 자기를 포함 - 이나 나아가 자연과 같은 모든 세상의 존재자들을, 특정한 목적을 위해 도움이나 방해가 되는 수단이 아닌, 고유한 가치를 지닌 것으로 인식하게 된다. 이러한 태도는 항상 특정 목적 달성을 위한 성공과 실패, 경쟁 속에서 모든 것을 수단적으로 인식하는 불안정한 내면을, 평온한 상태 속에서 자기에게 참되게 성실하며 동시에 타인에게 참되게 성실한 상태로 전환시킬 수 있다.

죽음의 실존적 각성을 통한 삶의 태도에 있어, 양자의 중요한 공통점은, 바로 '非 결정성'에 대한 통찰이다. 죽음에 대한 실존적 불안과 각성은, 존재와 비존재의 '사이의 존재', 또는 '無(nothing-

---

14) 양심은 "호소하는 소리"로서 현존재에게 스스로 고유함을 회복하는 것이 자신의 중요한 책임임을 일깨운다. 양심은 일상의 평온함을 뒤흔들며, 타인의 방식을 추종함에 대해 경종을 울린다. 현존재는 양심을 통해 실존적 불안에 직면하고 밖으로 떠도는 것이 아닌, 지금 여기의 진정한 자기를 회복하려는 결의를 하게끔 한다(Heidegger, 1992: 347-348). 하이데거의 양심은, 칸트가 보는 합리적으로 옳은 것을 분별하는 내면의 심판관으로서의 양심이 아니라, 실존적인 불안과 충격 속에서 내면의 흔들어 깨우는 결의를 의미한다(Heidegger, 1992: 350). 이는 타당한 것이 무엇이냐의 합리적 추론이 아니라, 기존 일상의 평온함 속에 안주하느냐, 아니면 죽음을 마주하는 충격적이고 절박한 심정으로, 본래적 자기를 회복하느냐의 결의의 문제이다.

ness)'에 처한 존재의 의미를 일깨운다. 이것은 기존의 틀과 방식을 단순하게 추종하는 태도를 뒤흔들면서, 자신의 삶, 나아가서 세상의 모든 것이 고정된 것이 아니라, 끊임없이 새롭게 변화되고 창조될 수 있는 '가능성'의 영역임을 깨닫는 통찰을 의미한다. 인간에게 나아가 자연과 사물, 모든 존재에게 죽음은 '완전한 소멸'을 의미하며 이것은 동시에 완전한 재탄생·재창조의 가능성을 의미한다.[15] 비존재와 無에 대한 극한의 실존적 불안과 각성은, 근원적으로 새로운 것을 창조할 수 있는 가장 강력하고 진정한 힘이다. 또한, 양사의 관점에서 이 변화와 창조는, 헤겔이 보듯이 절대정신의 역사적 진행에 따라 객관적으로 되는 것이 아니라, 고유한 개개인이 각자 지금, 여기의 상이한 현실에 직면하여 '주관적으로' 만들어나가는 것이다.

죽음의 각성을 통한 '관계'에 대한 관점에서, 키에르케고어는 개별자가 먼저 영원한 하나님과 홀로 믿음으로 대면함을 통해 이웃사랑의 실천으로 나아감을 강조하였던 데 비해, 하이데거는 자신의 고유한 가치에 대한 자각을 바탕으로, 타인 역시 수단적 존재가 아닌 고유한 가치를 지닌 존재로 인격적으로 존중하는 자세

15) 불교에서는 죽음의 반복을 통해 하나의 생명이 다른 생명으로 이어지며, 불변의 자아란 존재하지 않고 오직 無我만이 있고, 모든 것이 변화와 무상, 고통임을 제시한다(Bowker, 2005: 293). 불교의 죽음관과 실존주의의 죽음관은 이러한 측면에서 상당부분 유사하다고 본다. 양자 모두 소멸될 육체와 물질에 대한 집착의 허망함을 각성하게 한다. 다만, 그러한 각성을 토대로 개별 주체자가 고유하고 치열한 결단과 의지로, 진정한 자아와 삶을 적극적이고 창조적으로 모색하는 부분은 실존주의에서 더욱 강하게 드러난다고 본다. 양 사상의 죽음관에 대한 상세한 비교 논의는 매우 흥미롭고 중요한 통찰을 제시할 것으로 보며 후속연구들을 기대한다.

를 강조하였다. 하이데거의 관점에서, 죽음의 계기는 자신의 목적 달성을 위해 방해가 될 때 타인을 불만으로 대하는 자세를 반성하게 하며, 타인을 자체의 목적을 갖는 존재로서 새롭게 경험하게 하며, 감사하며 진실하게 대하도록 한다(정동호 외, 2012: 207-208). 키에르케고어는 종교적 각성과 이웃사랑—특히 소외된 자에 대한 사랑—의 측면에서, 하이데거는 고유성(차이)에 대한 발견과 존중의 측면에서 중요한 함의를 제시하기에 죽음에 대한 통찰을 통한 참된 '관계'에 있어 이를 종합적으로 수렴하는 것이 필요하다고 본다.

5. 결론: 죽음의 교육적 의미와 죽음교육의 방향

퀴블러 로스는 "우리 모두는 죽는다. 그리고 더 일찍 우리가 죽음의 실재를 수용할수록 더 일찍 진실한 삶을 시작할 수 있다"고 하며, 죽음이 삶을 더욱 충분히 인식하도록 하여 살아있는 자에게 중요한 의미를 제시한다고 보았다(Kubler-Ross, 1974: 156). 키에르케고어와 하이데거의 죽음관에서 가장 근본적이고 공통된 입장은, 죽음은 삶과 연결되어 있고 삶을 더욱 진실하게 하는 계기라는 점이다. 서론에서 연구자는 죽음을 금기시하거나 일반적 문제로 여기며 개개인의 삶에서 진지하게 성찰하지 못하는 문제를 제기하였다. 이러한 현실의 문제는 사실 역사적인 맥락과 기원을 가진다. 역사적·사상적으로 볼 때, 삶과 죽음은 균형적으로 인식되기보다는, 양자 중 어느 한쪽에 치중되어 인식되었다.

조나스(Jonas)의 연구에 의하면, 고대 세계에서는 애니미즘의 영향으로 땅, 물, 바람과 같은 자연이나 사물에도 생명(life)이 있다고 여겨, 모든 것을 삶(생명)을 중심으로 생각하는 경향에 따라 죽음 역시 삶에 동화시켜 이해하려고 하였고 영혼불멸, 사후의 생에 대한 믿음은 다양한 고대 무덤양식을 통해 나타났다.

종교적 세계관이 지배적이었던 중세에는, 영혼과 육체의 이원론에 의해 고대의 생명 중심의 일원론을 극복하였으나, 육체는 영혼의 무덤이며 죽음은 영혼의 부활이라는 영혼 우위의 이원론에 의해 영혼과 육체, 삶과 죽음의 균형적·연관적 인식은 이루어지지 못하였다. 이에 반해, 현대 세계는 물질주의적 관점에서 모든 것에 생명이 없음(the lifeless)을 오히려 자연스럽게 여기며, 삶(생명)을 생명이 없는 물질적인 현상에 의해 규명하려고 하는데, 이는 사상적으로 죽음을 삶보다 우위에 놓는 인식이다(Jonas, 1965: 3-11). 현대의 물질주의적 관점에서는, 인간의 삶 역시 생명이 없는, 하나의 기계의 작동—전원이나 에너지가 고갈되면 멈추는 것—과 같은 것이며, 그 안에 생동력을 가진 감정이나 자유의지의 역할과 의미는 중요시되지 않는다.

키에르케고어와 하이데거는, 죽음과 삶 중 어느 하나에 절대적 의미를 부여하여 일원론적으로 보거나, 양자를 분리하여 이원론적으로 보는 관점과 달리, 인간에게 이 양자는 분리할 수 없는 것이며 참다운(본래적) 인간이 되기 위해 똑같이 중요한 요소로 본다. 양자의 죽음관은 교육적 측면에서 몇 가지 중대한 함의 및 방향을 제시한다. 첫째, 교육이 참다운 인간성 및 각자의 자아실현을 성취하기 위한 배움의 과정이라고 볼 때, 죽음은 이러한 본래성과 개별성을 일깨우는 가장 확실한 교육 소재이다.[16] 학생들에게 죽음을 일반적인 문제로 대하는 것이 아니라 '자기의' 당면한 문제로 진지하게 성찰하도록 함으로써, 대중적인 가치와 생활방식, 기존의 일상을 의식 없이 추종하던 자신의 삶을 반성하고, 진정 '자기에게 고유한 가치와 의미 있는' 삶을 모색할 수 있는 계기를 마련할 수 있다. 자기의 죽음을 홀로 깊이 생각하면서, 내 인생은 타인에 의한, 타인의 기준에 맞추어진 수단적인 것이 아니라, 자기 스스로 가치와 의미를 창조해나가야 하는 '자유와 책임'이 있음을 깨닫는 교육이 필요하다.

언어, 문학, 역사, 사회, 과학, 도덕(윤리) 등 교육과정에서 다루는 내용은 근본적으로 '인간의 삶의 문제'와 관련되며, 그에 대한 인식을 현명하고 풍성하게 하려는 것이다. 그렇다면, 그 교과들이 만약 단편적인 개념 암기나 문제 풀이 능력을 키우는 데 그치고, 학생 각자의 삶에 대한 성찰과 실천으로 연결되지 못한다면 그러한 교육은 실패하였다고 하여도 과언이 아니다. 앞서 현대 사회가 인간도 생명 없는 기계 같은 것으로 취급하는 문제를 지적했는데, 모든 것이 결국은 '입시'와 '취업'에 초점이 맞추어진 오늘날 교육은 '시험 보는 기계'를 만드는 것은 아닌가. 학생 각자의 삶에 대한 진지한 지적 성찰, 뜨거운 감성, 치열한 의지 같

16) Eddy(1983)는 죽음교육의 의미와 목적을 논하며, 죽음교육은 죽음에 대한 지식과 가치관을 교육함으로써 첫째, 사람들에게 자신의 죽음에 대처하게 하며, 둘째, 삶에 대한 더 깊은 이해, 감사, 존중의 태도를 함양하며, 셋째, 죽음에 대한 공포를 감소시키며, 죽음을 삶의 일부로 수용하는 개인적 철학을 갖게 하고, 넷째, 삶과 인간관계에 새로운 의미를 부여한다고 주장한다(Eddy, 1983: 9).

은 것은 없고, 그저 기말고사와 수능, 면접을 잘 보는 데 최적화된 '도구'로 만들어지는 교육은 아닌가.

바로 이러한 교육 현실이 진정 문제가 된다면, 그 문제를 진정 심각하고 진지하게 인식하고 근본적으로 해결점을 모색하는 것은, 무엇이 옳은 것이라 말하는 평온하고 상식적인 설명이나 설교가 아닌, 학생 각자의 '내면을 뒤흔드는 계기', 곧 '죽음'에 대한 실존적 성찰과 각성이 있어야 한다. 실존적 성찰의 죽음교육은 이러한 도구적 인생관을 근본적으로 반성하게 할 것이다. 자기의 죽음과 삶을 연결하여 깊이 성찰히면서 스스로 삶의 매 순간이 의미를 절실하게 인식하며 자신에게, 그리고 자신과 연결된 주변인과 세상을 향해, 더욱 진실하게 살아가는 지혜와 의지를 키워주는 교육이 되어야 한다.

죽음교육은 별도의 프로그램으로 운영되는 것도 필요하나, 우선 앞서 언급한 주요 교과들 내에서 '죽음'에 대한 소재와 문제를 적극적으로 활용하여 그것을 교사의 설명을 통해서가 아니라 학생들이 각자 스스로 생각하고 논의할 수 있도록 해주는 것이 필요하다. 예를 들어, 죽음을 다룬 문학작품을 읽고 그와 연관하여 학생 각자가 죽음에 임했을 때 어떠한 감정과 생각을 할지, 또 그와 관련해 현재와 앞으로의 삶을 어떻게 살지를 탐구하게 하는 것은 실존적 각성을 촉발하는 좋은 계기가 될 것이다. 혹은, 사회나 역사 과목에서 전쟁, 대학살, 폭력, 테러, 기아, 순교, 혁명 등 인간의 죽음과 관련된 사회적 이슈에 대하여 학생 자신의 관점을 가질 수 있도록 해주는 것도 좋다.

여기서 관건은 이에 대해 단순한 사실이나 사건, 기존의 여론과 상식적인 대응책을 아는 것이 아니라, 학생 각자가 '주체적인 해석'을 통해 해당 사건 당사자의 관점에서 어떻게 느끼고 어떻게 대처하여야 할지, 또 그 문제가 '자기의 현실의 삶'을 사는 데에 어떻게 연관·적용되는지를 치열하게 생각하도록 하는 교육이 되어야 할 것이다. 3·1운동의 객관적 사실들을 숙지하기보다는, 그 역사적 사건 당시 사람들의 삶과 죽음의 의미 그리고 그것이 나의 오늘의 삶에 주는 의미를 깊이 탐구하는 교육이 필요하다. 이를 위해 교과 내용이나 수업 방식 자체가 설명－정리－숙지의 객관적 전달 위주로 진행되는 것이 아니라, 키에르케고어의 '간접전달'의 방식과 유사하게, 〈질문－이해－해석－질문－논의〉의 주관적 탐구방식으로 전면 개편되어야 할 것이다. 여기서 가장 중요한 것은, 학생 각자의 주관적 성찰을 가능하게 하는 '질문'이다. 죽음은 온전한 가능성과 재탄생의 의미를 지닌다고 앞에서 보았다. 그대로 받아들이도록 하는 교육은 일상성과 평균성에 길들이게 하는 것이기에, 학생 스스로 생각하게 하고 선택의 동기를 촉발하며, 다시 의문과 질문이 생기도록 하는 것이 바로 실존적 죽음관이 교육에 제시하는 중요한 통찰이다.

만약 죽음교육을 별도의 과정으로 체계적으로 한다면, Corr(2009)가 제안한 8가지 주제 및 목표에 의거하여 추진하는 방향을 생각해 볼 수 있다. 그것은 첫째, 삶과 죽음의 불가분적 관계 확인(죽음에 대한 인식을 통한 삶의 이해), 둘째, 삶과 죽음의 상호보완적 관계 확인(죽음 인식과 삶의 가치/감수성의 보완 관계), 셋째, 죽음, 임종, 사별에 처한 사람들을 위한 교육, 넷째, 죽음과 관련된 사회적 교류 활동(임종 보살핌, 장례, 추도식 등), 다섯째, 죽음과 관련된 시민으로서의 역할(보건, 안락사, 장기기증 등), 여섯째, 죽음 관련 전문가 지원, 일곱째, 죽음 관련 문제에 대한 소통 능력(유언, 유산 등의 문제), 여덟째, 죽음에 대비한 인생의 단계별 준비이다(Corr, 2009: 12-13). 이 중에 실무적인 교육을 제외한 앞의 세 가지에 대해서 키에르케고어와 하이데거의 실존적 죽음교육의 관점을 적극적으로 도입할 필요가 있고 나머지 실무적인 부분도 천편일률적인 매뉴얼 전달 방식이 아니라, 개별적인 죽음과 삶에 대한 의미와 가치에 대한 성찰에 근거하여 학습자 각자가 주체적·창조적으로 탐구하는 방향에 초점이 기울어져야 할 것이다.

예를 들어, 키에르케고어와 하이데거의 실존적 관점에서, '부모님의 죽음을 경험한 학생'에게 할 수 있는 교육은 무엇인가? 이 경우, 해당 학생은 매우 절망적인 상태에 처해 있겠지만, 앞에서 보았듯이 절망과 불안은 참다운 실존의 중요한 계기임을 교사는 상기하고 우선 학생이 감정을 추스르고 자신의 상황과 문제를 생각할 수 있게끔 해주는 것이 필요하다. 어느 한 가지 교육방식이 정답이 될 수 없겠으나, 교사는 해당 학생에게 2가지 유사하지만 상반되는 사례를 소개하고 적절한 질문을 제시하는 것이 하나의 방법이 될 것이다. 즉, 하나는 부모의 죽음 후 인생을 포기 혹은 자살하는 경우, 다른 하나는 어려움을 딛고 열심히 살아나가는 경우이다. 각각의 경우의 사례 당사자의 마음은 어떠할지를 생각해보고 학생 자신은 어떠한 선택을 할지를 생각해본다면 일단 해당 상황에서 그대로 절망에 머무는 것이 아닌, 성찰의 계기가 마련될 수 있다.

아울러, 학생에게 '너의 어머니가 돌아가시면서 진정으로 걱정하시고 바라시는 것은 무엇이었을까?'를 깊이 생각해보고 가능하면 에세이 형식으로 생각을 정리해보도록 하는 것도 필요하다. 이를 통해 교사는 학생에게 부모님이 돌아가셨지만, 자기 스스로의 힘과 의지로 세상을 향하여 굳건히 서서 살아나가도록 해주는 것이 필요하다. 시련과 아픔의 경험이 더욱 성숙해지고 강한 삶의 성취로 이어졌던 다양한 사람들의 이야기들을 들려주는 것도 좋은 간접경험이 될 것이다.

키에르케고어와 하이데거의 죽음관을 죽음교육에 적용할 때, 두 번째로 중요한 요소는, '불안'에 대해 학생 각자가 회피하거나 도피하지 않고 적극적으로 대처하며, 오히려 죽음의 극한의 불안이 새로운 삶의 계기가 될 수 있도록 하는 것이다. 죽음의 불안에 대한 실존적 각성은 자연스럽게 세 번째 요소인 '삶과 관계성에 대한 결의'로 이어질 수 있을 것이다. 이를 위해, '죽음 체험'과 같은 특별 교육 프로그램을 시도하는 것도 필요하다.[17] 학생 각자가 정확히 1주일 후에 죽는다면, 어떠한 느낌과 생각이 들며,

17) 이 글의 입장은, 죽음교육은 죽음—죽음과 연결된 삶—에 대한 통찰력(관점으로서의 죽음교육)과 함께 죽음에 관한 실제적 자세(별도의 교육프로그램으로서의 죽음교육)를 연결하여 가르치자는 것이다. 죽음과 삶을 성찰하는 것과 죽음을 실제적으로 대처하는 것은 인간의 삶에서 통합적으로 연결되어 있다. 양자를 구분하는 것은, 이해를 명확히 하는 데 도움이 되나 지나친 이분법적 접근은 자칫 사고와 실천의 분리, 공상가나 행동주의자의 극단의 위험을 야기할 수 있다. 죽음과 관련된 깊은 지식 및 사고의 교육과, 몸으로 활동하면서 느끼며 경험하는 체험 교육은 죽음에 대한 실존적 인식과 삶에 대한 바람직한 태도 형성에 상호보완적으로 작용할 것이다. 여기서 제안하는 입관체험, 죽음관련 상담활동, 글쓰기 활동 등은 활동을 통해 숙고할 수 있는 사고와 실천의 연결을 모색하는 것이다.

그 기간 동안 무엇을 어떻게 하며—일상생활, 인간관계, 태도 등—지낼 것인지, 나아가 이러한 죽음을 앞둔 삶과 기존의 일상의 삶은 어떻게 다를 수 있는지를 깊이 성찰하게 하고 소주제별로 에세이를 쓰고 학우들과 자신의 글을 나누어보게 하는 교육은 실존적 각성을 함양할 수 있을 것이다.

마지막으로 사람들 앞에서 피아노 연주를 한다면, 마지막으로 부모님/형제자매와 만난다면 나는 어떻게 할 것인가? 죽음의 불안은 일상의 평온함을 뒤흔들고 완전히 새로운 결의로 새로운 삶을 창조하는 계기가 될 것이다. 다람쥐 쳇바퀴 돌리듯 일상을 의식 없이 살아왔던 내 생활방식, 자신과 타인에게 진정성 없이 대했던 태도, 헛된 욕망의 추구, 자신의 문제와 연약함, 한계에 대한 깨달음을 이러한 죽음교육을 통해 여실하게 성찰하도록 하는 것이 필요하다. 불안은 곧 기존의 안정된, 고정된 것을 뒤흔들며 새로운 움직임을 가능케 하는 것이며, 불안 중 가장 치열한 것은 바로 죽음의 불안이다. 학생들에게 죽음의 불안에 직면하게 함으로써, 매일 매일의 삶을 절박한 심정으로 진정성 있게 새롭게 창조해나가는 계기를 마련하여야 할 것이다. 학생에 따라서는 이러한 계기를 통해 키에르케고어의 관점에 따라 종교적 각성을 할 수도 있을 것이다.

학생들에게 죽음이 추상적인 것이 아니라 생생한, 임박한 현실이라는 것을 느끼도록 실제 '입관체험'을 병행하는 것도 필요하다. 하이데거가 주장했던, 죽음의 고유성, 몰 교섭성, 불가피성을 학생들이 직접 몸으로 느껴보는 것도 필요하다. 유서를 쓰고 관에 들어가는 체험을 통해 죽음의 순간은 그 누구도 아닌, 자기 홀로 직면하는 것이며 회피할 수 없음을 느끼는 것도 중요하다. 입관의 순간 타인의 시선이나 어떤 기준/목표는 아무 의미 없고, 오직 '내가 죽는다'는 절대적 자기 몰입을 체험하도록 유도하는 것이 관건이다. 이로써 타인과, 세상의 시선, 가치, 방식 등에 수동적으로 이끌려 살았던 자신을 철저히 반성하고 고유한 자기를 새롭게 탄생하게 하도록 교육하여야 할 것이다.

나아가 자기가 고유한 존재이듯이, 타인도 누군가의 또는 어떤 집단적 목적의 수단이 아닌, 고유한 가치를 지닌 존재로 존재 그 자체를 존귀한 것으로 여기며, 소중한 생명체인 자기에게 최선을 다해 대하듯이, 주변의 가족, 친구, 이웃, 나아가 자연과 사물에 이르기까지 최선을 다해 내 몸처럼 아끼며 진정성 있게 대하는 자세로 확장되어야 할 것이다. 죽음체험의 과정을 마친 후에는, 그것이 지속적으로 이어질 수 있게끔 학생 각자가 그 체험을 통해 느낀 점을 바탕으로 자기만의 삶의 실천목표를 정하고, 그 목표를 매일 실천하는 과정에서 성찰하고 느낀 점을 교사 및 학우들과 지속적으로 나누는 교육도 필요하다고 본다.

참고문헌

구인회(2015). 죽음에 관한 철학적 고찰. 서울: 한길사.

김소희(2002). 죽음교육의 교육철학적 의미.『종교교육학연구』15. 205-223.

박찬국(2016). 실존철학의 죽음개념: 삶의 결정적인 계기로서의 죽음 – 하이데거, 키르케고르, 야스퍼스를 중심으로, 김귀룡 · 박찬국 외(2016).『삶과 죽음에 대한 철학적 성찰』. 대구: 계명대학교 출판부.

신교남 · 이병승(2013). 하이데거의 존재론에 나타난 죽음의 현상학적 의미와 죽음교육.『교육철학』50. 221-244.

심승환(2012). 인간 본성의 교육적 의미에 대한 고찰: 합리성, 자연성, 본래성의 통합적 관점에서,『교육철학연구』34(2). 79-115.

심승환(2016). 키에르케고어의 역설 개념에 담긴 교육적 함의 고찰.『한국교육학연구』22(4). 257-278.

윤병렬(2004). 레비나스의 하이데거 윤리학 비판과 하이데거의 존재사유에 드러난 윤리학.『철학과 현상학 연구』22. 55-82.

이정렬(2018). 하이데거의 존재론에서 죽음의 유리적 의의에 대한 고찰.『윤리교육연구』50. 65-90.

정동호 외(2012).『철학, 죽음을 말하다』. 안성: 산해.

최상욱(2003). 레비나스와 하이데거에 있어서 죽음의 의미. 현대유럽철학연구 8, 92-116.

표재명(1995).『키에르케고어 연구』. 서울: 지성의 샘.

하일선(2016). 다문화사회에서 사이존재로서의 인간과 불안: 키에르케고어의 인간이해를 중심으로. 교육의 이론과 실천, 21(1). 145-166.

林綺雲 外 (2007).『生死學』. 전병술 역.『죽음학』. 서울: 모시는 사람들.

Barret, W. (1963). *Irrational Man*. Garden City: Double day.

Becker, C. (2004). Death Education and Religion in Schools and Modern Society, 종교교육학연구, 19, 3-22.

Becker, E. (1973). *The Denial of Death*. New York: Free Press.

Blanc, C. (2004). *Kierkegaard*. 이창실 역.『키에르케고르』. 서울: 동문선.

Bowker, J. (2005). *The Meanings of Death*. 박규태 · 유기쁨 역.『세계종교

로 보는 죽음의 의미』. 서울: 청년사.

Buber, M. (1954). Die Frage an den Einzelnen, in *Die Schriften über das dialogische Prinzip*. Heidelberg: Lambert Schneider. 184-253.

Canine, J. (1983). *The Educational Implications of Heidegger's and Kierkegaard's Concepts of Death*, Doctoral Dissertation. Michigan: Wayne State University.

Corr, C. & Corr, D. (2009). *Death & Dying, Life & Living*, 7th Ed., New York: Wadsworth.

Deeken, A. (2008). *Sei To Shi No Kyoiku (Life and Death Education).* 전성곤 역. 『인문학으로서의 죽음교육』. 고양: 인간사랑.

Eddy, J. & Alles, W. (1983). *Death Education*. St. Louis: The C.V. Mosby Company.

Grene, M. (1948). *Introduction to Existentialism*. Chicago: The University of Chicago Press.

Heidegger, M. (1962). *Being and Time*. New York: Harper and Row.

Heidegger, M. (1992). *Sein und Zeit*. 전양범 역. 『존재와 시간』. 서울: 동서문화사.

Jonas, H. (1965). Life, Death, and the Body in the Theory of Being, *Review of Metaphysics, 19*(1), 3-23.

Kierkegaard, S. (1936). *Soren Kierkegaard's Samlede Vorker*. Udg. af A. B. Drachmann, J. L. Heiberg og H. O. Lange. Anden Udage., Bd. I-IX, Kobenhavn, vol. 15.

Kierkegaard, S. (1938). *Purity of Heart*. New York: Harper and Row Publishers.

Kierkegaard, S. (1941). *Fear and Trembling/Sickness Unto Death*. New Jersey: Princeton University Press.

Kierkegaard, S. (1941). *Concluding Unscientific Postscript*. New Jersey: Princeton University Press.

Kierkegaard, S. (1944). *The Concept of Dread*. New Jersey: Princeton University Press.

Kierkegaard, S. (1989). *A Kierkegaard Anthology*. 최혁순 역(1989). 『키에르케고어 선집: 죽음에 이르는 병 외』. 서울: 집문당.

Kierkegaard, S. (1996). *Der Begriff Angst*. Frankfurt am Main: eva-Taschenbuch Bd. 21.

Kubler-Ross, E. (1974). *Questions and Answers on Death and Dying*. New York: MacMillan Publishing Co., Inc.

Lofland, L. (1978). *The Craft of Dying*. Beverly Hills: Sage Publication.

Neal, R. (1973). *The Art of Dying*. New York: Harper and Row Publishers.

미주

① 한국의 현재 학교 교육에서 자아정체성 교육은 진로와 직업 교과나 상담 등을 통하여 자기 적성에 맞는 직업 분야를 준비하는 방향에 초점을 두고 있는데, 이는 자신에 대한 깊은 성찰보다는 경쟁적 능력주의의 압박감 및 낮은 자존감, 소극적인 인간관계의 문제를 가중하는 부정적 영향이 있다. 현재 한국의 자아정체성 교육은 주로 심리학적 접근에 근거한 경험적인 척도에 의한 측정 결과에 따라 이를 학생의 목표와 비교하여 진단하고 처방하는 상담에 초점을 두는데, 이렇게 되면 학생이 원하는 것과 해야 하는 것 사이의 혼란을 겪게 되며, 삶의 의미와 같은 깊이 있는 인문학적 성찰을 약화한다(송슬기 · 곽덕주, 2016). 그런데 삶의 의미와 관련된 깊이 있으면서도 실제적인 자아정체성 교육을 탐색하려면, 우선 근본적으로 테일러의 자아관이 왜 '도덕적인' 의미를 내포하며 그것이 어떻게 '삶의 서사적인' 의미의 지평과 연결되는지를 이해하는 것이 필요하며, 그러한 이론적 관점에 근거하여 구체적이며 다차원적인 자아정체성 성찰 교육의 방법이 제시되어야 할 것이다.

② 테일러에 대한 비판은 여러 관점에서 이루어졌는데, 대표적인 것은, 그의 자아 개념이 도덕 원칙과 숙고와 같은 지적인 부분의 역할을 지나치게 과장하였다는 점이다(Smith, 2002; Rorty and Wong, 1990). 이와 관련된 또 다른 비판은, 정체성과 도덕적 자아가 어떻게 경험되며 삶의 실제에서 어떻게 나타나는지에 대한 설명이 부족하다는 것이다(Joas, 2000). 서양 사상의 지적 전통에 대한 이론적 설명의 부분에 비해, 도덕적 자아정체성이 어떻게 사회적으로, 삶의 구체적 실제에서 형성될 수 있는지에 대한 실천적 설명이 약하다는 것이다. 이러한 비판은 테일러의 주저인 *Sources of the Self*나 *The Ethics of Authenticity*의 상당 부분이 자아 개념에 대한 서양 사상의 지적 전통이나 도덕성의 이론적 탐색에 치우쳐 있고 실제적이고 경험적인 논의는 부족하다는 점에서 타당하다. 그러나 테일러는 특히 언어적 상호작용에 의해 어떻게 정체성과 관련된 의미가 형성될 수 있는지 설명하였고, 우리가 어디에 있고 어디로 향하는가의 자아의 공간적 의미 형성에 있어서 여러 실례를 들어 설명하였다는 점에서 실제적이고 실천적인 설명도 모색하였다고 본다. 다만, 현대의 자기 만족적 자아 개념의 폐단을 극복하고 도덕적 가치와 관련된 의미를 숙고하는 자아정체성을 함양하기 위한 보다 구체적인 교육적 방향을 논의하고 제시하는 것은 분명히 필요한 것이라고 본다. 아울러, 한국 사회는 전통적으로 공

동체성이 강하였고 그에 따른 부정적 폐단도 상당 부분 존재하였다는 점에서, 테일러가 강조하는 공동체주의 이념이 실제 사회에서는 개인의 자유와 권리를 압박할 수 있다는 부정적 가능성도 충분히 고려해 보아야 할 것이다. 유학 사상의 근본적 지향은 인간성의 완성을 추구하나, 한국의 중세사회에서는 유교의 신분제적 이념과 관습이 특히 소외 계층의 자유와 평등을 구속하는 요인으로 작용하였다. 오늘날 한국 사회에서는 특히 능력주의 및 기술만능주의 등의 이념과 문화적 관습이 지배적으로 영향력을 미치고 있는데, 각 개인이 자기 삶의 정체성과 방향을 모색할 때 이러한 공동체의 지배적 이념과 관습의 문제점에 대한 비판적 성찰을 하는 것은 매우 중요하다. 따라서 테일러의 공동체주의적 자아관의 장점을 충분히 수용하되, 개인의 자율적이고 중립적인 관점에서의 비판적인 판단을 강조하는 자유주의적 자아관도 함께 수렴하여 정체성 함양을 시도하여야 할 것이다.

③ 다산은 기존에 시대의 변화를 무시하고 옛 전통과 기득권만을 고수하려고만 하는 모든 정치적 · 사회적 폐단을 신랄하게 비판하며, 시대 변화에 맞는 문물 도입, 행정기구의 조정 및 행정감독의 강화를 통한 정치부패의 개혁, 양반의 신분적 특권의 남용문제 비판, 과거제 폐지 및 능력에 따른 선발, 노인, 장애인, 과부, 아동 등 사회적 약자의 배려, 모든 사람에게 교육기회 부여, 선발에 있어 모든 신분적 특혜 폐지, 중국에 대한 무조건적 숭배의식을 조장하는 중국 중심의 교육과정 타파와 국학교육 등 사회 전반에 걸친 진보적 개혁과, 평등성, 자주성을 높이고자 하였고 특히 그것을 위한 기반인 자주적 의식의 함양을 위한 교육을 주장하였다(심승환, 2015). 민주시민교육에 있어 자율적이고 비판적인 의식의 함양과 실천적 노력이 매우 중요하며 평등한 기회의 보장 및 특권적 · 보수적 제도와 의식의 혁파가 필수적으로 요구된다고 보면, 다산의 이러한 사상과 실천적 주장은 한국 민주시민교육의 근대적 맹아(萌芽)로서 충분히 그 가치를 부여할 수 있다고 본다.

④ 시민성의 역사는 자유와 평등과 권리를 찾기 위한 투쟁의 역사이며 그 과정에서 의식과 제도가 변화하며 성장해온 민주주의의 역사이다. 서양사회에서 이것은 근대의 시민혁명과 흑인 · 여성들의 민권운동을 거쳐 장기간의 제도적, 의식적, 문화적 차원의 성숙을 거쳐 이루어졌다. 한국의 민주시민성과 그것을 함양하는 민주시민교육의 싹은 과연 자체적으로는 선무하고 서양에서 이식된 것인가? 연구자는 그렇게 보지 않고 상기한 서양의 역사와 같이, 우리 역사에서 자유와 평등과 권리를 찾기 위한 근대적

민중운동, 계몽운동이 하나의 중요한 시발점이 되었다고 본다. 교육은 그 뿌리에 의식과 사람들의 행동양식인 문화가 있고 상기 본문에 언급한 동학농민항쟁은 반봉건, 반외세를 외치며 수많은 민중들이 억눌린 백성들의 권리, 자유와 평등을 위해 봉기하였고 그 과정에서 민중들의 주체적인 의식화가 이루어졌고 이후 한국의 근대사에서 민중의 의식과 행동방식에 큰 영향력을 미쳤기에 한국 민주시민교육의 뿌리로서 언급할 만한 충분한 가치가 있다고 본다. 또한 독립협회는 한국최초의 근대적 사회정치단체로서 독립신문과 만민공동회 활동 등을 통해 자유, 평등, 반외세, 자립·자강, 부정부패 혁신 등을 주장하며 민중계몽운동을 추진하였고 그 후에도 대한자강회, 대한협회로 그 정신이 이어지며 한국의 근대화와 자주화에 중요한 영향력을 주었다. 특히, 여러 가지 압제와 훼방에도 불구하고 근대적 의식을 꿋꿋이 주장하고 전파하려는 그 노력은 참된 민주주의 의식, 민주주의 교육의 뿌리라 평가할 수 있다. 싹, 뿌리는 체계적인 발전이 이루어지는 초석이다. 한국의 근대적 민주주의가 발전하기 위해 암흑과 같은 시절, 의식화를 위해 첫발을 내딛은 이 같은 움직임들은 시민의 의식을 일깨우는 민주시민교육의 중요한 싹이라 본다.

⑤ 미국이나 유럽에서는 주로 '시민교육' 또는 '정치교육'이란 용어를 사용하지만, 이 글에서는 한국사회의 특수성을 고려한 교육의 방향을 강조하고자 '민주시민교육'으로 통일하여 서술하고자 한다. 인간의 삶에서 정치는 협의의 정치권에서만 발생하는 것이 아니라, 사회생활을 하며 중요한 의사결정과정에서 자기(집단)의 입장을 주장하고 설득하며 논쟁하고 세력을 결집하며 합의하는 폭넓은 활동을 통해서도 나타난다. 그런데 이러한 정치적 활동에서 민주주의적인 숙의와 협의의 절차적 과정과 평등하게 상호 배려하며 공동의 가치를 모색하고자 하는 노력은 무시되고, 자기(집단)의 입장만을 관철하려고 하고 그 과정에서 힘 있는 개인이나 집단의 의사가 정당성이나 합리성과 관계없이 결론으로 되고 따라야만 하는 관행이 한국 사회에 상당히 존재하고 있는 현실이다. 이러한 의식과 문화적 관행을 변화시키기 위해서는 근본적으로 성숙한 정치의식을 함양하는 정치교육, 성숙한 사회적 상호작용과 사회공동체의 가치를 더불어 모색할 수 있는 사회교육이 필요하며 이 양자를 포괄하는 민주시민교육이 필요하리라 본다. 특히, 한국의 경우, 서구사회에 비해 자유롭고 평등한 권리를 가진 시민들의 주체적인 참여정치의 역사가 상대적으로 짧고 아직 제도적으로나 문화적으로 민주주의가 충분히 성숙되지 못하였다고 보면, 시민교육의 앞에 '민주'를 강조하여 시민교육에서 민주주의를 더욱 적극

적으로 추구하고 실현하자는 이념적 · 정책적 강조의 의미로 '민주시민교육'이라 하는 것은 나름 중요하다고 본다.

⑥ 일제강점기 때 일제는 동화정책(내선일체, 황국신민화), 식민사관에 의해 한국과 일본은 같은 뿌리이며 황국신민으로서 정복전쟁에 충성을 다해 참여하도록 강제하였다. 또한, 식민사관을 통해 조선인은 당파성, 타율성, 사대성이 높은 민족으로 묘사하였고 우리의 글, 역사를 배우지 못하도록 했으며, 종교의 자유도 억압되었고 창씨개명을 통해 강제로 일본 이름을 쓰게 하였다. 근대사에서 이와 같은 정책은 자율적 의식을 억압하는 대표적인 예라 할 수 있고, 제국주의가 사라졌다고는 하나, 국가적 통제가 강한 경우에는 정도의 차이는 있으나 국민의 자율적 의식과 판단의 성숙을 구속할 수 있는 충분한 가능성이 있다고 본다. 만약 국가가 국정 국사 · 윤리 교과서를 사용하고 또 그 내용 안에 한국인의 사상과 문화를 지나치게 보수 혹은 진보 어느 한쪽으로 묘사하려 한다면, 바로 여기서 자율성을 구속하는 교육으로 작용할 수 있을 것이다.

⑦ 중첩적 합의는 교과 내용을 배우는 학습 현장에서 적극적으로 적용하는 것이 바람직하다고 본다. 예를 들어, 사회과 수업에서 정부형태와 삼권분립에 관한 내용을 배울 때에, '대통령제'와 '의원내각제'의 기본방향을 학생들 스스로 탐구 · 토론하게 하는 방식으로 진행하도록 한다. 즉, 기존에 교과서나 교사의 설명을 통해 일목요연하게 정리하고 학생들은 시험을 위해 그것을 숙지하는 방식이 아니라, 첫째, 양 체제는 어떠한 역사적, 이념적 배경을 통해 발달하였는지, 둘째, 양 체제가 지향하는 방향과 특징은 어떤 차이가 있는지, 셋째, 양 체제는 어떤 장 · 단점을 가지고 있는지, 넷째, 현재 양 체제를 시행하는 국가들에서는 실제로 어떤 문제점이 있는지 등을 학생들 스스로 다양한 자료를 통해 탐구 · 조사하게 한다. 그 후 학생들로 하여금 양 체제 중 하나를 지지하는 입장에서, 왜 그것이 다른 체제보다 더 좋은지를 나름대로 충분한 근거를 가지고 설득력 있게 주장하는 토론 활동을 진행한다. 이 토론활동은 서로 상대방의 주장에 대해 질문과 논박을 통해 교차로 검증하는 방식을 활용한다. 마지막으로 학생들은 지금까지 탐구, 조사, 토론을 통한 사전지식을 바탕으로 양 체제의 차이에도 불구하고 공통적으로 추구하는 이념, 민주주의적 원칙, 정의의 원칙 등을 함께 탐구하면서, 어느 한 체제를 선택하거나 혹은 절충적 체제를 선택하더라도 기본적 · 공통적으로 추구하여야 할 이념, 절차, 규범은 무엇인지 논의한다. 여기서 주의할 점은 특정한 지식을 숙지하였느냐가 아니라, 학생들 각자가 합리적으로 숙고하여 자신의 입장을 선택하며

근거를 가지고 자신의 말로 주장하게 하고, 상대의 의견을 경청하면서 무엇은 옳고 무엇은 그르다는 흑백논리를 극복하고 공통 방향을 모색하게 하는 것이 핵심이다. 대통령제와 의원내각제는 워낙 유명한 것이나, 가능하면 틀에 박힌 자료로 잘 정리되지 않았던 소재 중, 학생들이 창의적으로 상반되는 두 입장에서 토론하면서 공통된 원칙을 탐구할 수 있는 소재라면 더욱 좋을 것이다.

⑧ 레비나스(Levinas)는 죽음에 대한 관점에서, 하이데거가 주체를 지나치게 강조한 나머지 '타자와의 관계'를 종속적인 것으로 간주한다고 비판한다. 레비나스가 볼 때, 하이데거의 죽음관은 결국 현존재의 개별성과 실존적 주체성을 강조하는 것으로 타자에 대한 자아의 우위성을 주장하는 것이다. 이에 반해 레비나스는 죽음을 통해 자아는 자신의 유한함과 연약함을 깨닫고 타인을 향하게 된다고 주장한다. 그는 죽음에 대한 성찰이 개인으로 하여금 자기중심적 성향을 깨고 타인에 대한 책임을 인식하는 중요한 계기가 된다고 지적한다(최상욱, 2003; 윤병렬, 2004). 물론 레비나스의 지적대로, 하이데거는 죽음과 관련하여 관계나 타자에 대한 책임 등의 문제를 개별적 자아의 문제만큼 자세하고 충분하게 분석하고 논의하고 있지는 않다. 그러나 죽음에 대한 하이데거의 관점은, 자아와 타자, 주체와 객체의 이원론적 접근에서 어느 것이 더 우위 또는 중요성을 갖는가에 초점이 있는 것이 아니라, 죽음을 통해 자아가 자신에게나, 타자 또는 세상의 존재자들에 대해 '어떠한 자세'를 가질 것인가에 초점이 있다. 이는 죽음의 인식을 통해 곧, 자아와 존재자들이 재산, 지위, 명예 등을 위한 '수단적 존재'로서 존재의 고유함을 상실하고 있었음을 자각하고, 다시금 자신과 타인을 비롯한 세상의 모든 존재자들의 고유한 가치를 진지하게 찾고 또 이를 위해 열정적으로 살 것을 결의하는 자세이다. 오히려 하이데거의 관점은, 죽음을 선험 함으로써 자신의 유한한 이해에 의해 타인의 존재가능성을 오해하는 것을 극복하고, 타인의 온전한 가능성을 열어 보일 수 있게 된다(Heidegger, 1992: 339).

⑨ 부버(Buber)는 〈단독자에 대한 물음(Die Frage an den Einzelnen)〉에서, 키에르케고어의 '단독자' 개념을 비판한다. 부버는 단독자 개념이 키에르케고어의 고독한 생애의 배경과 연관된 것이지만, 하나님과의 '배타적' 관계의 강조가, 다른 모든 관계를 비본질적인 것으로 몰아내게 하는 문제점이 있음을 지적한다. 부버의 관점에서, 하나님은 인간에 대한 모든 사랑을 수용하고 포용하는 포괄적인 사랑으로 피조물은 하나님에게로 나아가는 장애물이 결코 아니며 오히려 피조물을 통해 하나님에게로 나아

갈 수 있다. 그런데 부버에 의하면, 키에르케고어는 이러한 하나님을 잘못 알아 하나님의 창조물인 대상에서 떠남으로써 단지 '철학자의 하나님'이 되었고 살아있는 대상을 잃고 오직 정신으로부터 대상을 만들게 되었다(Buber, 1954: 201-204). 부버에게 하나님은 모든 그것(Es)을 당신의 너(Du)로 만드는 무한한 나(Ich)로서, 이러한 하나님에 상응하여 인간은 자기를 둘러싼 존재들에게 온 존재를 기울여 너라고 말하여야 한다. 그러나 〈그리스도교 훈련(*Einübung im Christentum*)〉에서 키에르케고어는 그리스도인은 은총을 배우기 위해 그리스도를 본받아야 하며, 이는 그리스도를 정신화해서는 안되며, 고통받고 소외된 자를 돕는 모범을 좇아 일상의 이웃사랑을 실천하는 것이라 역설한다. 즉, 하나님과의 참다운 관계가 이웃사랑을 통해 구현된다는 대의(大意)는 양자에게서 결국 같다고 본다. 다만, 키에르케고어 당시 부패한 사회와 교회 속에서 오직 말과 형식, 제도만으로 정의를 이루려는 모든 시도에 환멸감을 느낀 키에르케고어가 가장 근본적인 것은, 연약하고 유한한 피조물인 인간이 신 앞에 홀로 서 양심의 자백과 결단이 있지 않으면 안 된다는 취지로 볼 수 있다. 부버는 불완전함에도 낱낱의 인간이 서로와의 진정한 관계(사랑)를 추구할 때 완전한, 영원한 하나님께 다가간다고 보았던 것인데, 연구자가 볼 때 양 사상가의 강조점이 모두 일리가 있으며 大意에서는 상통한다

저자 소개

심승환

[약력]
서울고등학교 졸업
고려대학교 교육학과 졸업
고려대학교 대학원 교육철학 전공 석사
Loyola University of Chicago, Ph.D.(박사)
부산외국어대학교 교수
UCLA 교환교수
한국교육철학학회, 한국교육사상학회 이사, 안암교육학회 이사
현재 안양대학교 교수

[저서 및 역서]
Two Model Teachers Jesus and Confucius(PA: Xlibris)
가르침과 배움의 철학(교육과학사)
탈구조주의와 교육(교육과학사)
현대 교육철학의 다양한 흐름(학지사)
교육철학 및 교육사 사유와 실천(신정출판사)
인간의 삶과 배움(박영사)
교육은 사랑이다(교육과학사)

[주요논문]
A Philosophical Investigation of the Role of Teachers: A Synthesis of Plato, Confucius, Buber and Freire (Teaching and Teacher Education)
A Study on the Significance of Spiritual Learning and Teaching Through Augustine's Confessions (Religious Education)
The Existential Meaning of Death and Reconsidering Death Education through the Perspectives of Kierkegaard and Heidegger (Educational Philosophy and Theory)
Resonance as an educational response to alienation and acceleration in contemporary society (Asia Pacific Education Review)
인간 본성의 교육적 의미: 합리성, 자연성, 본래성의 통합적 고찰(교육철학연구)
교육철학 연구의 학문지도(교육사상연구)
자유주의와 공동체주의의 종합적 고찰을 통한 가르침의 목적 고찰(한국교육학 연구)
메이슨과 콜의 교육관을 통한 자유교육의 새로운 방향 탐색(교육사상연구) 외 다수

어울림의 교육철학

2025년 2월 25일 1판 1쇄 인쇄
2025년 3월 1일 1판 1쇄 발행

저 자 : 심 승 환
발행인 : 한 정 주
발행처 : 교 육 과 학 사

저자와의 협의하에 인지생략

경기도 파주시 광인사길 71
전화 (031)955-6956~8 / 팩스 (031)955-6037
Home-page : www.kyoyookbook.co.kr
E-mail : kyoyookbook@daum.net
등록 : 1970년 5월 18일 제2-73호

낙장 · 파본은 교환해 드립니다.
정가 23,000원
Printed in Korea.
ISBN 978-89-254-2021-9